utb 6052

Eine Arbeitsgemeinschaft der Verlage

Brill | Schöningh – Fink · Paderborn
Brill | Vandenhoeck & Ruprecht · Göttingen – Böhlau · Wien · Köln
Verlag Barbara Budrich · Opladen · Toronto
facultas · Wien
Haupt Verlag · Bern
Verlag Julius Klinkhardt · Bad Heilbrunn
Mohr Siebeck · Tübingen
Narr Francke Attempto Verlag – expert verlag · Tübingen
Psychiatrie Verlag · Köln
Ernst Reinhardt Verlag · München
transcript Verlag · Bielefeld
Verlag Eugen Ulmer · Stuttgart
UVK Verlag · München
Waxmann · Münster · New York
wbv Publikation · Bielefeld
Wochenschau Verlag · Frankfurt am Main

Kirk W. Junker

US-amerikanische Rechtskultur

Eine Einführung

übersetzt von
Nico S. Schmidt

Mohr Siebeck

Kirk W. Junker ist Inhaber des Lehrstuhls für US-amerikanisches Recht an der Universität zu Köln.

Nico S. Schmidt ist Richter in Niedersachsen.

ISBN 978-3-8252-6052-1 (UTB Band 6052)

Online-Angebote oder elektronische Ausgaben sind erhältlich unter www.utb.de.

Die Deutsche Nationalbibliothek verzeichnet diese Publikation in der Deutschen Nationalbibliographie; detaillierte bibliographische Daten sind im Internet über *http://dnb.dnb.de* abrufbar.

© 2023 Mohr Siebeck, Tübingen. www.mohrsiebeck.com

Das Buch wurde von Pagina in Tübingen gesetzt und von Plump Druck & Medien in Rheinbreitbach gedruckt und gebunden.

Den Juristen und Studierenden gewidmet,
die sich nicht mit dem Auswendiglernen von Regeln zufriedengeben,
sondern es wagen, eine fremde Rechtskultur verstehen zu wollen.

Inhaltsverzeichnis

Danksagungen

Zunächst möchte ich mich bei meinen Kollegen der Juristischen Fakultät der Universität zu Köln dafür bedanken, dass sie mir Forschungsurlaub gewährt haben, um dieses Buchprojekt voranzubringen. Mein besonderer Dank geht hierbei an zwei Kollegen: *Prof. Dr. Stephan Hobe* für den Vorschlag, das Buch zu schreiben, und *Prof. Dr. Claus Kreß* für die Idee der Schwerpunktsetzung auf die Kultur. *Dr. Keith Wilders* Perspektive eines Historikers half mir dabei, jegliche Behauptungen über die Vergangenheit zu vermeiden, die lediglich von Wunschvorstellungen getragen waren. *Kenneth Gormley*, Präsident der Duquesne University, und *Prof. Dr. Markus Ogorek*, haben sich dankenswerter Weise dazu bereiterklärt, das gesamte Buch inhaltlich zu überprüfen. *Prof. Bruce Ledewitz* von der Duquesne University School of Law und *Amy Sugin*, ehemalige Dekanin der Internationalen Studierenden an der Cardozo Law School, gaben hilfreiche Kommentare zum Kapitel über den soziologischen Referenzrahmen. Besonders dankbar bin ich meinen Kollegen aus anderen Wissenschaftsdisziplinen. Sie haben dafür gesorgt, dass auch ihre jeweiligen Fachkollegen ihre Disziplinen trotz meiner Anwendung einer rechtswissenschaftlichen Perspektive wiedererkennen konnten – *Prof. John Poulakos* vom Fachbereich für Rhetorik und Kommunikation an der University of Pittsburgh, *Dott. Alessandro Galli*, Linguist und Lehrbeauftragter an der Universität Sapienza in Rom sowie *Prof. Barbara Tuchańska* von der Philosophischen Fakultät der Universität Łódź. Zudem möchte ich besonders Maria Peiou für ihre Unterstützung und Geduld danken, mir alles Griechische zu erklären. Darüber hinaus bin ich allen dankbar, die an der Universität zu Köln mit mir arbeiten oder gearbeitet haben, um mir Einblicke in die Sichtweise anderer Menschen auf die US-amerikanische Rechtskultur zu geben – insbesondere meinen Assistenten, *Dr. Anja Meutsch* und *Dr. Ryan Kraski* sowie der studentischen Hilfskraft *Kristine Hörmann*. Ich danke ferner *P. Matthew Roy*, mit dem ich an einem früheren Buch zusammengearbeitet hatte und der die Aufgabe übernommen hat, dieses Buch Korrektur zu lesen, mit einem Sachverzeichnis zu versehen und redaktionell zu bearbeiten. Ich möchte schließlich auch zwei weiteren Juristen danken, die bereits frühzeitig wesentliche Recherchearbeiten zu diesem Buch durchgeführt haben – *Matthew Rudzki Esq.* und *RA Peter Kern*. Ich bin ebenfalls dankbar für die Diskussionsgespräche mit *Dr. Sonja Frenzel* über Kulturvorstellungen, welche dabei geholfen haben, das gesamte Projekt mitzugestalten.

Schließlich möchte ich die zusätzliche Arbeit würdigen, die für diese deutsche Ausgabe geleistet wurde. Zunächst danke ich Herrn *Dr. Nico S. Schmidt*, derzeit tätig als Richter des Landgerichts Oldenburg, für sein Engagement bei der Übersetzung des Textes. Darüber hinaus danke ich meinem langjährigen Mitarbeiter *P. Matthew Roy* für seine reflektierte Betrachtung der kulturellen und sprachlichen Übersetzungsarbeit, die stets notwendig ist. Ebenso dankbar bin ich *Prof. Dr. Hein Kötz* und *Prof. Dr. Claus Kreß* für die aufmerksame Durchsicht des Manuskripts und hilfreiche Anmerkungen. Und mein Dank geht an *Marie Pflüger*, die sowohl ihre juristischen Kenntnisse als auch ihre Sorgfalt und Aufmerksamkeit für Details eingesetzt hat, um sicherzustellen, dass das Endprodukt für den deutschen Leser nützlich ist.

Vorwort

Dieses Buch endet dort, wo Einführungen in das US-amerikanische Recht
üblicherweise beginnen, bei einer Überblicksdarstellung ausgewählter
Grundpfeiler des vielgestaltigen Gebäudes, innerhalb dessen sich die Rechtspraxis im „horizontalen Bundestaat" USA abspielt. Dieser Umstand ist nicht
einfach die Folge einer unterschiedlichen Anordnung des Stoffs, sondern
in ihm spiegelt sich das im Titel des Buchs benannte spezifische inhaltliche
Anliegen seines Verfassers: Nicht etwa soll den bereits vorhandenen Darstellungen wichtiger Rechtsnormen und Institutionen der US-amerikanischen
Bundesebene und der Einzelstaaten eine weitere hinzugefügt werden. Vielmehr möchte *Kirk W. Junker* seinen Leser aus der Perspektive eines *Insiders*
mit denjenigen Eigenheiten der Kultur der Vereinigten Staaten von Amerika vertraut machen, die er für ein tieferes Verständnis des Rechtslebens
in diesem Staat (mit seinen Bundestaaten) für grundlegend erachtet. Um
ein Gespür für die „US-amerikanische Rechtskultur" zu entwickeln, wird
der Leser zu Begegnungen mit der (Rechts-) Geschichte und der (Rechts-)
Soziologie des Landes ebenso eingeladen wie dazu, mit dem Stellenwert der
(Rechts-) Rhetorik und prominenten Strömungen der (Rechts-) Philosophie
in den USA Bekanntschaft zu schließen. Dabei atmet das Buch auch durch
seinen an Metaphern und literarischen Zitaten reichen, das „Ich" des Autors nicht verbergenden und zu einem fortlaufenden (stillen) sokratischen
Dialog mit dem Verfasser animierenden Stil US-amerikanischen Geist und
versetzt seinen Leser so in eine Stimmung, die derjenigen in einem hoch-
karätigen Kurs an einer *law school* in den USA nicht unähnlich ist. *Junkers*
unorthodoxes Propädeutikum zu den kulturellen Grundlagen des Rechts in
den Vereinigten Staaten bringt vielfältigen Gewinn: Jede Folgelektüre zum
geltenden Recht in den USA wird hiernach auf fruchtbareren Boden fallen,
weil der rechtskulturelle Referenzrahmen dann bereits mitbedacht werden
kann. Überdies lenkt die Darstellung den Blick des Lesers auf Schritt und
Tritt unweigerlich auf die jeweils eigene Rechtskultur zurück, und solcher
Rechtskulturvergleich dürfte nicht zuletzt auch dort produktiv ausfallen,
wo man einer Aussage des Verfassers zum „*civil law*" (jedenfalls) nicht (auf
Anhieb) beipflichten möchte. Schließlich, und gewiss nicht zuletzt, eröffnen
die US-amerikanisch eingefärbten Betrachtungen zu Grundfragen des Rechts
dem Juristen einer anderen Rechtsfamilie neue Perspektiven beim Nach-

sinnen über die Eigenheiten seiner Disziplin. Dem Buch ist durchgängig die Begeisterung anzumerken, mit der sein Verfasser auswärtigen Juristen näherbringen möchte, *„what it feels like to be a US lawyer".* Mit derselben Hingabe betreibt der Verfasser an der Kölner Rechtswissenschaftlichen Fakultät seit nun vielen Jahre ein umfängliches und bei den Studenten höchst beliebtes Studienprogramm zum „US-Recht". Diejenigen Lehrveranstaltungen, die Kurse US-amerikanischer *law schools* widerspiegeln, werden ausschließlich von zugelassenen US-Anwälten abgehalten. Diese enge Verknüpfung des Rechts mit seiner Praxis ist auch ein Kennzeichen dieses Buchs, und dies kann nicht anders sein, wenn man mit *Kirk W. Junker* und im Anschluss an den Richter am US-amerikanischen *Supreme Court Oliver Wendell Holmes, Jr.* der Überzeugung ist, dass man „Geist und Seele" des *Common Law* am verlässlichsten über die Erfahrung in der Praxis auf die Spur kommt. Gerade im Hinblick auf *Kirks* überaus erfolgreiche Lehrtätigkeit in Deutschland freue ich mich sehr darüber, dass sein zunächst in englischer Sprache erschienenes Buch nun auch in einer deutschen Fassung vorliegt.

Claus Kreß
Direktor des *Institute for International Peace and Security Law*
Universität zu Köln

Anmerkungen des Autors

Wenn ich über das Vorwort zur englischen Version dieses Buches nachdenke, freue ich mich, dass ich die Gelegenheit habe, die Einleitung jetzt etwas anders anzugehen. Das Rechtssystem der USA wurde im Hinblick auf alle drei Rechtsgebiete – öffentliches Recht, Strafrecht und Privatrecht – zuletzt besonders hinterfragt. In Bezug auf das öffentliche Recht würden manche sogar behaupten, dass sich die USA in einer Verfassungskrise befinden. All diese Themen sind ein weiterer Beweis dafür, dass es notwendig ist, eine Rechtskultur zu verstehen, bevor man die rechtlichen Vorschriften und Praktiken in dieser Kultur nachvollziehen kann. Bei der Betrachtung dieser außergewöhnlichen Ereignisse und der Reflexion über den Inhalt dieses Buches erscheint es hilfreich, ein paar Worte darüber zu verlieren, was *nicht* in diesem Buch steht, anstatt darüber was in diesem Buch *steht*. In dieser Einführung in die Rechtskultur der Vereinigten Staaten gibt es keine Kapitel, die sich mit Wirtschaft oder Politik befassen. Warum?

Als wir 2009 den Lehrstuhl für US-Recht an der Universität zu Köln einrichteten, gingen wir davon aus, dass das Interesse der deutschen Studierenden am US-Recht ein instrumentelles Interesse sein würde, um das Verständnis des US-Rechts für die Jobsuche zu nutzen. Daher haben wir den Lehrplan für das US-Recht ursprünglich wirtschaftlich ausgerichtet. Innerhalb kürzester Zeit äußerten die Studierenden jedoch erhebliches Interesse an rechtlichen Aspekten anderer Teile der US-Kultur, wie z. B. aus dem Strafrecht, dem Familienrecht und dem Umweltrecht, sodass wir diese in den Lehrplan aufgenommen haben. Denn auch wenn man sich in Verbindung mit der Suche nach einem Job für das Thema interessiert, muss man sich nicht ausschließlich mit Geld auseinandersetzen, um Geld zu verdienen.

Wie der Leser dieses Buches schnell feststellen wird, wird die US-amerikanische Rechtskultur als eine fremde Rechtskultur dargestellt, und ich behaupte, dass jedes Studium einer fremden Rechtskultur notwendigerweise die Aspekte und Methoden der Rechtsvergleichung einbezieht. Wir alle betrachten fremde Rechtskulturen aus dem Blickwinkel unserer eigenen Rechtskultur, die wir uns bereits vor unserem formellen Jurastudium angeeignet haben. Eine der langjährigen Fragen auf dem Gebiet der Rechtsvergleichung ist die, ob das Studium des ausländischen Rechts eine vergleichende Praxis auf der Suche nach Vorschriften und Verfahren für eine „Rechtstransplantation" dieser ist und sich dabei in der Regel auf Ähnlichkeiten konzentriert, oder ob das Studium eines fremden Rechts immer als „anders" verstanden wird und daher nicht vollständig erfasst werden kann. Ich halte diese Wahl für eine falsche Dichotomie. Es stimmt, dass das Studium ausländischer Rechtsnormen und -verfahren in der Tat im Kontext dieser fremden Kultur erfolgen muss und nicht im Kontext eines globalen Normengefüges. Wenn man einer fremden Kultur begegnet, muss man jedoch nicht das Gefühl haben, dass man überhaupt keinen Zugang zu diesem fremden Recht hat, wenn man diese Kultur nicht persönlich erlebt hat. Stattdessen müssen der Student oder Praktiker immer fragen, warum der Vergleich gezogen wird, und zulassen, dass sich die Antwort von Zeit zu Zeit und Ort zu Ort ändern kann.

Es kommt auch vor, dass in der rechtsvergleichenden Literatur die Erwähnung der „Rechtskultur" als ein Zeichen der Ablehnung des funktionalen Vergleichs verstanden wird. Das trifft auf dieses Buch nicht zu. Vielmehr stellt dieses Buch die Rechtskultur als den notwendigen Kontext für die Ausübung des praktischen Funktionalismus dar.

Dieser letzte Punkt zum Komparativismus bringt uns zurück zu den wirtschaftlichen Interessen. In der vergleichenden und transnationalen Rechtspraxis wird so viel Zeit und Energie auf das Recht im Dienste wirtschaftlicher Interessen aufgewendet, dass ein kritischer Beobachter durchaus zu dem Schluss kommen könnte, dass die Rechtspraxis immer im Dienst wirtschaftlicher Interessen steht. Doch wie der Rechtssoziologe *Roger Cotterrell* feststellte, unterscheidet sich das juristische Handeln in anderen Bereichen des Rechts „sehr von der Beteiligung des Rechts an der Förderung und Gewährleistung wirtschaftlicher oder anderer Projekte, bei denen die Menschen mit Tätigkeiten beschäftigt sind, die sie in einem direkten und offensichtlichen Sinne als förderlich verstehen: dem Produzieren."[1]

Die übermäßige Betonung der wirtschaftlichen Aspekte im Privatrecht gleicht der irreführenden Betonung der Politik[2] im öffentlichen Recht. Oft hört man aus derselben kritischen Position, dass das Recht im Dienste der Wirtschaft stehe, die damit verbundene Behauptung, das öffentliche Recht sei gar kein Recht, sondern in Wirklichkeit Politik. In der Praxis gibt es zwar eine Verflechtung von Recht und Politik, wenn man bedenkt, warum der Staat handelt, aber das bedeutet nicht, dass es keine rein rechtliche Position gibt, von der aus man den Staat, seine Handlungen und die Rolle des Bürgers in seinem eigenen Staat und gegenüber anderen Staaten analysieren kann. In der antiken sophistischen Rhetorik (deren Geist die Grundlage des *common law* ist) entwickelten sich drei Redetypen, die später von Aristoteles erkannt und bezeichnet wurden: die Redegattung δικανικόν (dikanikón),

---

[1] *Roger Cotterrell*, Comparative Law and Legal Culture, in: Mathias Reimann / Reinhard Zimmerman (Hrsg.), The Oxford Handbook of Comparative Law, 2006, S. 722.

[2] Das englische Wort *politics* ist ein falscher Freund bei der Übersetzung. Im Englischen wird *politics* von *policy* unterschieden. Ich meine hier nur *politics*.

oft abgekürzt als „Gerichtsrede", die sich auf Handlungen der Vergangenheit bezieht und nach ihrer Rechtmäßigkeit beurteilt werden muss; die Redegattung συμβουλευτικόν (symbouleutikón), auch moderne „Parlamentsrede" genannt, die sich auf künftige Maßnahmen bezieht die erwogen werden müssen; und letztlich die Redegattung ἐπιδεικτικόν (epideiktikón), oft auch „Lobrede" oder „Festtagsrede" genannt, die sich hingegen grundlegend auf die Gegenwart bezieht. Anhand dieser Differenzierungen lässt sich der Unterschied zwischen der kontradiktorischen Vertretung von Tatsachen aus der Vergangenheit im Sinne des *common law* und den politischen Überlegungen zu einem künftigen Vorgehen erkennen. Diese ursprüngliche Grundlage in der forensischen Rhetorik entbindet davon, über Regeln für die Zukunft nachzudenken, und bietet daher eine öffentlich-rechtliche Analyse, die nicht als politisch bezeichnet werden kann.

Zum Schluss noch eine Bemerkung zu den jüngsten Aktivitäten des *US Supreme Court*: In letzter Zeit wurde die Bastion des öffentlich-rechtlichen Schutzes in *Common-law*-Kulturen – die Gerichte – dafür kritisiert, dass sie politisch geworden sind. Diese Kritik ist zu weit gefasst. Wie *Noam Chomsky* hervorgehoben hat, waren die US-Gerichte im weitesten Sinne schon immer politisch; die Veränderung besteht darin, dass sie viel parteipolitischer geworden sind.[3] In Anbetracht der Tatsache, dass die US-Bundesgerichte in den letzten Jahren sehr viel parteipolitischer geworden sind, ist es umso wichtiger, die Diskussionen über das öffentliche Recht von der Parteipolitik getrennt zu halten.

Köln, im September 2022, Kirk W. Junker

---

[3] *Noam Chomsky, C. J. Polychroniou* The Praecipice: Neoliberalism, the Pandemic, and the Urgent Need for Radical Change, Penguin, 2021.

Anmerkungen des Übersetzers

„Bei der Übersetzung geht es nicht nur um Worte, sondern darum, eine ganze Kultur verständlich zu machen." Dieses Zitat, das der Feder des britischen Schriftstellers Anthony Burgess entsprungen ist, bringt nicht nur treffend zum Ausdruck, was die zentrale Herausforderung einer jedweden Übersetzung ist, sondern schlägt gleichzeitig eine Brücke zur maßgeblichen Zielsetzung dieses Werks: der Vermittlung einer anderen Kultur – der Rechtskultur der Vereinigten Staaten von Amerika.

Durch die Vermittlung dieser – für den Leser im Regelfall – fremden Rechtskultur in *deutscher* Sprache werden gleich zwei kulturelle Transferleistungen miteinander kombiniert: einerseits das Übersetzen in eine andere Sprache und andererseits das Übersetzen in ein anderes Rechtssystem. Denn nicht nur Sprachen stellen – gewissermaßen organisch – gewachsene Kulturprodukte dar, sondern – ohne an dieser Stelle bereits allzu viele Erkenntnisse des Werkes vorwegzunehmen – auch Rechtssysteme. Dabei sind sowohl kultureller Sprach- als auch sprachlicher Systemtransfer naturgemäß jeweils unvollkommen, sei es bewusst oder unbewusst. Exemplarisch würde etwa eine Übersetzung des Wortes *Rechtsreferendariat* ins Englische nur wenig Sinn ergeben, weil es im Rechtssystem der USA bereits kein vergleichbares Konzept des juristischen Vorbereitungsdienstes gibt, geschweige denn eine diesem Konzept entsprechende englische Bezeichnung.

Soweit vor diesem Hintergrund bereits während des Prozesses nahelag, dass mit konkreten Übersetzungen ein Bedeutungs- oder gar Verständnisverlust einhergehen könnte, haben wir, Autor und Übersetzer, uns jeweils dazu entschieden, zur besseren Klarstellung die englischen Originalbegriffe oder -ausdrücke in kursiver Schreibweise ergänzend in Klammern aufzuführen bzw. Erläuterungen in den Fußnoten zu geben. Wo eine Übersetzung – mangels Entsprechung in der deutschen Sprache bzw. im deutschen Rechtssystem – hingegen gänzlich unmöglich war bzw. ist, wurden schlicht die englischen Originalbegriffe beibehalten, ebenfalls in Kursivschreibung.

Soweit in diesem Werk direkte Zitate enthalten sind, die einer Quelle in englischer Sprache entstammen, handelt es sich um Übertragungen des Übersetzers. Soweit im Originaltext des Autors direkte Zitate vorkommen, die der englischen Übersetzung eines ursprünglich in deutscher Sprache publizierten Originals entnommen wurden, handelt es sich um unmittelbare Übernahmen aus den deutschsprachigen Originaltexten.

Was in der englischen Sprache im Regelfall keine Rolle spielt, möge an dieser Stelle gleichwohl zumindest kurz angesprochen werden: In der deutschen Fassung dieses akademischen Textes werden geläufige generische Wörter der deutschen Sprache verwendet – Maskulina, Feminina und Neutra. Von diesen Bezeichnungen sollen Menschen aller sozialen Geschlechter (Gender) sprachlich eingeschlossen sein. Die Verwendung der geläufigen Generika dient ausschließlich der Förderung des Leseflusses. Zugleich soll hierdurch eine bestmögliche Originalgetreue erreicht werden.

Darüber hinaus ist es mir ein Bedürfnis, mich bei einigen Menschen zu bedanken. Mein besonderer Dank gilt *Prof. Dr. Kirk W. Junker*, insbesondere für den Vertrauensvorschuss, den er mir dadurch entgegengebracht hat, dass er mir diese Aufgabe angeboten hat. Die mit dieser Herausforderung einhergehende Verantwortung hätte ich nicht treffender auf den Punkt bringen können, als er es mir gegenüber in einem der ersten Gespräche zu dem Projekt selbst getan hat: „Nico, you're my German voice now!" Dabei war mir von Anfang an bewusst, mit welcher Leidenschaft er sich diesem Thema bereits in der englischen Originalfassung gewidmet hatte. Denn ich war Jahre zuvor in den Genuss gekommen, seiner Vorlesung zur US-amerikanischen Rechtskultur als Student beizuwohnen. Hierdurch konnte ich mich – zu einem Zeitpunkt, als die englische Originalversion noch gar nicht publiziert worden war – persönlich davon überzeugen, wie begeistert und – vor allem – begeisternd er sich dieser Problemstellung verschrieben hatte. Vor diesem Hintergrund war es mir eine besondere Freude und Ehre, den Versuch wagen zu dürfen, diesen – wie es an anderer Stelle noch Thema sein wird – „Geist" ins Deutsche zu übertragen, um die Wogen der Begeisterung möglicherweise noch etwas weiter über den sprachlichen und rechtskulturellen Tellerrand schwappen zu lassen.

Abschließend ist es mir ein persönliches Anliegen, einen lobenden Dank an *Marie Pflüger* auszusprechen. Als studentische Mitarbeiterin des Lehrstuhls für US-amerikanisches Recht ist ihr die sprachlich wie sozial anspruchsvolle Aufgabe zuteilgeworden, zwischen Autor und Übersetzer zu vermitteln. Ihr oblag es nicht nur, den Fußnotenapparat auf den aktuellen Stand zu bringen, sondern auch – gewissermaßen als Hüterin des Textes – meinen Übersetzungsentwurf sukzessive gegenzulesen, auf inhaltliche Originaltreue zu überprüfen und – darüber hinaus – im Hinblick auf sprachliche Präzision und Ästhetik zu beleuchten. Diese Aufgabe hat sie mit Bravour gemeistert. Ihre kritischen Anregungen – inhaltlich bisweilen unterstützt durch *P. Matthew Roy, Esq.* – haben maßgeblich zur Verbesserung des Gesamtergebnisses beigetragen und können von mir nicht hoch genug geschätzt werden.

Oldenburg, im Juli 2022, Nico S. Schmidt

Einleitung: Recht im kulturellen Kontext verstehen

It is a vulgar error to suppose that America was ever discovered.
It was merely detected.[1]

– Oscar Wilde[2]

Notwendigkeit des Buches

Dieses Buch stellt meinen Versuch dar, ein Problem anzugehen. Wann immer ich mit Juristen und Jurastudierenden aus aller Welt über das Recht der Vereinigten Staaten von Amerika sprach, gab es Momente, in denen mir bewusst wurde, dass der Sinn der US-amerikanischen Rechtspraxis für Menschen, die außerhalb der USA leben und juristisch ausgebildet wurden, häufig nicht nachvollziehbar ist. Zwar konnten sie die Rechtsquellen lernen und verinnerlichen und viele hatten aufgrund bekannter Kinofilme und Fernsehsendungen zumindest auch eine generelle Vorstellung von der Rechtspraxis. Dennoch gab es diese Momente, in denen weder das materielle noch das prozessuale Recht den Studierenden eine hilfreiche Orientierung geben konnte, um diejenigen Rechtsvorschriften zu finden, die zur Lösung des entsprechenden sozialen Problems gedacht sind. Also fragte ich mich, warum es derart schwierig war, die betreffenden Rechtsgrundlagen zu erkennen. Als ich dann später in den USA unterrichtete, bemerkte ich ein ähnliches, aber ungleich konkreteres Phänomen. Ausländische Jurastudierende schrieben sich für gewöhnlich in dieselben Kurse ein wie ihre US-amerikanischen Kommilitonen: Vertragsrecht (*contracts*), Deliktsrecht (*torts*), Sachenrecht (*property law*), Strafrecht (*criminal law*), Verfassungsrecht (*constitutional law*), Zivilprozessrecht (*civil procedure*) etc. Aber mir fiel auf, dass auch die besten internationalen Studierenden größte Probleme hatten, wenn sie sich mit Regelungen, die weltweit nicht allgemein verbreitet sind, befassen mussten wie etwa mit den verfassungsrechtlich garantierten Waffenbesitzrechten (*rights to bear arms*)

---

[1] Es ist ein gemeiner Fehler anzunehmen, dass Amerika jemals entdeckt wurde. Es wurde schlicht erkannt.

[2] *Oscar Wilde*, The Complete Works of Oscar Wilde: The Picture of Dorian Gray: the 1890 and 1891 Editions, 2005, S. 433, Fn. 26 f.

oder der strikten Trennung von Kirche und Staat. Diese juristischen Konzepte sind bereits für einheimische Studierende kompliziert genug, weil das notwendige rechtliche Verständnis zugleich ein gewisses Kulturverständnis voraussetzt. Dieses Verständnis wird bei Studierenden, die in den USA geboren worden sind, jedoch allgemein vorausgesetzt. Hinzu kommen dann noch die deutlich anspruchsvolleren Aspekte der Juristenausbildung wie etwa die verfassungsrechtlichen Gesichtspunkte des „horizontalen" Föderalismus und die damit einhergehenden Zuständigkeitsprobleme der Gerichte bei Parteien aus unterschiedlichen Bundesstaaten (*federal diversity jurisdiction*). Im Hinblick auf die alltägliche Gerichtspraxis war es zudem für viele Studierende aus Staaten mit einem *Civil-law*-System offensichtlich schwierig, die Rolle des Rechtsanwaltes in einem kontradiktorischen Rechtssystem zu verstehen. In einem solchen kontrolliert nämlich er – und nicht der Richter – die Beibringung der Beweismittel. Parallel dazu muss er dann noch eine angemessene Balance zwischen seiner Verantwortung für die Vertretung des Mandanten und seinen eingeschränkten Befugnissen als vereidigtes Organ der Rechtspflege finden. Weitere Verständnisprobleme ergaben sich aus den Besonderheiten einer divergierenden Rechtskultur: mit Laien besetzte Jurys (*lay juries*), Sammelklagen (*class actions*), Schadensersatz mit Strafcharakter (*punitive damages*), Verständigungen im Strafverfahren (*plea bargaining*), vorprozessuale Beweisaufnahme (*pre-trial discovery*), Präjudizienbindung (*stare decisis*), das Fehlen eines eigenständigen Verfassungsgerichts oder auch das Verbot einer erneuten Sachverhaltsbegutachtung bei Einlegung eines Rechtsbehelfs. Im Gegensatz dazu fiel es den internationalen Studierenden deutlich leichter, sich in wirtschaftsrechtlichen Fragestellungen zurechtzufinden – vermutlich aufgrund der stärkeren Globalisierung des Wirtschaftsrechts, welches bereits auf einer weltweit verflochtenen Wirtschaftskultur beruht.

Diese Beobachtungen haben mir vor Augen geführt, dass, wenn US-amerikanische Juraprofessoren US-amerikanischen Studierenden das US-Recht in ihrem eigenen Land lehren, durch die Unterrichtsatmosphäre unbewusst die Erwartung entsteht, dass die Studierenden die sozialen Probleme ihrer eigenen Kultur kennen. Selbst wenn Hochschullehrer und Studierende gänzlich unterschiedliche Auffassungen davon haben sollten, wie diese Probleme zu lösen sind, so sind diese dennoch, wenn auch unausgesprochen, präsent genug, um zumindest einen gemeinsamen Ausgangspunkt darzustellen. Dies gilt indes nicht für die ausländischen Studierenden oder Juristen derselben Vorlesung. Daher habe ich den Anspruch, eine Einführung in das US-amerikanische Rechtssystem für ausländische Leser zu verfassen, in der US-amerikanische Rechtsnormen mit der US-amerikanischen Rechtskultur verknüpft werden. Die klassische Disziplin der Rhetorik lehrt ihre Anwender, die kommunikative Aufmerksamkeit gleichmäßig zwischen Sprecher, Publikum und Text aufzuteilen. Vor diesem Hintergrund wird man im Vorlesungssaal stets daran erinnert, dass ausländische Studierende ein anderes

Publikum darstellen als einheimische. In letzter Zeit sind in den USA die Zahlen der internationalen Jurastudierenden signifikant gestiegen.[3] Dies ist möglicherweise auf die Vielzahl an LL. M.-Programmen der US-amerikanischen Universitäten für ausländische Juristen zurückzuführen. In Texten wird dieses veränderte Publikum inzwischen vermehrt berücksichtigt, etwa dann, wenn es um praktische Fähigkeiten[4] oder das Verfassen juristischer Texte[5] geht. Dieses Buch richtet sich an eben dieses besondere Publikum, um diesem die US-amerikanische Rechtskultur verständlicher zu machen. Zur Verdeutlichung bietet sich insoweit, jedenfalls aus der kulturellen Perspektive der Geschichte, eine hilfreiche Metapher des US-amerikanischen Literaturkritikers *Kenneth Burke* an. Bezogen auf die US-amerikanische Verfassung schreibt er, dass, wenn man nicht versteht, welche Probleme die US-amerikanischen Verfassungsväter im 18. Jahrhundert zu lösen versuchten, die heutige Lektüre des Verfassungstextes dem Ausgraben einer zerbrochenen Statue gleichkommt, bei der die Hälfte fehlt – ein Mann in Verteidigungspose eines Fechters: Welchen Stich wollte er parieren?[6]

Verwendung des Wortes *Kultur* und eine ‚Sinnorientierung'

Ausgehend von Bismarcks Widerstand gegen die katholische Kirche (Kulturkampf) bis zur politischen Teilung der USA existiert eine eigene Diskussionsgeschichte über die Bedeutung des Wortes *Kultur*. Eine Sorge um die Kultur hat sogar regelrechte Kulturkriege hervorgebracht. Als ich die Idee dieses Buches einem Fakultätskollegen erklärte, sagte er: „Aha, was Du schreibst, ist also keine Einführung in die Rechtsquellen, sondern in die Rechtskultur, richtig?" Vor diesem Gespräch hatte ich noch nie darüber nachgedacht, diesem Buch durch einen Fokus auf die Kultur ein Alleinstellungsmerkmal zu geben. Aber je länger ich darüber nachdachte, desto klarer wurde mir, dass er Recht hatte. Allerdings bringt das Wort *Kultur* gänzlich neue Probleme mit sich.

Erstens wird *Kultur* in der Alltagssprache zumeist so verwendet, als wäre seine Bedeutung allein auf ‚Hochkultur' begrenzt – und selbst dann nur für

---

[3]　*American Bar Association*, A. B. A. Section of Legal Education Reports 2013 Law School Enrollment Data, https://www.americanbar.org/groups/legal_education/resources/statistics/statistics-archives/ (zuletzt aufgerufen am 01. 12. 2022).

[4]　Siehe *M. Burr/Howard Bromberg*, U. S. Legal Practice Skills for International Law Students, 2014.

[5]　Siehe *Currie Oates/Anne Enquist*, Grammar and Rhetoric for ESL Law Students, in: The Legal Writing Handbook: Analysis, Research, and Writing, 4. Aufl. 2006, S. 827–879; *Deborah B. McGregor/Cynthia M. Adams*, The International Lawyer's guide to Legal Analysis and Communication in the United States, 2008; *Krois-Lindner/Translegal*, International Legal English: A Course for Classroom or Self-Study Use, 2006.

[6]　*Kenneth Burke*, A Grammar of Motives, 1969, S. 365.

überhöhte Kulturerscheinungen. Zweitens wird *Kultur* oft mit der Ideologie eines Feindes assoziiert. Auch wenn viele von uns das Theaterstück „Schlageter" namentlich nicht kennen, kommt uns das berüchtigte Zitat seines Protagonisten vertraut vor: „Wenn ich Kultur höre […] entsichere ich meinen Browning!"[7] Diese Zeile der Hauptfigur *Schlageter* zeigt uns nicht nur die Politik der Kultur, sondern auch, welche Resonanz sie bei denjenigen hat, deren Überzeugungen sich gegen eine solche ‚Hochkultur' richten.

Ein drittes Problem stellt sich dann, wenn man zu viel Vertrauen in die Idee der Definition setzt. Das Konzept der Definition entspringt in der westlichen Kultur dem üblichen ersten Schritt in der Kunst der Rhetorik, dem Auffinden von Argumenten (Latein, *inventio*; Griechisch, εὕρεσις). Es scheint jedoch geradezu so, als hätte sich die Definition inzwischen fälschlicherweise zu etwas nahezu Gegenständlichem entwickelt, das beinahe greifbar ist. In seinem Gedicht „Law, Like Love" bemüht sich der englische Dichter *W. H. Auden* vergeblich, eine Definition des Rechts zu liefern. Stattdessen lässt er den Leser wissen:

Selbst rechtstreue Gelehrte schreiben:
Recht ist weder falsch noch richtig,
Recht besteht allein aus Verbrechen,
Bestraft je nach *Ort* und *Zeit*.[8]

Definitionen können zudem schnell veralten oder tendenziös sein. So wurde die Kultur etwa im 19. Jahrhundert, als die Kulturanthropologie durch einen Kolonialismus befördert wurde, der uns heute zusammenzucken lässt, von dem britischen Anthropologen *Edward Burnett Tylor* definiert als „dieses komplexe Ganze, das Wissen, Überzeugungen, Kunst, Moralvorstellungen, *Recht*, Gebräuche sowie jede andere Fähigkeit und Gepflogenheit, die von Menschen als Mitglieder der Gesellschaft erworben werden, vereint."[9] Zugegeben verdeutlicht diese Definition, dass die Kultur semantisch nicht auf ‚Hochkultur' begrenzt ist, dennoch ist *Tylors* Verständnis eingebettet in eine Zeit, in der man problemlos von „zivilisierten" und „primitiven" Kulturen sprechen konnte, wie der Titel seines Werkes zeigt.

Im letzten Teil des 20. Jahrhunderts wurde das Wort *Kultur* politisch dann derart aufgeladen, dass man es nur noch wagen konnte, es polemisch zu verwenden. Mit der nun folgenden Distanzierung hoffe ich, die meisten Fettnäpfchen zu umgehen. Der Definitionsprozess dient dazu, etwas näher

---

[7]   Diese Zeile stammt von dem nationalsozialistischen Autor *Hanns Johst* in seinem Stück „Schlageter" (1. Akt, 1. Szene). Der Originaltext ist einsehbar unter http://forum.axishistory.com/viewtopic.php?f=44&t=148927 (zuletzt aufgerufen am 01. 12. 2022).

[8]   *W. H. Auden*, Law, Like Love, in: Collected Shorter Poems, 1927–1957, 1969.

[9]   *E. B. Tylor*, Primitive Culture, Researches into the Development of Mythology, Philosophy, Religion, Language, Art and Custom, 7. Aufl. 1924 (Hervorhebung durch den Verfasser).

zu bestimmen, was zuvor noch unbestimmt war. Folglich wird eine Linie gezogen, mit der zwei Kategorien gebildet werden: dasjenige, was von der Definition umfasst ist, und dasjenige, was von der Definition ausgeschlossen wird. Für eine Diskussion über die US-amerikanische Rechtskultur bedeutet dies, dass mit *Kultur* gewöhnlich eine Linie gezogen wird zwischen dem, was man als ‚Kultur‘ bezeichnet, und dem, was man als ‚Natur‘ begreift. Durch diese Differenzierung wird meine wichtigste Botschaft deutlich. Sie lautet: Recht ist eine kulturelle Erscheinung – keine natürliche. Soweit dies zutrifft, verändert sich das Recht im Laufe der Zeit und unterscheidet sich von Ort zu Ort.[10] Diese Überzeugung stellt aber keine Positionierung für oder gegen einen Rechtspositivismus oder die Naturrechtslehre dar. Ein Naturrechtler würde vermutlich darauf bestehen, dass es universalgültige Rechtsnormen gibt, gerade weil diese Normen irgendwie ein Bestandteil der menschlichen Natur sind. Aber das Naturrechtskonzept, biologisch verstanden, wird Stück für Stück immer zweifelhafter, weil der Grundgedanke eines beständigen menschlichen Naturzustandes durch die Erkenntnisse der Evolutionsbiologie zunehmend verblasst. Dies unterstellt, muss das Recht entweder von seiner kulturellen Beschaffenheit abhängig sein oder aber die Menschenrechte bzw. Universalnormen haben einen göttlichen Ursprung. Interkulturelle Normen, selbst solche, die universalgültig geworden sind, können auch durch einen breiten Konsens ihre Geltung erlangen. Alle Rechtsnormen müssen durch Sprache ausgedrückt werden und benötigen soziale Mechanismen, damit sie faktisch und tatsächlich durchsetzbar sind. Selbst dann, wenn wir uns darauf einigen, dass Universalnormen in einer idealen Welt existieren oder existieren können, kann man nicht beweisen, dass sie in sämtlichen Sprachen auf dieselbe Weise ausgedrückt werden, weil uns die Maßstäbe fehlen, um die Gleichartigkeit der sprachlichen Ausdrücke zu bestimmen. Daher streiten sich auch die Naturrechtstheoretiker oftmals bereits über die fundamentalen „natürlichen“ Rechte.

Bezogen auf unsere Problemstellung sollte man daher erkennen, dass die heutige Rechtskultur der Vereinigten Staaten keinesfalls die Rechtskultur von anderswo oder einer anderen Zeit ist und nicht einmal die gleiche wie die Rechtskultur der Vereinigten Staaten der Vergangenheit oder der Zukunft. Daher kann ein ausländischer Jurist auch nicht sein eigenes Konzept der Rechtskultur „im Allgemeinen“ anwenden, um die US-amerikanische Rechtskultur in ihren jeweiligen temporären und örtlichen Besonderheiten zu begreifen.

Durch die Überlegungen zur Kultur habe ich bislang nur aufzeigen können, dass die Rechtskultur die Natur nicht einschließt. Was aber kann man noch feststellen? Die heutige Kulturanthropologie hat sich im Vergleich zu den Zeiten von *Edward Burnett Tylor* selbstverständlich deutlich geändert und versteht sich und ihre Rolle anders. Meine Definition der Kultur soll auch gar

---

[10] Siehe *E. H. Carr*, History, Science, and Morality, in: What is History?, 1964, S. 56–86.

nicht derjenigen eines Anthropologen der Vergangenheit oder Gegenwart entsprechen. Stattdessen verwende[11] ich *Kultur* nicht als *terminus technicus* eines Anthropologen, sondern lediglich, um das beschriebene Problem anzugehen: Juristen und Studierende eines bestimmten Rechtssystems können ein anderes Rechtssystem nicht ohne einige Grundkenntnisse derjenigen Kultur begreifen, die dieses System hervorbringt. Auch wenn dieses Problem insbesondere Juristen oder Studierende außerhalb der Vereinigten Staaten betrifft, so kann, durch die Schwerpunktsetzung auf kulturelle Verbindungen statt nur auf die Mechanismen des Rechts, sogar ein US-amerikanischer Studierender von diesen Überlegungen erheblich profitieren. Der US-amerikanische Leser wird möglicherweise erkennen, dass dieser Ansatz dabei hilft, das US-Recht im Lichte der US-Kultur zu sehen, anstatt die Kultur nur als unbeachtetes Hintergrundbild verweilen zu lassen, oder schlimmer noch – als eine Zusammenstellung von statischen Tatsachen.

Dieses Buch hat den Anspruch, Studierende und Juristen außerhalb der Vereinigten Staaten dabei zu helfen, eine unbekannte Kultur zu verstehen: die US-amerikanische Rechtskultur. Sollte man, dieses Verständnis zu Grunde gelegt, meinem Beharren auf der Unterscheidung zwischen Verwendung und Definition widersprechen und zumindest eine Arbeitsdefinition[12] des Wortes *Kultur* für dieses Buch verlangen, so scheint die Definition von *Siegfried Schmidt* einer solchen am nächsten zu kommen: Kultur ist „Sinnorientierung",[13] wobei *Sinn* als ‚ein Gefühl für etwas bekommen' und *Orientierung* wie in der Luftfahrt zu verstehen sind. Man könnte sich nun noch deutlich länger mit den Bedeutungsproblemen des Wortes *Kultur* beschäftigen, jedoch würde dies nur vom eigentlichen Thema ablenken – in diesem Fall der Rechtskultur. Obwohl dieses Buch als Teil einer längeren Tradition Recht als Kultur zu behandeln, bezeichnet werden kann, ist es auf den Versuch begrenzt, die Rechtskultur der USA denjenigen vorzustellen, denen sie fremd ist.[14] Meine Schwerpunktsetzung auf Kultur mag Ihnen als Leser bereits einen Hinweis darauf geben, dass ich aus einem *Common-law*-System stamme. Im Vergleich dazu ist der Rechtswissenschaftler eines *Civil-law*-Systems nach *John Henry Merryman* „nur mit dem Gesetz und mit rein rechtlichen Werten befasst. Das

---

[11] Sowohl in Kapitel 3, in welchem ich das *Civil-law*-System mit dem *Common-law*-System vergleiche, als auch in Kapitel 6 über die Sprache, wird der Unterschied zwischen Gebrauch und Definition vertieft.

[12] Wie Sie als Leser in Kapitel 3 über Rechtsvergleichung und Kapitel 6 zum sprachlichen Bezugsrahmen erkennen werden, ist das Vertrauen auf die Definition selbst ein fragwürdiger Weg, um die Bedeutung irgendeines Wortes zu ergründen, einschließlich „Kultur".

[13] *Siegfried J. Schmidt*, Kognitive Autonomie und soziale Ordnung, 1996.

[14] Man könnte insoweit auch von einer Kultur der Rechtsvergleichung sprechen. Siehe etwa *Maurice Adams/Dirk Heirbaut*, The Method and Culture of Comparative Law: Essays in Honour of Mark Van Hoecke, 2014.

Ergebnis ist dann eine höchst künstliche Lehre, die absichtlich von allem ab-geschottet wird, was draußen, im Rest der Kultur, vor sich geht."[15]

Ich gehe davon aus, dass ein Studierender, oder mehr noch ein Rechts-praktiker, einwenden könnte, dass ein Studium der Rechtskultur nicht prak-tikabel sei. Meine Antwort auf diesen Einwand ist, dass juristische Berufe von Menschen ausgeübt werden. Es gibt nichts Sinnvolleres für das Jurastudium, als eben diese Menschen zu verstehen. Einen australischen, kanadischen, englischen, irischen, indischen, US-amerikanischen[16] oder irgendeinen ande-ren *Common-law*-Anwalt zu verstehen, der Ihnen in einem Gerichtssaal oder an einem Verhandlungstisch gegenübersitzt oder Ihre E-Mail liest, erfordert mehr als nur ein Feingefühl für die Mechanismen der Rechtsquellen. Ein solches Verständnis setzt nämlich auch voraus, dass ein Jurist außerhalb der Vereinigten Staaten versteht, wie sein Gegenüber ausgebildet wurde, welche Denkmethoden explizit oder implizit während dieser Ausbildung angeeignet und weiterentwickelt wurden und welche Erwartungen ein Nicht-Jurist an diese Rechtskultur haben könnte. Erst dann, wenn ein Jurist außerhalb der Vereinigten Staaten versteht, wie ein US-amerikanischer Jurist denkt, können die Rechtsquellen untersucht und besser verstanden werden – sei es jetzt oder erst zu einem späteren Zeitpunkt. Die Grundlage dieses Buches ist da-her die Erkenntnis, dass das Sinnvollste, was ein ausländischer Studierender über US-amerikanisches Recht lernen kann, die Art und Weise ist, wie ein US-amerikanischer Jurist denkt – und nicht der Wortlaut der Rechtsquellen.

Die kulturellen Probleme, die beim Verständnis des US-amerikanischen Rechts auftreten, stammen von zahlreichen Studierenden und Juristen aus aller Welt, die ich dankenswerterweise kennenlernen durfte. Das Buch hat dabei enorm von der Korrektur und dem Herumreichen der Rohfassung profitiert – einerseits unter Juristen aus den Vereinigten Staaten, aber auch aus Deutschland und Italien, sowie andererseits unter den Jurastudieren-den aus Ländern, für die Englisch in der Regel nicht die Muttersprache ist. Neben einigen anderen Staaten kamen diese Studierenden aus Deutschland, Griechenland, Frankreich, der Türkei, Spanien, China, der Schweiz, Serbien, Moldawien, Russland, Israel und Japan. Ihre Einsichten darin, wie auslän-dische Juristen unser Rechtsenglisch lesen und US-amerikanisches Recht verstehen, waren ausgesprochen wertvoll. Darüber hinaus haben Juristen aus Indien, Peru, Uruguay, Brasilien, Nigeria, Kamerun und Äthiopien wert-volles Feedback und sinnvolle Anregungen zu verschiedenen Ansätzen des Buches gegeben.

---

[15]   *John Henry Merryman/Rogelio Pérez-Perdomo*, The Civil Law Tradition: An Introduction to the Legal Systems of Europe and Latin America, 3. Aufl. 2007, S. 65.

[16]   Es gibt natürlich auch andere *Common-law*-Staaten und viele andere Länder, in denen das *common law* entweder mit dem *civil law* oder einem innerstaatlichen, indigenen Recht vermischt ist, wie Ghana, Nigeria, Kamerun und Südafrika. Diese gemischten Rechtssysteme bringen auch gemischte Rechtskulturen hervor bzw. werden von ge-mischten Rechtskulturen hervorgebracht.

Kategorie „Recht als Kultur"

Sofern man dieses Buch einer bestimmten Geisteshaltung zuordnen möchte, wäre es höchstwahrscheinlich die Tradition des „Rechts als Kultur". Allerdings bestehen einige Unterschiede zwischen dem, was in diesem Buch oft als „US-amerikanische Rechtskultur" bezeichnet wird, und dem Verständnis der Fachliteratur zur Recht-als-Kultur-Tradition.[17] Zunächst ist insoweit zwischen dem Verständnis und der Bedeutung von Recht *als* Kultur und Recht *in einer* Kultur zu differenzieren. Mit der ersten Formulierung ist gemeint, dass juristische Produkte generell als kulturelle Werke verstanden werden, etwa so wie ein Anthropologe dies vermutlich täte, anstatt sie isoliert betrachtet allein als Quellen gesetzlicher Regelungen und Konzepte einzuordnen. Mit der zweiten Formulierung ist gemeint, dass Juristen diejenige Rolle verstehen mögen, die das Recht als Bestandteil der Kultur in einem größeren Zusammenhang einnimmt. Durch die Einbeziehung des zweiten Verständnisses wird in diesem Buch das Recht in die Kultur – konkret: in die Kultur der Vereinigten Staaten – eingebettet und zwar zusätzlich zur allgemeinen Diskussion des Rechts *als* Kultur. Zum Beispiel: „Ich kenne meine Rechte!", ruft der Hauptdarsteller eines Hollywoodfilms. Das ist eine übliche Äußerung der US-amerikanischen Kultur. Diese Aussage ist in der Tat derart geläufig, dass sie nicht mehr hinterfragt wird. Woher aber kennt eine Person ihre Rechte? Durch den eigenen Bildungsweg – Sozial- oder Gemeinschaftskunde in der Oberstufe? Oder durch die Vorbereitung auf einen staatlichen Einbürgerungstest? Hat diese Person ihre vermeintlichen Rechte aus Film und Fernsehen erfahren? In den USA ist es sehr wahrscheinlich, dass sämtliche der vorstehenden Fragen mit „ja" beantwortet werden können.[18] Wenn jemand das Jurastudium aufnimmt, um schließlich Jurist zu werden, was in den USA nur in Form von Aufbaustudiengängen möglich ist, glaubt diese Person, dass sie bereits ein gewisses Verständnis davon hat, was ihre Rechte sind. Im Ergebnis beginnt sie das Jurastudium dann mit einem informellen Grundwissen. Studierenden, die nicht mit diesem für die US-amerikanische Kultur typischen Halbwissen aufgewachsen sind, fehlt somit bereits dieses informelle Gespür. Auch kein noch so intensives Rechtsquellenstudium anhand

---

[17]   *Lawrence Rosen*, Law as Culture: An Invitation, 2008; *Naomi Mezey*, Law as Culture, in: Yale Journal of Law & Humanities, Bd. 13 (2001), S. 35–67; Werner Gephart (Hrsg.), die gesamte Reihe „Recht als Kultur", Internationales Käte Hamburger Kolleg für Geisteswissenschaftliche Forschung; *Kathy Laster*, Law as Culture, 2. Aufl. 2001; *Roger Cotterrell*, Law in Culture, in: Bd. 17, Ratio Juris 1 (2004), S. 1–14; Hendrik Hartog / William E. Nelson (Hrsg.), Law as Culture and Culture as Law: Essays in Honor of John Phillip Reid, 2000.

[18]   Für eine Bewertung der Rolle des Rechts in der Ausbildung der Staatsbürger, unter besonderer Berücksichtigung der Umweltnormen, siehe *Kirk W. Junker*, „What We Could Do Is …": The Relation of Education to Legal Obligations to Protect Public Health and the Environment, Umwelt und Gesundheit Online (4 / 2011), S. 18–29.

von Lehrbüchern vermag Studierenden dieses Grundgefühl zu vermitteln. Mein Buch ist daher zum einen als Angebot für ausländische Studierende zu verstehen, eben diese Lücke der zuvor dargestellten Kulturerfahrung zu schließen, und zum anderen als Hilfestellung für einheimische Studierende, um über die eigene Rechtskultur nachzudenken.

Beeinflusst das Recht die Kultur, in welcher es praktiziert wird, oder beeinflusst die Kultur die Rechtspraxis? Im Ergebnis handelt es sich um eine Wechselbeziehung.[19] Während wir die Verbindung von „Recht und Kultur" traditionell als Frage danach gedeutet haben, wie die Kultur ein bestimmtes Rechtssystem geformt hat, müssen wir nun erkennen, wie das Rechtssystem bestimmte Kulturaspekte formt oder aufrechterhält – zuweilen durch direkte, intendierte Handlungen, manchmal auch durch indirekte oder unbewusste Handlungen; oder durch das, was man Standpunkt, Ausrichtung oder sogar Ideologie nennen könnte. Dies mag auf die US-amerikanische Kultur in besonderer Weise zutreffen. In seiner „Demokratie in Amerika"[20] behauptet *Alexis de Tocqueville*, dass das Schicksal der Vereinigten Staaten „von den moralischen und politischen Führungsqualitäten abhängt, die ausschließlich von den Juristen bereitgestellt werden können, da sie eben diese Aufgabe von der abgeschafften Aristokratie übernommen haben."[21] Man könnte also argumentieren, dass in einem *Common-law*-System, das, anders als das Britische, über ein unabhängiges Staatsoberhaupt mit umfangreicher Exekutivgewalt – den Präsidenten – verfügt, diese Person auch jemand sein sollte, der besonders rechtskundig ist. Daher ist es nicht sonderlich überraschend, dass bis 1920 sämtliche US-Präsidenten Juristen gewesen sind, abgesehen von einigen Militärführern.

Abschließend ein letzter Punkt zur Kultur: Weiter oben habe ich angemerkt, dass US-amerikanische Studierende ein erstes Gespür für ihre Rechte möglichweise durch Film und Fernsehen erworben haben. Die Bedeutung der allgemeinen Populärkultur für Jurastudium und Rechtspraxis sollte nicht leichtfertig abgetan werden. In den Vereinigten Staaten berichten etwa Strafverfolger von dem Phänomen, dass Geschworene einen Angeklagten allein deshalb freigesprochen haben, weil es dem Staat nicht gelungen ist, DNA- oder andere naturwissenschaftlich fundierte Beweise vorzubringen, obwohl lediglich weniger schwerwiegende Straftaten im Raum standen, für die in vergleichbaren Fällen der Vergangenheit noch nie wissenschaftlich fundierte Beweise gefordert worden waren. Diese Geschworenen berichteten dann auf

---

[19] Siehe exemplarisch *Dorothy H. Bracey*, Exploring Law and Culture, 2008, S. 8: „Die grundlegende Annahme dieses Buches ist, dass das Verhältnis zwischen Recht und Kultur eine wechselseitige Beziehung ist."

[20] *Alexis de Tocqueville*, Democracy in America, 1863.

[21] *Paul D. Carrington*, American Lawyers: Public Servants and the Development of a Nation, 2012, S.vi. *Carrington* stellt fest, dass es kein Zufall ist, dass *Tocqueville*, selbst Aristokrat, den Mangel an Aristokratie in den Vereinigten Staaten als ausfüllungsbedürftige Lücke erachtet.

Nachfrage, dass sie in Fernsehsendungen und Filmen gesehen hätten, dass derartige Beweise in Strafverfahren üblich seien.[22] Was den Einfluss solcher verbreiteten Darstellungen angeht, ist noch ein weiteres Beispiel anzuführen. Selbstverständlich ist es zutreffend, dass die US-amerikanische Populärkultur exportiert und sogar aus allen möglichen Gründen globalisiert wird. Gleichwohl ist es ebenfalls zutreffend, dass aus kulturellen Gesichtspunkten die Natur eines kontradiktorischen *Common-law*-Gerichtsverfahrens eine deutlich reizvollere Dramatik bereithält als eine einseitige gerichtliche Untersuchung oder eine gerichtliche Verwaltungsprozedur.

Verwendung von „Vereinigte Staaten"

Ergänzend zu meinen Distanzierungen hinsichtlich der Frage der Kultur sollte ich kurz meine beharrliche Formulierung „Vereinigte Staaten" bzw. „US-amerikanisch" anstelle der vielfach gebräuchlicheren Ausdrücke *Amerika* oder *amerikanisch* erklären. Ich verwende die Termini *US-Recht* oder *US-amerikanisches Recht*, um sowohl dasjenige Recht zu bezeichnen, welches einem der einzelnen Bundesstaaten (*states*) zugeschrieben wird, als auch dasjenige, welches aus der Föderation der Vereinigten Staaten (*federation*) hervorgeht. Der Name *Vereinigte Staaten von Amerika* ist für Juristen aus drei Gründen entscheidend. Erstens ist die USA ein pluralistischer und kein Einheitsstaat, weshalb die Bezeichnung allein schon eine Orientierung für den Sinn oder die Bedeutung der Eigenarten des US-Föderalismus bietet. Der zweite Grund ist artverwandt, aber doch eigenständig. Innerhalb der als USA bekannten Föderation werden die 50 verschiedenen Bundesstaaten als *states* bezeichnet, weil sie, wie andere internationale Staaten, tatsächlich unabhängige juristische Einheiten mit besonderen Hoheitsrechten sind. Hierzu zählt etwa, dass sie ihre eigenen Steuern erheben, sich zum Zwecke der Verteidigung bewaffnen oder ihre eigenen Gesetze erlassen können. Journalisten, Politiker und Talkshow-Moderatoren sagen zwar „Amerika" oder „amerikanisch", allerdings stellt das für Juristen eine unangebrachte Kurzform dar. Die Bezeichnungen *Vereinigten Staaten von Amerika*, *USA*, *die USA*, *Vereinigte Staaten* oder sogar *die Staaten* sind im Verhältnis dazu ausnahmslos vorzugswürdig, weil sie jeweils andeuten, dass es sich hierbei um eine vereinigte Gemeinschaft von unabhängigen juristischen Einheiten handelt, die lediglich zu begrenzten Zwecken eine föderale juristische Einheit bilden. Der dritte Grund besteht schließlich darin, dass die Bezeichnung *Amerika* oder *amerikanisch* mehrdeutig oder gar anstößig sein kann. Kanada, die Staaten Mittelamerikas wie auch die Länder Südamerikas liegen in

---

[22] Für wissenschaftliche Abhandlungen zum Thema US-Recht in Filmen siehe *Michael Asimow/Shannon Mader*, Law and Popular Culture: A Coursebook, 2007; *Paul Bergmann/Michael Asimow*, Reel Justice: The Courtroom Goes to the Movies, 2006.

geographischer Hinsicht ebenfalls auf dem amerikanischen Kontinent und gehören damit gleichsam auch zu Amerika. Daher können die Bezeichnungen *Amerika* oder *amerikanisch* zu Verwirrungen führen, ob diese Staaten ebenfalls umfasst sein sollen, oder nicht.[23] Für Menschen in den USA mag dies möglicherweise schwer verständlich sein, gleichwohl wurde ich von zahlreichen Bürgern anderer Staaten des amerikanischen Kontinents in Gesprächen immer wieder schmerzlich an diese Ungenauigkeit erinnert. Diese Anmerkungen führen durchaus zu kleinen sprachlichen Schwierigkeiten. Man kann „amerikanisch" aber nicht „Vereinigte Statenisch" schreiben. Als attributives Adjektiv „US-amerikanisch" anstelle von „amerikanisch" zu verwenden, erscheint mir jedoch ein geringes Übel, um das dahinterstehende kulturelle Konzept stets präzise zu würdigen.

Im Zusammenhang mit den Erläuterungen des Buchtitels sollte ich schließlich noch ein paar Worte über die Bezeichnung *Einführung* verlieren. Während ich für diese Einführung meine „Referenzrahmen" der Geschichte, Philosophie, Sozialkunde, Sprache und Fachdisziplin Jura verwende, erhebe ich keinesfalls den Anspruch darauf, diese einzelnen Themen jeweils erschöpfend zu behandeln. Eine umfängliche Darstellung der betreffenden Aspekte würde vielmehr jedes Kapitel in ein eigenes langes Buch verwandeln. Stattdessen sollen Studierende erkennen, wie all diese Referenzrahmen miteinander interagieren und gemeinsam ein Kulturgerüst bilden, das dazu in der Lage ist, die Rechtsentwicklung der USA zu prägen.

Referenzrahmen

Praktiker und Studierende begreifen das Recht viel zu oft allein bezogen auf das Recht selbst, betrachten es also ausschließlich durch seinen eigenen, juristischen Referenzrahmen. Dieses Problem verschärft sich dann besonders, wenn die betreffenden Juristen diese selbstreferentielle Perspektive auf eine fremde Kultur übertragen. Ein US-amerikanischer Anwalt, der in einem der Bundesstaaten der USA zugelassen ist, hat sich an die Verpflichtungen seines Berufsstandes in eben diesem Bundesstaat zu halten. Diese einzelstaatlichen Regelungen entsprechen dabei zumeist den Mustervorschriften über professionelles Verhalten (*Model Rules of Professional Conduct*) der US-amerikanischen Anwaltskammer (*American Bar Association* – A. B. A.). Selbst wenn der Anwalt das Recht also lediglich selbstreferentiell versteht, so ist er nach Regelung 2.1 der *Model Rules of Professional Conduct* insgesamt als „Berater" beschrieben:

---

[23] Für Beispiele aus dem juristischen Kontext ist insoweit etwa an die Inter-amerikanische Anwaltskammer (*Inter-American Bar Association*) und die Organisation Amerikanischer Staaten (*Organization of American States*) zu denken, welche jeweils auch Mitglieder für Süd-, Mittel- und Nordamerika einschließen.

„Bei der Vertretung eines Mandanten ist der Anwalt dazu verpflichtet, eine unabhängige juristische Beurteilung abzugeben und diesem einen aufrichtigen Rat zu erteilen. Für diese Beratung ist der Anwalt nicht allein auf das Recht beschränkt, sondern darf auch andere Überlegungen einbeziehen, die für die Situation des Mandanten von Bedeutung sein könnten. Hierzu zählen etwa *moralische, wirtschaftliche, soziale* und *politische* Faktoren.“[24]

Bemerkenswert ist insoweit die Formulierung „ist […] verpflichtet“. Für Anwälte bedeutet diese Wortwahl schlicht, dass er es ‚muss‘. Es ist ein Gebot. Ein Rechtsanwalt hat folglich zwingend eine Beurteilung abzugeben und einen Rat zu erteilen. Hierbei ist er dann dazu aufgefordert, moralische, wirtschaftliche, soziale und politische Gesichtspunkte einzubeziehen. Dies im Hinterkopf, scheint es unausweichlich, dass der Anwalt mit jenen Faktoren auch ausreichend vertraut ist – und zwar jenseits des Niveaus eines Laien. Im Kommentar zur Regelung 2.1 heißt es:

„Ratschläge, die mit präzisen juristischen Worten formuliert sind, können für einen Mandanten unter Umständen nur von geringem Wert sein, insbesondere wenn praktische Erwägungen wie Kosten oder Auswirkungen auf andere Personen im Vordergrund stehen. Eine rein technische Rechtsberatung kann daher manchmal unzureichend sein. Bei seiner Beratung ist es folglich angezeigt, dass ein Rechtsanwalt auch einschlägige moralische und ethische Erwägungen einbezieht. Obwohl ein Rechtsanwalt an sich kein moralischer Berater ist, wirken sich moralische und ethische Erwägungen aber auf die meisten rechtlichen Fragestellungen dennoch aus und können die Rechtsanwendung entscheidend beeinflussen. Gleichwohl kann ein Mandant den Anwalt auch ausdrücklich oder konkludent um eine rein juristische Beratung bitten. Wenn ein solches Anliegen von einem Mandanten vorgetragen wird, der in juristischen Fragen ausreichend erfahren ist, kann der Anwalt dies grundsätzlich akzeptieren. Wenn aber ein solcher Antrag von einem Mandanten gestellt wird, der in Rechtsfragen unerfahren ist, *kann von seiner beruflichen Verantwortung als Berater auch umfasst sein, anzumerken, dass mehr als lediglich rein rechtliche Erwägungen einbezogen werden sollten.*“[25]

Diese Regelung aus den Mustervorschriften der *American Bar Association* hat mich zu grundsätzlichen Überlegungen über das angeregt, was ich im Folgenden als „Referenzrahmen“ bezeichne. Sie stellen zum einen den An-

---

[24]   *American Bar Association (A. B. A.)*, Model Rules of Professional Conduct, Rule 2.1 (Hervorhebungen durch den Verfasser); Obwohl Staaten wie Kalifornien die von der A. B. A. verbreiteten Modellvorschriften nicht ausdrücklich übernommen haben, erklärten deren Gerichte die Berufsverpflichtungen kalifornischer Anwälte mit vergleichbaren Worten. Siehe dazu exemplarisch *Wolfrich Corp. v. United Services Auto. Ass'n* (1st Dist. 1983) 149 Cal.App.3d 1206, 197, Cal. Rptr. 446: „Anwälte arbeiten als Berater und sind für die Erteilung eines Rates, soweit angemessen, dazu berechtigt, neben den juristischen auch soziale, wirtschaftliche und sogar politische Faktoren zu berücksichtigen. […] Mandanten haben einen Anspruch darauf, von ihren Anwälten einen vollständigen und aufrichtigen Rat zu erhalten.“ (zitierte Seitenzahlen ausgelassen). Diese Idee wird durch die wissenschaftlichen Erkenntnisse von *Eurobarometer Research* gestützt, die herausgefunden haben, dass Menschen eher durch moralische Bedenken angetrieben werden als durch Risikoberechnungen, Commentary, Nature, 387, 845 ff. (26.Juni 1997).

[25]   A. B. A. Model Rules of Professional Conduct, Rule 2.1 Advisor – Kommentare 2 und 3 zum Thema „Beratungsumfang“ (Hervorhebung durch den Verfasser).

satz dieses Buches und zum anderen dessen Gliederung dar. Die Referenzrahmen können für Studierende – sowohl außerhalb als auch innerhalb
der Vereinigten Staaten – hilfreich sein, dennoch bleiben sie selbst in den
Vorlesungssälen der USA größtenteils unberücksichtigt. Im Gegensatz dazu
werden Rechtsquellen oder juristische Konzepte in anderweitig verfügbaren
Werken zumeist intensiv besprochen, sodass dieses Buch sie lediglich am
Rande berücksichtigt – gerade weil Informationen hierzu an anderer Stelle
leicht verfügbar sind.

Die meisten Kapitel dieses Buches sind jeweils einem bestimmten Referenzrahmen gewidmet. Dort, wo es angebracht ist, sind die Kapitel aber auch
ausdrücklich mit anderen Referenzrahmen verknüpft. Jeder Referenzrahmen
bietet eine eigene Möglichkeit, das US-amerikanische Recht als eine Reihe
von Antworten auf gewisse Probleme zu sehen, die dann durch eine Vielzahl
von Rahmen oder Blickwinkeln untersucht werden können. Die Idee der Referenzrahmen steht in engem Zusammenhang mit dem Ansatz des Rechts als
Kultur. Ähnlich wie die Kernaussage der obigen Regelung aus den Mustervorschriften der *American Bar Association* schreibt der französische Jurist *Maître
Pierre Lepaulle*: „Die wesentlichen Kräfte, die neues Recht entstehen lassen,
sind nicht nur juristischer Natur, sondern auch moralischer, wirtschaftlicher,
religiöser usw. Zusammengefasst spielen alle gesellschaftlichen Kräfte, in
unterschiedlich starkem Ausmaß, bei jedem sozialen Phänomen eine Rolle."[26] Diese sozialen Kräfte, die hier als „kulturelle" bezeichnet werden und in
diesem Buch als „Referenzrahmen" einfließen, sind: Geschichte (Kapitel 4),
Soziologie (Kapitel 5), Sprache (Kapitel 6), Philosophie (Kapitel 7), Fachdisziplin Jura (Kapitel 8) und Rechtspraxis (Kapitel 9). Das Recht mit juristischer
Brille zu studieren, ist lediglich *ein* Weg, um sich das Recht zu erschließen,
und die Selbstreferenzialität eben dieses Ansatzes führt zu ganz bestimmten
Problemen. Der deutsche Jurist *Günter Frankenberg* verweist in seiner Kritik
zur Methode der Rechtsvergleichung auf diese selbstreferentiellen Problem-
kreise und bezeichnet sie als „Legozentrismus":

„Mit Legozentrismus ist gemeint, dass das Recht als gegeben und notwendig betrachtet
wird, als der natürliche Weg zu idealen, rationalen oder optimalen Konfliktlösungen und
letztendlich zu einer sozialen Ordnung, die Frieden und Harmonie garantiert. Jurastudium
und Rechtspraxis konzentrieren sich zumeist auf das Recht – wie es funktioniert oder funktionieren sollte und wie es verbessert werden kann. Juristen – juristisch ausgebildet und
sozialisiert, fasziniert von juristischen Techniken, überwältigt von der juristischen Vision
des Lebens – denken und sprechen und handeln im Sinne des Rechts."[27]

Das Befassen mit einer ausländischen Rechtskultur ist stets rechtsvergleichende Arbeit. Würde Rechtsvergleichung nur den simplen Vergleich von

---

[26] *Pierre Lepaulle*, The Function of Comparative Law with a Critique of Sociological Juris-
     prudence, in: Harvard Law Review, Bd. 35 (1922), 838 (853).
[27] *Günter Frankenberg*, Critical Comparison, Re-Thinking Comparative Law, in: Harvard
     International Law Journal, Bd. 26, 1985, 411.

Rechtsquellen bedeuten, so bestünde sie lediglich aus einer mechanischen Gegenüberstellung, die einem weder einen ausreichenden Einblick in die rechtliche Konfliktlösung noch ein ausreichendes Verständnis für die Lösungen zur Konfliktvermeidung vermitteln würde. Um ein Rechtssystem zu verstehen, darf man es aber nicht allein aus der juristischen Perspektive sehen, sondern muss es auch aus dem Blickwinkel derjenigen Kultur betrachten, zu der das Recht gehört. In keinem der Referenzrahmen wird lediglich versucht, eine Reihe von Fakten zu präsentieren, um diesen Kanon anschließend als notwendiges Wissen zu bezeichnen. Vielmehr stünde eine derartige Vorgehensweise im Widerspruch zum eigentlichen Kern der juristischen Tätigkeit, insbesondere innerhalb des *common law*. Denn das *Common-law*-Denken behandelt Wissen als ein Produkt der Erfahrung (Empirismus) und nicht als eine Ansammlung von Sachverhalten, zu denen man durch abstraktes (rationales) Denken (Rationalismus) gelangen könnte. Für den Fall, dass Sie als Leser dieses Buches kein US-amerikanischer Jurist sind, gehe ich selbstverständlich davon aus, dass jede sinnvolle Befassung mit dem US-amerikanischen Rechtssystem nur auf dem Weg eines Systemvergleichs möglich sein wird und folglich auch nur unter dem Dach der Rechtsvergleichung durchgeführt werden sollte. Die Rechtsvergleichung als kritische Disziplin „erkennt die Probleme der Perspektive als zentrales und bestimmendes Element im Diskurs der Rechtsvergleichung an".[28] Dieses und andere Probleme eines Vergleichs von fremden Rechtskulturen mit derjenigen der Vereinigten Staaten werden in Kapitel 2 untersucht.

Mit der Berücksichtigung von Geschichte, Soziologie, Philosophie und Sprache als „Referenzrahmen" dieses Buches erhebt keines der Kapitel den Anspruch, darin jeweils mehr Fachwissen darzustellen, als von Juristen erwartet wird, um ihren Beruf auszuüben. Vielmehr sollen in den entsprechenden Kapiteln lediglich diejenigen Kenntnisse vermittelt werden, die auch von einem praktizierenden Rechtsanwalt in den USA erwartet werden dürfen. Denn in der Praxis verwenden US-amerikanische Rechtsanwälte – bewusst oder nicht – Aspekte all dieser Bereiche, um ihre Mandanten vor Gericht zu vertreten. In eben diesem Sinne werden die jeweiligen Referenzrahmen fruchtbar gemacht.[29]

Schließlich könnte man sich berechtigterweise fragen, warum ich genau diese Referenzrahmen gewählt habe und nicht andere. Soweit Recht und Kultur erforscht werden, sind üblicherweise auch Wirtschaft oder Politik einbezogen. Doch genau aus diesem Grund habe ich diese zwei Referenzrahmen nicht behandelt. Denn für den Zusammenhang von Recht und Politik

---

[28] Ebd.
[29] Dies erinnert an die oben erörterte Mustervorschrift zur beruflichen Verantwortlichkeit der *American Bar Association*, die es Rechtsanwälten ermöglicht, ihren Mandanten nicht allein eine juristische Beratung zu den relevanten Rechtsnormen zu geben, sondern auch wirtschaftliche und moralische Ratschläge.

bzw. Recht und Wirtschaft gibt es bereits ausreichend Literatur. Ein weiterer Grund gegen die Berücksichtigung dieser Themen besteht darin, dass sie in der Regel dazu neigen, alle anderen Diskussionspunkte in den Hintergrund treten zu lassen. Würde man etwa einen ökonomischen Referenzrahmen untersuchen, würde sich der Kern der Diskussion leicht in die bereits etablierte Kategorie „Recht und Wirtschaft" verwandeln. Von hier aus wäre es dann nur noch ein kleiner Schritt, bis Recht letztlich *als* Ökonomie verstanden wird, wie von der sogenannten *Chicago School of Economics* mit ihrem prominentesten Vertreter *Richard Posner.*[30] Ebenso wird auch das öffentliche Recht (eine Rechtsmaterie, die in *Common-law*-Systemen nicht annähernd so eigenständig ist wie in *Civil-law*-Systemen) häufig mit Politik gleichgesetzt und daher auch *wie* Politik behandelt. Für Nicht-Juristen sind Politik und Recht ohnehin entweder ein und dasselbe oder aber so eng miteinander verbunden, dass man das eine nicht ohne das andere denken kann. Nicht so in diesem Buch – hier wird das Recht ohne politischen Referenzrahmen untersucht. Die Tendenz, Recht und Politik verschmelzen zu lassen, könnte darin begründet sein, dass in den Vereinigten Staaten „eine weit jenseits der proportionalen Bevölkerungsverteilung liegende Anzahl der politischen Ämter von Juristen besetzt ist."[31]

Leitgedanken, Wissenskontrolle, Wissensvertiefung und Herausforderung des Wissens

Jedes Kapitel dieses Buches beginnt mit einigen „Leitgedanken". Der dahinterliegende Sinn dieser Vorgehensweise besteht nicht allein darin, Sie vorab explizit auf einige Problemfelder hinzuweisen, um es Ihnen zu ermöglichen, bereits von vornherein gezielt nach bestimmten Informationen Ausschau zu halten. Vielmehr fungieren diese Einleitungsfragen zusätzlich als roter Faden, der Sie Schritt für Schritt durch die jeweiligen Themenaspekte des Kapitels führen möge. So wie jedes Kapitel mit einigen Leitgedanken beginnt, so endet jedes Kapitel mit einigen Fragen. Diese erfüllen stets eine von drei Aufgaben: eine optionale Wissenskontrolle, Wissensvertiefung oder Wissensherausforderung. Die Fragen zur Wissenskontrolle sollten von Ihnen in der Regel problemlos beantwortet werden können, wenn das Kapitel durchgearbeitet und verstanden wurde. Fragen zur Wissensvertiefung basieren auf dem, was in dem Kapitel besprochen wurde, sollen Sie aber dazu anregen, weitergehend über die analysierten Konzepte nachzudenken. Wissensherausforderungen schließlich beinhalten Fragen, bei denen generell davon ausgegangen wird, dass Sie das Kapitel vollständig durchgearbeitet und verstanden haben und

---

[30] Siehe *Richard A. Posner*, Economic Analysis of Law, 8. Aufl. 2010.
[31] *William M. Sullivan et. al.*, Educating Lawyers: Preparation for the Profession of Law, 2007, S. 82 (auch bekannt als „Carnegie Foundation Report").

nun dazu bereit sind, auf artverwandten, aber doch gänzlich neuen Wegen über das jeweilige Thema nachzudenken.

In dieser Einleitung wurden die Zielsetzung des Buches, das zugrunde gelegte Verständnis von Rechtskultur wie auch die Methode des referentiellen „Einrahmens" hoffentlich ausreichend deutlich vorgestellt. Das Thema des nachfolgenden Kapitel 1 ist der ungleich schwierigste Aspekt der Rechtskultur – das Begreifen des „Geistes" (nach Harvard-Dekan *James Barr Ames*) bzw. der „Seele" (nach dem französischen Juristen *Edouard Lambert*) des Rechtssystems und wie man sich diesen Kern durch „Erfahrung" (nach dem Richter am Obersten Gerichtshof der USA, *Oliver Wendell Holmes, Jr.*) aneignen kann.

Literatur[32]

Auden, WystanH., Law, Like Love, in: Collected Shorter Poems 1927–1957, 1969.
Bracey, Dorothy H., Exploring Law and Culture, 2006.
Burke, Kenneth, A Grammar of Motives, 1969.
Burr, Anne M./Bromberg, Howard, U. S. Legal Practice Skills for International Law Students, 2014.
Carr, Edward H., History, Science, and Morality, in: What is History? 1964, S. 56–86.
Carrington, Paul D., American Lawyers: Public Servants and the Development of a Nation, 2013.
Cotterrell, Roger, Law in Culture, Bd. 17, Ratio Juris, (2004), 1.
Frankenberg, Günter, Critical Comparison, Re-Thinking Comparative Law, Bd. 26, Harvard International Law Journal (1985), 411.
Gephart, Werner (Hrsg.), Law as Culture series, 2012–15.
Hartog, Hendrik/Nelson, William E. (Hrsg.), Law as Culture and Culture as Law: Essays in Honor of John Phillip Reid, 2000.
Junker, Kirk W., 'What We Could Do Is …': The Relation of Education to Legal Obligations to Protect Public Health and the Environment, Umwelt und Gesundheit Online (4/2011), 18.
Krois-Lindner, Amy/Translegal, International Legal English: A Course for Classroom or Self-Study Use, 2006.
Laster, Kathy, Law as Culture, 2. Aufl. 2001.
Lepaulle, Pierre, The Function of Comparative Law with a Critique of Sociological Jurisprudence, Bd. 35, Harvard Law Review (1922), 838.
McGregor, Deborah B./Adams, Cynthia M., The International Lawyer's Guide to Legal Analysis and Communication in the United States, 2008.
Merryman, John Henry/Pérez-Perdomo, Rogelio, The Civil Law Tradition: An Introduction to the Legal Systems of Europe and Latin America, 3. Aufl. 2007.
Mezey, Naomi, Law as Culture, Bd. 13, Yale Journal of Law & the Humanities (2001), 35.
Oates, Laurel Currie/Enquist, Anne, Grammar and Rhetoric for ESL Law Students, in: The Legal Writing Handbook: Analysis, Research, and Writing, 4. Aufl. 2006, S. 827.
Posner, Richard A., Economic Analysis of Law, 8. Aufl. 2010.
Rosen, Lawrence, Law as Culture: An Invitation, 2008.

---

[32] In der Literatur am Ende jedes Kapitels werden nur ausgewählte Werke und Publikationen aufgelistet. Die sonstigen Quellen sind in den Fußnoten ausgewiesen.

Schmidt, Siegfried J., Kognitive Autonomie und soziale Orientierung, 1996.

Sullivan, William M./Colby, Anne/Wegner, Judith W./Bond, Lloyd/Shulman Lee S., Educating Lawyers: Preparation for the Profession of Law, 2007.

Tocqueville, Alexis de, Democracy in America, 1863.

Tylor, Edward B., Primitive Culture. Researches into the Development of Mythology, Philosophy, Religion, Language, Art and Custom, Bd. 2 (1871), 7. Aufl. 1924.

1 Zielsetzung: Begreifen von Geist und Seele der US-amerikanischen Rechtskultur durch die Selbsterfahrung des *Common Law*

1.1 Leitgedanken

> **Leitgedanken**
> 1. Wie könnte sich das Wesen der Rechtspraxis einer Rechtskultur von dem Wesen der Rechtspraxis einer anderen Rechtskultur unterscheiden?
> 2. Durch welche Methoden lässt sich herausfinden, worin das Wesen der Rechtspraxis in einer bestimmten Rechtskultur besteht – in diesem Fall der Rechtskultur der Vereinigten Staaten?

Anhand dieses Buches erhalten Rechtspraktiker und Jurastudierende zum einen die Gelegenheit, die Methoden zu entdecken, mit denen sich US-amerikanische Rechtsanwälte dem Recht nähern, und zum anderen die Möglichkeit zu erkennen, dass das Jurastudium im *common law* generell nicht dazu gedacht ist, eine Reihe von Rechtsvorschriften auswendig zu lernen. *Common-law*-Anwälte sind Verteidiger der Interessen ihrer Mandanten und das gerichtliche Verfahren beinhaltet eine jeweils äußerst parteiische Interessenvertretung – keine neutrale Sachverhaltsaufklärung. Diese Tatsache ändert alles im Hinblick darauf, wie sich Anwälte ihr Rechtssystem in der eigenen Rechtskultur zunutze machen oder es umgehen. Diese Tatsache verändert darüber hinaus auch die Erwartungen der Bürger an ihr eigenes Rechtssystem. Wie der Richter am Obersten Gerichtshof der USA (*U.S. Supreme Court*), *Oliver Wendell Holmes, Jr.*, in seinem berühmten Zitat über das *common law* sagte, „das Recht lebt nicht von Logik, sondern von Erfahrung"[1]. Wenn diese These zutrifft, dann sind die Jurastudierenden mit einem Grundsatzproblem konfrontiert: Logik kann man sich durch Bücher oder über Internetseiten aneignen – aber wie kann man Erfahrung lernen? Dieses Problem stellt selbst

---

[1] „*The life of the law has not been logic; it has been experience*", *Oliver Wendell Holmes, Jr.*, The Common Law, 1881, S. 1.

US-amerikanische Jurastudierenden, die ihr Studium an einer „Rechtsschule" (*law school*) bereits mit einer allgemeinen kulturellen Vorerfahrung und einem abgeschlossenen Universitätsstudium beginnen,[2] vor eine große Herausforderung. Obwohl man erwarten könnte, dass die kulturellen Erfahrungswerte für die einheimischen Studierenden einen Vorteil im Hinblick auf das Studium des US-amerikanischen Rechts haben, können sie auch ein Hindernis für ihre Selbstreflexion sein, etwa indem bestimmte Vorurteile unreflektiert übernommen und gefestigt werden. Unabhängig davon bleibt es für ausländische Jurastudierende aber schwierig, sich ein Rechtssystem zu erschließen, von dem behauptet wird, dass es von Erfahrung lebt, sie jedoch nicht aus derjenigen Kultur stammen, aus der diese Erfahrung gezogen werden kann. Dieses Buch unternimmt, indem unterschiedliche Aspekte der US-amerikanischen Rechtskultur untersucht werden, den Versuch, für ausländische Juristen ein wenig Licht in das Dunkel dieser besonderen Erfahrung zu bringen, die alle US-Juristen verbindet.[3] Gerade in einem „postfaktischen"[4] Zeitalter muss Bildung nicht nur Tatsachen vermitteln, sondern auch das Urteilsvermögen schulen und ich hoffe, Studierenden das Fundament, auf dem das Urteilsvermögen eines US-amerikanischen Anwalts fußt, näherbringen zu können.

Um Ihnen als Leser das Schwerpunktthema dieses Buches – die US-amerikanische Rechtskultur – begreiflich zu machen, kann man eine einfache Frage stellen: Wie kann eine Person den Ausgang eines Rechtsstreits vorhersagen? Im *Common-law*-System ist die Erfahrung von Richtern und Anwälten zu einem gewissen Grad durch die Gerichtsentscheidungen dokumentiert. Diese dokumentierten Erfahrungen helfen grundsätzlich dabei, den Ausgang von Streitigkeiten mit vergleichbar gelagerten Rahmenbedingungen zu antizipieren. Gleichwohl bieten diese dokumentierten Entscheidungen, die die Umsetzung der strikten Präjudizienbindung (*stare decisis*) erst ermöglichen, nur begrenzt Hilfe, um ein juristisches Ergebnis vorherzusagen. Darüber

---

[2]   Das Jurastudium, das eine Zulassungsvoraussetzung für die Anwaltslizenz darstellt, beginnt in den USA stets an einer *law school*. Um sich an einer solchen einschreiben zu können, muss man ein abgeschlossenes Studium in einem anderen Studienfach vorweisen können. Auf dieser ersten Stufe der Universitätsausbildung (*undergraduate* oder *bachelor* genannt) können lizenzberechtigende Kurse nicht belegt werden. Nähere Ausführungen zur juristischen Ausbildung in den USA finden sich in Kapitel 5.

[3]   Selbstverständlich kann man sich, wenn man die Eigenheiten der Erfahrung berücksichtigt, einige Dinge ausschließlich durch persönliche Erfahrung aneignen und nicht allein dadurch, dass einem ein bestimmter Erfahrungsschatz von anderen beschrieben oder erklärt wird. Für eine gedankenreiche Reflexion über die Unterschiede zwischen beiden Aneignungsformen siehe *John W. Gardner*, Commencement Address Delivered at the Stanford (University) 100th Commencement Ceremony, 16. Juni 1991, abrufbar unter https://gardnercenter.stanford.edu/news/john-w-gardners-address-stanfords-100th-commencement-ceremony (zuletzt aufgerufen am 01.12.2022).

[4]   Zu einem Beitrag über das Leben in der „post-faktischen" Gesellschaft siehe *Farhad Manjoo*, True Enough: Learning to Live in a Post-fact Society, 2008.

hinaus leiten die individuellen Erfahrungen von Richtern oder Anwälten sie in der täglichen juristischen Praxis. Deren Erfahrungswerte bestehen aus Erinnerungen, die in die gesamte Struktur eines psychologischen Geflechts eingearbeitet sind. Diese Erfahrung wird im System allerdings formal anerkannt, was sich etwa für die US-Bundesjustiz dadurch zeigt, dass die Praxiserfahrung ein entscheidendes Kriterium für die Wahl eines Richters ist – entweder offiziell durch die Empfehlung der örtlichen Anwaltskammer an die Wahlberechtigten oder inoffiziell durch bestimmte kulturelle Werte, die durch die Abstimmungsergebnisse zum Ausdruck gebracht werden. Innerhalb der verschiedenen Gerichtsbarkeiten der Vereinigten Staaten werden die Richter in einigen Bundesstaaten ernannt und in anderen gewählt. Für den Fall, dass Richter ernannt werden, verlassen sich die hierzu berechtigten Personen (Gouverneure für bundesstaatliche Gerichte [*state courts*] und der US-Präsident für Bundesgerichte [*federal courts*]) auch auf die Erfahrung als maßgebliches Kriterium für oder gegen einen bestimmten Anwärter auf ein Richteramt.

Soweit Rechtssysteme darauf angelegt sind, Methoden, Verfahren und Inhalte für die Konfliktlösung bereitzustellen, so sollten wir auch dazu in der Lage sein, aus den Gegebenheiten des Rechtssystems erkennen zu können, wie das Ergebnis eines Rechtsstreits vorhergesagt werden kann. Während des Jurastudiums wird den Studierenden ein mechanischer Prozess präsentiert, der zusammengenommen eine Art Sozialwissenschaft bildet und mit welchem die Studierenden die jeweilige Konfliktlösung innerhalb eines bestimmten Rechtssystems vorhersagen können. Diese Mechanismen ermöglichen es den Juristen jedoch keineswegs, diese Vorhersagen mit einer vergleichbaren Gewissheit wie in den Naturwissenschaften zu treffen, wo Physiker, Chemiker oder Ingenieure mithilfe mathematischer Extrapolation und Kalkulation etwa einen Satelliten in eine stabile Umlaufbahn senden, die benötigten Kräfte und Materialien einer Brücke bestimmen, damit sie auch der Last von Zügen standhält, oder Materialien mithilfe von extremen Temperaturen und Druckverhältnissen dauerhaft miteinander verbinden können. Die Vorhersage menschlichen Verhaltens ist im Vergleich dazu ausgesprochen ungewiss. Gleichwohl besteht zweifellos das Bedürfnis, zumindest einen Teil des rechtlichen Prozesses als „vorhersehbar" zu bezeichnen, und Hinweise deuten darauf hin, dass zumindest eine gewisse Antizipation möglich ist.

Abgesehen von diesem Bedürfnis und diesen Hinweisen gibt es aber auch Vieles, was nicht vorhersehbar ist. Nehmen wir zum Beispiel einen Professor für Verfassungsrecht in den Vereinigten Staaten, der die Entscheidung des *U.S. Supreme Court* erläutert, für welche das Gericht verschiedene „Tests" entwickelt hat, anhand derer es feststellt, ob das fragliche Verhalten gegen irgendeine Regelung der US-Verfassung verstößt. Diese Tests werden dann nach denjenigen Faktoren benannt, die nach Ansicht des Gerichts bei der

Auslegung bestimmter Verfassungsregelungen einbezogen werden sollten. So hat das Gericht beispielsweise für die Feststellung, dass die Bundesregierung (*federal government*) ein Interesse an der Aufrechterhaltung ihrer Zuständigkeit (*jurisdiction*) für eine Angelegenheit geltend gemacht hat, für die grundsätzlich eine geteilte Zuständigkeit mit den Bundesstaaten (*states*) besteht, den „Ausgleichstest für die Interessen des Bundes" (*countervailing federal interest test*) erfunden. Nach diesem Test kann ein Gericht feststellen, dass das fallbezogene Interesse der Bundesregierung überwiegt, um die Zuständigkeit vor den Bundesgerichten (*federal courts*) zu begründen, auch wenn ein Bundesstaat deutlich zu verstehen gegeben hat, dass er die Zuständigkeit für die Angelegenheit gerne selbst ausüben möchte. Andere Tests, die vom *U.S. Supreme Court* verwendet wurden, sind etwa der „strenge Überprüfungstest" (*strict scrutiny test*) oder der „rationale Grundlagentest" (*rational basis test*), um nur einige zu nennen. Immer wenn Studierende denken, verstanden zu haben, wie das Gericht diese Tests entwickelt und anwendet, lesen sie einen neuen Fall und wenden den scheinbar anwendbaren Test erneut an, nur um sich dann vom Professor anhören zu müssen, dass sie in diesem Fall leider falsch liegen, weil „das Gericht für diese Fallkonstellation einen neuen Test entwickelt hat". Unerfahrene Studierende werden sich lauthals beschweren: „Stopp! – Willkürliche Entscheidungsmethode!", und vehement darauf beharren, dass der gesamte Prozess nicht wissenschaftlich sei, weil er ihnen keine vergleichbare Vorhersagbarkeit wie in den Naturwissenschaften bieten kann. Hätten Rechtswissenschaftler oder Richter – oder, was noch wichtiger wäre, die Anwälte der Parteien – diesen neuen Test oder diese neuen Auslegungsregeln vorhersagen können? Möglicherweise. Am wichtigsten im Hinblick auf dieses Beispiel ist jedoch, dass das *Wissen* der Professoren nicht auf Praktiken der mechanischen Rechtsanalyse zurückzuführen ist (mehr dazu in Kapitel 9 zu den Rechtsmechanismen), sondern auf ein Gespür für das Recht oder, wie man vielleicht sagen könnte, auf „ortsgebundene Rechtskenntnisse". In diesem Sinne kann sich „ortsgebunden" auf unterschiedlich große Gebiete beziehen: so weitläufig wie die Vereinigten Staaten oder so überschaubar wie eine Kleinstadt – je nachdem, welches Verständnis von kultureller Identität man zugrunde legt. Es ist jedoch kulturelles Wissen – genauer: juristisches kulturelles Wissen –, das unbewusst aus der Erfahrung von Studium und Praxis erworben wird.[5] Eine ortskundige Person innerhalb einer Kultur ist dann zugleich – möglicherweise sogar ungewollt – auch kundig in der jeweiligen Kultur. Um diese Rechtskultur zu verstehen, ist das durch Erfahrung erworbene lokale Wissen unabdingbar. Seine Ansprache an die Anwaltskammer des *Allegheny County* eröffnete der US-Bundesbezirksrichter (*Federal District Judge*) *Donald E. Ziegler* im Jahre 1991 mit den Worten:

---

[5]   Vgl. insoweit sämtliche Beiträge des Sammelbandes von *Ernst-Joachim Lampe* (Hrsg.), Das sogenannte Rechtsgefühl, Jahrbuch für Rechtssoziologie und Rechtstheorie, 1985.

„Die Rechtspraxis im westlichen Pennsylvania ist seit Generationen von Anstand, Zurückhaltung, gegenseitigem Respekt und einem Sinn für Professionalität geprägt. Die ungeschriebenen Regeln für berufliches Verhalten wurden von Ausbildern, erfahrenen Anwälten und Anwaltskanzleien an junge Rechtsanwälte weitergegeben, um die Traditionen der Anwaltskammer des Allegheny County zu wahren."[6]

Richter *Ziegler* verdeutlicht mit dieser Aussage, dass ein Rechtsanwalt selbst innerhalb der formalen Grenzen der zivilrechtlichen, strafrechtlichen oder ethischen Verfahrensregeln einen gewissen Ermessensspielraum hat. Dieser kann etwa darin bestehen, dass keine prozessualen Einwendungen vorgebracht werden, obwohl dies juristisch möglich wäre, oder dass die Gegenseite über beabsichtigte Verfahrensschritte frühzeitig benachrichtigt wird, obwohl hierzu keinerlei Verpflichtung besteht. Das Muster einer Ermessensentscheidung kann insoweit nicht aus den Regeln selbst vorhergesagt werden, sondern – wenn überhaupt – allein aus der Beobachtung der Anwendungspraxis in konkreten Verfahren. Ein Außenstehender kann und muss dieses ortsgebundene Wissen zunächst beobachten und es sich schließlich aneignen, um Konfliktlösungen zuverlässig vorhersagen zu können. Die *Art und Weise*, in der uns das ortsübliche Rechtsempfinden „begegnet", sind etwa bestimmte Sitten und Gebräuche, einschließlich des Gewohnheitsrechts, oder, noch interessanter, regelfolgendes Verhalten, das nicht allein aufgrund von gesetzlichen Bestimmungen antizipiert werden kann.

Manchmal wird regelfolgendes Verhalten zur Gewohnheit. Für den Wiener Philosophen *Ludwig Wittgenstein* gilt: „einer Regel zu folgen, bedeutet, seine Handlungen und Entscheidungen an derjenigen gesellschaftsüblichen Praxis auszurichten, welche sich aufgrund von stetiger Übung und regelmäßigem Gebrauch etabliert hat. Insofern argumentiert *Wittgenstein*, dass regelfolgendes Verhalten mit Gewohnheit gleichzusetzen ist."[7] In diesem Sinne bedeutet regelfolgendes Verhalten weder ‚Rechtstreue aus Angst vor Bestrafung' noch ‚Rechtstreue aufgrund eines Konformitätsbegehrens'. Auch bedeutet regelfolgendes Verhalten in diesem Sinne nicht ‚Rechtstreue aufgrund eines geteilten Rationalitätsverständnisses des angewendeten Rechts'. Regelfolgendes Verhalten bedeutet vielmehr ‚Rechtstreue aus Gewohnheit, ohne nach dem Grund zu fragen'. Gebräuche bieten ihre eigenen psychologischen, sozialen und vielleicht sogar wirtschaftlichen Annehmlichkeiten und Vorteile. Im Hinblick auf den historischen Referenzrahmen (Kapitel 4) lässt sich insoweit vorwegnehmen, dass dieses Verständnis von Sitten und Gebräuchen in der Geschichte problemlos zu den anerkannten Rechtsquellen gezählt werden kann:

---

[6] *Donald E. Ziegler*, The Unwritten Rules of Professional Conduct, in: The Federal Legal Forum of the Western Pennsylvania Chapter of the Federal Bar Association, Bd. 1 (2003), S. 1 f.

[7] *Jonathan Langseth*, Wittgenstein's Account of Rule Following and its Implications, in: Stance, Bd. 1 (2008), S. 38.

„Früher wurde gesagt, und das vor nicht allzu langer Zeit, dass es insgesamt vier Rechtsquellen gebe: Gesetzesrecht (*legislation*), Präjudizien (*precedent*), Billigkeitserwägungen
(*equity*) sowie Gewohnheiten (*custom*). In der prägenden Ära der westlichen Rechtstradition gab es nicht annähernd so viele Gesetze oder Präjudizien wie in späteren Jahrhunderten. Der überwiegende Teil des Rechts wurde aus Gewohnheiten abgeleitet, die
unter Berücksichtigung von Billigkeitsaspekten (definiert als Vernunft und Gewissen)
ausgelegt wurden. Sofern man der Geschichte der westlichen Rechtstradition folgen und
sie akzeptieren möchte, muss man auch anerkennen, dass sowohl Gewohnheiten als auch
Billigkeitserwägungen gleichrangige Rechtsquellen im Verhältnis zum Gesetzesrecht oder
zu Präjudizien darstellen.“[8]

Gewohnheiten wurden in *Civil-law*-Systemen, *Common-law*-Systemen und
anderen Gerichtsbarkeiten als Rechtsquellen anerkannt. Sie setzen sich aus
einer Reihe von gemeinsamen Sitten und Gebräuchen zusammen, die innerhalb einer Gemeinschaft als Normen an die nächste Generation weitergegeben und respektiert werden – verbunden mit der Vorstellung, dass diese
Normen geltendes Recht darstellen.

1.1.1 Geist

Es gibt viele hervorragende Bücher zum US-Recht, die ihre Leser mit den
Rechtsquellen des US-amerikanischen Rechtssystems vertraut machen. Für
jemanden, der am US-Recht interessiert ist, wäre es auch ausgesprochen
sinnvoll, sich eines dieser Bücher zu Gemüte zu führen – allerdings erst
nachdem er dieses Buch gelesen hat. Denn für den ausländischen Leser – das
heißt, eine Person, die nicht in die US-amerikanische Kultur hineingeboren
wurde – sind es nicht die Rechtsquellen oder die juristischen Institutionen,
die schwer zu verstehen sind, sondern es ist eher abstrakt das US-amerikanische Rechtsdenken, das fremd zu sein scheint. Im Jahr 1907, zur selben Zeit
als der französische Jurist *Edouard Lambert* auf der Pariser Weltausstellung
über das neue Projekt der Rechtsvergleichung vortrug, berichtete *James Barr
Ames*, Dekan der *Harvard Law School*, der *American Bar Association*, dass „die
renommierten *law schools* weniger versuchen, Rechts- und Gesetzeskennt-
nisse zu vermitteln, als vielmehr den Studenten den ‚Geist‘ des *common law*
näher zu bringen“.[9] Im Jahr 1921 führte *Roscoe Pound*, der später ebenfalls
Dekan der *Harvard Law School* werden sollte, die Idee vom „Geist“ des *common law* weiter und veröffentlichte hierzu eine Reihe von Vorträgen, die er an
verschiedenen Universitäten und vor zahlreichen Anwaltskammern im ganzen Land gehalten hatte. Die gedruckte Version dieser Vorlesungsreihe trug
den Titel „Der Geist des *common law*“. Er plädierte vehement dafür, dass sein
Publikum, bestehend aus US-amerikanischen Rechtsanwälten, unter ande-

---

8   *Harold J. Berman*, Law and Revolution: The Formation of the Western Legal Tradition,
     1983, S. 11.
9   *Dean Ames*, 31 Reports United States' Bar Association, (1907), 1025, zitiert nach *Pierre
     Lepaulle*, The Function of Comparative Law with a Critique of Sociological Jurispru-
     dence, in: Harvard Law Review, Bd. 35 (1922), 838 (857).

rem den „Geist" des Rechtssystems begreifen müsse, wenn es die forensische Rechtspflege leiten soll.[10] In seinen Vorträgen lehnte *Pound* den juristischen Formalismus ab und führte das *common law* stattdessen von seinen feudalen Ursprüngen bis zu Puritanismus und Recht, Gerichtshöfen und Krone, englischen Bürgerrechten und Menschenrechten, Gründungsvätern und Recht, der Rechtsphilosophie des 19. Jahrhunderts und schließlich zu gerichtlichem Empirismus und juristischer Vernunft. *Pound*, der für gewöhnlich als Begründer der soziologischen Rechtswissenschaft bezeichnet wird, hielt fest:

„Die Mode der Zeit erfordert eine soziologische Rechtsgeschichte; eine Studie nicht nur über die Entstehung und Entwicklung juristischer Lehren, die nur als juristische Gegenstände betrachtet werden, sondern über die sozialen Ursachen und sozialen Auswirkungen, eine Beziehungslehre der Rechts- zur Sozial- und zur Wirtschaftsgeschichte. Ich sollte wahrlich der Letzte sein, der die Bedeutung hiervon im Programm des soziologischen Juristen verkennt."[11]

1.1.2 Seele

Der französische Jurist und Rechtsvergleicher *Pierre Legrand* erinnert uns daran, dass niemand geringeres als *Montesquieu* geschrieben hat: „Ich versuche nicht, eine Rechtsordnung zu ergründen, sondern halte Ausschau nach ihrer [sic] Seele."[12] Laut dem deutschen Juristen und Rechtsvergleicher *Mathias W. Reimann*[13] wurde das Bedürfnis, fremde juristische „Mentalitäten" zu verstehen, bereits von der alten Garde betont: *Ernst Rabel*,[14] *Rudolph B. Schlesinger*,[15] *Konrad Zweigert*[16] und *René David*[17]. Nach Ansicht der Wissenschaftler *Jack A. Hiller* und *Bernhard Großfeld* „ist das Recht weitgehend kulturspezifisch. Zumindest ist es weitgehend von derjenigen Kultur geprägt, aus der es hervorgeht."[18] *Hiller* und *Großfeld* zitieren weiter die kanadischen Rechtsge-

[10] *Roscoe Pound*, The Spirit of the Common Law, 1921; vgl. auch *Bernard G. Weiss*, The Spirit of Islamic Law, 2006; *Alan Watson*, The Spirit of Roman Law, 2008; *Geoffrey MacCormack*, The Spirit of Traditional Chinese Law, 1996.
[11] *Pound*, a. a. O., Fn. 10, S. 10.
[12] *Pierre Legrand*, European Legal Systems are not Converging, in: International & Comparative Law Quarterly, Bd. 45 (1996), 52 (81).
[13] *Mathias Reimann*, The Progress and Failure of Comparative Law in the Second Half of the Twentieth Century, in: American Journal of Comparative Law, Bd. 50 (2002), 671 (673), Fn. 40.
[14] *Ernst Rabel*, Aufgabe und Notwendigkeit der Rechtsvergleichung, in: Gesammelte Aufsätze, Bd. 3 (1967), 18.
[15] *Rudolf B. Schlesinger*, Comparative Law, Cases and Materials, 1950, XII (zitiert nach *Roscoe Pound*, a. a. O., Fn. 10).
[16] *Konrad Zweigert*, Zur Methode der Rechtsvergleichung, in: Studium Generale, Bd. 13 (1967), 193.
[17] *René David*, Major Legal Systems of the World Today, 3. Aufl. 1985, S. 16.
[18] *Jack A. Hiller/Bernhard Großfeld*, Comparative Legal Semiotics and the Divided Brain: Are We Producing Half-Brained Lawyers?, in: American Journal of Comparative Law, Bd. 50 (2002), 175 (178).

lehrten *J. C. Smith* und *David N. Weisstub*, die schreiben, dass „Rechtssysteme aus kulturellen Kontexten hervorgehen. […] Bei der Kategorisierung von Rechtssystemen ist es wichtig, bereits früh zu erkennen, dass das Recht eine maßgebliche Einrichtung innerhalb einer bestimmten Kultur darstellt und dass man, wenn man die kulturellen Konturen einer Gesellschaft Schicht für Schicht freilegt, folglich auch darauf hoffen darf, Verknüpfungen zwischen der Weltanschauung dieser Kultur und ihren Rechtskonzepten zu entdecken."[19] Insoweit möchte ich hinzufügen, dass das Recht – sogar das positive Recht – nicht nur mit der Weltanschauung der Kultur zusammenhängt, sondern auch dazu beiträgt, sie insgesamt zu gestalten. Dies gilt in einer pluralistischen Kultur wie der in den Vereinigten Staaten, in der das Recht für Generationen von Einwanderern und deren Nachkommen, die aus einer Vielzahl von Rechtskulturen stammen, ein einendes kulturelles Band dargestellt hat, umso mehr.

1.1.3 Geist und Seele der Anwaltschaft

Um ein Gefühl für die Rechtspraxis des *common law* zu bekommen, insbesondere im Vergleich zur Rechtspraxis in *Civil-law*-Systemen, muss man sich erneut vor Augen führen, dass der *Common-law*-Anwalt in erster Linie ein Interessenvertreter seines Mandanten ist, obwohl er zugleich als Organ der Rechtspflege fungiert. Das englische Rechtssystem, wie auch einige andere *Common-law*-Systeme (z. B. in Irland), teilt die Anwaltschaft weiterhin formal in zwei Kategorien auf: ausschließlich beratende Anwälte, genannt *solicitors*, und ausschließlich forensisch tätige Anwälte, genannt *barristers*. Ein US-amerikanischer Anwalt lernt den Anwaltsberuf in der Kultur kennen, in der er sich befindet, bevor er überhaupt mit seinem Jurastudium beginnt. Viele Teile der Welt sind mit populärkulturellen Darstellungen von US-Anwälten durch Film und Fernsehen vertraut.[20] Bevor er sich für das Jurastudium einschreibt, würde auch ein US-amerikanischer Jurist glauben, dass das Berufsbild des Rechtsanwalts in etwa der Darstellung durch die Massenmedien entspricht, auch wenn uns allen bewusst ist, dass die Medien nicht an die Darstellung realistischer Berufsbilder gebunden sind – einschließlich desjenigen des Rechtsanwalts. Etwas anderes gilt nur, wenn Studierende bereits mit der Rechtspraxis vertraut sind, weil Freunde oder Familienangehörige juristische Berufe ausüben oder für persönliche Rechtsstreitigkeiten bereits ein Anwalt zurate gezogen werden musste. Die juristische Ausbildung, die zur Anwalts-

---

[19]   *J. C. Smith/David M. Weisstub*, The Western Idea of Law, 1983 (zitiert nach *Hiller/Groß-feld*, a. a. O., Fn. 18, S. 178).

[20]   So habe ich zum Beispiel an der Universität zu Köln kürzlich eine juristische Veranstaltung in populärer Rechtskultur mit Fokus auf den US-amerikanischen Film angeboten. Den deutschen, iranischen, türkischen und japanischen Studierenden dieses Kurses waren die meisten US-amerikanischen Filme bereits bekannt, da sie sie schon in ihren Heimatländern gesehen hatten.

zulassung führt, beginnt in den Vereinigten Staaten erst im Rahmen eines Postgraduiertenstudiengangs (*postgraduate*). Daher wird US-amerikanischen Studierenden während ihres Erststudiums (*undergraduate* oder *bachelor*) von ihrer jeweiligen Universität (*undergraduate*) empfohlen, sich auf das Jurastudium und den späteren Anwaltsberuf in Debattierkursen vorzubereiten. Nach Beginn des Jurastudiums gehören dann Kurse zur praktischen Tätigkeit eines Anwalts in erster und zweiter Instanz sowie simulierte Gerichtsverhandlungen (*moot courts*) zum regulären Lehrplan. Am aufschlussreichsten ist jedoch vielleicht die Tatsache, dass wesentliche Rechtsmaterien stets durch die Position der Parteien vermittelt werden – nicht durch die Position des Gerichts. Den Studierenden wird beigebracht, dass es für jede gerichtliche Streitigkeit immer mindestens zwei Perspektiven gibt und dass sie jederzeit dazu bereit sein müssen, für eine dieser Sichtweisen zu argumentieren – ggf. sogar zusätzlich aus der Sicht weiterer betroffener Parteien. In bestimmten Kursen und Übungen wird ihnen beigebracht, zunächst für eine der beiden Positionen zu argumentieren und unmittelbar im Anschluss die Seite zu wechseln, um dann der zuvor vertretenen Sichtweise argumentativ entgegenzutreten. Hierbei wird dann insgesamt die überzeugende Argumentation belohnt und nicht etwa eine „richtige" Lösung, was an die *dissoi logoi* erinnert, die von klassischen Rhetorikern gelehrt wurden (mehr dazu in Kapitel 6 zum sprachlichen Referenzrahmen). Diese Art von Training scheint auf den ersten Blick eher einer Fingerübung zu gleichen, wie es *Sokrates* vor mehr als zwei Jahrtausenden möglicherweise der Lehre der Sophisten vorgeworfen haben könnte. Die Idee hinter diesem praxisbezogenen Ausbildungsformat aus anwaltlicher Perspektive ist jedoch, dass das Gericht höchstwahrscheinlich nur dann die bestmöglichen Beweise und die für die eigene Position günstige Rechtsauslegung erkennt, wenn die Parteien mithilfe ihrer Anwälte selbst, im Rahmen der Beweis-, Verfahrens- und anwaltlichen Berufsausübungsregeln, diejenigen Beweismittel und Rechtsvorschriften analysieren und präsentieren, die für sie vorteilhaft sind, ohne von einem Richter hierzu erst aufgefordert zu werden.[21] Im Laufe der Geschichte hat das Recht allgemein für sich in Anspruch genommen, dass es für jedes tatsächlich eingetretene Unrecht einen Ausgleich bereithalten kann,[22] aber das *common law* hat diesen Grundsatz dahingehend erweitert, dass es so lange keinen Ausgleich

---

[21] *Lon L. Fuller/John D. Randall*, Professional Responsibility: Report of the Joint Conference, Joint Report to the American Bar Association, in: A. B. A. Journal, Bd. 44 (1958), 1159.

[22] Vgl. *James Williams*, Latin maxims in English law, in: Law Magazine and Law Review, 4. Serie, XX (1895), S. 283 (zitiert nach *Donald F. Bond*, English Legal Maxims, 921 PMLA [51], S. 921 [4 / 1936]). Laut *Bond* weist *Williams* darauf hin, dass einige dieser Maximen auf das römische Recht zurückzuführen sind, andere jedoch, wie *Ubi ius ibi remedium* und *Mobilia sequuntur personam*, aus dem englischen Recht stammen. *Ubi ius ibi remedium* wird nach *Bond* in der Regel umschrieben mit: „Kein Unrecht ohne Ausgleich".

schafft, bis das Unrecht auch tatsächlich eingetreten ist. Diese Bedingung führt unter anderem dazu, dass *Common-law*-Richter keine Stellungnahmen zu hypothetischen Sachverhalten (im Sinne eines *obiter dictum*) abgeben dürfen (sogenannte *advisory opinions*). In der US-amerikanischen Verfassung ist dieser Grundsatz in Art. 3 Abs. 2 S. 1 festgehalten und wird so ausgelegt, dass die Zuständigkeit der US-Bundesgerichte (*federal courts*) allein auf tatsächliche Fälle und Konflikte beschränkt ist. Daher wäre es mit dem Geist des *common law*, das sich durch seine große Abhängigkeit von den Tatsachen des jeweiligen Falls auszeichnet, keinesfalls vereinbar, dass ein Richter aus einer hypothetischen Fallkonstellation ausreichend Tatsachen herleiten kann, um ein Urteil zu schreiben – insbesondere keines, das später noch als verbindlicher Präzedenzfall dienen könnte.

1.2 Schlussfolgerungen aus der Erfahrung

Kapitel 2 behandelt einige Aspekte der Rechtsvergleichung. Die Leser dieses Buches werden natürlich darauf bedacht sein, das US-amerikanische Recht mit dem des eigenen Landes zu vergleichen. Doch wenn man sich die Frage stellt, was denn unter einem Vergleich des „Rechts" zu verstehen ist, so seien Sie als Leser dazu angeregt, abstrakter zu denken als lediglich mechanisch die Rechtsquellen zu vergleichen. Hierdurch werden Sie dann auf die zentrale Frage dieses Kapitels stoßen: Wie kann man – jenseits der Rechtsquellen – den Geist oder die Seele eines Rechtssystems begreifen, vorliegend des *Common-law*-Systems der Vereinigten Staaten? Um diese Frage zu beantworten, betonte *Roscoe Pound*, dass sich die Rolle der Anwälte und ihrer juristischen Aufgaben von Kultur zu Kultur unterscheiden.

Man beginnt dann, die Rechtskultur im Lichte der Geschichte, Soziologie, Sprache, Philosophie und anderer Kulturaspekte zu verstehen. Außerdem beginnt man, die Methoden der Erfahrung zu begreifen, durch die diese Aspekte das Recht formen und das Recht wiederum diese formt. Soweit es um die Bedeutung der Erfahrungen im Recht geht, besteht die zentrale Aufgabe von Richtern und Rechtsanwälten darin, folgende Aussage zu treffen: „Aufgrund dieser Erfahrungen sollte der Konflikt zwischen diesen Parteien wie folgt gelöst werden." Die Erfahrung der Gerichtspraxis – nicht die Rationalität des Gesetzgebers – prägt den Geist der Konfliktlösung im *common law*. Auf diese Weise kann man erkennen, dass selbst durch die einfache Dokumentation des Entscheidungsprozesses eines Richters in einem Rechtsstreit zusätzliche Erfahrungssätze festgehalten werden. Aus diesen vielen aufgezeichneten Erfahrungen kann man schließlich einen gemeinsamen Rechtsgrundsatz ableiten. Aber man kann sogar anfangen, ein generelles Muster zur Lösung von Konflikten zu erkennen, das es einem ermöglicht, den Geist und die Seele des Rechts so präzise zu bestimmen, dass man Ergebnisse zuverlässig vorhersagen kann. Hiervon profitieren schließlich auch die Konfliktparteien, weil man ihnen dabei helfen kann, differenziertere Entscheidungen zu treffen, als wenn sie lediglich die gesetzlichen Regelungen lesen würden, um hieraus die Lösung für ihren Rechtsstreit abzuleiten.

Der englische Richter hat „im Allgemeinen ein beträchtliches Vertrauen in seine eigene Urteilskraft und seine eigene Art, Dinge auszudrücken. Man hat den Eindruck, dass die Gesellschaft dieses Selbstbewusstsein im Großen und Ganzen für berechtigt hält. Die Ernennung eines Richters am Obersten Gerichtshofs (*High Court*) in England wird immer noch als erheblicher Vertrauensbeweis für das Urteilsvermögen der betroffenen Person angesehen."[23] Die Weisheit des *common law* erfordert, was *Edward Coke* als „künstliche Vervollkommnung der Vernunft, erworben durch langes Studium, Beobachtung und Erfahrung und nicht lediglich abgeleitet aus dem allgemeinen Urteilsvermögen des Durchschnittsbürgers"[24] bezeichnet. In der Tat werden das allgemeine Urteilsvermögen oder die Logik möglicherweise durch die Erfahrung aufgewogen. In der Stellungnahme des *U. S. Supreme Court* in der Rechtssache *Michelson v. United States* schrieb Richter *Jackson*, unter Einbeziehung, dass der Beweis über die typische Verhaltensweise einer Person (*character evidence*) auf dem ansonsten unzulässigen Beweismittel des Hörensagens (*hearsay*) aufbaute: „Also eröffnet das Gesetz einem Angeklagten hilfreiche, aber unlogische Möglichkeiten. Die *Erfahrung* machte es erforderlich, dass sie mit gleichermaßen unlogischen Bedingungen ausgeglichen werden, damit der Vorteil nicht unfair und unverhältnismäßig wird."[25]

Oliver Wendell Holmes, Jr. wird oft so zitiert, dass er Recht als Erfahrung definiert – nicht als Rationalität. Diese Erfahrung ist die Erfahrung des Rechts, das stets mit der Gesellschaft in Kontakt steht, der es dient:

„Obwohl sich ständig ändernde soziale Bedingungen denjenigen Kontext bilden, in dem sich das Recht entwickelt, so kann doch nicht überzeugend behauptet werden, dass sie allein für die rechtlichen Veränderungen verantwortlich sind. Seit Anbeginn der Entwicklung des juristischen Berufsfeldes war das Nachsinnen der Juristen über das Recht die Hauptursache für Veränderungen. Wie es scheint, war das Nachdenken der Juristen über das Recht in einigen historischen Epochen gänzlich losgelöst von den sozialen Bedingungen. Das Nachdenken über das Recht war manchmal nichts anderes als ein Spiel um seiner selbst willen, wodurch sich das Recht als theoretisch logische Deduktion von bereits etablierten Rechtsannahmen entwickelte. […] Juristen sind im Rechtsetzungsprozess nicht unbedingt dominant. Gleichwohl beeinflusst das Denken von Juristen die Art und Weise, wie Rechtsvorschriften [während eines Rechtsstreits] ausgelegt werden. Juristen beschreiben diesen Prozess gerne mit dem Aphorismus: ‚Das Recht ändert sich mit seiner Anwendung.'"[26]

---

[23]   *Konrad Schiemann*, Common Law Judge to European Judge, in: ZEuP(2005), 741 (743).

[24]   *Theodor Viehweg*, Topics and Law, 1993, S. xxviii.

[25]   *Michelson v. United States*, 335 U. S. 469, 478–79 (1948) (Hervorhebungen durch den Verfasser).

[26]   *Frederick G. Kempin, Jr.*, Historical Introduction to Anglo-American Law, 1936, S. 5 f.

Das *common law,* wie es im Gerichtssaal praktiziert wird, bezieht daher für die Rechtssetzung sowohl Juristen als auch die einzelfallbezogene tatsächliche Erfahrung der Gesellschaft ein. Vermutlich hatte *Holmes* eben diese Praxis im Gerichtssaal im Hinterkopf, die sich von einer Rechtsetzungspraxis unterscheidet, in der versucht wird, Schäden vorauszuahnen und sie durch ein schützendes Netz aus Vorschriften abzufedern, wenn er sagt, dass das Recht nicht aus „mathematischen Theoremen" besteht.[27] *Holmes* hatte selbst römisches Recht studiert, wie es in Deutschland praktiziert wurde, lehnte jedoch das ab, was er als die metaphysischen Voraussetzungen hinter der deutschen Systematik bezeichnete.[28]

Wissenskontrolle

1. Von welchen Merkmalen des US-amerikanischen Rechts oder sogar des *common law* im Allgemeinen könnte man sagen, dass sie den „Geist" und die „Seele" des Rechts repräsentieren, sodass man sie untersuchen könnte, um ein Gefühl dafür zu bekommen, wie Juristen in diesem System arbeiten?
2. Welche Rolle spielt die Erfahrung eines Juristen im US-amerikanischen Rechtssystem?

Wissenserweiterung

1. Von welchen Merkmalen *Ihres eigenen Rechtssystems* würden Sie sagen, dass sie den „Geist" und die „Seele" des Rechts repräsentieren, sodass man sie untersuchen könnte, um ein Gefühl dafür zu bekommen, wie Juristen in diesem System arbeiten?
2. Welche Rolle spielt die Erfahrung eines Juristen in *Ihrem eigenen Rechtssystem?*

Literatur

Berman, Harold J., Law and Revolution: The Formation of the Western Legal Tradition, 1983.
Coquillette, Daniel, The Anglo-American Legal Heritage, 2. Aufl. 2004.
Hiller, Jack A./Großfeld, Bernhard, Comparative Legal Semiotics and the Divided Brain: Are We Producing Half-Brained Lawyers?, American Journal of Comparative Law, Bd. 50 (2002), 175.
Kempin, Frederick G., Jr., Historical Introduction to Anglo-American Law, 1936.

---

[27] *Keith Wilder* hat beobachtet, dass deutsche Jurastudierende (hier als Repräsentant für die *Civil-law*-Studierenden) wie Theologen sind: Er oder sie wird dann für einen „guten Studenten" oder eine „gute Studentin" gehalten und erhält die größte Bewunderung, wenn er oder sie problemlos einzelne Paragraphen des BGB zitieren kann, genau wie ein pflichtbewusster Theologe sein heiliges Buch zitieren könnte.
[28] *Viehweg,* a. a. O., Fn. 24, S. xxxi.

Pound, Roscoe, The Spirit of the Common Law, 1921.

Rabel, Ernst, Aufgabe und Notwendigkeit der Rechtsvergleichung, Bd. 3, Gesammelte Aufsätze (1967), 1.

Reimann, Mathias, The Progress and Failure of Comparative Law in the Second Half of the
Twentieth Century, American Journal of Comparative Law, Bd. 50 (2002), 671.

Viehweg, Theodor, Topics and Law, W. Cole Durham (Übersetzer), 1993.

Zweigert, Konrad, Zur Methode der Rechtsvergleichung, Studium Generale, Bd. 13 (1967),
193.

2 Immanent vergleichende Natur eines „fremden" Rechts

Leitgedanken

1. Wenn man die Rechtssysteme der Welt vergleicht, was genau sollte man vergleichen?
2. Wenn der Vergleichszweck zweier (oder mehrerer) bestimmter Rechtssysteme von dem Vergleichszweck zweier (oder mehrerer) anderer Rechtssysteme abweicht, sollte sich dann auch die Vergleichsmethode unterscheiden?
3. Ist es möglich, ein fremdes Rechtssystem zu analysieren, ohne hierbei Vergleiche mit dem eigenen Rechtssystem anzustellen?

2.1 Einleitung

Bevor man sich der US-amerikanischen Rechtskultur aus der Perspektive der verschiedenen Referenzrahmen der Kapitel 3–9 dieses Buches nähert, ist es wichtig, sich der eigenen Analysemethode bewusst zu werden. Ausländische Jurastudierende oder Rechtspraktiker, die sich mit der US-amerikanischen Rechtskultur beschäftigen, – wenn auch nur unbewusst – dazu neigen, diese mit ihrer eigenen Rechtskultur zu vergleichen. Denn auf diese Weise funktioniert nun einmal unser angeborener und erlernter Vergleichssinn. Unsere Sinne, die unsere Körper in eine räumliche Beziehung zur Umwelt setzen, sind darauf angelegt, gleichzeitig auch andere körperliche Gegenstände der Umwelt mit uns in Verbindung zu setzen. Sobald wir uns derjenigen Methoden bewusst werden, mit denen wir sehen, hören und riechen, können wir uns auch vergegenwärtigen, auf welche Weise wir unsere Umwelt konstruieren. Wenn wir andere Rechtssysteme erforschen, ist es demnach wichtig, dass wir uns auf die gleiche Art und Weise bewusst werden, dass wir sie mit den grundlegenden Vergleichsfertigkeiten unseres eigenen Rechtssystems konstruiert haben. Aus diesem Grund ist es in der Rechtsvergleichung essenziell, den einzelnen Methoden hinreichende Beachtung zu schenken. Zudem nehmen wir Vergleiche möglicherweise auch deshalb vor, weil wir es müssen. Beschäftigt man sich mit irgendetwas, das definitionsgemäß anders ist, sind

Vergleiche unausweichlich. Dies ist nicht lediglich eine Beobachtung abstrakter Logik, sondern vielmehr eine Voraussetzung unserer neurologischen Funktionsweise.[1]

Es gibt einen Weg – einen fundamentalen Weg – auf dem alle Sozialwissenschaften, alle Geisteswissenschaften[2] und sogar die meisten Naturwissenschaften durch eine vergleichende Methodik praktiziert werden. Wie ich eine solch pauschale Behauptung aufstellen kann? Nun, der Naturwissenschaftler kennt zu einem bestimmten Phänomen nur eine einzige Wahrheit und diese Wahrheit wird allein von der Natur bestimmt, welche er nicht beeinflussen oder verändern kann. Für ihn bedeutet Wissenschaft, *scientia*, die Suche nach dieser einen Wahrheit. Aber selbst hier würde der Wissenschaftshistoriker *Steve Fuller* darauf hinweisen, dass es eine Wahl gibt: Warum gerade nach dieser einen Wahrheit suchen und nicht nach einer anderen?[3] Für die anderen Wissenschaftsdisziplinen, die Sozial- und die Geisteswissenschaften, lässt sich hingegen leicht erkennen, dass diese Suche durch eine Auswahl geprägt ist. Denn es wird die Welt des Menschen, ein soziales Konstrukt, untersucht. Und so verhält es sich auch mit dem Recht.[4]

Durchforstet man die Fachliteratur, die thematisch der Rechtsvergleichung zugerechnet wird, muss man allzu oft feststellen, dass das, was als „Rechts-

---

[1]   Vgl. beispielsweise *Kesner/Olton* (Hrsg.), Neurobiology of Comparative Cognition, 1992 (zitiert nach *Bernhard Großfeld*, Core Questions of Comparative Law, 2005, S. 51).

[2]   Zu einer hilfreichen Darstellung der Geschichte und Funktion der Geisteswissenschaften in der Universität siehe *Linda Ardito*, The Science and Art of Music: Cultural Perspectives, in: Konstantine Boudouris (Hrsg.), The Philosophy Of Culture, Bd. 1, 2006, S. 25–34; *Janet M. Atwill*, Rhetoric Reclaimed: Aristotle and the Liberal Arts Tradition, 1998.

[3]   *Steve Fuller*, Philosophy, Rhetoric and the End of Knowledge: The Coming of Science and Technology Studies, 1993, passim.

[4]   Zudem wird die Suche auch durch das jeweilige kulturelle Verständnis des Fachs geprägt. Ein US-amerikanischer Jurist hat einen anderen Zugang zu und ein anderes Verständnis von Rechtswissenschaft (und inwiefern es überhaupt eine *Wissenschaft* sein kann) als beispielsweise ein deutscher Jurist. Ein deutscher Jurist würde den Inhalt von „Sozialwissenschaften" auf empirische Studien beschränken. Die westlichen Wissensstrukturen basieren auf der altgriechischen Unterscheidung zwischen *epistêmê*, *technê* und *empeiríā*, die jedoch nicht den Gedanken stützt, dass Sozialwissenschaften auf empirische Studien begrenzt sind. Die Methoden zur Erlangung von *epistêmê* („Erkenntnis" oder „Wissenschaft") beruhen auf dem grundlegenden Glauben, dass eine einzige korrekte Antwort gefunden werden kann. Diese Grundlage ist sowohl in den Naturwissenschaften, als auch in den Sozialwissenschaften verankert, unabhängig davon, ob dabei empirische Daten gesammelt werden. Es ist die Grundlage deutscher juristischer Wissenschaft. Dagegen ist *technê* – entweder als „Handwerk" oder „Kunst" übersetzt – keine Suche nach Wissen, die von einer einzigen, richtigen Antwort abhängt, sondern eine Suche nach Antworten, gebildet durch die Eventualitäten der praktizierten Kunst. Dies ist die Grundlage der *common law* Rechtspraxis – die Kunst der mündlichen Verhandlung bezüglich faktischer Eventualitäten. Auf diese Differenzierung gestützt, nicht auf empirische Daten, werde ich demnach in diesem Buch deutsche *civil law* Theorie und Praxis *epistêmê* und US *common law* Theorie und Praxis *technê* zuordnen.

vergleichung" bezeichnet wird, zumeist nicht viel mehr als eine Gegenüberstellung ist – vielleicht schlimmer noch: eine Gegenüberstellung, die allein auf Rechtsquellen beschränkt ist. Ebenso muss man jedoch berücksichtigen, dass ausländische Studierende oder Rechtspraktiker das US-amerikanische Recht nicht aus derselben kulturellen Perspektive studieren *können* wie die Einheimischen. Sogar jemand, der in den Vereinigten Staaten aufgewachsen und kein Rechtsexperte ist, erwirbt durch das Leben innerhalb dieser Rechtskultur ein allgemeines Rechtsverständnis. Bestimmte Dinge, die Kulturangehörige über ihr jeweiliges Rechtssystem erfahren, können sogar falsch sein, aber wenn man generell an diese Rechtskultur glaubt, entstehen allgemeine kulturelle Erwartungen zwischen den Angehörigen dieser Kultur, die nicht unberücksichtigt bleiben können. Ebenso wesentlich ist die Tatsache, dass Jurastudierende das US-amerikanische Recht nicht derart studieren *sollten*, als wäre es lediglich ein weiteres Rechtsgebiet neben den Rechtsmaterien des eigenen Ausbildungskanons. Daher sollte ein Studium des US-Rechts außerhalb des kulturellen Kontextes der Vereinigten Staaten vielmehr der Art und Weise, wie sich ein Anthropologe dieser Aufgabe nähern würde, und nicht so sehr der Herangehensweise der US-amerikanischen Jurastudierenden, die sich ihr eigenes Rechtssystem erschließen, gleichen. Diese Gedanken zur Rechtsvergleichung führe ich aus, um ein echtes Problem der Rechtsvergleichung zu lösen: Menschen, die außerhalb der Vereinigten Staaten studieren oder in juristischen Berufen arbeiten, das US-amerikanische Recht auf eine kulturell sinnvolle Weise näherzubringen und nicht durch die Mechanismen geschriebener Normen. Rechtsvergleichung ist kein akademischer Selbstzweck. Sie hat vielmehr Einfluss darauf, wie Studierende auf das Recht schauen, sowohl auf ihr eigenes als auch auf andere geltende Rechtssysteme.

Dieses Kapitel ist aus verschiedenen Gründen mit „immanent vergleichend" überschrieben. In seiner reinsten Form ist dieses Buch tatsächlich eine Einführung in ausländisches Recht, bei der ich als Autor davon ausgehe, dass die Leser keine US-amerikanischen Juristen sind. Die vorhandene Fachliteratur und deren Literaturkategorien würden eine solche Arbeit generell der Kategorie der Rechtsvergleichung zuordnen. Es gibt jedoch gute Gründe dafür, zwischen dem Studium einer fremden Rechtsordnung einerseits und der Rechtsvergleichung andererseits zu unterscheiden. Zwei führende deutsche Wissenschaftler auf dem Gebiet der Rechtsvergleichung, *Konrad Zweigert* und *Hein Kötz*, haben behauptet, dass „ein Studium des ausländischen Rechts als solches noch keine Rechtsvergleichung bedeutet"[5]. Allerdings muss ich dieser Aussage zumindest teilweise widersprechen. Jeder, der etwas untersucht, das er als „fremd" bezeichnen würde, kann dies nur aus der Perspektive seines eigenen Rechtssystems tun. Selbst wenn der Autor einer derartigen Untersuchung dann nicht explizit von Vergleichungen spricht, so stellt er doch notgedrungen Vergleiche an. Wenn wir ein fremdes Rechtssys-

---

[5] *Zweigert/Kötz*, Einführung in die Rechtsvergleichung, 3. Aufl. 1996, S. 6.

tem studieren, können wir schlicht nicht anders, als es – jedenfalls anfangs – mit unserem eigenen zu vergleichen. Erfolgreiche Rechtsvergleichung muss sich dieser Vergleiche bewusstwerden und nicht so tun, als fänden sie gar nicht statt. Der US-amerikanische Rechtsvergleicher *John Henry Merryman* hat festgestellt, dass das Studium eines fremden Rechtssystems das ist, was „die meisten Rechtsvergleicher tatsächlich die meiste Zeit tun"[6]. Postmoderne Kritiker würden sagen, dass der Beweis dafür, dass einem Autor seine vergleichenden Praktiken bewusst sind, innerhalb des Vorwortes, der Einleitung und anderer Marginalien zu finden sei. Diese Tatsachen ins Bewusstsein zu bringen, hat deutliche Vorteile:

> „Sobald sich die Rechtsvergleicherin fragt, wie sie zu dem geworden ist, was sie im juristischen Sinne ist (ein ‚Individuum' mit ‚Rechten' und ‚Pflichten', ‚Mieterin', ‚Steuerzahlerin', ‚Elternteil', ‚Verbraucherin', etc.) und wie sie als ‚Rechtswissenschaftlerin' dazu gekommen ist, über ihr eigenes und über fremdes Recht ebenso zu denken, was sie denkt, beginnen Vorstellungen von Normalität und Universalität zu verschwimmen. Hierdurch wird dann deutlich, dass jede Sicht auf fremdes Recht von den einheimischen Prämissen und Einflüssen abgeleitet und durch diese geprägt ist."[7]

Eine Untersuchung der rechtsvergleichenden Fachliteratur, die sowohl rechtspraktisch als auch rechtstheoretisch orientiert Autoren einbezieht, verdeutlicht vor allem zwei Dinge: Erstens gibt es keine einheitlichen Methoden oder Konzepte, mit denen man die „Rechtsvergleichung" deutlich abgrenzen könnte, und zweitens verbringen viele Autoren, trotz (oder gerade wegen) des Fehlens dieser einheitlichen Methoden oder Konzepte, einen Großteil ihrer rechtsvergleichenden Studien damit, die Natur der Rechtsvergleichung zu kommentieren. Im Zusammenhang mit dem menschlichen Denken trifft die erste Beobachtung vielleicht nicht nur auf die Rechtsvergleichung zu – auch die Physik hält keine einheitliche Theorie für alles bereit, gleiches gilt für die Medizin, die Psychologie oder jede andere Fachdisziplin. Warum also erwarten wir eine solche von der Rechtsvergleichung? Vielleicht brauchen wir auch gar nicht die perfekte Lösung, sondern lediglich etwas Einheitlicheres oder Nützlicheres als das, was wir bislang haben. Ein Teil der Erklärung für die mangelnde Übereinstimmung in der Rechtsvergleichung könnte durchaus darin zu finden sein, dass die Rechtswissenschaft – wie auch die Medizin – nicht nur eine Fachrichtung der Wissenserweiterung ist, sondern gleichsam auf die praktische Anwendung vorbereiten soll. Wenn also jemand aus seiner Perspektive darstellt, was das Recht in seiner Kultur „ist", vergleicht der Autor womöglich die Rechtspraxis dieser Kultur mit der Praxis einer anderen,

---

[6]   *Mathias Reimann*, The Progress and Failure of Comparative Law in the Second Half of the Twentieth Century, American Journal of Comparative Law, Bd. 50, Nr. 18 (2002), 671 (675) (zitiert nach *John H. Merryman*, The Loneliness of a Comparative Lawyer, 1999).

[7]   *Günter Frankenberg*, Critical Comparison, Re-Thinking Comparative Law, Harvard International Law Journal, Bd. 26 (1985), 411 (443).

ignoriert aber zugleich die akademische Lehre in beiden Rechtskulturen oder bringt Theorie und Praxis durcheinander.

2.2 Kognitiver Ausgangszustand

Bei der Vorbereitung des Manuskripts für dieses Buch und der Suche nach Ideen zum Thema der Rechtsvergleichung stieß ich auf eine Erkenntnis des deutschen Rechtswissenschaftlers *Günter Frankenberg* über den Lernprozess, die im Zeitalter der digitalen Informationen ungleich bedeutsamer ist. Er schrieb:

> „Das Lernen selbst erfordert eine Veränderung des kognitiven Status quo einer Person. Grundvoraussetzungen für eine kognitive Transformation sind, dass man sich (1) seiner Annahmen bewusst wird, (2) keine Wesensmerkmale des eigenen Horizontes mehr auf die Objekte seiner wissenschaftlichen Aufmerksamkeit projiziert und (3) den persönlichen Standpunkt dezentralisiert, so dass man durch den Blickwinkel des Neuen nicht nur das Neue, sondern auch die Wahrhaftigkeit seiner eigenen Annahmen berücksichtigen kann. Mit anderen Worten: Es ist entscheidend, wie wir die Informationen auswählen, denen wir ausgesetzt sind, und wie wir neues Wissen mit gefestigtem Wissen in Beziehung setzen. Wenn wir das, was wir kennenlernen, nicht an das, was wir bereits wissen, angleichen, und das, was wir wissen, an das, was wir erfahren, nicht anpassen, *dann sammeln wir letztlich nur Informationen. Die neuen Informationen müssen* verarbeitet, d. h. *integriert und* mit dem Bekannten *kontextualisiert* werden, um für uns sinnvoll zu sein. Und was wir bereits wissen, muss mit dem, was wir erfahren, in Beziehung gesetzt werden, damit letzteres etwas bewirken kann."[8]

Folglich ist ein Großteil des Lernens in mancher Hinsicht ganz allgemein ein Vergleichsprozess. Die Forschungsmethode der Rechtsvergleichung rückt mithin den Vergleichsprozess in den Vordergrund.[9]

2.2.1 Warum vergleichen? Eine kurze Geschichte der Rechtsvergleichung

Von der Rechtsvergleichung wird regelmäßig behauptet, sie werde seit dem Jahre 1900, dem Jahr der Weltausstellung in Paris, als eigenständige Disziplin wahrgenommen.[10] Dabei entstand in den ersten hundert Jahren seit der Pariser Weltausstellung eine Fachrichtung, die sich mit ihren Vergleichen fast ausschließlich auf Westeuropa und Nordamerika konzentrierte. Als Ergebnis, soweit es in der zweiten Hälfte des 20. Jahrhunderts Erfolge der Rechtsvergleichung gab, kann sie weitgehend als Instrument zur „Europäisierung des

---

[8] Ebd., S. 413.

[9] In jüngerer Zeit wurde diese Unterscheidung zwischen dem Sammeln von Wissen und der Veränderung des kognitiven Status quo einer Person, oder besser gesagt, der Weisheit, auch auf die digitale Welt angewendet, dazu *Farhad Manjoo*, True Enough: Learning to Live in a Post-fact Society, 2008.

[10] *Kötz/Zweigert*, Einführung in die Rechtsvergleichung, 3. Aufl. 1996, S. 2.

Privatrechts"[11] bezeichnet werden. Man könnte sich jedoch berechtigterweise fragen, warum das Strafrecht oder andere Bereiche des öffentlichen Rechts nicht Teil dieser Forschung waren. So wird etwa im Hinblick auf wesentliche Rechtsgebiete in „The Treaty of Lisbon: an impact assessment, 10th report of session 2007–08", veröffentlicht vom Ausschuss der Europäischen Union des britischen Oberhauses, von den Autoren bemängelt, dass „ein Problem, das wir haben, darin besteht, dass wenig über die kontinentalen Systeme der Strafjustiz bekannt ist. Es ist ein Bereich, der kaum jemals untersucht wurde. Es gibt auf den britischen Inseln keinerlei Universitätslehrstühle für Rechtsvergleichung mit einer Spezialisierung in vergleichender Strafverfahrenslehre."[12] Und was die unterschiedlichen geografischen Regionen der Welt anbelangt, so muss man zugeben, dass in jüngerer Zeit für Asien neue Wege in der Rechtsvergleichung eingeschlagen werden, während „Lateinamerika weiterhin kaum untersucht und Afrika fast ignoriert wird"[13]. Dies gilt sogar für die führenden Fachzeitschriften wie etwa das *American Journal of Comparative Law*.[14]

Um den Geist einer bestimmten juristischen Denkweise zu verstehen – wie den *Geist* des *common law*, der in Kapitel 1 beschrieben wurde –, kann es notwendig sein, auch Rechtskonzepte zu berücksichtigen, die nicht in allen Systemen gefestigte Kategorien darstellen. Noch bevor die Rechtsvergleichung einen Status oder Namen als eigenständige Disziplin hatte, gab es bereits Praktiken in den verschiedenen Rechtssystemen, die man nur kollektiv als „ein *Gefühl* zur Auflösung von Differenzen" bezeichnen konnte. So war etwa der Autor des *Liber Augustalis*, einer Kodifizierung des Rechts des Königreichs von Sizilien, 1231:

> „bewegt vom *Geist* der Scholastik, der das intellektuelle Leben der Zeit prägte, um Unterschiede innerhalb der bestehenden Rechtstraditionen des *regno* zu lösen und sein juristisches Wissen und das seiner Teilhaber, wahrscheinlich Rechtspraktiker, zu einem einheitlichen Rechtskorpus zu destillieren."[15]

---

[11] *Mathias Reimann*, The Progress and Failure of Comparative Law in the Second Half of the Twentieth Century, American Journal of Comparative Law, Bd. 50 (2002), 671.

[12] House of Lords, European Union Committee, The Treaty of Lisbon: An Impact Assessment, 10. Report der Session 2007–08, 2008, E-131.

[13] *Reimann*, a. a. O., Fn. 11, S. 674.

[14] Eine Überprüfung der Artikel, die zwischen 1952 und 1997 veröffentlicht wurden, enthielt 41,12 % über Europa, 8,6 % über Asien und nur 1,79 % über Afrika, wie *Frank K. Upham* in: The Place of Japanese Studies in American Comparative Law, Utah Law Review (1997), 639 (641) herausgefunden hat (ebenso *Reimann*, a. a. O., Fn. 11, S. 674).

[15] *James M. Powell*, bearbeitet und übersetzt, The Liber Augustalis or Constitutions of Melfi, Promulgated by the Emperor Frederick II for the King of Sicily in 1231, 1971, S. xxi. So auch zitiert in *Harold J. Berman*, Law and Revolution: The Formation of the Western Legal Tradition, 1983, S. 427.

Selbst innerhalb der Rechtsvergleichung, in ihrem engsten Sinne, haben sich in den etwa hundert Jahren, in denen sie als solche erforscht und praktiziert wurde, die Ziele und Theorien verändert. Die frühe Konzeption der Rechtsvergleichung auf der Pariser Ausstellung, von der *Edouard Lambert* berichtet, hatte das edle, wenn auch eurozentrische Ziel, „Differenzen zu beseitigen". Selbst nach dem Ersten Weltkrieg blieb der französische Jurist *Pierre Lepaulle, avocat à la Cour d'appel de Paris* (Pariser Berufungsgericht), optimistisch mit Blick auf die Fähigkeiten der Rechtsvergleichung als er in der *Harvard Law Review* schrieb: „Abweichungen in den Rechtsordnungen verursachen Unterschiede, die Schritt für Schritt unbewusste Missverständnisse und Konflikte zwischen Nationen erzeugen, welche schließlich mit Blut und Verwüstung enden."[16] Der zweite der beiden eurozentrischen Weltkriege mag jedoch schließlich gereicht haben, um die Rechtsvergleicher davon zu überzeugen, ihre Ziele noch einmal zu überdenken. So wurde nach dem Zweiten Weltkrieg damit begonnen, weniger ambitionierte Ziele zu verfolgen, die im Wesentlichen nur noch kommerzieller Natur waren. Dieser Schwerpunktwechsel ist wichtig zu beachten, weil man sich jederzeit des erklärten Schwerpunkts und Zieles einer Rechtsvergleichung bewusst bleiben muss. Bei jeder neuen „Krise" der Europäischen Union fragten die Menschen *José Manuel Barroso*, der zehn Jahre lang Kommissionspräsident war, ob die EU erfolgreich sei. Er bejahte diese Frage jeweils konsequent ohne zu zögern und betonte ebenso schnell, dass Europa seit Gründung der EU keinen Weltkrieg mehr erlebt hatte. *Barroso* blieb sich des ursprünglich erklärten Zieles der Union bewusst. Eine ähnliche, wenngleich weniger konkrete Zielsetzung könnte man auch für den Völkerbund und seine Nachfolgeorganisation, die Vereinten Nationen, ausmachen.

Ein Standardwerk der Rechtsvergleichung ist bis heute das Buch von *Konrad Zweigert* und *Hein Kötz*, das den schlichten Titel „Einführung in die Rechtsvergleichung" trägt.[17] Das Werk hat inzwischen eine so breite Leserschaft gefunden, dass es nicht übertrieben wäre, es als die Bibel der Rechtsvergleichung zu bezeichnen. In Teil A. „Generalia" stellen die Autoren dabei allgemeine Überlegungen etwa über den Begriff, die Funktionen und Ziele und die Geschichte der Rechtsvergleichung an. Diese verschiedenen Kategorien sind jedoch nicht völlig unabhängig voneinander. Den Begriff der Rechtsvergleichung zu diskutieren, bedeutet etwa, zu erforschen, wann und warum sie als eigenständige Disziplin entstanden ist. Und hier erfahren wir

---

[16] *Pierre Lepaulle*, The Function of Comparative Law with Critique of Sociological Jurisprudence, Harvard Law Review, Bd. 35 (1922), 838 ff., 857.

[17] *Zweigert/Kötz*, a.a.O., Fn. 10; Die Abhandlung wurde vom inzwischen verstorbenen *Tony Weir* in die englische Sprache übersetzt. Im Vorwort zur dritten Ausgabe der englischsprachigen Übersetzung bemerkte *Hein Kötz* großzügig, dass es „dank dem Kern, der Ausgeglichenheit und der Präzision Stellen gibt, von denen man meinen könnte, dass sie besser zu lesen sind als das deutschsprachige Original [deutsche Wiedergabe durch den Übersetzer]". Ebd., S.vi.

dann, dass *Edouard Lambert* und die anderen Anwesenden auf der großen Pariser Ausstellung, auf dem Höhepunkt der weltweiten Begeisterung für den industriellen Fortschritt, davon überzeugt waren, dass es nicht nur möglich wäre, durch Rechtsvergleichung aus sämtlichen bestehenden Systemen ein globales Privatrechtssystem zu destillieren, sondern, dass es sogar wünschenswert wäre, dies zu tun. Der Optimismus dieses Ziels verflog jedoch im Laufe der Zeit, in der kein Weltsystem entstand, und wurde getrübt durch die Unruhen zweier Weltkriege und einen anhaltenden Kalten Krieg zwischen den Supermächten aus Ost und West.[18] Dennoch bietet der von *Zweigert* und *Kötz* etablierte konventionelle Ansatz die replizierbare Methode des sogenannten „Funktionalismus", die man als sozialwissenschaftliches Instrument einsetzen könnte, um respektable Ergebnisse der Rechtsvergleichung zu erzielen.

Soziale Unruhen in weiten Teilen der Welt brachen sich in den 1960er-Jahren auch in der Rechtsvergleichung Bahn und brachten schließlich Gedanken wie die Bewegung der „kritischen Rechtslehre" in die Vereinigten Staaten. Diese Bewegung wandte soziales Denken und postmoderne Kulturtheorie auf das Recht an, verbunden mit dem erklärten Ziel, den Anwendungsbereich der Rechtsvergleichung auf die Rechtskulturen marginalisierter und unterdrückter Menschen auszudehnen. Gegenwärtig, noch am Anfang eines neuen Jahrhunderts, gibt es nennenswerte Hinweise darauf, dass die Rechtsvergleichung eine neue Entwicklungsstufe erreicht hat. *Mathias Reimann* etwa ist der Meinung, dass „die Rechtsvergleichung in mindestens dreifacher Hinsicht weit über […] relativ rudimentäre Modelle hinausgegangen ist."[19] Zunächst, so *Reimann*, verstehen wir, dass Kategorien und Klassifizierungen nicht exakt sind, sondern lediglich Annäherungen an die Realität. Darüber hinaus erkennen wir heute an, dass Rechtstraditionen dynamisch und nicht etwa statische oder isolierte Systeme sind. Schließlich, und bezogen auf den zweiten Gesichtspunkt, erkennen wir inzwischen auch an, dass ein Teil des dynamischen Prozesses der Rechtstraditionen darin besteht, dass diese mit anderen Rechtsfamilien, -traditionen und -kulturen interagieren.[20]

Oftmals wird angenommen, dass das Konzept der Rechtsvergleichung bereits verinnerlicht wurde. Diese Annahme verleitet uns dann dazu, von Beginn an direkt zu Fragen des „wie" eines Rechtsvergleichs zu springen – in etwa so, als würden wir ein neues Softwareprogramm bekommen und

---

[18] Dabei ist zu beachten, dass der Physiker *Werner Heisenberg* 1989 noch schrieb: „Wenn man sich in der Geschichte umsieht, welche Kräfte große menschliche Gemeinschaften zusammenhalten, so tritt neben das primitive Gefühl der gleichen Rasse, das schon im Tierreich geläufig ist, zunächst die gemeinsame Sprache. Aber es gibt neben diesen Kräften noch zwei andere, die stärker sind und selbst Völker verschiedener Rasse und Sprache zusammenschweißen können: der gemeinsame Glaube und, als das stärkste, das gemeinsame Recht.", *Werner Heisenberg*, Ordnung und Wirklichkeit, 1989, S. 152.

[19] *Reimann*, a. a. O., Fn. 11, S. 676.

[20] Ebd., S. 677 f.

denken, dass man uns aufgrund unseres Vorwissens über Software lediglich
erklären müsse, wie dieses nun zu verwenden sei. Bevor wir aber die Frage
beantworten können, *wie* wir vergleichen, müssen wir uns zunächst darüber
im Klaren sein, *warum* wir denn überhaupt einen Vergleich anstellen wollen.[21] Diese kurze, beinahe kindliche Frage – „Warum?" – scheint jedoch der
nachdrücklichste Anlass für Verärgerung unter denjenigen zu sein, die Vergleichsbemühungen vorschlagen. Es gibt mehrere allgemeine, besondere und
konkrete Gründe, warum wir vergleichen wollen. Ein erstes Beispiel hierzu
stammt aus der Zeit kurz nach der Anerkennung der Rechtsvergleichung als
eigenständige Disziplin, als *Pierre Lepaulle* schrieb:

> „Wenn ich eine persönliche Erfahrung anführen dürfte, ich hatte das französische Recht,
> bevor ich in die Vereinigten Staaten kam und ein anderes Rechtssystem studierte, nie ganz
> verstanden. Die Geschichte des Rechts scheint unzulänglich dafür, um einem Studenten
> eben dieses Gefühl der Relativität zu vermitteln, denn in der Geschichte geht es oft um
> jene Kräfte, die noch nicht tot sind und die den Geist des Studenten auch unbewusst in
> eine bestimmte Richtung lenken. Um die Dinge in ihrem wahren Licht zu sehen, müssen
> wir sie daher aus einer gewissen Entfernung, als Fremde, sehen, was jedoch bei der Untersuchung jeglicher Phänomene unseres Heimatstaates unmöglich ist. Deshalb sollte die
> Rechtsvergleichung einer der notwendigen Ausbildungsaspekte all jener sein, die das Recht
> für Gesellschaften gestalten sollen."[22]

Aus eigener Erfahrung kann ich *Lepaulle* vollkommen zustimmen. Ich verstehe das US-Recht besser, weil ich die Möglichkeit hatte, in Großbritannien,
Irland und Deutschland zu leben, zu forschen und zu lehren.

Frankenberg behauptet, dass „die obersten Ziele der Rechtsvergleichung –
die Reform und Anpassung der Gesetze, die Förderung der Gerechtigkeit
und die Verbesserung des Schicksals der Menschheit" sind.[23] Wichtiger als

---

[21] Sie als Leser dieses Buches studieren höchstwahrscheinlich freiwillig ein ausländisches
Rechtssystem und nicht, weil Sie gegen ihren Willen vertrieben wurden. Dennoch gab
es in der Geschichte derartige Exiljuristen, die für Aufklärung darüber gesorgt haben,
was es bedeutet, in eine fremde Rechtskultur einzutreten. Für sie könnte man die
Frage mit folgenden Worten beantworten „weil ich es muss – ich wurde aus meinem
ursprünglichen Rechtssystem hinausgedrängt [deutsche Wiedergabe durch den Übersetzer]." Siehe *Bernhard Großfeld/Peter Winship*, The Law Professor Refugee in: Syracuse
Journal of International Law & Commerce, Bd. 18 (1992) S. 3 sowie *Kyle Graham*, The
Refugee Jurist and American Law Schools 1933–1944, American Journal of Comparative Law, Bd. 50 (2002), 777.

[22] *Pierre Lepaulle*, a.a.O., Fn. 16, S. 858.

[23] *Frankenberg*, a.a.O., Fn. 7, S. 412f.; *André Tunc*, La contribution possible des études
juridiques comparatives à une meilleure compréhension entre nations, Revue internationale de droit comparé (R.I.D.C.), Bd. 16 (1964), 47; *André Tunc*, Comparative
Law, Peace and Justice in the Century, *A. Mehren* und *J. Hazard*, 3. Aufl. 1961, S. 80;
Ferdinand F. Stone, The End to be Served by Comparative Law, Tulane Law Review,
Bd. 25 (1951), 325; *René David*, The Study of Foreign Law as a Contribution towards
International Understanding, International Soc. Scie. Bull., Bd. 2 (1950), 5; *H.E. Yntema*, Comparative Law and Humanism, American Journal of Comparative Law, Bd. 7
(1958), 493.

all diese bewussten Zielsetzungen sind aber die ungleich schlichteren Vergleichspraktiken, sogar in der Rechtswissenschaft. Es gibt bewusste und unbewusste Vergleiche. Viele Vergleiche, die wir vornehmen, werden unbewusst durchgeführt, um eine bestimmte Entscheidung zu treffen, wie zumBeispiel, ob man sich beim Überqueren der Straße beeilt oder ob man einer anderen Person im Vorbeigehen ein Lächeln schenkt. Einige werden auch bewusst durchgeführt und dienen dann ebenfalls dazu, Entscheidungen zu treffen: beispielsweise die alltägliche Frage, wann und was man zu Mittag isst oder aber so grundlegende Weichenstellungen wie die Entscheidung, ob man Anwalt werden will. Aber nicht alle Vergleiche werden gemacht, um eine Entscheidung zu treffen. Warum also sollte man Rechtsphänomene vergleichen?

Nach Ansicht der Rechtswissenschaftler *René David* und *John E. C. Brierley* konnte der Nutzen der Rechtsvergleichung 1978 in drei wesentlichen Aspekten vollständig zusammengefasst werden, die in gewisser Weise auf *Lepaulles* Beobachtung von 1922 aufbauten. Die Rechtsvergleichung

„ist nützlich in der historischen und philosophischen Erforschung des Rechts; sie ist wichtig, um das eigene Recht besser zu verstehen und zu verbessern; sie trägt zur Förderung des Verständnisses fremder Völker bei und somit zur Schaffung eines für die Entwicklung internationaler Beziehungen günstigen Kontextes."[24]

Die meisten Jurastudierenden werden irgendwann praktizierende Juristen, und die meisten von ihnen in ihrem heimischen (oder „nationalen") Rechtssystem. Deshalb möchte ich eine Variation des Hauptarguments von *David* und *Brierley* für die Rechtspraktiker ergänzen. Innerhalb der Vereinigten Staaten sind Juristen oft dem Recht unterschiedlicher US-Bundesstaaten ausgesetzt. Daher ist es oft so, dass ein US amerikanischer Rechtspraktiker durch seine Beobachtungen der Rechtspraxis in anderen Bundesstaaten seine eigene Rechtspraxis ändern und verbessern kann.

Das führt mich zu einem weiteren Grund, warum man Vergleiche durchführen möchte. *Frankenberg* positioniert sich insoweit näher an dem kulturellen Fokus dieses Buches, welcher auch den Nutzen der rechtsvergleichenden Arbeit für die heimische Rechtspraxis beleuchtet. „Um mit Ethnozentrismus fertig zu werden, müssen wir die kulturellen Verflechtungen, die uns an das nationale Rechtssystem binden, erkennen und auflösen."[25] *Frankenberg* legt dann, in Übereinstimmung mit einer postmodernen Literaturtheorie, nahe, dass rechtsvergleichendes Verhalten letztlich nur in der praktischen Aufgabe bestehe, sich auf die Randerscheinungen von Rechtstexten zu konzentrieren, wie etwa Vorworte und Einleitungen. Dabei, so *Frankenberg*, könne man sich dann einen realistischen Eindruck davon verschaffen, dass der rechtsvergleichende Autor von seiner juristischen Ausbildung, den Einflüssen seiner Rechtskultur, der Teilnahme an Konferenzen sowie beruflichen wie persön-

---

[24]   R. *David/ J. Brierley*, Major Legal Systems in the World Today, 2. Aufl. 1978, S. 4. (Hervorhebung durch den Verfasser).

[25]   *Frankenberg*, a. a. O., Fn. 7, S. 443.

lichen Reiseerfahrungen inspiriert und geleitet werde. Wie und *warum* das, was ein Autor als objektives Ergebnis und als reinen Vergleich verschiedener Rechtskultur bezeichnet, bereits durch ihn selbst wieder untergraben werden kann, zeigt ein Autor, laut *Frankenberg,* mit seinen Randbemerkungen.[26]

Man könnte auch Vergleiche anstellen, um zu der Erkenntnis zu gelangen, dass die eigenen Beobachtungen aus einer bestimmten Perspektive (oder einer anderen) erfolgen sollten. Denn jegliche Beobachtungen erfolgen aus einem bestimmten Blickwinkel– man kann nicht nirgendwo oder überall stehen[27]. Daher sollten wir uns bewusst machen, wo wir stehen, während wir unsere Beobachtungen anstellen.[28] Und als vergleichende Rechtspraktiker oder als Jurastudierende stehen wir in der Regel innerhalb unserer eigenen Rechtskultur und richten unseren Blick auf andere Rechtskulturen.[29] Sobald wir jedoch erkennen, dass unsere Beobachtungen zwingend aus irgendeinem Blickwinkel erfolgen müssen, sind wir auch besser dazu in der Lage, zu untersuchen und zu verstehen, welcher Blickwinkel dies konkret ist. Treffend formulierte dies *Goethe* mit seinen berühmten Worten: „Wer keine fremde Sprache spricht, weiß von seiner eigenen nicht."[30] Also könnten wir Vergleiche auch deshalb anstellen, um etwas über unsere eigene Rechtskultur zu erfahren.

Auch im Bereich der vergleichenden Rechtspraxis könnte man vergleichen wollen, um dem Mandanten zivilrechtliche Auswahlmöglichkeiten anzubieten.[31] Der Vergleich kann möglicherweise auch die eigene Kreativität fördern: Neue Ideen für mögliche Rechtsbehelfe, Normen, Klagegründe oder Verfahren könnten dabei herauskommen. Und der letzte Grund, der einen zum Vergleich anregen könnte, ist, dass ein intelligenter, kritischer Rechtsvergleich Juristen dabei hilft, sachkundiger mit Mandanten, Kollegen oder Gegenparteien aus anderen Rechtskulturen zusammenzuarbeiten. Bei der Vertretung eines Mandanten ist man durch das Verständnis der Ausrichtung, Einstellung oder Perspektive eines ausländischen Juristen besser dazu in der

---

[26] Ebd.

[27] *Kenneth Burke* liefert eine ausgezeichnete Etymologie der sprachverwandten Wortgruppe, die er als „Familie des Stehens (*stance family*)" bezeichnet, einschließlich eines Vergleichs des griechischen „hypostasis", des deutschen „verstehen" und des englischen „substance", wobei er sich etymologisch vom *Stehen* zum *Verstehen* vorarbeitet, *Kenneth Burke,* Grammar of Motives, 1969, S. 22 ff.

[28] Sogar die Rechtsvergleichung selbst erfolgt aus einer kulturellen Position heraus. So wird an dieser Stelle die Rechtsvergleichung vorgestellt, um die US-amerikanische Rechtskultur zu analysieren, allerdings erfolgt diese Präsentation bereits selbst aus einer US-amerikanischen Perspektive heraus. Siehe bspw. *Ugo A. Matei/Teemu Ruskola/ Antonio Gidi,* Schlesinger's Comparative Law: Cases-Text-Materials, 7. Aufl. 2009.

[29] *Penelope Pether,* Language, in: Austin Sarat (Hrsg.), Law and the Humanities, 2014.

[30] *J. W. von Goethe,* Maximen und Reflexionen, Aus Kunst und Altertum, 1821.

[31] Vgl. *James Gordley/Arthur Taylor von Mehren,* An Introduction to the Comparative Study of Private Law, Cambridge University Press, 2009.

Lage, mit ihm oder gegen ihn zu arbeiten, um einen Rechtsstreit schließlich zu lösen.

Unabhängig davon, aus welchem Grund man Teile oder ganze Rechtsordnungen vergleicht, muss man, um sinnvoll zu vergleichen, methodisch vorgehen. Geht man nicht methodisch vor, so ist auch das Vergleichsergebnis wenig aussagekräftig. Der österreichische Rechtshistoriker *Paul Koschaker* warnt uns: „Schlechte Rechtsvergleichung ist schlimmer als keine."[32] So könnte beispielsweise eine schlechte Rechtsvergleichung einfach nur darauf abzielen, Texte zu vergleichen (und oft sind zumindest die Texte eines Landes für den Rechtsvergleicher nur in der Übersetzung verständlich). Texte allein, insbesondere Gesetzestexte, sind aber nicht ansatzweise repräsentativ für die Art und Weise, wie in Rechtsordnungen Konflikte gelöst werden. Der EuGH-Richter *David Edwards* hat behauptet:

> „Kodizes und Abkommen über die Zulässigkeit und Verwertbarkeit von Beweisen (*law of evidence*) sind bestenfalls unverbindliche Leitlinien. Auf den ersten Blick können die Regelungen zweier Systeme sehr ähnlich erscheinen. So haben beispielsweise einige Aspekte des niederländischen Prozessrechts eine auffallende Ähnlichkeit mit den jüngsten Vorschlägen für das Prozessrecht der schottischen Gerichte. Dennoch können wir sicher sein, dass die schottischen Gerichte, selbst wenn die schottischen Vorschläge umgesetzt würden, immer noch ganz anders als die niederländischen Gerichte arbeiten würden."[33]

Mathias Reimann hat die 1978 von *David* und *Brierley* erstellte Liste aktualisiert, indem er die Gründe für einen Rechtsvergleich zusammenfasst, die insoweit von einigen der einflussreichsten Autoren der Rechtsvergleichung – *Mary Ann Glendon, John Henry Merryman, Max Rheinstein, Rudolph Schlesinger* sowie *Zweigert* und *Kötz* – befürwortet werden:

1. Ausländische Beispiele können das nationale Recht verbessern.
2. Rechtsvergleichung fördert die internationale Vereinheitlichung oder zumindest Harmonisierung.
3. Rechtsvergleichung enthüllt den gemeinsamen Kern allen Rechts.
4. Rechtsvergleichung vermittelt grundlegende Fähigkeiten der internationalen Rechtspraxis.
5. Rechtsvergleichung gibt einen Überblick über das weltweit geltende Recht durch die Einführung der großen Rechtsfamilien; oder
6. es vermittelt zumindest Kenntnisse über ausländische Rechtsfamilien.

---

[32] *Großfeld*, a. a. O., Fn. 1, S. 14 (zitiert *Paul Koschaker*, Was vermag die vergleichende Rechtswissenschaft zur Indogermanenfrage beizusteuern? in: Helmut Arntz [Hrsg.], Germanen und Indogermanen, Festschrift für Herman Hirt, 1936, S. 149 f).

[33] *David Edwards*, Fact Finding: A British Perspective, in: D. L. Carey Miller / Paul R. Beaumont (Hrsg.), The Option of Litigating in Europe, London: United Kingdom Committee of Comparative Law, 1993, S. 44. (so auch zitiert nach *Jeremy Lever*, Why Procedure is More Important than Substantive Law, International & Comparative Law Quarterly, Bd. 48 (1999), 285 (301).

7. Rechtsvergleichung macht die Studierenden mit fremden Regeln, Konzepten und Ansätzen vertraut und erleichtert so die Kommunikation mit ausländischen Juristen.

8. Indem sie Studierende zwingt, ausländisches Recht mit ihrem eigenen zu vergleichen, werden diese dazu gezwungen, ihr eigenes System kritisch zu hinterfragen.

9. Rechtsvergleichung hilft Studierenden, Recht als allgemeines Phänomen zu verstehen, insbesondere seine Abhängigkeit von Geschichte, Gesellschaft, Politik und Wirtschaft.

10. Durch die Bereitstellung kritischer Perspektiven und die Erläuterung von Alternativen fördert die Rechtsvergleichung die Toleranz gegenüber anderen Rechtskulturen und überwindet somit engstirnige Haltungen.[34]

Erst wenn wir uns darüber im Klaren sind, dass wir fragen müssen, warum wir vergleichen, und festgestellt haben, dass es dafür eine ganze Reihe unterschiedlicher Gründe gibt, sind wir auch dazu in der Lage, uns darüber Gedanken zu machen, welche Methoden für die Durchführung dieses Vergleichs geeignet sein könnten.

2.2.2 Vergleichsmethode

Wenn es um die Methoden der Rechtsvergleichung geht, kann man ganz einfach beginnen. Machen Sie sich Folgendes bewusst: Sie lesen diesen Text in deutscher Sprache und möglicherweise ist Deutsch nicht Ihre Muttersprache. Vielleicht haben Sie auch bereits eine weitere Fremdsprache, wie zum Beispiel Englisch, gelernt. Erinnern Sie sich an den Prozess des Englischlernens (oder des Erlernens einer anderen Sprache). Es war mechanisch – man lernt die Struktur der Grammatik und fügt dann so viel Vokabular hinzu, wie man sich merken kann. Unsere Muttersprache hingegen lernen wir anders. Das Gleiche gilt für das Recht. Wir lernen unser eigenes Rechtssystem kennen, indem wir als Bestandteil einer gesamten Kultur darin leben, nicht dadurch, dass wir es uns als Spezialisten aneignen. Zweitsprachen erlernen wir darüber hinaus, indem wir Vergleiche zu unserer Muttersprache anstellen. Wenn wir Rechtssysteme begreifen wollen, nachdem wir bereits die eigenen Rechtssysteme verinnerlicht haben, tun wir auch dies im Vergleich zu unseren eigenen. Diese Vergleichspraxis entwickeln wir schließlich, indem wir selbst Beziehungen zwischen Gegenständen *erschaffen* – nicht finden –, die unserer Meinung nach vergleichbar sind. So wie wir eine zweite Sprache nicht auf die gleiche Art und Weise lernen können, wie wir unsere Muttersprache gelernt haben (selbstverständlich mit Ausnahme derjenigen, die in jungen Jahren eine zweite Sprache gelernt haben und wirklich zweisprachig sind), müssen wir uns zumindest dieser Realität des Lernens durch Übersetzung bewusst

---

[34] *Mathias Reiman*, The End of Comparative Law as an Autonomous Subject, Tulane European & Civil Law Forum, Bd. 11 (1996), 49 (54).

werden und uns nicht vormachen, zu glauben, dass wir eine andere Kultur, sogar eine Rechtskultur, lernen könnten, indem wir einfach die gleichen Rechtsquellen lesen, die ein Muttersprachler liest. Wenn wir also ein zweites Rechtssystem lernen, dann durch die „fremdsprachliche" Praxis, indem wir zunächst so etwas wie eine Grammatik etablieren, um anschließend Vokabular hinzuzufügen. Und obwohl alle Grammatiken als Regeln der Sprachstruktur funktionieren, unterscheiden sich die einzelnen Regeln. Wie entwickelt man beispielsweise ein Verständnis für die Deklination von Pronomen, wenn die eigene Sprache lediglich über Pronomen verfügt, die, unabhängig vom Kasus, nicht verändert werden? Wie versteht man Abstraktionen wie „ja" und „nein", wenn in der eigenen Sprache keine isolierten Wörter verwendet werden, um etwas zu bestätigen oder abzulehnen?

Einige Rechtsgebiete, wie etwa das Wirtschaftsrecht, sind weniger kulturell verwurzelt als andere.[35] Diese Rechtsgebiete lassen sich daher tendenziell leichter von einer Rechtsordnung auf eine andere Rechtsordnung übertragen und können auch von Juristen in unterschiedlichen Kulturen verstanden werden, ohne dass eine Übersetzung oder ein Eintauchen in die andere Kultur erforderlich wäre. Andere Rechtsgebiete sind hingegen stärker in einer Kultur verankert – zumBeispiel Verfassungs-,[36] Familien- oder Strafrecht[37]. Diese kulturell abhängigen Bereiche sind ohne Übersetzung oder ein Eintauchen nicht so leicht zu verstehen. Kurz gesagt, das Studium einer ausländischen Rechtsordnung ist nicht derselbe Prozess wie das Studium des eigenen Rechtssystems. Die Unterschiede zeigen sich etwa für Geschichte, Sprache, soziale Strukturen, Politik und Philosophie; Dinge, die ein Mensch in seiner eigenen Kultur lernt – unmittelbar oder mittelbar – noch bevor er beginnt, eine fremde Rechtskultur zu erforschen. In den folgenden Kapiteln werden die Institutionen, Personen und Quellen des US-Rechts aus der Perspektive der verschiedenen Referenzrahmen mit Hilfe einer vergleichenden Methode untersucht.

Die Methode, „Recht" zu vergleichen, hat sich zu einer ganz eigenen Disziplin ausgeweitet. Wie bei anderen Vergleichen muss man auch beim Vergleichen von Rechtssystemen zwischen einem unkritischen und einem

---

[35] *Gordley/von Mehren*, a. a. O., Fn. 31.

[36] Vgl. bspw. *Michel Rosenfeld et. al.*, Comparative Constitutionalism, 2. Aufl. 2010; *Vicki Jackson/Mark Tushnet*, Comparative Constitutional Law, 2. Aufl. 2006.

[37] Gespräche mit deutschen Juristen, die bereits das erste Staatsexamen abgeschlossen hatten, haben mir gezeigt, dass sie ihren jeweiligen juristischen Schwerpunkt nach kulturellem, persönlichem Interesse – also Familienrecht und Strafrecht – und nicht allein nach praktischem, wirtschaftlichem Nutzen gewählt haben. Schließlich sollte die juristische Ausbildung doch auch als Charakterschulung und nicht allein als formale Ausbildung verstanden werden bzw. ganz im Sinne des Humboldt'schen Bildungsideals: Sollte die juristische Ausbildung nicht eine Form der *Bildung* denn allein der *Ausbildung* sein? Siehe bspw. *Thomas Nipperdey*, Deutsche Geschichte 1800–1866: Bürgerwelt und starker Staat, Bd. I, 1994, S. 58.

kritischen Vergleich unterscheiden. (Hier verwende ich das Wort *kritisch* in seiner ursprünglichen griechischen Bezeichnung – *kritiki* bedeutet Beurteilung.) Eine Beurteilung hat ursprünglich keine negative Konnotation, wie es die heute übliche Verwendung des Begriffs vermuten lässt. Das Studium eines ausländischen Rechts ist von Natur aus ein Unterfangen, das mittels Rechtsvergleichung durchgeführt wird. Um das US-Recht als ausländisches Recht schulmäßig zu studieren, muss man daher den kritischen Vergleich verstehen und auf die Wissenschaftsdisziplin der Rechtsvergleichung anwenden. Komparativismus bezeichnet insoweit das formale Studium des Vergleichens und nicht die häufiger anzutreffende informelle oder gar unbewusste Praxis des Vergleichens.

2.2.3 Funktionalität

Die Disziplin der Rechtsvergleichung ist etwas mehr als ein Jahrhundert alt. In diesem Jahrhundert hat sich die Disziplin durch verschiedene Schwerpunktphasen bewegt, von Formalismus über Funktionalität bis hin zur kritischen Rechtslehre. Jede Schwerpunktsetzung schaffte es zwar, Probleme zu korrigieren, schuf aber gleichzeitig neue. Während der Zeit des Formalismus hielt man es ausschließlich für angemessen, Dinge der gleichen rechtlichen Form zu vergleichen, wie zumBeispiel Gesetze mit Gesetzen und Verfassungsgerichte mit Verfassungsgerichten. Der Formalismus behandelt das ausländische Recht hierdurch als einen Aspekt des inländischen Rechts, das heißt nur als einen weiteren Kurs im Lehrplan der Studierenden über das nationale Rechtssystem (wie Steuern, Testamente und Nachlasssachen). Hierdurch nehmen Studierende dann unkritisch und unreflektiert das, was sie bereits von ihrem eigenen Rechtssystem wissen, und fügen das ausländische Recht so ein, als ob es lediglich neue Regeln innerhalb ihres eigenen Systems wären. „Der Formalismus schlägt, in einer vergleichenden Perspektive, eine enge Rechtsauffassung vor, die von der nationalen Rechtskultur geprägt ist, und dann auf das projiziert wird, was in anderen historischen oder sozialen Kontexten als Recht gilt, so aussieht oder derart verstanden werden kann."[38]
Die Idee der Funktionalität hat diese Einschränkung überwunden, indem darauf hingewiesen wurde, dass verschiedene Rechtskulturen unterschiedliche Formen von Rechtsquellen oder Institutionen nutzen, um die gleiche Funktion zu erfüllen. Daher sollte in erster Linie die Funktion und nicht die Form verglichen werden. Aber auch der Funktionalismus hat seine Schwächen. So konzentriert sich dieser viel zu oft allein auf die Rechtsquellen als Untersuchungsgegenstand und nicht auf die Institutionen oder Personen. Würde man also einen Funktionalisten fragen, was man vergleichen soll, würde er zumeist auf die Funktion verschiedener Rechtsquellen verweisen. Rechtsanwälte, die die Interessen ihrer Mandanten vertreten wollen, werden

---

[38] *Frankenberg*, a. a. O., Fn. 7, S. 422.

daher wahrscheinlich einen funktionellen Ansatz wählen. „Die Funktionalität wird zum zentralen methodischen Prinzip, das die Wahl der zu vergleichenden Rechtsordnungen, den Vergleichsumfang, die Schaffung eines
Systems der Rechtsvergleichung wie auch die Bewertung der Ergebnisse bestimmt."[39] Andere verwandte Bereiche des Privatrechtsvergleichs folgen dem
funktionalistischen Ansatz. So hat beispielsweise die Lehre vom Rechtsur-
sprung – die „in erster Linie von Ökonomen und nicht von Rechtswissenschaftlern produziert wird – eine enge Affinität zum funktionalistischen
Rechtsvergleich."[40]

Das öffentliche Recht könnte sich ebenfalls des Funktionalismus bedienen,
wie zum Beispiel hinsichtlich der Funktion einer strafrechtlichen Verurteilung. So habe ich eine Zeit lang für einen Berufungsrichter (*appellate judge*)
gearbeitet, der, bevor er Berufungsrichter wurde, als Strafrichter gearbeitet
hatte. Auch wenn er gemeinhin als konservativer Strafrichter bekannt war,
hatte er bereits in den frühen 1980er Jahren an einem Austausch mit China teilgenommen und dort die damalige chinesische Theorie der Strafver-
urteilung kennengelernt. Er war der Auffassung, dass die chinesische Ver-
urteilungspraxis die Kriminellen generell in zwei Kategorien einteilte, anstatt
alle über ein progressives Strafmaß, von einfacher Gefängnisstrafe bis zu
lebenslanger Haft (oder gar Todesstrafe), zu verurteilen. Die Idee hinter der
Dichotomie war, dass ein Krimineller, der für die Gesellschaft zukünftig noch
einen Nutzen erbringen könnte, nicht allzu lange weggesperrt werden sollte.
Hoffnungslose Fälle hingegen sollten das Gefängnis besser nie wieder verlassen. Auf diese Weise wurden vor allem Gefängnisstrafen mittlerer Dauer
beseitigt. Angesichts der Tatsache, dass Richter in der Rechtsordnung, aus der
mein Richter kam, wie auch in den meisten anderen Rechtsordnungen, bei
der Strafzumessung einen Entscheidungsspielraum haben, hat der Kontakt
mit einem anderen System möglicherweise durchaus einen Einfluss auf die
von ihm erlassenen Strafen gehabt. Bei meinem Richter schien es mir jedenfalls so, als wäre es der Fall gewesen.

Gegen den Funktionalismus regt sich weitere Kritik auch aus mehreren
anderen Richtungen. Bereits 1922, lange vor der Einführung des Funktionalismus, argumentierte *Pierre Lepaulle*, dass „der auf *ein* juristisches Phänomen
beschränkte Vergleich zweier Staaten unwissenschaftlich und irreführend ist.
Ein Rechtssystem ist eine Einheit, deren Gesamtheit sich in jedem Teil ausdrückt; das gleiche Blut fließt im gesamten Organismus. Daher muss jeder
Teil auch in seinem Verhältnis zum Ganzen gesehen werden."[41] Es wäre zwar
schwer vorstellbar, alle Teile von zwei oder mehr Rechtsordnungen gleichzeitig zu vergleichen. Allerdings ist es ein guter Anfang, zuerst zu fragen, in

---

[39] Ebd., S. 436.
[40] *Christopher A. Whytock*, Legal Origins, Functionalism, and the Future of Comparative
Law, BrighamYoung University Law Review (2009), 1879 (1880).
[41] *Pierre Lepaulle*, a. a. O., Fn. 16, S. 853.

welchem Verhältnis zum Ganzen ein bestimmter Teil eines Rechtssystems steht, anstatt nur diesen Teil für sich zu betrachten. Als Korrekturmaßnahme könnte man, anstatt Rechtsquellen oder einzelne Rechtsphänomene zu vergleichen, den Geist des Rechtssystems vergleichen. So hat beispielsweise der EuGH-Richter und frühere Richter des High Courts in England, *Sir Konrad Schiemann*, in seiner Beurteilung der juristischen Entscheidungsfindung eine subtile, aber wissenschaftlich wichtige Schlussfolgerung gezogen: „Alles in allem scheint es mir, dass die Methoden des EuGH gegenüber den englischen Methoden vorzugswürdig sind – jedenfalls für die Aufgabe, die dieses Gericht zu erfüllen hat. Ich habe das Gefühl, dass es ein wahrhaftes Bestreben gibt, die bestmögliche gemeinsame Lösung zu finden, die die Mitglieder des Gerichts mit ihren Fähigkeiten zu erreichen im Stande sind."[42]

Eine weitere Kritik am Funktionalismus ist, dass er das eigene System des Rechtsvergleichenden bevorzugt. Zurückkommend auf das, was *Zweigert* und *Kötz* explizit herausstellen, sieht man gerade im Funktionsprinzip eine Art „Heimatverzerrung" ihres Ansatzes. Auch wenn es über das Selbstverständnis der meisten Studierenden hinausgeht, Kritik an publizierten Lehrbüchern zu üben, so können wir, wenn wir eine wichtige Lektion aus der Rechtsvergleichung selbst auf *Zweigert* und *Kötz* anwenden, berechtigterweise untersuchen, aus welcher Perspektive sie die Disziplin der Rechtsvergleichung sehen. Teil II ihrer Arbeit gliedert sich in Schuldrecht, Bereicherungsrecht und Deliktsrecht. Die meisten deutschen Leser werden diese Struktur leicht als direkte Übernahme aus dem Bürgerlichen Gesetzbuch erkennen. Warum aber wird kein neuerer Rechtsbereich einbezogen, wie zum Beispiel das Umweltrecht?[43] Bei dem Versuch, eine Wissenschaftsdisziplin der Rechtsvergleichung und eine Methode für sie bereitzustellen, die unabhängig von den bestehenden Systemen ist oder über diese hinausgeht, zeigt selbst das kraftvolle Werk von *Zweigert* und *Kötz*, dass es unmöglich ist, Vergleiche anzustellen, ohne einen perspektivischen Ausgangspunkt zu haben. Wir können aus diesem hermeneutischen Zirkel nicht ausbrechen, sondern uns bestenfalls nur bewusst werden, dass wir uns in ein solchem Zirkel befinden, dass wir die Welt von unserem Platz in diesem Zirkel aus betrachten, und dass wir Anstalten unternehmen, Beobachtungen über andere Gegenstände innerhalb des Zirkels anzustellen; wissend, dass wir nur eine mögliche Sicht auf die Dinge darstellen.[44] So könnte es also sein, dass ein Jurist aus einem *Common-law*-System, der über Rechtsvergleichung schreibt, einen Juristen aus einem *Civil-law*-System dazu einladen muss, das Bild aus seiner Sicht zu

---

[42] *Konrad Schiemann*, From Common Law Judge to European Judge, ZEuP, Bd. 4 (2005), 741 (747).

[43] Vgl. bspw. *Nicholas A. Robinson* (Hrsg.), Comparative Environmental Law and Regulation, 1996–.

[44] Vgl. *Rainer Hegenbarth*, Juristische Hermeneutik und linguistische Pragmatik, 1982.

präsentieren. Wen könnten wir einladen, über sein eigenes *Civil-law*-System zu sprechen?[45]

Voreingenommenheit ist nicht immer offensichtlich. *Reimann*, ein angesehener Gelehrter der Rechtsvergleichung, der in Deutschland ausgebildet wurde und in den USA lehrt, kommt nach dem Studium der rechtsvergleichenden Literatur zu dem Schluss, dass „das Problem darin besteht, dass diese Bücher, Artikel, Ideen und Kritiken nicht zu einer Summe führen, die größer als ihre Teile wäre. Vielmehr bilden sie ein Potpourri von unterschiedlichen Elementen, die zwar nebeneinander existieren, sich aber selten auf übergreifende Themen beziehen."[46] Führt man sich einen Moment lang die methodischen Unterschiede vor Augen, mit denen *Civil-law*-Juristen im Vergleich zu *Common-law*-Juristen operieren, versteht man auch das Ziel, aus einer abstrakt-generellen Regel oder aus einem übergeordneten Aspekt etwas abzuleiten. Demgegenüber wären *Common-law*-Juristen zumeist bereits damit zufrieden, aufkommende Probleme zu lösen, Abhilfe für entstandenes Unrecht zu finden, aber keinerlei Maßnahmen zu entwickeln, wenn es kein Unrecht gibt. Daher ist es möglich, dass *Reimanns* Unzufriedenheit schlicht darauf beruht, dass er aufgrund seiner juristischen Ausbildung in einem *Civil-law*-System ganz bestimmte tradierte Erwartungen hatte.

Schwache Vergleiche beginnen mit der Annahme, dass das, was man bereits tut, natürlich oder normal ist. Macht eine andere Person oder Kultur die gleichen Dinge anders, dann wird diese andere Person oder Kultur als unnatürlich oder abnormal empfunden. Diese Annahme scheint ein recht landläufiger Fehler von Menschen zu sein, die sich nicht regelmäßig mit Vergleichen beschäftigen, sowohl unter Juristen als auch unter Nicht-Juristen. So wurde ich einst, als *Dominique Strauss-Kahn* in New York verhaftet wurde, von einem deutschen Fernsehsender angerufen und gefragt, warum es nach dem, von ihm so bezeichneten, „amerikanischen" Recht erlaubt sei, Herrn *Strauss-Kahn* in Handschellen im Fernsehen zu zeigen und im Gerichtssaal mit Kameras zu filmen? In der eigenen Rechtskultur des Senders waren beide Maßnahmen verboten, was nach seiner Meinung die Verbote entweder natürlich oder normal machte. Ich sagte ihm, dass ich ihm erklären könnte, warum die US-amerikanische Verfassung sie erlaubt, und fragte, ob er erklären könnte, warum dies im deutschen Rechtssystem verboten sei. Auch wenn er mir hierauf keine Antwort geben konnte, so schienen ihm diese Verbote dennoch normal zu sein. Dadurch erübrigte sich für ihn natürlich die Frage nach dem warum:

„Die Ähnlichkeiten, die sich bei solchen Vergleichen ergeben, sind Spiegelbilder der Kategorien des Rechtssystems der eigenen Kultur des Rechtsvergleichers. Mehrdeutigkeiten

---

[45]   Vgl. *Klaus Adomeit*, Was ist Recht?, in: Klaus Adomeit / Susanne Hähnchen (Hrsg.), Rechtstheorie für Studenten, 6. Aufl. 2011, S. 5.

[46]   *Reimann*, a. a. O., Fn. 11, S. 686.

werden wegdefiniert oder an das Modell angepasst; so wird das ‚Heimat'-Recht als natürlich, normal oder als Standard qualifiziert."[47]

Anstatt also lediglich eine Einführung in die Rechtsvergleichung zu suchen, die aus unserer eigenen Perspektive geschrieben wurde, um hierdurch bequem die Tatsache zu ignorieren, dass wir das Phänomen nur aus einem ganz bestimmten Blickwinkel betrachten, können wir von der Sichtweise anderer profitieren und hierdurch auf die von *Zweigert* und *Kötz* vorgestellte Orthodoxie reagieren und sie analysieren. Gleichzeitig müssen wir bei kritischen Äußerungen das Funktionsprinzip einhalten. Mag der Funktionalismus auch Probleme und Mängel haben, so bleibt doch die Tatsache bestehen, dass es, wenn wir Rechtstraditionen vergleichen wollen, etwas geben muss, das wir vergleichen. Damit sich dieser Vergleich lohnt, sollten die Dinge in gewisser Weise auch vergleichbar sein. Aber wie *Reimann* betont, würde *Pierre Legrand* die Geisteshaltung der Juristen in diesen Systemen vergleichen und sagen, dass es keine Annäherung gibt, während Professor *James Gordley* zum Beispiel fundamentale Rechtsgrundsätze vergleichen würde und zu dem Schluss käme, dass sich die *Civil-law-* und die *Common-law-*Kulturen sehr wohl annähern.[48] Die Position von Richter *Schiemann* würde hingegen, wenn man den EuGH als Zivilgericht einordnet, für *Gordleys* Argumentation auf der Ebene der unionsrechtlichen Rechtspraxis sprechen.

2.2.4 Wie vergleichen?

Nachdem wir uns damit beschäftigt haben, warum und was wir vergleichen, kommen wir schließlich zu der Frage, wie wir vergleichen. Wie wir gelernt haben, sind die Art und Weise, wie wir vergleichen, auch eine Folge des Grundes, warum wir vergleichen. Wenn man sich damit beschäftigt, wie man vergleicht, muss man wiederum zwischen unbewussten und bewussten Vergleichen unterscheiden. Um zu vergleichen, muss man schließlich eine Gemeinsamkeit der Bezugsgrößen anerkennen. Nehmen wir etwa die deutsche Redewendung, die einen davor warnt, „Äpfel mit Birnen zu vergleichen". Man könnte sich fragen, wer denn überhaupt diejenigen Kategorien bestimmt, innerhalb derer diese beiden Dinge verglichen werden, und warum genau diese Kategorien gewählt werden? Warum konzentriert man sich bspw. auf Formen, eine Kategorie, in der sich Äpfel und Birnen unter-

---

[47] *Frankenberg*, a. a. O., Fn. 6, S. 423. Im Sinne der kritischen Rechtswissenschaft, die sich durch selbstreflexives Denken auszeichnet, kann man diese Kritik gleichsam Frankenberg vorhalten und feststellen, dass auch er zu sehr dem kontinentalen *civil law* anhängt, wenn er sagt: „um diese Auswirkungen zu erkennen, zu vergleichen und zu bewerten, muss sich der Komparatist stetig zwischen den Texten und ihrer Anwendung hin und her bewegen.", ebd. Eine solche Charakterisierung des Rechts schließt sowohl das Gewohnheitsrecht als auch mündliche Rechtstradition aus und setzt schlicht voraus, dass Recht im Kern ein Text ist.

[48] *Reimann*, a. a. O., Fn. 9, S. 690.

scheiden, und nicht auf die Kategorie „Früchte", zu der sowohl Äpfel als auch Birnen zählen? Darüber hinaus sollte man hinterfragen, ob die Kategorien ganz bewusst ausgewählt werden, wie die Kategorien bestimmt werden und ob sie absichtlich geändert werden können. In diesem Buch werden etwa die Referenzrahmen vom Autor festgelegt, um das Recht in kulturbezogene Typen von Beziehungsgrößen zu setzen, so dass man Kulturen durchleuchten kann, um tatsächlich zu verstehen, was das französische am französischen Recht, das japanische am japanischen Recht oder in diesem Fall das US-amerikanische am US-amerikanischen Recht ist. Wäre die Zielsetzung hingegen anders, dann würden sich im Hinblick auf den Zweck auch die entsprechenden Referenzrahmen ändern. Da wir darauf bestehen, dass Recht ein kulturelles Phänomen ist, nehmen wir die Referenzrahmen der Kulturanthropologie, um das US-Recht mit anderen Rechtssystemen zu vergleichen, die als *Civil-law*-Systeme bezeichnet werden. Aufgrund der relativ großen Fläche der Bundesrepublik Deutschland und seines historischen Einflusses auf die Zivilgesetzbücher anderer Länder in Afrika, Asien und Europa wird das deutsche Zivilrecht oftmals als Prototyp des *Civil-law*-Systems herangezogen.

Professor *Bernhard Großfeld* geht sogar so weit zu sagen, dass der Begriff „Rechtsvergleichung" aus diesem Grund selbst europäisch sei. Um sich von dieser Perspektive ein Stück weit zu entfernen und eine breitere Vergleichsgrundlage zu schaffen, sollte man stattdessen vielmehr von einer „Ordnungsvergleichung" sprechen.[49] Deshalb sagt *Großfeld*, dass er nur untersucht, „wie die Umwelt *und* eine durch Bilder und Zeichen gesteuerte Sicht der Wirklichkeit (Welt‚sicht', Welt‚anschauung', besser wohl Welt‚erfahrung') Rechtskulturen und Rechtsinstitute prägen – und was das für die Rechtsvergleichung bedeutet."[50]

Wenn man diesen Prozess dennoch bemühen will, so sind es *Zweigert* und *Kötz*, die hierfür systematisch eine Methode herausarbeiten. Hinter der Zweigert-Kötz-Methode steckt eine Vermutung – die *praesumptio similitudinis* –, die behauptet, dass man, wenn man sich in die fremde Umgebung eingefügt hat, erkennen wird, dass Menschen eine bestimmte menschliche Natur und einen Kern von Erfahrung und Erkenntnis miteinander teilen.[51] Der erste Schritt der von *Zweigert* und *Kötz* angebotenen Methode besteht darin, die Grundlagen der zu vergleichenden Systeme zu erarbeiten. In ihrem Werk folgen sie ihrem eigenen Rezept und wenden sich zunächst einer öffentlich-rechtlichen Skizze der Rechtsfamilien der Welt zu: Der romanischen Rechtsfamilie, der germanischen Rechtsfamilie, der angloamerikanischen Rechtsfamilie, der nordischen Rechtsfamilie, dem Recht in Fernost und den religiösen

---

[49] *Großfeld*, a. a. O., Fn. 1, S. 10.
[50] Ebd., S. 19.
[51] *Konrad Zweigert*, Die praesumptio similitudinis als Grundsatzvermutung rechtsvergleichender Methoden, in: Mario Rotondi (Hrsg.), Inchiesta di diritto comparato – Scopi e Metodi di Diritto Comparato volume 7: L'abuso di diritto, 1979, S. 735.

Rechtssystemen. Erst im zweiten Schritt präsentieren sie ihren eigentlichen Ansatz – nicht die Normen von unterschiedlichen Rechtssystemen zu vergleichen, sondern vielmehr die Funktionen verschiedener Rechtsinstrumente, die zur Umsetzung dieser Normen verwendet werden. Hier wird somit das Prinzip der Funktionalität zum entscheidenden Moment im System von *Zweigert* und *Kötz*. Sobald man die Grundlagen herausgearbeitet und die Funktionen verglichen hat, ist es der Rechtsvergleicher, der denjenigen Funktionen, die man verglichen hat, einen tieferen Sinn gibt. Diese Bedeutungsschöpfung wird in vielen verschiedenen Disziplinen angestrebt, darunter Soziologie, Anthropologie, Psychologie, Theologie, Literaturwissenschaft und Linguistik. Die Sinnbildung aus einem Text steht im Mittelpunkt einer Teilmenge dieser Disziplinen und wird Ihnen, für die Zwecke dieses Buches, in Kapitel 6 zum sprachlichen Referenzrahmen nähergebracht.

2.2.5 Was Rechtsvergleichung nicht ist

Mathias Reimann hat festgestellt, dass „die meisten derjenigen, die in der einen oder anderen Weise rechtsvergleichende Arbeit leisten, sich nicht einmal als (primär) rechtsvergleichend tätige Juristen verstehen, sondern vor allem als Asienspezialisten, Forscher für russisches Recht, Verfassungsrechtler mit vergleichenden Interessen usw."[52] Ich würde ergänzen, dass diese Wissenschaftler und Juristen, wenn sie sich auf andere Rechtskulturen als ihre eigenen spezialisieren, dies zwingend im Vergleich zu ihrer eigenen Rechtskultur tun müssen. Meiner Behauptung könnte man insoweit entgegenhalten, dass diese Analysen fremder Rechtssysteme dann keine rechtswissenschaftlichen sind, sondern anthropologische, so dass nicht unbedingt das fremde System mit dem eigenen verglichen wird. Diese Erwiderung verkennt indes, dass die betreffenden Personen, bevor sie Juristen oder Wissenschaftler ihrer jeweiligen Rechtsordnung geworden sind, zunächst auch einfache Privatpersonen waren und daher schon immer von dem Rechtsverständnis ihrer eigenen Systeme ausgegangen sind.

In der Tat haben meine eigenen informellen Beobachtungen ergeben, dass viele namhafte Wissenschaftler die Rechtsvergleichung zwar als Bestandteil ihrer Forschungsschwerpunkte aufführen, obwohl die Titel der von ihnen publizierten Schriften dies nicht erkennen lassen. Stattdessen deuten die Überschriften in der Regel darauf hin, dass der betreffende Forscher in einer oder mehreren Fremdsprache(n) und in einem oder mehreren ausländischen Rechtssystem(en) tätig ist, das oder die in dieser Sprache Recht praktizieren. Gleichwohl sprechen diese Einträge an keiner Stelle von einem „Vergleich" an sich. Um denjenigen Punkt zu unterstreichen, nach dem die Rechtsvergleichung einerseits eine Reihe von Praktiken und andererseits eine bestimmte Untersuchungsmethode ist, die nicht allein auf offensicht-

---

[52] *Reimann*, a. a. O., Fn. 11, S. 687.

liche Weise stattfindet, wäre es hilfreich, dieses Forschungsgebiet mit einer anderen Bezeichnung als „Rechtsvergleichung" zu versehen. Es böte sich zum Beispiel „ausländisches Recht" an, wobei insoweit Personen, die in einer Sprache und Rechtstradition ausgebildet wurden, anderen Personen, für die zumindest eines von beidem fremd ist, über diese Rechtstraditionen und Sprachen berichten.

Die Rechtsvergleichung ist von Natur aus interdisziplinär. „Soweit Rechtsvergleichung über die fundamentalen Rechtsgrundsätze hinausgeht und den historischen Hintergrund sowie die sozialen Realitäten oder das politische und wirtschaftliche Umfeld berücksichtigen, müssen sie mit Fachleuten aus anderen Bereichen zusammenarbeiten."[53] Es gibt andere Disziplinen, die ebenfalls den Kern dessen, was es bedeutet, zu vergleichen, institutionalisiert haben – wobei die vergleichende Literaturwissenschaft insoweit die vielleicht prominenteste unter ihnen ist. Man könnte also erwarten, dass der „Komparativismus" als disziplinübergreifende Wissenschaft etwas Allgemeines hat, aber eine Analyse der Fachtexte zeigt, dass das nicht der Fall ist.[54] Und es scheint, dass in allen Vergleichsdisziplinen Annahmen vorkommen. Vielleicht muss das so sein. Selbst wenn eine angesehene US-amerikanische Expertenkommission wie die *Carnegie Foundation* über die juristische Ausbildung und den Berufsstand der Juristen berichtet, nimmt sie also Vergleiche ohne Reflexion über die Vergleichsmethode vor. „Wie in allen Berufen geht es im Ingenieurwesen letztendlich darum, praktische Entscheidungen unter unsicheren Bedingungen zu treffen."[55] Welche Methode wurde für diesen Vergleich verwendet? Haben die Autoren nach Gemeinsamkeiten oder nach Unterschieden gesucht und warum? Welche Kriterien werden herangezogen, um abstrakt zu definieren, welche Tätigkeiten als „Berufe" einbezogen sind? Der betreffende Bericht geht in ähnlicher Weise weiter, wenn hierin festgestellt wird, dass „im Vergleich zur Medizin oder zum Ingenieurwesen die besondere soziale Stellung der juristischen Berufe und die Natur des Rechts als Studienfach zusammengenommen für die juristische Ausbildung eine einzigartige Situation schaffen. […] Im Gegensatz zu Ärzten oder Ingenieuren fungieren Juristen als soziale Regulatoren."[56] Sogar unter – oder vor allem unter – den renommierten Wissenschaftlern auf dem Gebiet der Rechtsvergleichung werden zahlreiche Annahmen zugrunde gelegt. Als etwa der deutsche Jurist *Rudolph B. Schlesinger* dem US-amerikanischen Publikum

---

[53] Ebd., S. 698.

[54] Das Recht wird oft mit der Literatur verglichen und manchmal sogar als Literatur diskutiert. Aber selbst dann, selbst wenn das vergleichende Element der Literatur im Vordergrund steht, ist sie nicht mit dem Recht verbunden. Siehe *Robin West*, Adjudication Is Not Interpretation: Some Reservations About the Law-As-Literature Movement, Tennessee Law Review, Bd. 54 (1987), 203.

[55] *William M. Sullivan et. al.*, Educating Lawyers: Preparation for the Profession of Law, John Wiley and Sons, Inc., 2007, 79.

[56] Ebd.

die Rechtsvergleichung näherbrachte, verwendete er Fallbeispiele.[57] Rechtspraktiker oder Studierende des *common law*, wie ich es war, könnten dies für ganz normal halten. Denn, wenn sie das *common law* studieren, erfolgt dies methodisch stets anhand von Fällen.

2.2.6 Weitere Kritik, die neue Vergleichsschulen hervorbringt

Unabhängig davon, ob die Rechtsvergleichung mit wissenschaftlicher oder praxisbezogener Zielsetzung betrieben wird, bleibt die Ideenlehre gleich: der Rechtsvergleicher ist ein unvoreingenommener neutraler Beobachter, der objektiv und gleichmäßig mehrere Rechtssysteme, ihre Geschichte, Teile ihrer Praktiken oder Elemente ihrer Rechtsquellen studiert. Die berechtigte Kritik an einer solchen fehlerhaften Herangehensweise ist jedoch, dass „das eigene ‚System' des Vergleichswissenschaftlers niemals überwunden oder dem Licht des Neuen kritisch ausgesetzt wird. […] Der Rechtsvergleicher reist strategisch und kehrt immer wieder in das jederzeit gegenwärtige und idealisierte eigene Rechtssystem zurück."[58] Dieses Buch kehrt das Verhältnis zwischen dem Autor und seiner Rechtskultur um. Ich berichte nicht, wie es in der Rechtsvergleichung normalerweise der Fall ist, meiner eigenen Kultur über eine ausländische Rechtsordnung, sondern ausländischen Rechtsordnungen über meine eigene Rechtskultur. Da dieses Buch also aus der umgekehrten Perspektive geschrieben wird, bin ich auch von dem Anschein befreit, als neutraler oder objektiver Beobachter schreiben zu wollen. Dieses Buch wird vielmehr von einem Juristen geschrieben, der in den Vereinigten Staaten geboren und aufgewachsen ist und der in einem der Bundesstaaten eine Anwaltszulassung hat. Ich würde dennoch behaupten, dass das Buch von Natur aus rechtsvergleichend bleibt. Da ich es für Jurastudierende und Rechtspraktiker außerhalb der Vereinigten Staaten geschrieben habe, erwarte ich, dass die Leserschaft zwangsläufig Rechtsvergleiche anstellen muss, um sich die Rechtskultur der Vereinigten Staaten zu erschließen. Soweit Sie als Leser beim Lesen tatsächlich die Rechtssysteme, ihres und das fremde, vergleichen, sollten Sie nicht nur den Kanon der rechtsvergleichenden Lehre kennen, sondern auch neuere Theorien, von denen einige aus einer Kritik an der anerkannten Lehre hervorgegangen sind, so wie Sie auch lernen werden, dass einige Normen des Common Law aus den abweichenden Ansichten von Richtern hervorgegangen sind (*dissenting opinions*), die in Urteilen im Anschluss an das Mehrheitsvotum des Spruchkörpers zum Ausdruck gebracht und festgehalten werden können.

---

[57] *Rudolph Schlesinger*, Comparative Law: Cases, Text, Materials, 1950. Dieses berühmte Buch wurde mehrfach herausgegeben, mitunter auch eine 7. Auflage, die posthum 2009 herausgegeben wurde.

[58] *Frankenberg*, a. a. O., Fn. 7, S. 433.

Als Reaktion auf den Funktionalismus setzt Professor *Vivian Curran* statt-dessen auf die Methode der Immersion[59] und *Bernhard Großfeld* mobilisiert alle metaphorischen Bedeutungen der Übersetzung als Methode der Rechts-vergleichung.[60] *Curran* entwickelt insoweit nicht nur ihre eigene Immersi-onsmethode, sondern liefert zugleich eine Kritik an der Anwendung des Funktionalitätsprinzips von *Zweigert* und *Kötz*. Sie weist darauf hin, dass sie, indem sie sich auf die Funktionalität verlassen, den eigentlichen Gegenstand der Untersuchung übergehen. Die Frage „*Gibt* es eine ähnliche Funktion?" wird laut *Curran* nicht gestellt, sondern es wird schlicht davon ausgegangen, dass sie existiert. Das Verfahren setzt dann diese Annahme als gegeben vor-aus, um lediglich zu bestimmen, *welche* Funktion diese Aufgabe übernimmt. Noch wichtiger ist, dass sie betont, dass *Zweigert* und *Kötz* davon ausgehen, dass es weiterhin möglich ist, das ursprüngliche Ziel der Rechtsvergleichung zu verwirklichen – ein globales, gemeinsames und einheitliches System des Privatrechts herauszuarbeiten – und indem sie dies beabsichtigen, gehen sie auch davon aus, dass sie Ähnlichkeiten finden werden. Diese Kritik gleicht derjenigen an einem altmodischen Magier, der behauptet, ein Kaninchen aus dem Hut ziehen zu können, nur weil er weiß, dass er das Kaninchen bereits zuvor hineingesteckt hat. Die gleiche Kritik könnte man auch gegen *Großfeld* richten, der sagt:

„Wir dürfen in der Rechtsvergleichung nicht zuerst auf ‚Unterschiede' starren und sie gar ‚exotisch' übersteigern; wichtiger ist es, Gemeinsamkeiten zu erkennen. Sie bilden inter-kulturelle ‚Brücken', ermöglichen entgrenzende Verständigung. Wenn wir Unterschiede addieren, verzerren wir das Bild; Rechtsvergleichung muß zuerst und vor allem ‚Brücken-suche' und ‚Brückenbau' sein."[61]

Das „muss" dieser Aussage ist selbstverständlich eine Frage der Entschei-dung.

Wenn man so etwas wie eine objektive oder neutrale Vergleichswissen-schaft anstrebt, ist es in der Tat seltsam, von einer Perspektive auszugehen, die zugegebenermaßen darauf ausgerichtet ist, Ähnlichkeiten zu finden. Gleichermaßen denkwürdig wäre es, auf der Suche nach Unterschieden eine Voreingenommenheit zu erkennen und zu nutzen. Dennoch wird anschei-nend kaum hinterfragt, warum viele Rechtsvergleicher sowohl den Versuch, einen neutralen wissenschaftlichen Beobachtungsstandpunkt einzunehmen als auch die Vorurteile ihres eigenen Blickwinkels zu erklären, so schnell aufgeben. Für die Zwecke dieses Buches ist es nicht erforderlich, dass ich be-haupte, den Standpunkt eines objektiven Beobachters einzunehmen, da sein ausdrückliches Ziel gerade darin besteht, Studierende oder Rechtspraktiker an das Recht in der US-amerikanischen Kultur heranzuführen. Zu diesem Zweck erkenne ich an, dass „das eigene ‚System' des Rechtsvergleichers nie-

---

[59] *Vivian Curran*, Comparative Law: An Introduction, 2002.
[60] *Großfeld*, a. a. O., Fn. 1, S. 89–104.
[61] Ebd., S. 17.

mals überwunden oder dem Licht des Neuen kritisch ausgesetzt wird."[62] Aber insoweit sind Sie es, der mir unbekannte Leser, der den Vergleich vornimmt. Mir könnte schlimmstenfalls vorgeworfen werden, geglaubt zu haben, zu wissen, wer Sie sind. Wenn das so ist, dann ziehe ich es vor, dies als positive und notwendige Eigenschaft eines Autors anzusehen, der sich eines Publikums bewusst ist, anstatt der romantische Dichter zu sein, der lediglich Texte verbreitet und hierdurch das Publikum zwingt, sich seinen eigenen Vorstellungen zu unterwerfen. Der Wunsch, Brücken zu finden, kann zu einer seltsamen Konstruktion von Bezugsrahmen führen, wie wenn der US-amerikanische Professor *Peter Baldwin* die zurückgelegten Kilometer von Passagierzügen in Europa mit den zurückgelegten Kilometern von Güterzügen in den USA vergleicht, und aus diesem Vergleich schließt, dass sowohl Europäer als auch US-Amerikaner Züge in etwa genauso häufig benutzen.[63]

Currans Kritik bezieht sich auf eine allgemeinere Kritik, die auf dem Prinzip der Identitätsdifferenz basiert. Das Prinzip der Identitätsdifferenz besagt, dass man für zwei beliebige Phänomene naturgemäß zumindest eine grundlegende Gemeinsamkeit finden kann (sie existieren, sie bestehen beide aus Molekülen und so weiter) und gleichsam mindestens einen Unterschied (sogar zwei Stifte, als nebeneinanderliegende Massenprodukte, existieren bspw. nicht im gleichen physikalischen Raum).[64] *Currans* bevorzugte alternative Vergleichsmethode ist daher das Eintauchen in die neue Rechtskultur (Immersion).

Wie *Curran* bietet auch *Bernhard Großfeld* nicht nur seine eigene Methode an, sondern präsentiert zugleich eine Kritik an der herrschenden Vergleichsmethode. In *Großfelds* Kritik stellt er unmissverständlich fest, dass „die wissenschaftliche Pflicht der Rechtsvergleichung auch die Ordnung und Verständlichkeit von Zusammenhängen ist"[65]. Er sagt, dass „wir die funktionale Methode nicht zu eng verstehen sollten"[66]. Er schreibt weiter, dass der Ver-

---

[62] *Frankenberg*, a. a. O., Fn. 7, S. 433.

[63] *Peter Baldwin*, The Narcissism of Minor Differences: How America and Europe Are Alike, 2009. In diesem Fall wird *Baldwin* auf der Suche nach Ähnlichkeiten dazu verleitet, seinen Referenzrahmen so zu wählen, dass er Schweden aus Europa und Vermont aus den Vereinigten Staaten ausschließt, weil sie sich beide jeweils nicht in die Muster einfügen, die er für sich in Anspruch nehmen möchte.

[64] Insoweit muss man aufpassen, dass man sich nicht, als Ersatz für eine vergleichende Methodik, auf die unreflektierte Praxis des „Vergleichens und Kontrastierens" einlässt. Einfaches Nebeneinanderstellen hat nichts mit vergleichender Methode gemein. Ich erinnere mich an einen Kollegen, der einmal treffend formulierte, dass die meisten Vorträge auf akademischen Konferenzen auf eines von zwei Themen reduziert werden können: „A und B mögen auf den ersten Blick vergleichbar erscheinen, aber ich werde Ihnen zeigen, dass sie sich in Wirklichkeit fundamental unterscheiden" oder „A und B mögen sich auf den ersten Blick fundamental unterscheiden, aber ich werde Ihnen zeigen, dass sie in Wirklichkeit vergleichbar sind."

[65] *Großfeld*, a. a. O., Fn. 1, S. 93.

[66] Ebd., S. 7.

gleich im Übersetzungsmodus die gleichen Vorteile gegenüber dem Funktionalismus hat wie die Immersion, aber den zusätzlichen Vorteil mit sich bringt, dass sie vom Rechtsvergleicher leichter durchgeführt werden kann.

Durch die Verwendung der Übersetzungsmetapher geht „Rechtsvergleichung über den textuellen Vergleich hinaus in den Vergleich von Ordnung und Beziehung".[67] *Großfeld* argumentiert:

> „Die Lektüre eines ausländischen Rechtstextes gibt uns oft ein falsches Bild. Missverständnisse sind vorprogrammiert. Um dies zu vermeiden, müssen wir den Kontext des Textes erkennen. Doch wir sind nicht dazu in der Lage, fremde Zusammenhänge unvoreingenommen zu beobachten, denn jedes System reagiert auf Beobachtung, beobachtet sich selbst. Wie in den Naturwissenschaften ist die soziale Realität anders, wenn wir sie beobachten, als wenn wir sie nicht beobachten."[68]

Großfeld verbindet die Wissenschaft des Vergleichs mit den Naturwissenschaften, indem er den Physiker *Werner Heisenberg* zitiert: „[In den Naturwissenschaften] bedarf die Beziehung zwischen zwei verschiedenen geschlossenen Begriffssystemen immer einer sehr sorgfältigen Untersuchung."[69] *Großfeld* stellt fest, dass Rechtsvergleichung „nichts für schnelle ‚clevere boys' oder ‚clevere girls' [ist], sie braucht Geduld und Einfühlungsvermögen."[70] Er fügt hinzu: „[N]ur selten lesen wir etwas zur Durchsetzung in der Praxis. Wir stehen daher immer in der Gefahr, das Dargestellte fälschlich für das Leben, totes Recht für lebendes Recht zu nehmen."[71] Aus dieser Kritik kommt er schließlich zu dem Schluss, dass der Vergleich von Rechtssystemen wie die Übersetzung natürlicher Sprachen ist.

Wie in natürlichen Sprachen beginnen wir alle unser Leben damit, alltägliche Dinge innerhalb unseres eigenen Rechtssystems zu tun. Wir verbringen in der Regel Jahre in diesem System und sammeln auf die gleiche Weise wie andere Laien das Wissen darüber, bevor wir überhaupt anfangen, es wissenschaftlich oder beruflich zu analysieren. So sind die Kategorien in unserem Kopf, die als Sprache oder Rechtssystem bezeichnet werden, tatsächlich dadurch verzerrt, dass wir *unsere* Sprache und *unser* Rechtssystem gelernt haben, nicht als neutrale Kategorie, die nur als eine Sprache oder ein Rechtssystem bezeichnet wird. Und wir lernen somit jede zweite Sprache oder jedes zweite Rechtssystem, indem wir es in unser eigenes übersetzen. Das ist so lange kein katastrophaler Zustand, wie wir uns dessen bewusst bleiben. Aber wenn wir davon ausgehen, dass unser Rechtssystem in irgendeiner Weise *das* Rechtssystem ist, das in gewisser Weise über eine natürliche oder objektive Verbindung zur Welt verfügt, dann haben wir den gleichen

---

[67] Ebd., S. 125.
[68] Ebd., S. 90 f.
[69] *Werner Heisenberg*, Physik und Philosophie, 1984, S. 77 (zitiert in: *Großfeld* a. a. O., Fn. 1, S. 134).
[70] *Großfeld*, a. a. O., Fn. 1, S. 134.
[71] Ebd., S. 109.

Fehler gemacht, als würden wir dies über unsere Sprache denken. Wir werden dieses Thema später im Buch noch einmal aufgreifen, wenn wir uns mit dem sprachlichen Referenzrahmen befassen. Obwohl ich sagen könnte, dass Rechtsvergleichung im Allgemeinen gleichbedeutend damit ist, unterschiedliche Sprachen zu vergleichen, würde *Großfeld* zum Beispiel sagen, dass das östliche Recht, wie Piktogramme, nicht aus Sprache besteht, sondern aus dem Denken mit der rechten Gehirnhälfte und daher nicht vergleichbar ist mit denjenigen Rechtssystemen, in denen das Recht sprachbasiert ist.[72] An anderer Stelle stellt *Großfeld* fest, dass Recht sprachähnlich entsteht, wie es bereits früh durch den großen Rechtshistoriker *Friedrich Carl von Savigny* in seinem klassischen Werk deutlich hervorgehoben wurde:

„Wo wir zuerst urkundliche Geschichte finden, hat das bürgerliche Recht schon einen bestimmten Charakter, dem Volk eigenthümlich, so wie seine Sprache, Sitte, Verfassung. Ja diese Erscheinungen haben kein abgesondertes Daseyn. Es sind nur einzelne Kräfte und Thätigkeiten des einen Volkes, in der Natur untrennbar verbunden, und nur unsrer Betrachtung als besondere Eigenschaften erscheinend. Was uns zu einem Ganzen verknüpft, ist die gemeinsame Ueberzeugung des Volkes, das gleiche Gefühl innerer Nothwendigkeit, welches allen Gedanken an zufällige und willkührliche Entstehung ausschließt."[73]

Damit Systeme verglichen werden können, müssen sie als eigenständige Systeme wahrgenommen werden. Stellen Sie sich insoweit die beiden Extreme vor – jede einzelne Person gibt sich ihr eigenes Rechtssystem oder es gibt nur ein einziges Rechtssystem für die ganze Welt. Der erste Schritt ist einfach – das Gesetz umfasst eine Reihe von Regeln für soziale Beziehungen, also ist die Idee, dass jeder sich sein eigenes System gibt, albern. Nun müssen wir uns also fragen, welche sozialen Merkmale dazu führen sollen, dass man Teil eines anderen Rechtssystems sein will? Leider wird in säkularen Systemen allzu oft angenommen, dass die Wirtschaft die Gemeinsamkeit ist, die ein Rechtssystem vereint. So gilt international das Gewohnheitsrecht nach Artikel 38 des IGH-Statuts für vergleichbare, einander „ähnliche", Staaten und das erste Beispiel für eine Ähnlichkeit ist, ob die betreffenden Staaten alle wirtschaftlich gesehen „Industriestaaten" oder „Entwicklungsländer" sind. Und naturgemäß zieht die Welthandelsorganisation ihre *raison d'être* aus dem Umgang mit wirtschaftlichen Fragestellungen. Wenn wir uns jedoch die Aufnahmekriterien der Europäischen Union ansehen, stellen wir fest, dass der Beitritt nicht nur eine messbare wirtschaftliche Stabilität, sondern auch europäische Menschenrechtsstandards erfordert. Gibt es hier Unterschiede das im Rechtsempfinden? Was ist mit dem Gegensatz von Vergeltungskulturen und Vergebungskulturen? So würden einige einem Dieb die Hand

---

[72] *Jack A. Hiller/Bernhard Großfeld*, Comparative Legal Semiotics and the Divided Brain: Are We Producing Half-Brained Lawyers?, American Journal of Comparative Law, Bd. 50 (2005), 175.

[73] *Friedrich Carl von Savigny*, Vom Beruf unsrer Zeit für Gesetzgebung und Rechtswissenschaft, 1814, S. 8.

abschneiden, was eine dauerhafte Strafe darstellt, wohingegen andere eine nur vorübergehende Gefängnisstrafe verhängen würden. Man könnte jeden Staat auch einfach als eigenständiges Rechtssystem bezeichnen. Wenn man hingegen größere, allgemeinere Kategorien will, könnte man sich eher mit dem befassen, was *Zweigert* und *Kötz* „Rechtsfamilien" nennen, anstatt allein mit unterschiedlichen Staaten.

Die oben erwähnte Europäisierung des Privatrechts hat zu einer allzu einheitlichen Tendenz geführt, die Unterscheidung zwischen *common law* und *civil law* als „offensichtlichen" Ausgangspunkt zu behandeln. Vielleicht waren in der Vergangenheit, als sich „vergleichend" nur auf zwischen Nordamerika und Europa oder sogar nur auf innerhalb Europas bezog, die anderen (wie die asiatischen oder afrikanischen oder südamerikanischen) Rechtssysteme ohnehin nur eigentümliche Forschungsgebiete. Heutzutage aber reisen die Bewohner des Abendlandes nach Osten und die Bewohner des Morgenlandes nach Westen und sie treffen sich, um zu heiraten, Kinder zu bekommen, Eigentum zu erwerben und Geschäfte zu machen. Die Globalisierung, ob sozial oder geschäftlich, macht die Rechtsvergleichung zu einer sinnvollen Angelegenheit. Einige mögen sie sogar als Notwendigkeit bezeichnen.

Laut dem US-amerikanischen Rechtshistoriker *Frederick G. Kempin, Jr.,* „ist ein realistischer Zeitpunkt, um eine Diskussion über die anglo-amerikanische Rechtsgeschichte zu beginnen [...], derjenige als das *common law* zum ersten Mal der Untersuchungsgegenstand eines eigenständigen Berufszweiges wurde".[74] Das *civil law* beginnt mit der Festlegung eines Kodex, unabhängig davon, ob man den von Rom, den von Napoleon oder einen anderen nimmt. Das *common law* behandelt sodann den Sachverhalt des Einzelfalls als maßgebend und verhilft hierdurch dem Richter zu seiner Machtposition. Es konzentriert sich auf den Prozess und erst wenn die Juristen und der Gerichtsprozess unabhängig sind, konzentriert es sich auf geschriebene Normen. Wollen wir nun das *common law* und das *civil law* vergleichen, ergibt sich sofort ein Problem, weil die Ausgangspunkte der einzelnen Systeme unterschiedlich sind; mit einem von beiden zu beginnen, würde somit bereits ein Vorurteil offenlegen. Die Gefahr von Missverständnissen in der Rechtsvergleichung ist groß, denn auch hier sind wir natürlich auf Wörter fixiert und nehmen Textquellen als Ausgangspunkt. Beginnt man eine rechtsvergleichende Untersuchung mit dem Vergleich von Rechtsquellen, hat man bereits ein Vorurteil enthüllt. Ein Rechtssystem zu untersuchen, mit der Lektüre seiner Rechtsquellen gleichzusetzen, wäre sicherlich dann falsch, wenn es sich beispielsweise um Gewohnheitsrecht handeln würde. In der römischen *Civil-law*-Familie werden die Rechtsquellen als identitätsstiftend gesehen und daher würden sicherlich viele von denen, die in einem auf römischem Recht basierenden Zivilsystem ausgebildet wurden, unkritisch mit einem Vergleich

---

[74] *Frederick G. Kempin, Jr.,* Historical Introduction to Anglo-American Law in a Nutshell, 3. Aufl. 1990, S. 3.

der Rechtsquellen beginnen. Wenn wir hingegen, wie *Kempin* vorgeschlagen hat, die Ausbildung eines eigenständigen Berufszweiges als Ausgangspunkt für eine Rechtsgeschichte betrachten und nicht das Schreiben eines Textes, könnten wir diese Rechtsordnung auch anhand der verschiedenen Rechtspraktiker und anderen Beteiligten vergleichen und nicht durch ihre Texte. Betrachtet man den Begriff Gewohnheitsrecht im Großen und Ganzen als Gattung, so ist das *common law* eine bestimmte Ausprägung hiervon, was dann dazu führt, dass man über Rechtsvergleiche anders denkt.

„Rechtsvergleichung im europäischen Stil ist aufgrund seiner kulturellen Prägungen sogar ‚sprachbedingt' und ‚sprachgläubig'. [...] Aber wie zuverlässig ist das im Vergleich zu anderen Kulturen? Vielleicht übersehen wir das, was in der fremden Rechtsordnung gilt, wenn wir uns auf Rechtstermini oder Rechtstexte beschränken. Sprache kann in ausländischen Rechtsordnungen auch weniger ‚ordnungsbildend' sein; ihr Bezug zur Realität kann anders sein. Wie können wir ihre Stellung ermitteln?"[75]

Zunächst gilt es, die Rolle der Sprache in dieser Kultur zu ermitteln. Die Anthropologie würde nicht davon ausgehen, dass man das Recht vergleicht, oder das, was *Großfeld* die „Rechtsordnung" durch Textvergleich nennt.[76] „Das ‚Dilemma einer Ordnung' ist fast niemals in denjenigen Büchern zu finden, die für den internen Gebrauch verwendet und angepriesen werden."[77] Nachdem wir nun so weit gekommen sind, werden wir an eine andere Grundannahme unserer Methode erinnert – nämlich, dass andere Kulturen offen für eine Analyse sind oder zumindest neutral gegenüber der Möglichkeit. „Im Allgemeinen will keine Kultur ihren innersten Kern gegenüber Fremden offenbaren, ihren Geheimcode enthüllen, mit dem sie die Realität erfasst."[78]

2.3 Schlussfolgerungen – Was kann man durch Rechtsvergleichung lernen oder gewinnen?

„Es sei jedoch darauf hingewiesen, dass englische Urteile aufgrund der Einbeziehung des Unionsrechts und der Europäischen Menschenrechtskonvention heutzutage häufiger abstrakte Konzepte [wie Prinzipien, Freiheiten und Rechte] verwenden als in der Vergangenheit."[79] *Mathias Reimann* und andere haben auf das gestiegene Interesse an der Rechtsvergleichung in Europa im Rahmen des Europäisierungsprozesses der Einheitlichen Europäischen Akte, des Maastrichter Vertrags und des Lissabonner Vertrags hingewiesen, aber sie haben auch davor gewarnt, dass sich der Prozess, positivistisch gesehen,

---

[75] Ebd.
[76] Vgl. bspw. *Jan M. Broekman*, Recht und Anthropologie, 1979.
[77] Ebd., S. 91.
[78] Ebd., S. 96, unter Bezugnahme auf *Wilhelm Emil Mühlmann*, Ethnogenie und Ethnogenese, Studien zur Ethnogenese, Bd. 57 (1 / 1985), 9.
[79] *Schiemann*, a. a. O., Fn. 42.

weitgehend auf fundamentale Rechtsgrundsätze und die Verbesserung privater Interessen konzentriert. „Infolgedessen gibt es in Europa kein besseres theoretisches Rahmenkonzept als in den Vereinigten Staaten."[80]

Um die folgenden Kapitel miteinander zu verbinden, kann man die Lehren aus dem Komparativismus mit denjenigen aus anderen Referenzrahmen verknüpfen. So stellt etwa *Frankenberg* seine Kritik aus der Perspektive der so genannten „kritischen Rechtslehre" zur Verfügung, die im philosophischen Referenzrahmen näher erläutert wird. Dabei lehnt er die Europäisierung der Rechtsvergleichung mit all ihrem Eurozentrismus am überzeugendsten und nachhaltigsten ab.[81]

Ein zweites Beispiel kann man aus dem sprachlichen Referenzrahmen herleiten, in welchem man die Frage stellen könnte: Wenn Sprachwissenschaftler und Übersetzer es absurd finden, dass völkerrechtliche Verträge mit Bestimmungen über die authentischen Sprachfassungen des Vertragstextes enden, die in sämtlichen Sprachfassungen inhaltlich das Gleiche bedeuten, wie um alles in der Welt können wir dann erwarten, dass andere Rechtstexte in unterschiedlichen Sprachen identisch sind? Es wäre utopisch zu glauben, dass zwei Wörter aus zwei verschiedenen Sprachen exakt die gleiche Bedeutung haben.[82] Außerdem:

„In Wahrheit ist es doch so, daß die ,reale Welt' sich weitgehend unbewußt über die Sprachgewohnheiten der Gruppe herstellt. Es gibt keine zwei Sprachen die einander ähnlich genug wären, um dieselbe gesellschaftliche Wirklichkeit repräsentieren zu können. Die Welten, in denen verschiedene Gesellschaften leben, sind unterschiedliche Welten, nicht etwa ein und dieselbe Welt mit verschiedenen Etiketten."[83]

Der Schweizer Jurist *Rudolf Gmür* schrieb: „Es ist offensichtlich, dass das europäische, geometrisch mathematisierte Weltbild nicht einfach zu transplantieren ist"[84] und zeigt dies am Beispiel des modernen, systematischen Gedankens der Rechtsfolge im Verhältnis zum mittelalterlichen deutschen Privatrecht. Er kommt zu dem Schluss, dass man außereuropäische Kulturen in den Formen des europäischen Rechtsdenkens größtenteils nicht erfassen kann. Es ist unmöglich, dieses auf asiatische Kulturen zu übertragen: „Während wir in Europa so geprägt sind [sic], dass wir mathematisch-geometrisch analysieren und zergliedern (Individualismus), stoßen wir in Asien auf ein

---

[80] *Reimann*, a. a. O., Fn. 11, S. 694.
[81] Um das Ziel seiner Kritik zu verstehen vgl. *Ulrich Drobnig*, A Memorial Address for Rudolf Schlesinger, The Common Core of European Private Law, 2003, S. 29.
[82] *Ortega y Gasset*, zitiert in: Werner Ross / Rudolf Walter (Hrsg.), Im Haus der Sprache, 1982, S. 205.
[83] *Edward Sapir*, zitiert in: *George Steiner*, Nach Babel, 1981, S. 102.
[84] *Rudolf Gmür*, Rechtswirkungsdenken in der Privatrechtsgeschichte: Theorie und Geschichte der Denkformen des Entstehens und Erlöschens von subjektiven Rechten und anderen Rechtsgebilden, 1981, S. 310.

deutlich ganzheitlicheres [*sic*] Denken und Zurückhaltung (Gemeinschafts-denken)."[85]

Ich habe das Kapitel mit dem Versprechen begonnen, eine Antwort auf die Frage zu geben, ob Rechtsvergleichung überhaupt möglich ist. Wenn Sie bis hierhin all die mahnenden Worte bezüglich der sozialen und sprachlichen Beschränkungen der rechtsvergleichenden Praxis gelesen haben, könnten Sie durchaus erwarten, dass das Kapitel mit der Feststellung enden würde, dass Rechtsvergleichung, zumindest in seiner „allgemeinen Ausrichtung", unmöglich sei. Das trifft jedoch nicht zu. Rechtsvergleichung ist als Wissenschaft möglich, aber sie kann einen nicht in die Lage versetzen, andere Rechtssysteme zu verstehen, wie sie von ihren Einheimischen verstanden werden. Wissenschaftliche Rechtsvergleichung erlaubt einem vielmehr nur, das Bestmögliche aus der intelligentesten Perspektive eines Außenstehenden zu leisten. Ein großer Teil dieser intelligenten Perspektive bezieht sich auf die Themen zu Geist und Seele des Rechtssystems, die in Kapitel 1 untersucht wurden. *Bernard Großfeld* beginnt das letzte Kapitel seines hervorragenden Werks zur Rechtsvergleichung, indem er die Begriffe „Geist" und „Einstellung" in die Methode der Rechtsvergleichung einfließen lässt. Er beginnt mit den mahnenden Worten, keinen Vergleich anzustellen, indem gewissermaßen schlicht in den Spiegel geschaut würde. Er schreibt, dass „für die Rechtsvergleichung große Aufgaben vor uns liegen; sie muss sich herausfordern lassen, wenn sie in einer Zukunft überleben will, die nicht europäisch geprägt ist."[86] Seine Kritik gilt sowohl für Rechtsvergleicher in den USA als auch in Europa. Dann fügt er den Punkt hinsichtlich Haltung oder Geist hinzu, indem er für die Vornahme einer rechtsvergleichenden Studie den Abt und Gelehrten des zwölften Jahrhunderts, *Bernhard von Clairvaux*, zitiert: *„Res in tantum intelligitur in quantum amatur"*[87] (Eine Sache wird in der Weise verstanden, wie sie geliebt wird). *Großfeld* wendet diesen Gedanken auf die Rechtsvergleichung an und kommt zu dem Schluss, dass „ein technisch-funktionaler Vergleich ohne Analyse der nationalen Bräuche, ohne Kulturanalyse und ohne wohlgesonnenes Einfühlungsvermögen, […] eine Analyse von Wörtern, Buchstaben und Zahlen bleibt, die lediglich an der Oberfläche kratzt und dadurch zu Fehlern führt."[88]

Mit dieser Einstellung vor Augen könnte man sich dem damit verbundenen Problem der Hierarchie zuwenden. Der US-amerikanische Literaturtheoretiker *Kenneth Burke* schließt die Tatsache, dass wir alle „von einem Geist der Hierarchie angetrieben werden", und dass der Geist der Hierarchie von Status und Ordnung getragen wird, in seine bekannte Charakterisierung des Menschen ein. Damit verbunden ist die Tatsache, dass jeder Vergleich

---

[85] *Großfeld*, a. a. O., Fn. 1, S. 195, zitiert *Gmür*, a. a. O., Fn. 84.

[86] *Großfeld*, a. a. O., Fn. 1, S. 245.

[87] *Bernhard of Clairvaux*, De diligendo Dei (On Loving God), circa 1128.

[88] *Großfeld*, a. a. O., Fn. 1, S. 245.

eine Hierarchie schafft, unabhängig davon, wie unschuldig er auch vorgibt zu sein.[89] Wendet man *Burkes* Beobachtung also auf *Frankenbergs* Kritik an *Schlesinger et al.* an, so besteht die Gefahr, dass Vergleiche von Privatrechtssystemen leicht dazu instrumentalisiert werden können, um Hierarchien zwischen Rechtsordnungen und der sie nutzenden Kulturen zu begründen und aufrechtzuerhalten.

Wendet man die Lehre von *Zweigert* und *Kötz* an, muss man sich zunächst fragen, warum man vergleicht. In den frühen Jahren der Vereinigten Staaten war die Antwort vergleichsweise einfach: US-amerikanische Richter mussten die Sachverhalte ihrer Fälle mit britischen Normen vergleichen, weil die Vereinigten Staaten in vielen Bereichen noch kein eigenes Recht entwickelt hatten. In den Jahrzehnten vor der Amerikanischen Revolution wurden beispielsweise Streitigkeiten im Handels- und im Seerecht nicht in den Kolonien entschieden. Diese Besonderheit gilt indes nicht allein für die Vereinigten Staaten. Über den irischen Revolutionär und ersten Premierminister („Taoseach"), *Éamon de Valera*, wird erzählt, dass er, als er kurz nach der Unabhängigkeit von Großbritannien erfuhr, dass sein eigenes Land kein Urheberrecht habe, um eine Kopie des britischen Urheberrechts geben haben soll. Als diese ihm dann gebracht wurde, soll er auf dem Deckblatt einfach „Großbritannien" durchgestrichen, „Republik Irland" eingefügt und gesagt haben: „hier, jetzt haben wir eines".

Kempin behauptet, dass „die Rechtsgeschichte viele gängige Missverständnisse zerstreuen kann. Eines davon ist, dass das *common law* von den eisernen Ketten der Tradition festgehalten wird, der Doktrin der Präjudizienbindung. Aber die Präjudizienbindung bedeutet kaum mehr, als aktuelle Fälle mit früheren Fällen zu vergleichen."[90] Hierin können wir dann eine effektive und notwendige Aufgabe der Rechtsvergleichung sehen, die nur selten in die Diskussionen über die Rechtsvergleichung einbezogen wird – ein Vergleich in zeitlicher und nicht in räumlicher Hinsicht. Für *Kempin* bestehen die rechtserzeugenden und rechtsanwendenden Praktiken des *common law* aus Vergleichen. Man könnte diesen Aspekt sogar als Ausgangspunkt nehmen und feststellen, dass die Disziplin der Rechtsvergleichung ihre Aufgabe keinesfalls von einem neutralen oder objektiven Standpunkt aus angehen kann und dass *Common-law*-Juristen sich der Rechtsvergleichung anders nähern als *Civil-law*-Juristen dies tun.

Eine Schwachstelle der funktionalistischen Methode, einschließlich der von *Zweigert* und *Kötz* ist, dass sie von der Annahme ausgeht, dass die Rechtssysteme der Welt hinreichend ähnlich sind, so dass „zwar jede Gesellschaft ihrem Recht im Wesentlichen die gleichen Probleme aufgibt, daß aber die verschiedenen Rechtsordnungen diese Probleme, selbst wenn am Ende die

---

[89] *Kenneth Burke*, Language as Symbolic Action, 1996, S. 15 f.
[90] *Kempin*, a. a. O., Fn. 74, S. III.

Ergebnisse gleich sind, auf sehr unterschiedliche Weise lösen."[91] Als Ergebnis dieser Vermutung gehen *Zweigert* und *Kötz* so weit zu sagen, dass, wenn man am Ende der Untersuchung feststellt, dass es:

> „Verschiedenheiten oder gar völlige Gegensätze in den praktischen Lösungen [gibt], so sollte ihn dies aufmerken lassen und zu einer nochmaligen Prüfung auffordern, ob er die Frage nach der Funktion der Rechtsfiguren richtig und radikal genug gestellt, ob er den Umfang seiner Untersuchung weit genug gespannt hat."[92]

Vor diesem Hintergrund können Analysen nur durchgeführt werden, wenn die verwendeten Fragen in der Lage sind, Ähnlichkeiten zu ergeben, unabhängig davon wie präzise diese Ähnlichkeiten der juristischen Praxis in den Systemen entsprechen. Ebenso logisch wäre es, von der Annahme auszugehen, dass Rechtssysteme derart unterschiedlich sind, dass keine Ähnlichkeiten gefunden werden können. Wenn jedoch die Einführung von *Zweigert* und *Kötz* ein Meilenstein für die Lehre der Rechtsvergleichung ist, so ist die *International Encyclopedia of Comparative Law* ein Berg. Die *Enzyklopädie*, ein Projekt, an dem *Zweigert* als einer der Herausgeber und Autoren beteiligt war, ist ein gewaltiges Unterfangen, sowohl für den Versuch, das juristische Fachwissen zusammenzustellen, als auch für die Idee, eine bestimmte Sichtweise der Rechtsvergleichung zu operationalisieren, um hierdurch die Ordnung und Erfassung des juristischen Fachwissens zu ermöglichen. Studierende, die die *Enzyklopädie* durchlesen, sollten sich sofort zwei Fragen stellen – warum ist sie auf Englisch geschrieben und warum ist sie so angeordnet und strukturiert, wie sie es ist? Es geht nicht darum, zu argumentieren, dass die *Enzyklopädie* besser in einer anderen Sprache hätte geschrieben werden sollen, sondern zu erkennen, dass eine Entscheidung getroffen wurde, die Rechtsvergleichung in einer ganz bestimmten Sprache zu präsentieren, so wie alle rechtsvergleichenden Untersuchungen aus einer ganz bestimmten konzeptionellen Perspektive erfolgen. Damit kommt der Leser zum zweiten Punkt. Warum werden in den Bänden exakt diese Themen behandelt und nicht andere? Auch insoweit wurden Entscheidungen getroffen, was präsentiert werden kann oder soll. Dieser Themenkomplex ist nicht „normal" oder „natürlich", sondern einer, der so gewählt wurde, dass er den Bedürfnissen und Anwendungsmöglichkeiten einer bestimmten Sichtweise der Rechtsvergleichung entspricht. Was würde zum Beispiel passieren, wenn in Band I zu den Staatenberichten Kategorien verwendet worden wären, zu denen es für einige Staaten nichts zu sagen gäbe? Wenn wir dann folgern, dass diese Staaten nicht vergleichbar sind, sind wir *a priori* zu dem Schluss gekommen, dass einige Merkmale staatlicher Systeme außerhalb dieses Staates nicht von Interesse sind. Aber ist der Rechtsvergleicher nicht gerade die Person außerhalb

---

[91] *Zweigert/Kötz*, a.a.O., Fn. 10, S. 33; vgl. ebenfalls *Zweigert*, a.a.O., Fn. 51, S. 735; Kritik an dieser Vermutung der Ähnlichkeit finden sich auch bei *Léontin Constantinesco*, Rechtsvergleichung, Bd. III, 1975, S. 54–68 und *Vivian Curran*, a.a.O., Fn. 59.

[92] *Zweigert/Kötz*, a.a.O., Fn. 10, S. 39.

dieses Staates, die wissen möchte, wie das Recht in diesem Staat funktioniert, einschließlich seiner einzigartigen Aspekte? Während meiner jahrelangen Arbeit am Index für die *Enzyklopädie* schienen die hierin gewählten Kategorien alle vernünftig und sinnvoll zu sein, bis ich schließlich, weit fortgeschritten, beim Buchstaben U und dem Eintrag für die *United States* angekommen war. Als ich dann jedoch das Ergebnis der gewaltsamen Einordnung des US-Rechts, wie ich es verstand, in die Kategorien der *Enzyklopädie* erblickte, erkannte ich, dass wohl auch Juristen aus anderen Kulturen den Eindruck eines eigenartigen Ergebnisses bei der Beschreibung ihrer Rechtssysteme haben mussten. Ein weiteres Beispiel: Im deutschen Recht wird die Rechtswelt während des Studiums traditionell in Zivilrecht, öffentliches Recht und Strafrecht unterteilt. Basierend hierauf könnte ein Deutscher also verwirrt sein, wenn ein Jurist aus einem anderen Rechtssystem das Strafrecht lediglich als einen Aspekt des öffentlichen Rechts ansieht und dieser sich wiederum fragen, warum es denn vom öffentlichen Recht getrennt werden sollte.

Frankenberg behauptet, dass die Rechtsvergleichung aus US-amerikanischer Sicht von Natur aus unzureichend sein könnte. Er sagt, dass *Zweigert* und *Kötz* folgern, dass nur die kontinentaleuropäischen Systeme „große Gesamtkonzepte" entwickeln, während das *common law*, aufgrund seines induktiven und fallbezogenen Ansatzes, „niederrangige Rechtsinstitutionen hervorbringt, die speziell zur Lösung isolierter, konkreter Probleme gedacht sind."[93] *Frankenberg* fährt fort, dass trotz der Anspielungen auf eine universelle Rechtswissenschaft auf dem europäischen Kontinent „die vergleichende Funktionalistin nicht mit einer Philosophin verwechselt werden sollte, da ihr Ideal eher praktischer Natur ist: das effizienteste Rechtssystem zu entwickeln, um die vernünftigen Erwartungen zu erfüllen. Schließlich offenbart sich die neutrale Beobachterin als Interessenvertreterin zur Verteidigung des status quo."[94]

Darüber hinaus bietet sich der Funktionalismus dazu an, und führt möglicherweise sogar dazu, eine Rechtsauffassung zu instrumentalisieren, in der Recht als Technologie angesehen wird. *Peter G. Sacks* zieht einen hilfreichen Vergleich zum Fernsehen, um dieses Argument zu unterstreichen:

„So wie die Fernsehtechnik nichts mit der Qualität des gesendeten Programms zu tun hat, sondern nur mit der technischen Perfektion ihrer Aufzeichnung – so dass sie zur Übermittlung aller Arten von Botschaften eingesetzt werden kann – so kann nach dieser Auffassung das Recht zur Umsetzung aller denkbaren politischen, sozialen oder wirtschaftlichen Ziele eingesetzt werden. Was eine Rechtsform von einer anderen unterscheidet, so behauptet sie, ist nicht ihr Inhalt oder ihr Zweck, sondern der Grad ihrer technischen Komplexität. Folglich wird die Übernahme beispielsweise des englischen Rechts durch einen afrikanischen

---

[93] *Roscoe Pound*, Comparative Law in Space and Time, American Journal of Comparative Law, Bd. 4, 1955, S. 70, zitiert von *Frankenberg*, a. a. O., Fn. 7, S. 440.
[94] Ebd.

Stamm als nicht problematischer angesehen als die Nutzung japanischer Fernsehgeräte in britischen Haushalten."[95]

Abschließend lässt sich feststellen, dass es in der Tat Enttäuschungen für die Lehre der Rechtsvergleichung gegeben hat. *Frankenberg* zitiert den britischen Historiker *E. P. Thompson* und kommt zu dem Schluss: „Müde und misstrauisch gegenüber Wahrheiten sollten Lehrer und Schüler der Rechtsvergleichung neue Begeisterung dabei entwickeln, das Recht als allgegenwärtiges und mehrdeutiges Phänomen zu analysieren und sich auf das konzentrieren, was die herrschende Meinung übergeht, unterdrückt oder marginalisiert."[96] Selbst auf dem Höhepunkt der kritischen Rechtslehre und nach einer langen und überzeugenden Kritik an den methodischen Schwächen der Rechtsvergleichung sagt *Frankenberg*, dass jetzt der falsche Zeitpunkt dafür wäre, um die Lehre der Rechtsvergleichung aufzugeben, weil dies „die Tradition und die aktuellen Bedingungen zu einem ewigen Muster erstarren lassen würde."[97] Er fügt jedoch schnell hinzu, dass die Fortsetzung der gegenwärtigen Tradition ebenso falsch wäre. Insoweit verweist er auf *Roscoe Pound*, der, wie in Kapitel 1 besprochen, darauf bestand, dass die Rechtswissenschaft den „Geist" des Rechts untersuchen sollte. *Frankenberg* bezeichnet *Pounds* „Rechtsvergleichung durch Zeit und Raum" als „Highlight" für den Bereich, aus dem man:

> „schließen kann, dass nicht nur ein komplexerer und längerer Vergleichsprozess erforderlich ist. Rechtsvergleichung hatte nie zu wenig Gepäck im Kofferraum. Bis heute ist es vollgestopft mit Gedanken und Standards, mit Zielen und Ansprüchen."[98]

Tatsächlich gibt es noch weitere Untersuchungen und Theorien im Bereich der Rechtsvergleichung. Vorliegend aber ging es allein darum, die Studierenden in das einzuführen, was als herrschende Lehre angesehen wurde und nach wie vor angesehen wird und nur einige wenige wesentliche abweichende Ansichten vorzustellen. Diejenigen, die von der avantgardistischen Theorie der Rechtsvergleichung wahrlich angetan sind, werden hingegen deutlich mehr lesen müssen, um mit den aktuellen Trends Schritt zu halten.[99] Jetzt ist es allerdings an der Zeit, die herrschende Lehre und die vorgestellten Alternativen auf die US-amerikanische Rechtskultur anzuwenden, um herauszufinden, wohin das führt.

---

[95] *Peter G. Sacks*, Law & Custom: Reflections on the Relations Between English Law and the English Language, Rechtstheorie, Bd. 18 (1987), 421 (422).

[96] *E. P. Thompson*, The Poverty of Theory and Other Essays, 1978, S. 96, zitiert von *Frankenberg*, a. a. O., Fn. 7, S. 453 f.

[97] *Frankenberg*, a. a. O., Fn. 7, S. 441.

[98] Ebd.

[99] Vgl. bspw. *Jaakko Husa*, A New Introduction to Comparative Law, 2015.

Verständniskontrolle

Ich habe die Position von *Curran* als Antwort auf das Funktionalitätsprinzip von *Zweigert* und *Kötz* dargestellt. Basierend auf dem, was Sie über das Funktionalitätsprinzip von *Zweigert* und *Kötz* wissen, wie würden *Zweigert* und *Kötz* auf *Curran* reagieren, wenn sie die Diskussion fortsetzen würden? Spricht *Großfeld* diejenigen Themen an, die Sie in Ihrer Antwort für *Zweigert* und *Kötz* angesprochen haben?

Wissensherausforderung

Wenn man die Positionen *Großfelds* einnimmt, wie sie in diesem Kapitel über Rechtsvergleichung umrissen werden, wie kann man wissen, dass man sich irrt – etwas wovor er uns warnt?

Wissenserweiterung

Der auf der Pariser Weltausstellung im Jahre 1900 entwickelte Begriff der vergleichenden Rechtswissenschaft wurde in einer Zeit der Industrialisierung entwickelt, in der die meisten Menschen die Geschichte als eine des reinen Fortschritts verstanden haben. Welche anderen Geschichtskonzepte gibt es und welche Veränderungen brächte es für die vergleichende Rechtswissenschaft mit sich, wenn sie unter einem dieser alternativen Konzepte ausgeübt und nicht auf einem Glauben an die Geschichte als Erfolgsgeschichte basieren würde?

Literatur

Adomeit, Klaus, Was ist Recht? In: Adomeit, Klaus / Hähnchen, Susanne (Hrsg.), Rechtstheorie für Studenten, 6. Aufl. 2011, S. 5.

Burke, Kenneth, Language as Symbolic Action, 1966.

Curran, Vivian, Comparative Law: An Introduction, 2002.

David, René/Brierley, John, Major Legal Systems in the World Today, 2. Aufl. 1978.

Frankenberg, Günter, Critical Comparison, Re-Thinking Comparative Law, Harvard International Law Journal, Bd. 26 (1985), 411.

Fuller, Steve, Philosophy, Rhetoric and the End of Knowledge: The Coming of Science and Technology Studies, 1993.

James, Gordley/von Mehren, Arthur Taylor, An Introduction to the Comparative Study of Private Law, 2006.

Großfeld, Bernhard, Core Questions of Comparative Law, Vivian Grosswald Curran (Übersetzerin), 2005.

Hegenbarth, Rainer, Juristische Hermeneutik und linguistische Pragmatik, 1982.

Husa, Jaakko, A New Introduction to Comparative Law, 2015.

Kempin, Frederick G., Jr., Historical Introduction to Anglo-American Law in a Nutshell, 3. Aufl. 1990.

Lepaulle, Pierre, The Function of Comparative Law with a Critique of Sociological Jurisprudence, *Harvard Law Review*, Bd. 35 (1922), 838 (857).

Pether, Penelope, Language, in: Sarat, Austin / Anderson, Matthew / Frank, Cathrine O. (Hrsg.), Law and the Humanities, 2014.

Reimann, Mathias, The End of Comparative Law as an Autonomous Subject, Tulane European & Civil Law Forum, Bd. 11 (1996), 49.

Reimann, Mathias, The Progress and Failure of Comparative Law in the Second Half of the Twentieth Century, American Journal of Comparative Law, Bd. 50 (2002), 671.

Sacks, Peter G., Law and Custom: Reflections on the Relations Between English Law and the English Language, Rechtstheorie, Bd. 18 (1987), 421.

Schiemann, Konrad, From Common Law Judge to European Judge, Zeitschrift für Europäisches Privatrecht, Bd. 4 (2005), 741.

Sullivan, William M. / Colby, Anne / Wegner, Judith W. / Bond, Lloyd / Shulman, Lee S., Educating Lawyers: Preparation for the Profession of Law, 2007.

Whytock, Christopher A., Legal Origins, Functionalism, and the Future of Comparative Law, Brigham Young University Law Review (2009), 1879.

Zweigert, Konrad, Die praesumptio similitudinis als Grundsatzvermutung rechtsvergleichender Methode, in: Mario Rotundi (Hrsg.), Inchiesta di diritto comparato volume 7: L'abuso di diritto, 1979, 735.

Zweigert, Konrad / Kötz, Hein, An Introduction to Comparative Law, Weir, Tony (Übersetzer) 3. Aufl. 1998.

3 Rechtsvergleichung in der Anwendung: die subtilen Unterschiede zwischen *Civil Law* und *Common Law* in Studium und Praxis

Leitgedanken

1. Was macht das *common law* „*common*" i. S. v. ‚gemeinschaftlich'?
2. Wodurch unterscheidet sich das Gewohnheitsrecht vom Gesetzesrecht?

3.1 Warum *common law* und *civil law* vergleichen?

Mit der Kritik an der funktionalistischen Methode aus Kapitel 2 im Hinterkopf wenden wir uns nunmehr einer Betrachtung des *common law* zu, indem wir die juristischen „Familien"[1] des *civil law* und des *common law* vergleichen. Seit Anbeginn der Rechtsvergleichung wird in der traditionellen Literatur, sobald man das *common law* erwähnt, auf die Dichotomie zwischen *common law* und *civil law* hingewiesen. Selbst innerhalb eines derart wissenschaftlichen Ansatzes wie der Rechtsanthropologie würde man auf haltlose Annahmen über die angeblich umfängliche Erfahrung des von „angelsächsischer Tradition" und „kontinentalem Rechtsdenken"[2] umschlossenen *anthropos* stoßen. Da sich die Mehrheit der Rechtskulturen der Welt als *Civil-law*-Kulturen versteht, ist es zudem wahrscheinlich, dass Sie als Leser dieses Buches ein Jurastudent oder eine Jurastudentin oder ein Rechtspraktiker oder eine Rechtspraktikerin aus der Rechtsfamilie des *civil law* sind, der sich für die US-amerikanische Rechtskultur und damit für das *common law* interessiert.

Um den Vergleich zu beginnen, sollte man sich fragen, wie es sein kann, dass jede Person in der US-amerikanischen Kultur mit dem Recht vertraut ist, unabhängig davon, ob sie Jura studiert oder nicht. „Ich kenne meine Rechte!" ruft die Protagonistin in einem Hollywood-Film. Dies ist eine landläufige

---

[1] *Zweigert* und *Kötz* nutzen den Begriff „Rechtsfamilien" in *Zweigert/Kötz*, Einführung in die Rechtsvergleichung, 3. Aufl. 1996.

[2] *Jan M. Broekman*, Recht und Anthropologie, 1979, S. 11.

Aussage in der US-Kultur. Sie ist in der Tat derart üblich, dass wir uns kaum die Mühe machen, weiter darüber nachzudenken. *Woher* weiß diese Person, welche Rechte sie hat? Vielleicht durch ihre Ausbildung in der High School? Gibt es einen staatlich finanzierten Staatsbürgertest? Hat diese Person das, was sie für ihre Rechte hält, aus Film und Fernsehen erfahren? In den Vereinigten Staaten ist die Antwort für jede einzelne Person wahrscheinlich eine Kombination aus mehr als einer der oben genannten Möglichkeiten, denkbar sind auch weitere Gründe. Wenn sich jemand für ein Jurastudium einschreibt, was in den Vereinigten Staaten nur im Rahmen einer postgradualen Universitätsausbildung möglich ist, dann glaubt diese Person, bereits ein gewisses Gefühl dafür zu haben, was ihre Rechte sind, und beginnt ihr Jurastudium ausgehend von dieser informellen Grundlage. Ausländische Studierende, die keine persönlichen Erfahrungen in der Kultur gemacht haben, haben dieses Gespür nicht und allein ein Studium der gesetzlichen oder richterrechtlichen Rechtsquellen, sei es aus Büchern oder elektronischen Datenbanken, wird den Studierenden dieses Gefühl nicht vermitteln können.

3.1.1 Was sollte verglichen werden? Die Spanne vom Einfachen zum Komplexen

An späterer Stelle des Buches finden Sie vertiefte Ausführungen über rechtliche „Dinge" anhand verschiedener Referenzrahmen. Sinn dieses Kapitels ist es, diese Dinge dafür fruchtbar zu machen, subtile Unterschiede zwischen dem *common law* und dem *civil law* zu veranschaulichen. Zwischen den *Civil-law*- und den *Common-law*-Traditionen scheint es einige offensichtliche und allgemein diskutierte Unterschiede zu geben, wie zum Beispiel die Rechtsquellen. Wenn aber die einfache Unterscheidung zwischen Einzelfällen und Gesetzesrecht als Rechtsquellen überstrapaziert wird, um das *common law* vom *civil law* abzugrenzen, warum konzentrieren sich dann so viele Fachleute, um die beiden Systeme zu charakterisieren, gerade auf diese Unterscheidung? Um diese Frage zu beantworten, bietet sich die Geschichte eines Polizisten an, der eines Abends auf Patrouille ist und hierbei einen Mann in einer dunklen Gasse trifft, der auf allen Vieren auf dem Boden herumkriecht. Der Polizist nähert sich dem kriechenden Mann, weil er vermutet, dass etwas nicht stimmt, und fragt ihn danach, was er tue. Der kriechende Mann antwortet daraufhin, dass er nach seinen Haustürschlüsseln suche. Hierauf entgegnet der Polizist, ob er die Schlüssel denn überhaupt in der Nähe der Stelle, an der er krabbelt, fallen gelassen habe. Daraufhin antwortet der Mann: „Nein, aber hierhin scheint das Straßenlicht." Ähnlich ist die Fokussierung auf den geschriebenen Gesetzestext als Unterscheidung zwischen den beiden Rechtsfamilien: die Differenzierung ist einfach und leicht nachvollziehbar und wird daher oft angeführt.[3] Gleichwohl ist diese Unterscheidung keines-

---

[3]   Vgl. bspw. *Buckland/McNair*, Roman Law and Common Law, 2. Aufl. 2008.

falls der Schlüssel, der es einem ermöglichen würde, die Unterschiede der jeweiligen Rechtspraxis in den beiden Rechtsfamilien zu verstehen. Die deutlich wichtigeren Unterschiede sind ungleich subtiler und weniger scharf definiert, aber sobald sie einmal erfasst sind, bieten sie weitaus mehr Einblick in den Geist und die Seele der Rechtskulturen und damit in deren Rechtspraxis.

Warum sonst sollte man die Rechtsquellen als erste Vergleichskategorie wählen? Da das *Civil-law*-Denken die Rechtsquellen gemeinhin als Grundlage seines Systems versteht, dürfte allein diese Wahl ein Hinweis darauf sein, dass der Rechtsvergleicher aus der *Civil-law*-Tradition kommt. Für Studierende, die noch nie rechtspraktisch tätig geworden sind, ist „das Recht" gleichbedeutend mit denjenigen Regeln, die sie in einem Buch lesen. Aber für die in einem Rechtssystem lebende Gesellschaft ist „das Recht" ein Netzwerk von Personen, die menschliches Verhalten beobachten und die dazu berechtigt sind, dieses Verhalten dahingehend auszulegen, ob es regelkonform oder zu sanktionieren ist. *Learned Hand*, einflussreicher Richter des Berufungsgerichts der Vereinigten Staaten (*U. S. Court of Appeals*), schrieb, möglicherweise mit der für das *civil law* typischen Subsumtion eines konkret-individuellen Sachverhalts unter abstrakt-generelle Regelungen im Hinterkopf, dass „Gesetze nicht als Theoreme von *Euklid* ausgelegt werden sollten, sondern mit einer gewissen Vorstellung von den dahinterliegenden Zwecken"[4]. Als Korrektiv zur Voreingenommenheit der Rechtsanwender, sowohl des *common law* als auch des *civil law*, weist *Günther Frankenberg* darauf hin:

„Sobald sich die Rechtsvergleicherin fragt, wie sie zu dem geworden ist, was sie im juristischen Sinne ist (ein ‚Individuum' mit ‚Rechten' und ‚Pflichten', ‚Mieterin', ‚Steuerzahlerin', ‚Elternteil', ‚Verbraucherin', etc.) und wie sie als ‚Rechtswissenschaftlerin' dazu gekommen ist, über ihr eigenes und über fremdes Recht eben das zu denken, was sie denkt, beginnen Vorstellungen von Normalität und Universalität zu verschwimmen. Hierdurch wird dann deutlich, dass jede Sicht auf fremdes Recht von den einheimischen Prämissen und Einflüssen abgeleitet und durch diese geprägt ist."[5]

Vergleicht man die „mentalité" von Rechtsfamilien, könnte man die Gegenüberstellung von zwei Rechtswissenschaftlern in Betracht ziehen, einem französischen und einem englischen. *Pierre Lepaulle* schrieb 1922 in der *Harvard Law Review*:

„Einer der ersten Punkte, der einem Ausländer auffällt, der mit amerikanischen Juristen in Kontakt kommt, ist deren generelles Desinteresse an Fragen der Rechtsvergleichung. Diese Gleichgültigkeit scheint vor allem darauf zurückzuführen zu sein, dass sie die eigentlichen Funktionen dieser Wissenschaft in der modernen Welt nicht verstehen."[6]

---

[4] *Justice Learned Hand*, Lehigh Valley Coal Co. v. Yensavage, 218 F. 547, 553 (2nd Cir. 1914) (zitiert von *Justice Paul Stevens* in Connecticut Nat'l Bank v. Germain, 503 U. S. 249, 255 1 (1992).

[5] *Günter Frankenberg*, Critical Comparison, Re-Thinking Comparative Law, Harvard International Law Journal, Bd. 26 (1985) 411 (443).

[6] *Pierre Lepaulle*, The Function of Comparative Law with a Critique of Sociological Jurisprudence, Harvard Law Review, Bd. 35 (1922), 838.

Vielleicht ist diese Gleichgültigkeit, wie *Lepaulle* behauptet, tatsächlich vor allem darauf zurückzuführen, dass die US-Amerikaner die eigentlichen Funktionen der Rechtsvergleichung in der modernen Welt nicht verstehen. Aber es könnte auch sein, dass das, was *Lepaulle* als angemessene Rechtsvergleichung erachtet, nur eine Möglichkeit ist, die Rechtsvergleichung zu sehen, und zwar aus französischer oder kontinentaleuropäischer Sicht. Trifft dies zu, so wäre es aber nicht weiter verwunderlich, wenn man konstatieren würde, dass den US-Amerikanern genau *dieses* Interesse fehlt. Auch Rechtsvergleicher oder Komparativisten sind bei ihren Rechtsvergleiche nicht davor gefeit, die Rechtswelt durch die Bezugsrahmen ihrer eigenen Rechtskultur zu sehen. Wenn *Lepaulle* also von Rechtsvergleichung spricht, tut er dies aus der Perspektive eines französischen Juristen, der erwarten würde, dass die Rechtsvergleichung so funktioniert, wie es seinem nationalen Recht entspricht – als Wissenschaft (unabhängig davon, wie man diese definiert).

Auf der anderen Seite haben wir aber auch *Common-law*-Juristen, die erwarten, dass die Rechtsvergleichung etwas Ähnliches wie die *Common-law*-Methode bereithält. *Basil Markesinis*, Professor für Rechtsvergleichung am *Queen Mary and Westfield College* der Universität London, schrieb 1990 in der *Modern Law Review*:

> „viele Lehrjahre, in denen ich hauptsächlich – aber nicht ausschließlich – Common-law-Juristen im ausländischen Recht und in Rechtsvergleichung unterrichtet habe, ließen mich zu der Überzeugung gelangen, wie wertvoll es ist, ein ausländisches Rechtssystem einem unbedarften Publikum vor allem durch Beispielfälle und nicht durch eine Exegese des Gesetzesrechts vorzustellen."[7]

In beiden Fällen – *Lepaulle* und *Markesinis* – ist es nicht verwunderlich, dass Rechtsvergleicher feststellen, dass die Ausrichtung der eigenen Rechtsfamilie die beste Herangehensweise an die Rechtsvergleichung ist. So behauptete der Franzose, dass die US-Amerikaner nichts von der Rechtswissenschaft wüssten und sich auch nicht darum kümmerten, und der Engländer, dass sich eine Rechtswissenschaft, die aus einer „Exegese des Gesetzesrechts" besteht, weniger wert wäre, als Fallrecht zu unterrichten.

Was also sollte man vergleichen, um die Kultur zu verstehen, in der das US-Recht praktiziert wird? Um diese Frage zu beantworten, beziehe ich mich auf eine Diskussion über das Wort *Politik*, die ich mit einem Kollegen am Rande einer Konferenz geführt hatte. Oft wird das Wort nur verwendet, um Gespräche zu beschreiben, in denen diskutiert wird, was *getan werden sollte*. Ich habe stattdessen vorgeschlagen, dass, auf Grundlage empirischer Beobachtungen, unter *Politik* verstanden werden sollte, was eine Regierung oder eine andere Institution *getan hat*. In diesem Sinne ist Politik dann ein überprüfbarer Handlungsapparat und kein wünschenswerter Plan. Was das Recht angeht, könnte man gleichermaßen behaupten, dass „Recht *ist*, was das Recht

---

[7]   *Basil Markesinis*, Comparative Law – A Subject in Search of an Audience, The Modern Law Review, Bd. 53 (1990), 1.

tut". Konkret ist „das Recht nicht nur eine Bürokratie oder ein Regelwerk, sondern die Gemeinschaft einer bestimmten Art von Rednern: eine Argumentationskultur, die von ihren Teilnehmern ständig neu festgelegt wird"[8]. Der Rechtshistoriker *Frederick G. Kempin, Jr.* stellt das anglo-amerikanische Recht vor, indem er ausführt, dass die Geschichte des anglo-amerikanischen Rechts „eine kontinuierliche Entwicklungsgeschichte seiner Einrichtungen erzählt: Gerichte, Geschworene, Richter und Anwälte; seiner Rechtsquellen: Gewohnheitsrecht, Fallrecht, Gesetzgebung und verbindliche Schriftstücke; und die Anfänge und Entwicklung ausgewählter Rechtskonzepte verfolgt".[9] Als Leser werden Sie nun nicht nur feststellen, dass die Institutionen in der Reihenfolge der Kategorien vor den Rechtsquellen genannt werden, sondern auch, dass diese Liste keine Legislativorgane umfasst. Und innerhalb der genannten Rechtsquellen wird die Gesetzgebung erst an dritter Stelle aufgeführt. So, wie diese Merkmale darauf hindeuten können, dass der Rechtsvergleicher, den wir hier lesen, aus der Tradition des *common law* stammt, würde sich ein denkbarer Kollege aus dem *civil law* möglicherweise dadurch zu erkennen geben, dass seine Arbeit zuerst auf die Rechtsquellen eininge oder dass er als erste Institution die Gesetzgebung beschriebe. Auch wenn „Rechtsquellen" als solche diskutiert werden, kann ein *Common-law*-Jurist das Gefühl haben, dass sie idealerweise erst im Anschluss an die Institutionen untersucht werden sollten. So behandelt z. B. *Kempin* in seinem Buch zur Einführung in das anglo-amerikanische Recht die Rechtsquellen erst in Kapitel V. Er schreibt: „Damit es ein Rechtsorgan im technischen Sinne überhaupt geben kann, muss eine bestimmte Gruppe von Personen, eine juristisch tätige Berufsgruppe, es zunächst entwickeln. Eine solche Berufsgruppe entsteht jedoch langsam; und am Anfang jeder Rechtsordnung ist das Recht nicht mehr oder weniger als das Gewohnheitsrecht dieser Gemeinschaft."[10] Obwohl man also in manchem Kontext zur Beschreibung eines Rechtssystems einen „Top-down-Ansatz" über die Rechtsquellen wählen könnte, ausgehend von einer Verfassung und über die Gesetzgebung bis hin zu den auf ihrer Grundlage erlassenen Rechtsverordnungen, könnte man alternativ genauso gut einen „Bottom-up-Ansatz" wählen und stattdessen mit alltäglichen Zusammenhängen und denjenigen Personen und Einrichtungen beginnen, die die Konflikte lösen. Auf diese Weise würde der letztgenannte Ansatz mit den induktiven Argumentationsmustern des *common law* übereinstimmen, während der erstgenannte eher den deduktiven Argumentationsmustern des *civil law* entspräche.

Für die Frage, warum man für einen Rechtsvergleich die Rechtsquellen untersuchen sollte, scheint es zumindest eine weitere Antwort zu geben. Die-

---

[8] *James Boyd White*, Law as Rhetoric, Rhetoric as Law: The Arts of Cultural and Communal Life, University of Chicago Law Review, Bd. 52 (1985), 684 (691).

[9] *Frederick G. Kempin, Jr.*, Legal History: Law and Social Change, 1963, Vorwort S. 1.

[10] Ebd., S. 95.

se besteht darin, dass wir dazu neigen, chronologisch zu denken. Wir scheinen davon auszugehen, dass es so lange keine Diskussion über das Recht, einschließlich rechtsvergleichender Studien, geben kann, bis wir das Recht „geschaffen" haben. Diese Behauptung enthält allerdings zwei fragwürdige Annahmen. Die erste Annahme ist, dass man, wenn man chronologisch vorgeht, mit der Gesetzgebung beginnt. Eine gewisse Reflexion über die Sozialgeschichte würde jedoch die Schwäche dieser Annahme offenbaren. So mussten die sozialen Konflikte zunächst mit allen verfügbaren Mitteln, einschließlich Gewalt, gelöst werden, bevor man davon sprechen konnte, dass Recht geschaffen worden war. Darauf aufbauend sollte man sich dann fragen, an welchem Punkt der Rechtsgeschichte die Menschen begonnen haben, ihr eigenes Verhalten deshalb zu ändern, weil sie das Ergebnis der Konfliktlösung vorhergesehen haben? Das ist dann der Zeitpunkt, ab dem man sagen kann, dass ein Rechtssystem gegolten hat – als vorhersehbares Muster der Konfliktlösung. Erst wenn Muster der Konfliktlösung beobachtet werden konnten, kann der Begriff der Gesetzgebung als Sekundärakt eingeführt werden. Ein *Civil-law*-Jurist ist insoweit möglicherweise anderer Meinung und könnte erwidern, dass die eigene Rationalität ausreicht, um Konflikte zu antizipieren und Normen der Konfliktlösung zu erlassen, bevor ein entsprechender Konflikt überhaupt aufgetreten ist. Die zweite Annahme folgt aus der ersten: Auch wenn wir zuerst auf die Institutionen und nicht auf die Texte schauen, so betrachten wir zuerst die Legislativorgane und nicht die Institutionen zur Konfliktlösung. Der Rechtshistoriker *Harold Berman* erklärt:

„Der konventionelle Rechtsbegriff als Regelwerk, abgeleitet aus Gesetzen und Gerichtsentscheidungen – was eine Theorie der ultimativen Rechtsquelle widerspiegelt, die dem Willen des Gesetzgebers (‚des Staates') unterworfen ist – ist gänzlich unzureichend, um eine Untersuchung der transnationalen Rechtskultur zu unterstützen. Von der westlichen Rechtstradition zu sprechen, bedeutet, ein Rechtskonzept zu postulieren, nicht als Regelwerk, sondern als Prozess oder Aufgabe, für das Regeln ihre Bedeutung nur im Zusammenhang mit Institutionen und Verfahren, Werten und Denkweisen erhalten. Ausgehend von dieser weiten Perspektive umfassen die Rechtsquellen nicht nur den Willen des Gesetzgebers, sondern auch den Grund und das Gewissen der Gemeinschaft nebst ihren Sitten und Gebräuchen."[11]

Obwohl anzumerken ist, dass *Berman* seinen Anspruch nur für das geltend macht, was er die „westliche Tradition" nennt, bietet er eine solide Grundlage dafür, um bei einem Vergleich von Rechtssystemen mehr als nur Gesetze und auch mehr als Gerichtsentscheidungen zu berücksichtigen. Er stellt beispielsweise fest, dass eine Rechtsordnung jenseits der Rechtsquellen auch aus den Rechtsorganen oder -institutionen besteht. Daher sollten zunächst, um dem üblichen und engen Vergleich der Rechtsquellen zu entfliehen, auch die Organe und Institutionen gegenübergestellt werden.

---

[11] *Harold J. Berman*, Law and Revolution: The Formation of the Western Legal Tradition, 1983, S. 11.

3.1.2 Institutionen vergleichen

In seiner historischen Einführung in die anglo-amerikanische Rechtstradition führt *Frederick G. Kempin, Jr.* Rechtsanwälte, Richter, Geschworene und die Gerichte als zu untersuchende Institutionen auf. Was kann man, beginnend mit den Rechtsanwälten, feststellen? Rechtsanwälte haben innerhalb des *common law* eine äußerst wichtige Funktion. Wie in Kapitel 1 erwähnt, macht die Tatsache, dass ein Rechtsanwalt des *common law* dazu ausgebildet und darauf vorbereitet wird, ein Parteivertreter zu sein, ihn zu einer besonderen Art von Rechtsanwalt. Ein Parteivertreter zu sein, bedeutet nicht, die wilde Theatralik an den Tag zu legen, die man im Fernsehen oder in Filmen sehen kann. Es bedeutet vielmehr, dass der Anwalt nach den beruflichen Verhaltensregeln (*Rules of Professional Conduct*), an die seine Lizenz geknüpft ist, die Entscheidung eines Mandanten, ein streitiges Verfahren (weiter) zu betreiben, solange zu akzeptieren hat, wie es sich um eine rechtlich vertretbare Position handelt. Er hat die Position des Mandanten auch dann noch mit voller Energie und dem Einsatz seiner fachlichen Kompetenz zu vertreten, wenn er, der Anwalt, mit dieser Position nicht einverstanden ist. In einem kontradiktorischen System (*adversarial system*) werden sich auch diejenigen Rechtsanwälte, die nicht regelmäßig forensisch tätig sind, sondern sich schwerpunktmäßig mit Grundstücksübertragungen, Testamentsgestaltung oder Transaktionsabwicklungen beschäftigen, bei ihren Formulierungen oder Vertragsgestaltungen immer an der Antwort auf die Frage orientieren, ob die gewählte Lösung einer gerichtlichen Überprüfung durch einen denkbaren Gegner standhält. Aus diesem Grund sind diejenigen Fähigkeiten, die historisch allein den ausschließlich forensisch tätigen Anwälten in der englischen Tradition (*barrister*) vorbehalten waren, Bestandteil der anwaltlichen Ausbildung eines jeden US-amerikanischen Juristen (weitere Einflüsse der Rolle der *barrister* auf die US-Rechtskultur in Kapitel 4 zum historischen Referenzrahmen). Die anwaltliche Ausbildung umfasst die Erstellung von anwaltlichen Schriftsätzen, Kurse in anwaltlicher Prozesstaktik (sowohl für die Eingangs- als auch für die Berufungsinstanz), Moot-Court-Wettbewerbe und die Fallrechtsmethode zur Unterweisung im materiellen Recht. Der Alltag der US-amerikanischen Jurastudierenden bestand darin, jeden Tag Dutzende von dokumentierten gerichtlichen Entscheidungen zu lesen, um sich hierdurch auf eine „Vorlesung" im Frage- und Antwortunterricht vorzubereiten. Frontalunterricht wurde sowohl von der akademischen Gemeinschaft missbilligt als auch von der Bildungsabteilung der *American Bar Association*, die insoweit die Normen festlegt. Das „Recht" zu lesen, bedeutet, die Einzelfälle zu lesen und jeweils die Vor- und Nachteile der widerstreitenden Positionen zu erkennen. Die einzig richtige Lösung zu finden, ist hingegen keine Aufgabe, weil dies zwingend impliziert, dass eine der Parteien falsch liegt.[12]

Oliver Wendell Holmes, Jr. tat im Fall *Abrams v. United States* seine abweichende Rechtsansicht kund und schrieb: „Die angestrebte ideale Lösung ist besser durch den freien Austausch von Ideen zu erreichen [...] die beste Überprüfung der Wahrheit ist der Erfolg des Gedankens, sich im Wettbewerb des Marktes durchzusetzen".[13] Dieser freie Ideenaustausch impliziert eine Position bezüglich Rechtsfragen – Gerechtigkeit führt nicht nur zu einer einzigen Lösung, sondern muss auf einer faktenbasierten, einzelfallbezogenen Grundlage innerhalb vorhersehbarer Grenzen gefunden werden.

Die Beweisführung durch die Rechtsanwälte leitet über zum nächsten großen Bereich, in dem sich die beiden Systeme unterscheiden. Die oben angesprochene Parteivertretung wird in einer Welt der Rechtsprechung praktiziert, die sich um Beweisfragen dreht. Mag auch die Abgrenzung zwischen „richterrechtlichem" *common law* und „gesetzesrechtlichem" *civil law* im Laufe der Zeit verschwommen sein, so ist die dramatische Diskrepanz zwischen den beiden Systemen im Umgang mit Beweismitteln noch weitgehend intakt. Daher muss jeder, der das US-amerikanische Rechtssystem wahrhaft verstehen möchte, eine gewisse Wertschätzung für die Zusammenstellung, Präsentation und Abwägung der Beweismittel hierin erwerben. Von der Ausgangsentscheidung, einen Mandanten zu vertreten, bis hin zur endgültigen Konfliktlösung vor einem Richter und den Geschworen, wird die US-amerikanische Rechtsordnung, zumindest in den Augen vieler Juristen aus dem *civil law*, als besessen von der Frage nach den Beweismitteln gesehen. Weiterführende Informationen zur Anwaltschaft werden in Kapitel 5 dargestellt.

Eine nächste erwähnenswerte Funktion der Parteivertretung führt uns zu einer anderen Institution: dem Richter.

„Im Gegensatz zu den meisten kontinentalen Systemen ist die Zuständigkeit der englischen Richter sehr weit gefasst. Er verhandelt Zivil-, Verwaltungs- und Strafsachen. Aufgrund dieser breiten Zuständigkeit wird aber von jedermann akzeptiert, dass der Richter möglicherweise keine detaillierten Kenntnisse desjenigen Rechts hat, das er im Einzelfall anwenden soll. Dies wird er während des Gerichtsverfahrens auch bereitwillig offenlegen – zum Erstaunen eines jeden deutschen Prozessbeteiligten, der zufällig dort ist! Es wird als die Aufgabe der Rechtsanwälte gesehen, dem Richter das Recht zu erklären und ihn auf alle relevanten Gesetzestexte oder Präzedenzfälle hinzuweisen, auch wenn dies zu einer Entscheidung gegen seinen Mandanten führen kann.[14] Der Prozess basiert auf dem allgemein begründeten Glauben, dass jede Seite im Rahmen ihrer Fachkompetenz alles

---

[12]   *Lon L. Fuller/John D. Randall*, Professional Responsibility: Report of the Joint Conference, Joint Report to the American Bar Association, A. B. A. Journal, Bd. 44 (1958), 1159.

[13]   Abrama v. United States, 250 U. S. 616, 630 (1919).

[14]   In den Vereinigten Staaten verlangen die Modelregelungen für das Berufsethos (*Model Rules of Professional Conduct*) in Regel 3.3 „Offenheit gegenüber dem Tribunal", was so viel bedeutet, dass man gegenüber dem Gericht auch diejenigen Rechtsquellen offenlegt, die der eigenen Position abträglich sind.

sagen wird, was für ihre Seite der Argumentation redlicherweise gesagt werden kann. Vom Richter wird erwartet, dass er einen wachen Verstand hat, der Positionen verstehen und möglicherweise entwickeln kann, die für ihn neu sind."[15]

Der Einfluss der Anwälte beschränkt sich indes nicht allein auf den Bereich jenseits der Richterbank. In den meisten *Common-law*-Rechtssystemen, einschließlich desjenigen der Vereinigten Staaten, werden die Richter mit Mitgliedern der Anwaltschaft besetzt, üblicherweise mit solchen, die über einige Jahre an Berufserfahrung verfügen. Hierdurch ist diejenige Person, die auf der Richterbank sitzt, zuvor immer als Anwalt tätig gewesen und das möglicherweise sogar deutlich länger, als sie ihre derzeitige Rolle als Richter innehat:

„Die Herangehensweise an die richterliche Aufgabe, die bei den Berufungsgerichten des Vereinigten Königreichs vorherrscht, wurde stark dadurch beeinflusst, dass traditionell alle Berufungsrichter über eine langjährige Berufserfahrung als Anwälte verfügen, aus dem Pool der etwas mehr als siebzig Richter des High Courts ausgewählt wurden, üblicherweise nach einer erfolgreichen Karriere und im Alter von circa 50 Jahren. Der Stil der Urteile wird dadurch tendenziell beeinflusst. Sie werden mehrere Jahre lang als Einzelrichter in erster Instanz gearbeitet haben, bevor sie als Berufungsrichter ernannt werden. [...] Traditionell erklärt jeder Richter in seinen eigenen Worten, oft instinktiv im Stil eines Anwalts, seine Entscheidungsgründe."[16]

Vergleicht man nun die beteiligten Institutionen, so stellt man fest, dass sich diejenigen des *common law* deutlich von denjenigen des *civil law* unterscheiden, wie etwa der *U.S. Supreme Court* von den spezialisierten Verfassungsgerichten in Frankreich, Italien oder Deutschland. Vielmehr unterscheiden sich die vorhandenen Einrichtungen sogar innerhalb der *Common-law*-Staaten. Zu diesen Unterschieden gehören die verschiedenen gesetzgebenden Institutionen, die einerseits für ein präsidiales System, wie in den Vereinigten Staaten, und andererseits in einem parlamentarischen System, wie demjenigen im Vereinigten Königreich, benötigt werden, oder die verfassungsrechtliche Überprüfungsbefugnis des *U.S. Supreme Court* im Vergleich zu derjenigen des *U. K. Supreme Court*. Eine offensichtliche Einrichtung des *common law*, die in der Populärkultur gerne betont und diskutiert wird, ist die Laienjury. Die Laienjury wird jedoch erst in Kapitel 9 vertieft behandelt.

Wenn man die Rolle des Rechts in einer bestimmten Kultur wirklich verstehen will, muss man neben den Institutionen und Handlungsmechanismen auch die Akzeptanz einer Rechtsordnung durch die damit lebenden Bürger vergleichen. Haben die Bürger einen erschwinglichen und freien Zugang zu den Gerichten? Wenn sie Zugang haben, sind die Bürger der Ansicht, dass die Gerichte fair und rechtsstaatlich entscheiden, oder glauben sie, dass die Ge-

---

[15] *Konrad Schiemann*, From Common Law Judge to European Judge, ZEuP, Bd. 4 (2005) 741 ff., 745 f. *Schiemann* ergänzt: „Es ist nicht zu leugnen, dass britische Gerichtverfahren den Anwälten viel abverlangen und, zum Teil auch deshalb, die Prozessparteien viel Geld kosten." Ebd. S. 747.

[16] Ebd., S. 743.

richte parteiisch oder korrupt sind mit der Folge, dass sie ihre Konflikte auf andere Weise lösen? Wie in der Einleitung dargestellt, sollte, um die Akzeptanz einer Rechtsordnung zu verstehen, die Rolle der Populärkultur während des Studiums und in der Rechtspraxis keinesfalls vernachlässigt werden. In den Vereinigten Staaten etwa berichten Generalstaatsanwälte (*district attorneys*) von dem Phänomen, dass Laienjurys bestimmte Angeklagte für Vergehen freisprechen, weil der Staatsanwalt es versäumt hat, DNA-Beweise oder andere technische Beweise vorzulegen, obwohl das Beibringen derartiger technischer Beweise für vergleichbare Fälle in der Vergangenheit zu keinem Zeitpunkt üblich gewesen ist.[17] Werden diese Geschworenen befragt, so berichten sie, dass sie solche Beweise aus allen Strafverfolgungsmaßnahmen in Fernsehsendungen und Filmen kennen. Und als ob das noch nicht genug wäre, ist der Einflussbereich der US-amerikanischen Populärkultur, auch in Bezug auf juristische Aspekte, nicht allein auf Personen in den Vereinigten Staaten beschränkt. Vor einigen Jahren versuchte ein deutscher Rechtsanwalt bei der Vernehmung eines Zeugen vor Gericht Einspruch zu erheben. Dies ist aus zwei Gründen bemerkenswert: Erstens ist die in weltweit ausgestrahlten US-Fernsehsendungen dargestellte Gerichtspraxis, Einspruch (*„objection!"*) zu erheben, in Deutschland nicht zulässig. Zweitens und vielleicht noch auffälliger war, dass Berichten zufolge jeder im Gerichtssaal mit einem Lächeln auf die gescheiterte Anstrengung reagierte, weil sie wussten, was der einwendende Anwalt intendierte und warum – auch sie waren mit dem US-Fernsehen und den betreffenden Filmen vertraut.[18] Es gibt noch einen weiteren Punkt, der hier angesprochen werden sollte. Natürlich ist es wahr, dass die US-Kultur aus allen möglichen Gründen, vielen durchaus wirtschaftlichen, exportiert – sogar globalisiert – wird. Aber darüber hinaus sorgt die Natur eines kontradiktorischen *Common-law*-Prozesses in bestimmter Weise für unterhaltsames Drama, was die inquisitorische und administrative Rechtspraxis vieler anderer Länder demgegenüber nicht tut:

„Im *Common-law*-System zählt nur, was in der Verhandlung passiert ist. Das ist in der Tat wahr und die Konsequenz ist, dass das, was tatsächlich passiert ist, irrelevant ist, es sei denn, es wurde während des Prozesses präzise dargelegt: Der *Common-law*-Prozess ist wie eine dramaturgische Inszenierung; das Publikum, ob es nun ein Richter und eine Jury oder nur ein Richter ist, fällt sein Urteil auf der Grundlage dessen, was es auf der Bühne hört und sieht."[19]

---

[17] Vgl. bspw. *Katie L. Dysart*, Managing the CSI Effect in Jurors, American Bar Association, Section of Litigation, 28. Mai 2012.

[18] Für eine wissenschaftliche Behandlung von US-amerikanischem Recht in Filmen, vgl. *Michael Asimow/Shannon Mader*, Law and Popular Culture: A Coursebook, 2007; *Paul Bergmann/Michael Asimov*, Reel Justice: The Courtroom goes to the Movies, 2006.

[19] *Jeremy Lever*, Why Procedure is more Important than Substantive Law, International & Comparative Law Quarterly, Bd. 48 (1999), 285 (297).

Während einer Flugreise wurde ich kürzlich auf die Tatsache aufmerksam, dass zwei der angebotenen Filme den Titel *Der Richter* und *Der Anwalt* trugen. Ein Film über Gesetzgeber wurde nicht angeboten.

Es gibt sogar einen subtilen, aber wichtigen Unterschied zwischen den Symbolen für das Recht, die Buchhändler, Universitätshomepages oder öffentliche Gebäude zur bildlichen Repräsentation des Rechts in der *Common-law*- und in der *Civil-law*-Kultur verwenden. In der Rechtskultur Deutschlands beispielsweise besteht das häufig verwendete Symbol aus einem Paragraphenzeichen („§"). Dies lässt darauf schließen, dass das Recht durch den Wortlaut der Gesetze bekannt ist, gekennzeichnet durch den jeweiligen Paragraphen. Im Vergleich dazu wird das Recht im *common law* in der Regel durch eine meist weibliche Figur mit verbundenen Augen dargestellt, die in der einen Hand ein Schwert und in der anderen eine Waage hält. Diese Waagschalen sollen die Abwägung oder den Vergleich zwischen zwei Parteien, zwei Sachverhaltsdarstellungen oder zwei Auslegungsmöglichkeiten zum Ausdruck bringen. Gerechtigkeit wird insoweit nicht durch Nachforschung erzielt, sondern durch unvoreingenommene Abwägung, und zwar unter peinlicher Androhung durch das Schwert, d. h. durch gerichtliche Vorladung (*subpoena*). Man könnte diesem prägnanten Modell natürlich problemlos einige Interpretationsfragen entgegenhalten: „Wie wird einem Argument mehr ‚Gewicht' beigemessen als einem anderen?"; „Wie wird dem Interesse einer bestimmten Partei oder Gruppe gegenüber einer anderen Vorrang eingeräumt?"; „Wiegen kollektive Interessen ‚mehr' als individuelle Interessen?". Aber auch wenn wir durch derartige Fragen bereits damit beginnen, die offensichtlichen Grenzen der mechanischen Rechtsprechung auszuloten,[20] ist die Gegenüberstellung der Frau mit der Waage und des Paragraphenzeichens aufschlussreich.

Bevor wir diese Gedanken über subtile Unterschiede abschließen, seien noch einige weitere Punkte zum Vergleich der Institutionen erwähnt. Man kann und sollte zum Beispiel die offensichtlicheren Institutionen zur gerichtlichen Konfliktlösung gegenüberstellen. Auf der Suche nach den Unterschieden, die für die rechtspraktische Konfliktlösung in verschiedenen Rechtskulturen relevant sind, ist es dabei notwendig, jenseits der großen Kategorien, die man in der Fachliteratur üblicherweise präsentiert bekommt, zu suchen und, wie ein Anthropologe, die Konfliktlösung in Aktion zu beobachten.[21] Auf diese Weise hat man die Möglichkeit, zu prüfen, ob es tatsächlich Unterschiede gibt, mit denen man sich beschäftigen sollte. Schließlich scheinen die

---

[20] Für eine umfassendere Kritik an der Abwägung und Gewichtung von sozialen Interessen siehe *Lepaulle*, a. a. O., Fn. 6, S. 843 ff.

[21] Dieses Vorgehen ähnelt demjenigen der Soziologen *Bruno Latour* und *Steve Woolgar* in: Laboratory Life: The Construction of Scientific Facts, 1986. Darin arbeiten beide selbst als Labortechniker, um das Verhalten von Laborwissenschaftlern zu beobachten, aufzuzeichnen und zu analysieren, anstatt sich mit Beschreibungen der Wissenschaftspraxis aus Lehrbüchern zu begnügen.

Vorurteile gegenüber „Juristen" über die Kulturen hinweg zu existieren, so dass aus der allgemeinen vergleichenden Perspektive der Nicht-Juristen der Eindruck entsteht, dass Juristen alle ziemlich gleich sind. Ziel ist es jedoch, ein Gespür für das Gefühl, die spezifischen Kenntnisse sowie die „Seele und den Geist" des US-Rechts als Anwendungsbeispiel für das *common law* zu bekommen.

3.1.3 Prozesse vergleichen

Harold Berman sagte, um von der westlichen Rechtstradition zu sprechen, müsse man nicht nur von Regeln, sondern auch von Prozessen sprechen. Insoweit gibt es offensichtliche Verfahrensvorschriften, wie etwa diejenigen für das Straf-, Zivil- oder Verwaltungsverfahren, aber auch subtilere Prozesse. Der berühmte britische Rechtshistoriker des 19. Jahrhunderts, *Henry Sumner Maine*, war etwas abstrakter, als er schrieb:

„Ein allgemeiner Rechtsgedanke von gewisser Relevanz kann mit Rücksicht auf die Einrichtungen, die das Recht mit der Gesellschaft in Einklang bringen, vorangebracht werden. Hierfür scheint es mir drei Mittel zu geben, nämlich Rechtsfiktionen, Billigkeit und Gesetzgebung. Ihre traditionelle Reihenfolge ist diejenige, in der ich sie aufgezählt habe."[22]

Obwohl *Maine* die Gesetzgebung in seine historische Analyse aufnimmt, beginnt er nicht mit ihr. Stattdessen beginnt er mit juristischen Fiktionen und geht dann über zur Billigkeit (*equity*). Kurz gesagt, wenn man die US-Rechtskultur verstehen will – ein Verständnis, das die Grundlage für sämtliche Rechtspraktiker des US-Rechts darstellt – so zeigt die Geschichte, dass man eine Geschichte verstehen muss, deren Rechtsfiktionen und Billigkeitssinn jeder Vorstellung von Gesetzgebung vorausgehen.

Trotz der bereits erwähnten, weit verbreiteten Präsenz der *Common-law*-Prozesse in Film und Fernsehen scheint die Vorstellung, was US-amerikanische Juristen mit dem Begriff „Prozess" (*trial*) meinen, außerhalb der Vereinigten Staaten nicht vollständig verstanden zu werden. Richter *David Edwards* bringt es treffend zum Ausdruck, wenn er schreibt:

„Die Technik der *Civil-law*-Systeme ist archetypisch ‚juristisch', da ein professioneller Jurist damit befasst wird, die Vorschriften, Methoden und Prognosen des Rechts wissenschaftlich auf ein Problem anzuwenden, das einem Richter, als *Jurist*, von den Parteien zur Lösung vorgelegt wird. Dies ist natürlich ganz anders als die Technik eines Geschworenenverfahrens, das sich auf die Fähigkeit des einfachen Mannes verlässt, um ‚Unwahrheiten zu erkennen oder die Wahrheit herauszufinden' und den Prozess der Tatsachenermittlung als notwendige und logische Vorbereitung der Rechtsanwendung betrachtet. Es ist sinnlos, im Zivilprozessrecht Frankreichs, Deutschlands oder Italiens nach irgendetwas Vergleichbarem zu suchen, was einem ‚Prozess (*trial*)' im Sinne des *common law* entspricht, da es dort für ein derartiges Ereignis keinen Raum und keine Notwendigkeit gibt."[23]

---

[22] *Henry Sumner Maine*, Ancient Law, 10. Aufl. 1884, S. 15.
[23] *David Edwards*, Fact-Finding: A British Perspective, in: D.L. Carey Miller und

Diese Beschreibung von Richter *Edwards* bringt viel mehr zum Ausdruck als nur, dass das *civil law* auf Gesetze und das *common law* auf Gerichtsentscheidungen als Rechtsquellen aufbaut. Zunächst einmal sollten wir zur Kenntnis nehmen, dass er von einem Richter und nicht von einem Rechtswissenschaftler spricht, um über die Eigenarten des Rechts zu sprechen. Zweitens ist Richter *Edwards* der Ansicht, dass das *Common-law*-Verfahren viel stärker auf die Tatsachenermittlung durch den „einfachen" Mann ausgerichtet ist als auf die Auslegung des Rechts durch einen professionellen Juristen, was er als Kennzeichen des *Civil-law*-Gerichtsverfahrens ausmacht. Und drittens legt er Wert darauf, das Wort „Prozess" (*trial*) zu betonen.

Wenn ein *Civil-law*-Jurist einen Begriff aus seiner Kultur mit „Prozess" (*trial*) oder „Rechtsstreit" (*litigation*) übersetzt, so bringt er ein ganz anderes Konzept in das Gespräch ein als ein *Common-law*-Jurist unter den Wörtern „Prozess" oder „Rechtsstreit" versteht. Hierauf werden wir an späterer Stelle in diesem Kapitel zurückkommen. Wenn sich das *common law* tatsächlich nicht als Wissenschaft versteht, was bedeutet das dann für das juristische Wissen, das man sich in nur einem einzigen Gerichtsverfahren oder auch innerhalb des *common law* im Allgemeinen aneignen kann? Einfach ausgedrückt: Wie kann Wissen existieren, wenn es keine absoluten oder permanenten Wahrheiten gibt? „Im Mittelalter, und noch vor der Eroberung, bestand eine gängige Methode zur Tatsachenermittlung in Zivilsachen darin, seinen guten Ruf nachzuweisen (*wager of law*)[24]. Das war auch als ‚Reinigung' oder ‚kanonische Reinigung' bekannt, insbesondere vor kirchlichen Gerichten."[25] Später wurde noch der Gerichtskampf (*trial by battle*)[26] von den Normannen übernommen. Er kam in zwei Typen von Fallkonstellationen zum Einsatz: Bezichtigungen eines Kapitalverbrechens durch Privatpersonen und Streitigkeiten über Grundstückseigentum.[27] Letztendlich wurde sowohl in Straf- als auch in Zivilsachen die Jury entwickelt.[28] Dieses Verständnis eines Prozesses (*trial*) bringt zum Ausdruck, was US-amerikanische Juristen meinen, wenn sie von „Rechtsstreitigkeit" (*litigation*) sprechen. Sie hat den Anschein eines Zweikampfs mit einem Gewinner und einem Verlierer, und diese Gewinner und Verlierer werden von ihren Anwälten nicht durch physi-

---

Paul R. Beaumont (Hrsg.), The Option of Litigating in Europe, 1993, S. 54 (zitiert von *Lever*, a. a. O., Fn. 19, S. 296 f.).

[24] Anmerkung des Übersetzers: Mit *wager of law* ist ein Verfahren gemeint, bei dem ein Beklagter seine fehlende Verantwortlichkeit durch eine bestimmte Anzahl von Leumundszeugen (in der Regel 12) nachweisen und auf diese Weise seinen guten Ruf wahren konnte.

[25] *Kempin*, a. a. O., Fn. 9, S. 49.

[26] Anmerkung des Übersetzers: Der Gerichtskampf, etwa in Form eines Duells, war eine Methode zur Wahrheitsfindung und das Ergebnis wurde von den Konfliktparteien als Gottesurteil anerkannt.

[27] Ebd., S. 51.

[28] Ebd., S. 49.

sche Waffen verteidigt, sondern durch das materielle Recht, das Prozessrecht und alle ihnen zur Verfügung stehenden Überzeugungsmittel. Entsprechend gibt es zahlreiche Metaphern aus Krieg und Sport. All dies kann man berechtigterweise dafür kritisieren, dass es von diesen Metaphern überlagert wird, sodass einem die Gerechtigkeit nur noch als unscheinbares Hintergrundbild des Prozesses vorkommt und weitgehend nur noch als Andeutung operiert.

Abermals wird einem vor Augen geführt, dass ein häufig diskutiertes Merkmal der US-amerikanischen Rechtskultur der Geschworenenprozess ist. Ein Fernsehzuschauer oder Kinobesucher könnte meinen, dass es in jedem Prozess eine Laienjury gibt. Das trifft jedoch auf die Vereinigten Staaten nicht zu und noch weniger auf das Vereinigte Königreich. Dennoch wird er im Wesentlichen als derjenige Aspekt der US-amerikanischen Rechtskultur gesehen, der den Wunsch der Öffentlichkeit erfüllt, ein aktiver Teil des Rechtssystems zu sein und sich nicht damit zu begnügen, nur indirekt über Wahlen und Parteipolitik Einfluss zu nehmen. Zwar haben viele andere Systeme keine Geschworenen, gleichwohl gibt es einige, auch in *Civil-law*-Systemen. Wenn man bedenkt, dass die Rolle der Jury darin besteht, innerhalb des Rechtssystems, nicht nur in der Politik, für Laien eine aktive Teilnahmemöglichkeit bereitzuhalten, sollte dies auch nicht überraschen. So gibt es etwa sowohl in Deutschland als auch Österreich Laienrichter (Schöffen).

In vielen Ländern ist es zudem nicht erforderlich, Jurist zu sein, um an der Gesetzgebung beteiligt zu werden. Meine jüngste Untersuchung ergab, dass nur etwa ein Drittel der Mitglieder des deutschen Bundestages und etwa 43 % der Abgeordneten des Repräsentantenhauses der Vereinigten Staaten Juristen sind. Man muss auch kein Jurist sein, um ein Amt innerhalb der Exekutive zu bekleiden, weder auf oberster Ebene (z. B. als Gouverneur oder Präsident) noch als Streifenpolizist. In Belgien werden in den meisten Verfahren mit Kapitalverbrechen noch immer Geschworene eingesetzt. Gegen Entscheidungen der Jury ist zudem keine Berufung möglich. Auch die Russische Föderation und das Königreich Spanien machen nach wie vor noch begrenzten Gebrauch von Laienjurys. Und es war in der Tat die französische Ausprägung der Jury, die *William der Eroberer* als Teil der normannischen Verwaltung mit nach England brachte, nachdem er im Jahre 1066 *Harald Godwinson* in der Schlacht bei Hastings besiegt hatte. Über diesen historischen Moment werde ich in Kapitel 4 noch mehr zu sagen haben. Der Stammbaum der US-amerikanischen Jury lässt sich heute jedenfalls noch dadurch erkennen, dass das Konzept der „großen" Jury fortwährend neben der kleinen Jury existiert. Die Mechanik, nach der die Jury im US-amerikanischen System von heute funktioniert, wird in Kapitel 9 zum Rechtspraktischen Referenzrahmen diskutiert.

Bevor wir diese Diskussion über den Prozess hinter uns lassen, lohnt es sich, einen Moment lang über den Begriff des Eides nachzudenken. Er ist ein zentraler Bestandteil dessen, was ein US-amerikanischer Anwalt unter einem Prozess versteht. Als Abkömmling einer Rechtskultur in England, die jahrhundertelang allein von der Wahrhaftigkeit des Eides abhing, um Wahrheit oder Unschuld zu ermitteln, ist es vielleicht nicht verwunderlich, dass ein mit evolutionärer Rechtskultur durchdrungenes Rechtssystem hiervon immer noch Reste vorweisen kann. Jedenfalls bleibt, innerhalb des US-amerikanischen Rechtssystems, der unterschiedliche Beweiswert zwischen Aussagen unter Eid und denen, die nicht unter Eid abgegeben wurden, dramatisch; der Beweiswert hängt vom Wert der Eidesleistung ab. Daher ist es nicht verwunderlich, dass innerhalb der US-amerikanischen Rechtsordnung weiterhin Eide sowohl in Bezug auf mündliche als auch schriftliche Aussagen geleistet werden. Darüber hinaus hat sich die strenge Formalität des Prozesses zur Eidesleistung im Laufe der Jahrhunderte wenig verändert, sodass die Eide in vielen US-Bundesstaaten seit dem Unabhängigkeitskrieg vom Vereinigten Königreich weitestgehend unverändert geblieben sind. Obwohl Vereidigungen auch in der Tradition des *civil law* existieren, scheint die nachlässige Anwendungspraxis und der zurückhaltende Gebrauch widerzuspiegeln, dass nur wenig Hoffnung in die Überzeugungskraft einer Verpflichtung zur Eidesleistung gelegt wird, um einen Zeugen dazu zu bringen, zwischen Wahrheit und Fiktion zu unterscheiden.

Die Behandlung des Entscheidungsprozesses als mathematisches Verfahren erzeugt innerhalb des *common law* bedenkliches Misstrauen, sei es implizit in der zuvor erwähnten allgemeinen Kritik von Richter *Learned Hand*, der davor warnt, Gesetze als Theoreme von Euklid zu behandeln, oder sei es explizit, wenn Professor *Lawrence Tribe* aus Harvard eine Mathematik zur Entscheidungsvorhersage für Konflikte diskutiert. Beginnend mit einer Diskussion über die explizit zugestandene Unfähigkeit der Verteidigung (und vermutlich des Richters), die Wahrscheinlichkeitsmathematik im berüchtigten Dreyfus-Prozess in Frankreich (1899) zu verstehen,[29] kritisiert *Tribe* den Einsatz der Mathematik sowohl innerhalb des Gerichtssaals als auch innerhalb des gesamten Gerichtssystems. Er weist auf die Schwierigkeiten und Schwächen hin, mit mathematischer Wahrscheinlichkeit das Eintreten von Ereignissen, die Identität von Personen und vor allem die Intention der Beteiligten zu bestimmen.[30] Der Großteil eines Prozesses dient dazu, festzustellen, was an einem anderen Ort in der Vergangenheit geschehen ist, um dann zu beurteilen, was die Tatsachen dieser Erzählung für die Gegenwart bedeuten:

„Die Logik des zwanzigsten Jahrhunderts machte enorme Fortschritte, als die Logiker entdeckten, oder entschieden, dass der Gegenstand der Logik nicht Wahrheit, sondern Validität ist. Früher konnten wir Geometrie, Arithmetik oder Logik selbst *axiomatisieren* und die Hauptfrage bestand darin, ob die Axiome wahr waren. [...] In unserem Jahrhundert ist die Erwartungshaltung an ein axiomatisches System nicht mehr die Frage, ob seine

---

[29] *Lawrence H. Tribe*, Trial by Mathematics: Precision and Ritual in the Legal Process, Harvard Law Review, Bd. 84 (1971), 1329; *Tribe* bezieht sich auf den Bericht eines Studenten des Dreyfus-Prozesses, *Armand Charpentier*, The Dreyfus Case, J. May (Übersetzer), BLES, 1935.

[30] Ebd.

Axiome wahr sind, sondern ob seine Theoreme hiervon im Einklang mit den expliziten Regeln der Inferenz abgeleitet sind."[31]

Man könnte gut daran tun, sich zu überlegen, was mit „Wissenschaft" oder „Wahrheit" oder einem der anderen wichtigen Begriffe gemeint ist, mit denen über die Untersuchung gesprochen wird, die in Gerichtsverfahren stattfindet. Ich spreche von „Gerichtsverfahren" (*legal proceedings*), weil, wie zuvor dargestellt, das, was ein *Common-law*-Jurist einen Prozess (*trial*) nennen würde, im *civil law* nicht wirklich existiert, zumindest nicht in Deutschland. Wenn man jedenfalls Studierende aus anderen Rechtsfamilien unterrichtet, so braucht es stets einige Zeit, um deutlich zu machen, was der Begriff „Rechtsstreitigkeit" (*litigation*) für den Prozessanwalt im *common law* bedeutet. In Kapitel 9 wird auf die Rechtsstreitigkeiten und die Alternativen zu Rechtsstreitigkeiten vertiefend eingegangen, wenn sich die Diskussion der Mechanik von Prozessen (*trials*) zuwendet. Die Wissenschaft, konkrete Tatsachen unter abstrakte Rechtsmodelle zu subsumieren, mag zwar für den Prozess zur Lösung individueller Konflikte förderlich sein, ist aber keine Forschungswissenschaft, die dazu in der Lage wäre, Wissen zu erweitern. Wie *David Hume* ganz richtig bemerkte, folgt die Induktion keinem Kausalprinzip und die Deduktion trägt nicht zur Wissenserweiterung bei.[32]

Anstatt sich auf Rationalismus zu gründen, basiert die Induktion auf Empirie, wie es bei vielen angloamerikanischen Denkweisen der Fall ist.[33] Der US-amerikanische Rechtshistoriker *Robert W. Gordon*, der innerhalb der kritischen Rechtslehre oft als zentrale Figur angesehen wird, schrieb, dass „jeder Berufsstand, der versucht, bestehende Verfahren oder Regeln zu legitimieren, versucht sein wird, zu zeigen, dass solche Systeme unvermeidlich oder durch ‚universelle Rationalisierungsprinzipien' gerechtfertigt sind."[34]

Und in der wegweisenden Entscheidung *Erie Railroad Company v. Tompkins* führte *Justice Brandeis* vom *U.S. Supreme Court* aus, dass „das *common law*, soweit es in einem Staat durchgesetzt wird und dort als *common law* bezeichnet wird oder nicht, nicht das *common law* im Allgemeinen ist, sondern das Recht dieses Staates, das aufgrund der Souveränität dieses Staates existiert, unabhängig davon, was es in England oder irgendwo anders gewesen sein mag".[35] In dieser Entscheidung zitierte *Brandeis* dann *Oliver Wendell Holmes, Jr.* und schrieb: „Die Autorität und einzige Autorität ist der Staat

---

[31] *Peter Suber*, Legal Reasoning After Post-Modern Critiques of Reason, Legal Writing, Bd. 3 (1997), 21 (24).

[32] *David Hume*, An Enquiry into Human Understanding, 1909–14.

[33] *Mark C. Suchman/Elizabeth Mertz*, A New Legal Empiricism? Assessing ELS and NLR, Annual Review of Law and Social Science, Bd. 6 (2010), 561.

[34] *Daniel Coquillette*, The Anglo-American Legal Heritage, 2. Aufl. 2004, S. 628 (zitiert *Robert W. Gordon*, Historicism in Legal Scholarship, Yale Law Journal, Bd. 90 (1981), 1017 (1018 ff.).

[35] *Erie Railroad Co. v. Tompkins*, 304 U.S. 64, 79 (1938) (zitiert *Swift v. Tyson*, 41 U.S. (16 Pet.) 1 (1842), Holmes, J., abweichende Ansicht (*dissenting opinion*).

und, wenn dies so ist, dann sollte auch die Stimme des Staates das letzte Wort haben."[36]

Wenn sich das *common law* tatsächlich nicht als Wissenschaft versteht, was bedeutet das dann für das juristische Wissen, das man sich in einem einzelnen Verfahren oder bei der Konstruktion des *common law* im Allgemeinen aneignen kann? Einfach ausgedrückt: Wie kann Wissen existieren, wenn es keine Wahrheiten gibt? *Holmes* erklärt den induktiven Prozess der Wissenschaft des *common law*:

„Untersuchungsgegenstand ist die Prognose, die Prognose der Häufigkeit der öffentlichen Gewalt durch das Mittel der Gerichte [...] Bei weitem das Wichtigste und annähernd die alleinige Bedeutung jeder neuen juristischen Überlegung ist es, diese Prophezeiungen präziser zu machen und sie zu einem vollständig verbundenen System zu verallgemeinern."[37]

Holmes fährt fort:

„Die Gefahr, von der ich spreche, ist nicht das Eingeständnis, dass die Prinzipien anderer Phänomene auch das Recht regeln, sondern die Vorstellung, dass ein bestimmtes System, zum Beispiel unseres, mathematisch aus einigen allgemeinen Verhaltensregeln herausgearbeitet werden kann. Dies ist ein fundamentaler Fehler der Lehre,[38] aber er ist nicht auf sie begrenzt. Ich hörte einmal einen sehr angesehenen Richter sagen, dass er so lange keine Entscheidung treffen würde, bis er absolut sicher sei, dass sie richtig ist. So wird oft der juristische Dissens angeprangert, als ob es einfach bedeuten würde, dass die eine oder andere Seite nicht richtig kalkuliert hätte und, wenn sie sich mehr Mühe geben würde, dann würde unweigerlich auch eine Einigung zustande kommen. [...] Aber Gewissheit ist im Allgemeinen eine Illusion und Stillstand nicht die menschliche Bestimmung. Hinter der logischen Form verbirgt sich eine Entscheidung über den relativen Wert und die Bedeutung konkurrierender juristischer Prinzipien, zwar oft eine unausgesprochene und unbewusste Entscheidung, aber dennoch die Wurzel und der Nerv des gesamten Verfahrens. Sie können jeder Schlussfolgerung eine logische Form geben. Sie können in jeden Vertrag eine Bedingung aufnehmen. Aber warum verfahren Sie so? Es liegt an einem gewissen Glauben an die bestehende Praxis der Gemeinschaft."[39]

3.1.4 Rechtsquellen vergleichen ... mit induktivem Ansatz

Bei all dem, was oben über Institutionen, Prozesse, Rezeption und Gewohnheiten gesagt wurde, kann man die Rechtsquellen dennoch nicht einfach ignorieren. Aber anstatt sie nur als universell identische Kategorien zu verstehen, kann und sollte man die Quellen kritisch betrachten. Das *common law* ist, wie alle Rechtssysteme, den Gepflogenheiten treu geblieben, aus denen es sich entwickelt hat.[40] Für sich betrachtet unterscheidet allein die gesamte

---

36 Ebd.
37 *Oliver Wendell Holmes, Jr.*, The Path of Law, Harvard Law Review, Bd. 10 (1897), 457.
38 Man sollte bedenken, dass *Holmes* sich mit seinem Vortrag an Jurastudierende und die *law school* der Universität Boston wendet.
39 *Holmes*, a. a. O., Fn. 37.
40 Siehe *Leopold J. Pospisil*, Anthropology of Law, 1971. Nach dem Rechtshistoriker *Frederick Kempin* entsteht ein Berufsstand wie derjenige der Juristen „langsam; gerade

Dynamik des Gewohnheitsrechts als Rechtsquelle das *common law* radikal vom *civil law*. Diese Dynamik bedeutet mehr, als nachträglich auf einen schriftlichen Text zu verweisen und in einem Fall zu sagen, dass er durch die Legislative verfasst wurde, und in einem anderen Fall zu betonen, dass ein Richter ihn geschrieben hat. Darüber hinaus gibt es einen großen sozialen Unterschied bei der Entstehung dieser Quellen. In Staaten des *civil law* bedeutet Rechtsetzung die Verabschiedung von Gesetzen durch den Staat. Aber:

„Der Staat kann *nur* Gesetze erlassen. Der Staat kann kein ‚Gewohnheitsrecht' schaffen, er kann nur Gesetzesrecht festlegen. Weder kann er ‚Gewohnheitsrecht' bestimmen noch die Gesellschaft ändern. Er kann nur regieren und Gesetze für die Bürger erlassen. Man kann ‚Rechtsstaatlichkeit' nicht der Gesellschaft oktroyieren, nur den Individuen und juristischen Personen. Vielleicht ist das der Ursprung und der Preis des englischen Individualismus?"[41]

Es hilft, einen Moment lang darüber nachzudenken, warum das „*common law*" so genannt wird. Das *common law* ist eine Spezies der Gattung Gewohnheitsrecht. Denkt man an das Verfahren, durch welches ein Jurist Völkergewohnheitsrecht nachweist, so findet man im nationalen Gewohnheitsrecht einen ähnlichen Prozess, beginnend mit *Wilhelm dem Eroberer* und der Entsendung seiner Männer, um in seinem neu eroberten England des 11. Jahrhunderts alle gängigen Normen und Prozesse der gewohnheitsrechtlichen Streitbeilegung zu erfassen und hierüber zu berichten. Danach, unter der Herrschaft von *Heinrich II.* (1154–89), fand eine Reihe von Ereignissen statt, die schließlich zu einem System von königlichen Gerichtshöfen und einem *allgemeinen* (*common*) Recht für ganz England führten.[42]

Zutreffend kategorisiert, kann das *common law* damit als eine Form des Gewohnheitsrechts angesehen werden. *Berman* macht die Beobachtung:

„Es ist nicht leicht zu verstehen, was das bedeutet. Das englische *common law* geht in der Regel auf die Assisen[43] von Clarendon und andere königliche Erlasse des zwölften Jahrhunderts zurück; diese stellen positives Recht dar, was aber das Gegenteil von Gewohnheitsrecht ist. Gemeint ist damit zweifellos, dass die königlichen Erlasse Verfahren vor den königlichen Gerichten zur Durchsetzung von Regeln, Prinzipien, Standards und Konzepten eingeführt haben, deren Bedeutung wiederum aus den Gebräuchen und der Anwendungspraxis abgeleitet wurden. Die Regeln, Prinzipien, Standards und Konzepte,

---

zu Beginn eines jeden Rechtssystems stellt das Recht nicht mehr oder weniger als die Summe der Gewohnheitsregeln der Gemeinschaft dar.", *Kempin*, a. a. O., Fn. 9, S. 95.

[41] *Peter G. Sack*, Law & Custom: Reflections on the Relations Between English Law and the English Language, Rechtstheorie, Bd. 18 (1987), 421 (432) (zitiert *Alan McFarlane*, The Origins of English Individualism, 1978, 170, 206). Oder ist es einfach nur Beleg für *Sacks* Präferenz des eigenen, deutschen Rechtssystems? Vgl. *Larry Cata Backer*, Reifying Law–Government, Law and the Rule of Law in Governance Systems, Penn State International Law Review, Bd. 26 (2008), 521.

[42] *John W. Baldwin*, The Scholastic Culture of the Middle Ages, 1000–1300, 1997, S. 8.

[43] Anmerkung des Übersetzers: *Assisen* waren bestimmte feierliche Versammlungen des Mittelalters. Aber auch die dokumentierten Ergebnisse dieser Zusammenkünfte wurden derart bezeichnet.

die durchgesetzt werden sollten – die Definitionen von Straftaten, die Konzepte von Gewere (*seisin*) und Enteignung (*disseisin*)[44] – wurden aus informellen, ungeschriebenen, ungenutzten Normen und Verhaltensmustern abgeleitet. Diese Normen und Verhaltensmuster existierten in den Köpfen der Menschen, im Bewusstsein der Gemeinschaft."[45]

Auf die Idee, dass man behaupten kann, dass Normen und Verhaltensmuster in den Köpfen der Menschen und im Bewusstsein der Gemeinschaft existierten, werden wir innerhalb der Darstellung des sprachlichen Referenzrahmens zurückkommen, die in Kapitel 6 folgt. Etwa während der ersten hundert Jahre nach der Übernahme Englands durch *Wilhelm den Eroberer* herrschte weiterhin das Gewohnheitsrecht und soweit *Wilhelm* dazu in der Lage war, Gemeinsamkeiten zwischen den Gebräuchen der verschiedenen Inselstämme zu finden, kann man sagen, dass das Recht induktiv durch Beobachtung, Aufzeichnung und Zusammenführung der Aufzeichnungen vereinheitlicht wurde. Aber mit der Herrschaft von *Heinrich II.* (1133–89) begann die Dokumentation des Gewohnheitsrechts seine Legitimation gegenüber dem Königsrecht zu verlieren. „Ein wesentlicher Teil des Eigentums- und des Deliktsrechts, der bislang eine Frage der lokalen Bräuche war, wurde nun zu einer Angelegenheit des königlichen Rechts, ebenso wie ein wesentlicher Teil des lokalen Strafrechts durch die Einrichtung einer Anklagejury ,royalisiert' wurde. Es ist diese historische Erweiterung der königlichen Gerichtsbarkeit während der Herrschaft von *Heinrich II.*, die den Ursprung des englischen *common law* markiert"[46], aber nicht durch direkte eigene Gesetze, die nicht viele Rechtsgebiete abdeckten, sondern indirekt: „*Heinrich II.* schuf das englische *common law* durch gesetzliche Regelungen, die Rechtsbehelfe vor königlichen Gerichtshöfen einführten."[47] Die Kodifikation des Rechts des Königreichs Sizilien, bekannt als *Liber Augustalis* (1231), verwendet den Begriff „*common law*", um sowohl auf das römische als auch auf das lombardische Recht zu verweisen.[48] *Philippe de Beaumanoirs* Bücher „Coutumes de Beauvaisis" (geschrieben um 1283) und die früheren französischen und normannischen „custumals" weisen sowohl Ähnlichkeiten mit dem fast zur gleichen Zeit verfassten Werk von *Glanvill* und *Bracton* in England auf als auch mit dem aus Sizilien:

---

[44] Anmerkung des Übersetzers: *seisin* war in der germanischen Rechtstradition die Summe der dinglichen Rechte an einer Sache und wird im Deutschen als *Gewere* bezeichnet. Die Gewere ähnelt damit zwar dem römischrechtlichen Eigentumsverständnis, entspricht ihm aber nicht. Da – soweit ersichtlich – ein **Gewereverlust* im deutschen Sprachgebrauch nicht existiert, wird *disseisin* hier mit „Enteignung" übersetzt.

[45] *Berman*, a. a. O., Fn. 11, S. 480–1. „Es scheint ausgesprochen wahrscheinlich, dass das Friedensstatut Friedrichs I. von 1152 durch dessen Kenntnis der sizilianischen Gesetzgebung Rogers II. beeinflusst wurde oder aber der Kenntnis seiner Berater oder jedenfalls durch die gemeinsame Ausbildung und Erfahrung der Berater Friedrichs I. und Rogers II.", ebd., S. 497.

[46] Ebd., S. 456.

[47] Ebd., S. 457.

[48] *Berman*, a. a. O., Fn. 11, S. 427.

„Die Bräuche von Beauvais, wie sie von den königlichen Gerichtshöfen konzipiert, organisiert, rationalisiert und angewendet wurden, waren den Bräuchen der anderen Regionen
Frankreichs, wie sie von den königlichen Gerichtshöfen beobachtet wurden, allgemein
sehr ähnlich. [...] Die Verjährungsfristen, die möglichen Entlastungsgründe für ein Nicht-
Erscheinen, die erforderlichen Formalitäten zur Übertragung von Grundeigentum und
noch viele andere Dinge waren unterschiedlich; dennoch wurden die zulässigen Grenzen
der Unterschiede im Detail von den lokalen königlichen Gerichtshöfen und, zu Lebzeiten
von *Beaumanoir*, von einem Obersten Gericht in Paris festgelegt. Darüber hinaus gab es
in ganz Frankreich einige einheitliche Bräuche, die ausdrücklich als ‚das Gemeine Recht‘
bezeichnet wurden."[49]

Wie *Glanvills* erste „systematische" Abhandlung des englischen Rechts (um
1187) zeigt, „war der König noch nicht dazu in der Lage, viele materielle
Normen des Vertrags-, Eigentums-, Delikts- oder Strafrechts zu erlassen."[50]
Obwohl die Richter also die Legitimation der Krone besaßen, um Recht zu
sprechen, entstammten die angewendeten Normen dem Gewohnheitsrecht.
Die Naturrechtler würden daher vorschlagen, dass das *common law* als Gewohnheitsrecht – *ius gentium*? – fungieren könnte, um sogar die Kodifika-
tionslücken des *Corpus Civilis* in Rom zu „füllen".

Auf dem Höhepunkt der europäischen Bevölkerungsentwicklung im Mittelalter, kurz vor der großen Hungersnot und der schwarzen Pest, die die
Zahl der Europäer halbierten, befanden sich folglich England, Frankreich,
Sizilien und Deutschland durch gemeinsame Einflüsse und Personen in einer
frühen Übergangsphase vom Gewohnheitsrecht zum königlichen Recht, beginnend mit der Idee der königlichen Gerichte, die Normen aus den lokalen
Bräuchen ableiteten. Warum also hat England ein System beibehalten, das
zumindest grundlegend in diesem Machtgleichgewicht organisiert ist, während die anderen Staaten und der Rest Europas es nicht taten? Insoweit muss
man zunächst die Kontinuität einer tausendjährigen Monarchie würdigen.
Obwohl England eine Revolution durchmachte und elf Jahre lang unter der
Herrschaft von *Oliver Cromwell* keinen Monarchen hatte, wurde die Monarchie wiederhergestellt und setzt sich bis in die Gegenwart fort. Zudem sollte
die Tatsache, dass Großbritannien eine Insel ist, nicht unterschätzt werden.
Täglicher Grenzaustausch mit anderen Kulturen, einschließlich ihrer Rechtskulturen, wie er auf dem europäischen Kontinent üblich war und ist, fand
somit nicht statt.

Das Gewohnheitsrecht ist älter als die Idee einer Kodifikation und seine
Anwendung als Rechtsquelle ist eine Mischung aus denjenigen Gesellschaften, die eine Reihe von Vorgehensweisen pflegen, weil sie dies immer getan

---

[49] Ebd., S. 480.
[50] Ebd., S. 458. Laut *Berman* wurde der sogenannte *Dialogue of the Exchequer* fast ein Jahr-
    zehnt vor *Glanvill* geschrieben, war aber nicht annähernd so systematisch. Glanvills
    Tractatus de Legibus et Consuetudinibus Regni Angliae (Abhandlung über das Recht und
    die Gebräuche des Königreichs England) „ordnete die Gesetze des Königs als gleich-
    rangige Machtgrundlage neben dessen Streitkräften ein. Hierdurch legitimierte er die
    königliche Macht." Ebd., S. 457.

haben, ohne zu wissen, warum,[51] und denjenigen, die davon überzeugt sind, dass ihre Praktiken eine gemeinsame Grundlage für die Schaffung oder Aufrechterhaltung von Gerechtigkeit darstellen. Noch heute bestimmt das Völkerrecht in Art. 38 des Statuts des Internationalen Gerichtshofs, dass eine der drei primären Rechtsquellen zur Streitbeilegung durch den Internationalen Gerichtshof das Gewohnheitsrecht ist. Anstatt zu fragen, warum die Engländer damit anfingen, einen Weg namens *„common law"* zu beschreiten, sollten wir vielmehr fragen, warum andere Teile der Welt damit aufgehört haben.

Die juristische Ausbildung und Praxis in den Vereinigten Staaten unterteilt materielle Rechtsquellen nicht in solche des Privatrechts einerseits und des öffentlichen Rechts andererseits. Dafür werden ganz selbstverständlich Fragen der Verfassungsmäßigkeit oder der Rechte der einzelnen Bundesstaaten in einen zivilrechtlichen Konflikt einbezogen.[52] Aber im Hinblick auf einen Juristen des *civil law*, der dieses Buch liest, wollen wir uns für einen Moment lang vorstellen, dass das US-amerikanische Recht in die Materien öffentliches Recht und Privatrecht unterteilt werden könnte. Welcher Erkenntnisgewinn kann mit einer solchen Übung erreicht werden? Man könnte zum Beispiel feststellen, dass das öffentliche Wirtschaftsrecht (*public trade law*) nicht so existiert, wie es ein Jurist des *civil law* begreifen würde.[53] Gleichsam beinhaltet das Umweltrecht für einen Juristen des *common law* in der Regel sowohl öffentliche als auch private Interessen, wie sich in den zahlreichen Verfahren zeigt, die von staatlichen Verwaltungsbehörden gegen Privatpersonen eingeleitet wurden. In dem bekannten Fall *Boomer v. Atlantic Cement Company* ist es der Richter, der in seinem Urteil darauf hinweist, dass das Zivilrecht einige Probleme – in diesem Fall eines der natürlichen Umwelt – nicht lösen kann und dass dies das öffentliche Recht leisten müsse. Er schreibt:

„Es scheint offensichtlich, dass die Verbesserung der Luftverschmutzung von einer eingehenden technischen Forschung, einer sorgfältig ausgewogenen Berücksichtigung der wirtschaftlichen Folgen einer engen Regulierung und den tatsächlichen Auswirkungen auf die öffentliche Gesundheit abhängen wird. Es wird voraussichtlich massive öffentliche Ausgaben nach sich ziehen, mehr erfordern, als jede lokale Gemeinschaft erreichen kann, und von regionalen und zwischenstaatlichen Kontrollen abhängig sein. Ein Gericht sollte nicht versuchen, dieser Aufgabe als Nebenprodukt privater Rechtsstreitigkeiten alleine nachzukommen, und es scheint offensichtlich, dass die Rechtsprechung weder durch die begrenzte Natur eines Urteils, das sie erlassen kann, dazu ausgestattet noch dazu bereit wäre, eine wirksame Politik zur Beseitigung der Luftverschmutzung festzulegen und um-

---

[51] Siehe *Peter Berger/Paul Luckmann*, The Social Construction of Reality, 1991; siehe auch Kapitel 4 von *Wittgenstein* über den Ursprung des Sprachgebrauchs in: *Ludwig Wittgenstein*, Philosophical Investigations, G. E. M. Anscombe (Übersetzer), 4. Aufl. 2009, passim.

[52] Siehe *Robert Barker*, Constitutional Comparisons Between the Law of the U. S. A. and Costa Rica, Latin American Law Review, Bd. 27 (1992), 234.

[53] Siehe *Keith E. Wilder*, The 'Public Business' Conundrum, Kölner Schrift zum Wirtschaftsrecht, Bd. 3, Heft 2 (2012), 232.

zusetzen. Dies ist ein Bereich, der über den Umfang einer Zivilklage hinausgeht. Diese Aufgabe stellt vielmehr eine unmittelbare Verantwortung der Regierung dar und sollte folglich nicht als Besonderheit bei der Lösung eines Konflikts zwischen Eigentümern und einem einzelnen Zementwerk entschieden werden."[54]

Für diese Aussage können mehrere Beobachtungen gemacht werden. Der Richter schreibt aus einer Grundannahme heraus, dass man zunächst erwarten sollte, eine Streitigkeit über Luftverschmutzung als privatrechtliches Problem zu lösen. In diesem Sinne haben die Autoren *Subrin* und *Woo* kommentiert: „Es ist der private Rechtsstreit, den die Amerikaner häufig für die Beseitigung sozialer Missstände nutzen und es ist eine auf Rechten basierende Kultur, die den Prozess des Rechtsstreits sowohl mitgestaltet hat als auch durch ihn geprägt wurde."[55] Erst wenn dieser Weg scheitert, wird vorgeschlagen, dass das Problem zu einem des öffentlichen Rechts und der staatlichen Durchsetzung werden sollte. Mit anderen Worten: Man sollte sich vor Augen halten, dass die Standardlösung darin besteht, ein Problem durch zivilrechtliche Maßnahmen zu lösen, nicht durch staatliche Kontrolle. Im Gegensatz dazu habe ich bei der Suche nach einem Buch für eine Vorlesung zum deutschen Umweltrecht, festgestellt, dass viele Werke mit einer eigentümlichen Art von Distanzierung beginnen, in der sich der Autor oder die Autorin bei den Studierenden geradezu dafür entschuldigt, dass „es keine Gesetzessammlung für das Umweltrecht gibt."[56] Im Anschluss daran diskutieren die Autoren dann alle geltenden öffentlich-rechtlichen Gesetze zu Luft, Wasser, Abfall und anderen Umweltangelegenheiten. Was verlieren wir dadurch, dass wir für all diese Normen keine Gesetzessammlung haben? Es bedeutet keineswegs, dass es keine Umweltgesetzgebung gibt, und auch nicht, dass die gesetzlichen Regelungen weniger gültig wären, allein weil sie nicht in einem einheitlichen Gesetzesbuch zusammengefasst sind. Es bedeutet auch nicht, dass der Staat sie nicht durchsetzen wird. Das inexistente Kompendium ist keine rechtliche, sondern vielmehr eine kulturelle Unterscheidung. Tatsächlich gibt es kontrafaktische Beispiele, die der kulturellen Annahme, dass das Recht in einem Gesetzbuch zu finden sein sollte, zuwiderlaufen und zwar auch in prominenteren Rechtsgebieten als dem Umweltrecht. So hat beispielsweise in Deutschland die „rechtlich anerkannte faktische Flexibilität der Beziehungen unter anderem dazu geführt, dass viele Vertragstypen, die von zentraler Bedeutung für das Wirtschaftsleben sind, im Schuldrecht des BGB nicht erwähnt werden. Beispiele sind Leasing, Factoring und Franchising."[57]

Wendet man den Funktionalitätsbegriffs von *Zweigert* und *Kötz* an, kann man selbst dann, wenn man eine konkrete Rechtsquelle wie etwa eine Rechts-

---

[54] *Boomer v. Atlantic Cement Company*, 26 N.Y.2d 219, 223 (N.Y. 1970).

[55] *Stephen N. Subrin/Margaret Y.K. Woo*, Litigating in America: Civil Procedure in Context, 2006, S.7.

[56] Siehe z.B. *Michael Kloepfer*, Umweltrecht, 3. Aufl. 2004.

[57] *Gerhard Robbers*, An Introduction to German Law, 5. Aufl. 2012, S. 162.

vorschrift zugrunde legt, nicht davon ausgehen, dass eine solche Quelle für sämtliche Rechtsordnungen dieselbe Funktion hat. Man hält Gesetze üblicherweise für die primären Rechtsquellen, weil sie von einem rechtmäßig gewählten Gesetzgebungsorgan erlassen wurden. Aber es könnte auch das Gegenteil der Fall sein. In England wurden beispielsweise Gesetze wie das Statut von Marlborough (1267), das Statut von Westminster I (1275), das Statut von Gloucester (1284) oder das Statut von Westminster II (1285) deshalb erlassen, um Exzesse und Korruption innerhalb der Judikative zu korrigieren. Bis zu diesem Zeitpunkt bestand die Judikative weitgehend aus Mitgliedern, die deshalb durch den König ernannt worden waren, weil er ihnen wohlgesonnen war, unabhängig von ihren juristischen Fähigkeiten oder Erfahrungen. Die Judikative wurde somit als primäres Normsetzungsorgan angesehen und die Statuten wurden erlassen, um sie zu korrigieren, nicht umgekehrt:

„Während oder unmittelbar nach dieser Zeit [der Intervention durch Statuten] entstand ein Verfahren von größter Bedeutung für das angloamerikanische Recht: Die Richter wurden nicht mehr aus den Günstlingen des Königs, sondern aus dem Kreise angesehener Juristen (*serjeants-at-law*) ausgewählt. Von nun an sollten praktizierende Anwälte die einzige Quelle für die Ämter der höheren Judikative sein. Dies bedeutete, dass eine Interessengemeinschaft zwischen den Berufsständen der Richter und Anwälte entstand, die enger ist als in jedem anderen Rechtssystem. Als 1292 den Richtern die juristische Ausbildung anvertraut wurde, schottete sich das System vollständig ab. Anwälte unterrichteten angehende Anwälte, Richter wurden aus dem Kreis der Anwälte erwählt und überwachten sodann die juristische Ausbildung. Dieses System erwies sich als sehr widerstandsfähig gegen fremde Ideen und gegen rein akademische Theorien."[58]

Heute nähern sich US-amerikanische Anwälte, als Anwälte des *common law*, den rechtlichen Lösungen nicht mehr durch eine verständliche, deduktive, rationale Ordnung, die eine Gesetzessammlung suggerieren könnte. Stattdessen hat sich das Recht, wie es der Richter des *U. S. Supreme Court, Justice Learned Hand*, mit seinen berühmten Worten ausgedrückt hat, durch die Anhäufung von einem Fall nach dem anderen weiterentwickelt wie beim Wachstumsprozess von Korallen. *Roscoe Pound* ergänzt insoweit:

„Die eigentliche Rechtsordnung ist kein einfaches rationales Ding. Sie ist vielmehr eine komplexe, mehr oder weniger irrationale Sache, in welche wir Vernunft einfließen lassen wollen, und in der, sobald wir ein Stück von ihr mit der Vernunft in Einklang gebracht haben, kontinuierlich neue Irrationalitäten entstehen, indem wir uns anstrengen, aktuelle Bedürfnisse durch Versuch und Irrtum hineinzwängen. [...] Wir dürfen nicht an einen Organismus denken, der aufgrund und mit Hilfe von inhärenten Eigenschaften wächst, sondern noch einmal, wie im achtzehnten Jahrhundert, in Form eines Gebäudes, gebaut von Menschen, um menschliche Bedürfnisse zu befriedigen, das fortwährend repariert, restauriert, umgebaut und ergänzt wird, um wachsenden oder sich ändernden Bedürfnissen oder sogar dem Zeitgeist gerecht zu werden."[59]

---

[58] *Kempin*, a. a. O., Fn. 9, S. 91.
[59] *Roscoe Pound*, Interpretations of Legal History, 1923, S. 21; Siehe auch *Coquillette*, a. a. O., Fn. 34, S. 609.

Auch wenn „Rechtsquellen" als solche diskutiert werden, sind sie idealerweise erst im Anschluss an die Einrichtungen zu behandeln, wie es der Historiker *Frederick G. Kempin, Jr.* tut.[60] So wie die Gewohnheit nicht auf die leichte Schulter genommen werden darf, so sollte auch das Gewohnheitsrecht von professionellen Juristen nicht übergangen werden. *Montaigne* erinnert uns: „Es gibt nichts, was die Gewohnheit nicht tun wird oder kann; und *Pindar* nennt sie aus gutem Grund, so wurde mir berichtet, die Königin und Kaiserin der Welt."[61]

Das Rechtssystem, das sich im Laufe des achtzehnten Jahrhunderts in den Vereinigten Staaten herausgebildet hat, spiegelt immer noch die Grundwerte der Aufklärung und der industriellen Revolution wider. Während diese Werte im Laufe der folgenden Jahrhunderte ihre Wurzeln schlugen und stetig wuchsen, wurde ihr einzigartiger Einfluss auf die US-amerikanische Rechtslehre immer tiefer verankert – sowohl in positiver wie negativer Hinsicht. Die Schwerpunktsetzung der Aufklärung auf säkulare gesellschaftliche Prinzipien, gepaart mit den etablierten „Rechten der Engländer", führte zu einem einzigartigen Verfassungsexperiment, das sich immer noch auswirkt. Im kommerziellen Bereich ist zudem der Einfluss von *John Locke* und *Adam Smith* weit verbreitet. Was sich schließlich zeigt, ist eine Rechtsordnung, die auf den Idealen des Individualismus basiert. Es ist ein Rechtssystem, das sich anschickt, eine feste Verbindung mit dem Boden einzugehen und Eigentum zu schaffen, wo es in den Augen der frühen Einwanderer noch keines gab. Darüber hinaus führt das System zu einer Vertragstheorie, die sich dem „Feilschen" verbunden fühlt und nicht so sehr dem „Versprechen", mit tiefgreifenden Auswirkungen. Es ist ein Rechtssystem, das behauptet, die Werte von Selbstbestimmung, Selbstverwirklichung und individueller Verantwortung widerzuspiegeln. All diese Werte kommen in einem Rechtssystem zum Ausdruck, dessen Ausgangspunkt die individuelle Konfliktlösung ist, nicht die staatliche Gesetzgebung.

3.2 Ein Hinweis zu Gerichtsentscheidungen

Wie beim *common law* im Allgemeinen wird auch der Charakter des US-Rechts häufig dahingehend simplifiziert, dass es sich auf Richterrecht beschränke, während der Charakter des *civil law* dahingehend zu sehr vereinfacht wird, dass es auf Gesetzesrecht begrenzt sei. Auch wenn es im Grundsatz zutrifft, dass es für jedes der beiden Systeme Merkmale gibt, die in diese Richtung weisen, so gibt es aber noch zahlreiche andere Unterschiede zwischen den beiden Systemen, die gleichermaßen wichtig sind, gerade weil

---

[60]   *Kempin*, a. a. O., Fn. 9, S. 95.
[61]   *Michel de Montaigne*, Essays, Book I, Of custom, and not easily changing an accepted law, 1572–74, M. Frame (Übersetzer), 1980, essay 23, S. 100.

sie mehr Aufschluss darüber geben, wie ein Jurist aus dem jeweils anderen System in einem Gemeinschaftsprojekt oder bei der Lösung eines Konflikts denken könnte.[62] Da man jedoch oft genug hört, dass „*common law* Fallrecht und *civil law* Gesetzesrecht ist", muss man sich diesen Behauptungen dennoch stellen, anstatt sie schlicht zu verurteilen, selbst wenn diese Merkmale überbetont werden. Jede dieser beiden großen Kategorien von Weltsystemen verwendet Präzedenzfälle und Gesetze genauso wie Verfassungen und Verordnungen. Heutzutage verlässt sich die Judikative der meisten Staaten des *common law* in den meisten Rechtsmaterien zu weiten Teilen auf gesetzliche Regelungen als primäre Rechtsquelle, sodass auch in den Vereinigten Staaten das, was man „reines *common law*" nennen könnte (d. h. Richter, die über Streitigkeiten entscheiden, für die es keine gesetzliche Regelung gibt), fast ausschließlich einem einzigen Bereich des Privatrechts vorbehalten ist – dem Deliktsrecht (*torts*).[63] Die Rechtsanwendung im öffentlichen Recht stützt sich in Konfliktfällen natürlich, da die US-amerikanische Verfassung ein bemerkenswert kurzer Text ist, weiterhin stark auf Gerichtsentscheidungen,[64] aber dennoch basieren die gerichtlichen Entscheidungen meist auf einer gewissen Auslegung der Verfassung selbst.

In den Staaten des *civil law* und in internationalen Systemen wie dem Europäischen Gerichtshof und dem Einspruchsgremium der Welthandelsorganisation (*Appellate Body*) wird es mehr und mehr üblich, ausdrücklich auf frühere Fallentscheidungen zu verweisen, auch wenn dort die sog. *Stare-decisis*-Doktrin des *common law*, wonach Präzedenzfälle als bindende Gerichtsentscheidungen anzusehen sind, überhaupt nicht gilt. Darüber hinaus berichten praktizierende Anwälte auch in Staaten des *civil law*, z. B. in Deutschland, dass sie bei Klageeinreichung vielfach auf bereits ergangene Entscheidungen Bezug nehmen.[65] Während der oberflächliche Rechtsvergleicher glauben mag, dass *Common-law*-Systeme ihre Rechtsstaatlichkeit ausschließlich auf gerichtliche Entscheidungen aufbauen und dass dieses Phänomen ausschließlich in *Common-law*-Systemen auftaucht, würde der präziser vorgehende Jurist die *Civil-law*-Doktrin der ständigen Rechtsprechung bzw. der Rechtssicherheit (*jurisprudence constante*) bemerken, die sogar in einigen Teilen Nordamerikas gilt. Alle kanadischen Provinzen mit Ausnahme einer – Quebec – sind anglophon und wenden das *common law* an. Quebec ist frankophon und praktiziert, wenig überraschend, teilweise *civil law*. Auch ein Bundesstaat der Vereinigten Staaten – Louisiana – war ur-

---

[62] *Oscar G. Chase* et al., Civil Litigation in Comparative Context, 2007.

[63] *Coquillette*, a. a. O., Fn. 34, S. 597.

[64] Für die längste Zeit der Geschichte des *common law* haben US-Gerichte, ganz im Gegensatz zum EuGH, festgelegt durch Artikel 267 (ex-Art. 234) AEUV, keine Rechtsfragen beantwortet, sondern sind in ihrer Zuständigkeit durch Artikel III, Abschnitt 2 der US-Verfassung darauf beschränkt, „Fälle (*cases*)" bzw. „Rechtsstreitigkeiten (*controversies*)" zu entscheiden.

[65] *Reinhold Zippelius*, Juristische Methodenlehre, 11. Aufl. 2012.

sprünglich eine französische Kolonie und Teile der Bevölkerung verwenden noch heute eine Version der französischen Sprache. Daher ist es auch nicht überraschend, dass es der einzige Bundesstaat ist, der zumindest teilweise noch das *civil law* anwendet. Folglich müssen die Gerichte Louisianas auch mit beiden Systemen vertraut sein. Der Oberste Gerichtshof von Louisiana (*Louisiana Supreme Court*) hat sich dieser Aufgabe im Falle von *Willis-Knighton Med. Ctr. v. Caddo-Shreveport Sales & Use Tax Comm'n* angenommen und festgelegt, dass, obwohl die Entscheidung eines höherrangigen Gerichts ausreichen würde, um eine Rechtsnorm im Sinne der *Stare-decisis*-Doktrin zu schaffen, man „eine Reihe von einheitlich entschiedenen Fällen bräuchte, um eine Basis für Richterrecht aufgrund ständiger Rechtsprechung (*jurisprudence constante*) zu legen."[66] Und das Berufungsgericht von Louisiana (*Louisiana Court of Appeals*) mahnt Rechtsvergleicher sogar zu tiefergehender Verfeinerung. Im Fall *Royal v. Cook* wies das Gericht darauf hin, dass die ständige Rechtsprechung (*jurisprudence constante*) eine sekundäre Rechtsquelle ist und daher nicht die gleiche rechtliche Wirksamkeit hat wie die *Stare-decisis*-Doktrin.[67] Dennoch ist diese Unterscheidung zwischen *stare decisis* und *jurisprudence constante* eine weitaus präzisere Differenzierung als die einfache und falsche Dichotomie, wonach zur Ausbildung von Rechtsnormen im *common law ausschließlich* und im *civil law niemals* Präzedenzfälle verwendet würden.

3.3 Gegenüberstellung innerhalb der Rechtsfamilie: englisches und US-amerikanisches Recht

Obwohl die Rechtsvergleichung sich in der Regel auf die Unterschiede zwischen den so genannten „Rechtsfamilien" der Welt konzentriert,[68] gibt es in der Anwendung des *common law* gleichermaßen Unterschiede zwischen den einzelnen Staaten mit einem solchen System.[69] Das Rechtssystem, das im Laufe des 18. Jahrhunderts in den Vereinigten Staaten entstanden ist, unterscheidet sich nicht nur von den Rechtssystemen des *civil law*, sondern grenzte sich auch bewusst von seinem englischen Cousin innerhalb des *common law*

---

[66]   *Willis-Knighton Med. Ctr. v. Caddo-Shreveport Sales & Use Tax Comm'n.*, 903 So.2d 1071 (2005).

[67]   *Royal v. Cook*, 984 So.2d 156 (La. Ct. App. 2008).

[68]   Am häufigsten wird die Idee der Rechtsfamilie so verstanden, wie sie von *Konrad Zweigert* und *Hein Kötz*, a. a. O., Fn. 1, passim, entwickelt wurde. Wenn der Leser aus einer anderen Rechtskultur als derjenigen der Vereinigten Staaten stammt, versteht sie die Rechtsvergleichung als dasjenige Fundament, auf dem das Studium des US-amerikanischen Rechts aufbaut.

[69]   Eine exzellente Anwendung von etwas, das dem vierteiligen Vergleichssystem von *Mathias Reimann* im *Oxford Handbook of Comparative Law* ähnelt, wird von Jeremy Lever, a. a. O., Fn. 19, passim vorgenommen, seines Zeichens Kronanwalt (*Queen's Counsel*) und *Senior Dean* des *Oxford's All Souls College.*

ab. Das erste Beispiel hierfür stammt aus dem englischen Bereich des privaten Immobilienrechts. In dem berühmten Fall *Van Ness v. Pacard*[70] hatte *Pacard* ein Gebäude auf dem Grundstück seiner Vermieter, der Eheleute *Van Ness*, errichtet. Nach Ablauf seines Mietvertrages riss *Pacard* das Gebäude ab und entfernte es. Die Eheleute *Van Ness* leiteten gegen *Pacard* gerichtliche Schritte auf Grundlage einer deliktischen Handlung ein, die im *common law* als „waste" (i. S. v. Vernachlässigung) bezeichnet wird.[71] Zur Darlegung der Schlüssigkeit beriefen sich die Kläger auf das englische Gesetz, das zwischen dem Abreißen von Landwirtschaftsgebäuden und Gewerbeimmobilien unterschied. *Joseph Story*, Richter des *U. S. Supreme Court*, wies die Vorstellung zurück, dass das US-amerikanische *common law* dem englischen Vorbild folgen müsse:

„Das englische *common law* ist nicht in jeder Hinsicht als das von Amerika zu verstehen. Unsere Vorfahren brachten zwar ihre allgemeinen Prinzipien mit und beanspruchten sie als ihre Geburtsrechte; aber sie brachten nur den Teil mit und übernahmen auch nur denjenigen, der auf ihre Situation anwendbar war."[72] „Das Land war eine Wildnis und daher war es allgemeine Politik, für seine Erschließung und Verbesserung zu sorgen. Die Landeigentümer wie auch die Öffentlichkeit hatten jeden Grund dazu, den Mieter dazu zu ermutigen, sich vollends der Landwirtschaft zu widmen und sämtliche Bauvorhaben zu favorisieren, die dieses Ergebnis fördern wollten; doch welcher Mieter könnte es sich leisten, in der vergleichsweise armen Zeit des Landes mit hohem Aufwand Bauten von Wert zu errichten, wenn er bereits durch den Akt der Errichtung sämtliche Rechte hieran verlieren würde? Seine Hütte oder seine bescheidene Wohnstätte, wie notwendig sie auch immer für eine Verbesserung des Bodens sein mochten, würden ab dem Moment ihrer Fertigstellung nicht mehr ihm gehören."[73]

Hier sehen wir also, dass eine Rechtskultur, die ihre Rechtsquellen und Normen von einer anderen Rechtskultur übernimmt, es für angebracht halten kann, genau an derjenigen Stelle abzuweichen, wo etwa die Verfügbarkeit und Nutzung von Land sich unterscheiden. Einige Wissenschaftler sehen den Fall *Van Ness* sogar als Beweis dafür, dass die Richter in den Kolonien und ihre Nachfolger grundsätzlich die gemeinsame Überzeugung teilten, ihre Entscheidungen zumindest auf dem englischen *common law* aufzubauen, es sei denn, dass Abweichungen gerechtfertigt waren.

Ein weiteres Beispiel entstammt der Konkurrenzregelung bei Kapitalverbrechen (*felony merger rule*). Die Kernaspekte dieses Falles helfen bei der Erklärung, warum das *common law* die zivilrechtlichen Ansprüche in zwei verschiedene Kategorien einteilt: Deliktsrecht (*torts*) und Vertragsrecht (*contracts*). Zivilrechtliche Verpflichtungen, die nicht aufgrund vertraglicher Ansprüche bestehen – also aufgrund unerlaubter Handlungen –, haben eine his-

---

[70] *Van Ness v. Pacard* 2 Pet. 137, 7 L. Ed. 374 (1829).
[71] *William B. Stoebuck*, Reception of English Common Law in the American Colonies, William & Mary Law Review, Bd. 10 (1968), 393; Siehe *David Brion Davis*, Antebellum American Culture: An Interpretive Anthology, 1979.
[72] 27 U. S. 144.
[73] 27 U. S. 145.

torische Nähe zum Strafrecht. Vertragliche Ansprüche nicht. Im bekannten Fall *Moragne v. State Marine Lines, Inc.* schrieb das Gericht:

„Die traditionelle Begründung der Regelung, die für England aufgestellt wurde, gab es in diesem Land nie. In begrenzten Fällen übernahm das amerikanische Recht eine Version der Konkurrenzregelungsdoktrin bei Kapitalverbrechen (*felony-merger doctrine*) an, mit der Folge, dass die Entscheidung in einer zivilrechtlichen Klage auf die Zeit nach dem Strafverfahren verschoben wurde. In diesem Land beinhaltete die Bestrafung von Kapitalverbrechen jedoch keine strafrechtliche Einziehung (*forfeiture of property*); daher gab es selbst in diesen begrenzten Fällen nichts, um eine spätere zivilrechtliche Klage zu verhindern. Dennoch übernahmen die amerikanischen Gerichte die englische Regelung in ihren Grundzügen, trotz einiger früherer Fälle, in denen die Regel als ‚ungeeignet zur Rehabilitation‘ abgelehnt wurde, auch als das *common law* dieses Landes."[74]

Laut *William B. Stoebuck* nahm der Vorsitzende Richter *Lemuel Shaw* aus Massachusetts 1847 in dem Fall *Commonwealth v. Chapman*, 54 Mass. (13 Met.) 69 (1847), eine ähnliche Position ein.[75] In seinen Kommentaren stimmt auch der New Yorker Kanzler *Kent*, über den in Kapitel 6 mehr gesagt wird, zu und sagt: „Es [das *common law*] wurde, soweit anwendbar, von unseren kolonialen Vorfahren importiert und durch königliche Statuten und Kolonialgesetze geduldet."[76] *Stoebuck* hat jedoch festgestellt, dass eine beinahe gegenteilige Position zu dieser Überlieferung vertreten werden kann:

„Professor *Paul S. Reinsch* […] leugnete, dass die englische Rechtsprechung, jedenfalls in den kolonialen Anfängen des siebzehnten Jahrhunderts und vielleicht sogar noch im 18. Jahrhundert, auch nur ein unterschwelliger Faktor im amerikanischen Rechtssystem gewesen wäre. Obwohl die Kolonisten ihre Verbundenheit mit dem *common law* zugestehen, sagt *Reinsch*, dass die eigentliche Rechtsprechung ‚von grober, verbreiteter, zusammenfassender Art‘ gewesen ist."[77]

Es gibt natürlich noch weitere Unterschiede zwischen der US-amerikanischen und der englischen Rechtsordnung. In England gilt die von den Gerichten entwickelte allgemeine Regel, dass Gesetze ohne Bezugnahme auf die Intention des Gesetzgebers ausgelegt werden sollten.[78] Vielmehr, da das Parlament höherrangig ist, „besteht die Überzeugung der englischen Gerich-

---

74 *Moragne v. States Marine Lines, Inc.*, 398 U. S. 375, 384 (1970) (Fall-Zitate weggelassen).
75 *Stoebuck*, a. a. O., Fn. 71, S. 394.
76 *James Kent*, Commentaries on American Law, S. 473 (zitiert in *William B. Stoebuck*, Reception of English Common Law in the American Colonies, Williamm & Mary Law Review, Bd. 10 [1968], 393 f.).
77 *Paul S. Reinsch*, The English Common Law in the Early American Colonies, in: Select Essays in Anglo-American History,1907, S. 367 ff. (zitiert in *Stoebuck*, a. a. O., Fn. 71, S. 394).
78 *Kempin*, a. a. O., Fn. 9, S. 16. Zum Beispiel hat in mindestens einem der Vereinigten Staaten (Pennsylvania) die Legislative selbst, benannt als „Generalversammlung (*General Assembly*)", ein Gesetz verabschiedet, das von Gerichten und Rechtsanwälten verlangt, den Willen des Gesetzgebers zu berücksichtigen. Band 1 der *Pennsylvania Consolidated Statutes*, § 1921(a) besagt: „Der Wille des Gesetzgebers ist entscheidend für die Auslegung von Gesetzen im Hinblick auf Sinn und Zweck. – Das Ziel jeder Gesetzesauslegung ist es, den Willen der Generalversammlung zu ermitteln und umzusetzen. Jedes

te darin, dass kein Gericht in England ein Gesetz für nichtig erklären kann, weil es verfassungswidrig ist."[79] Nicht so in den Vereinigten Staaten. Hier ist es allgemeine Praxis, ein Gesetz möglichst im Einklang mit der Intention des Gesetzgebers auszulegen.[80]

Eine gerichtliche Überprüfung der Gesetzgebung ist den meisten Staaten des *civil law* fremd; ihre Gesetzgeber treffen eine abschließende Entscheidung darüber, ob Gesetze verfassungsrechtlich sind.[81] Vielleicht aufgrund des starken Einflusses der Vereinigten Staaten als Besatzungsmacht nach dem Zweiten Weltkrieg ist Deutschland insoweit eine Ausnahme von dieser allgemeinen Regel. Auch in Brasilien und Japan gibt es eine gewisse gerichtliche Kontrolle und Frankreich verfügt seit 1958 über einen Verfassungsrat, wenngleich er kein Organ der Judikative ist.[82] Zudem kann der Angeklagte in einem Strafverfahren auf sein Recht auf ein Juryverfahren verzichten und sich allein auf den Richter als Tatsachenermittler verlassen – eine gängige Praxis in England, aber nicht in den Vereinigten Staaten.[83] Darüber hinaus wurde die vielfach kritisierte Jury in Zivilverfahren „in ihrem Geburtsland England Mitte des [zwanzigsten Jahrhunderts] praktisch abgeschafft. Australien und Neuseeland folgten dem Beispiel Englands."[84] In den Vereinigten Staaten ist dies nach wie vor nicht der Fall, sodass weiterhin sowohl in Zivil- als auch in Strafsachen ein Juryverfahren angeboten wird, auch wenn diese Möglichkeit in zivilrechtlichen Streitigkeiten immer seltener wahrgenommen wird.[85]

Auch hat der englische „Richter im Allgemeinen ein beträchtliches Vertrauen in seine eigene Urteilskraft und seine eigene Art, Dinge auszudrücken. Man hat den Eindruck, dass die Gesellschaft dieses Selbstbewusstsein im Großen und Ganzen für berechtigt hält. Die Ernennung eines Richters des Obersten Gerichtshofs (*High Court*) in England wird immer noch als erheb-

---

Gesetz soll nach Möglichkeit so ausgelegt werden, dass es sämtliche seiner Vorgaben bestmöglich erfüllt."

[79] *Kempin*, a. a. O., Fn. 9, S. 17.

[80] Ebd., S. 16.

[81] Ebd.

[82] Ebd.

[83] Ebd., S. 52.

[84] Ebd., S. 52 f.

[85] Das US-amerikanische Justizministerium (*U. S. Department of Justice*) berichtet, dass die Anzahl der Zivilklagen, die vor Gericht über den Vorprozess (*dicovery*) hinausgehen und im streitigen Prozess enden (*trial*), rapide zurückgeht. Erhebungen zeigen, dass im Jahr 1962 noch 11,5 Prozent aller Zivilklagen vor den Bundesgerichten im streitigen Prozess (*trial*) verhandelt wurden. Die Umfrage ergab, dass diese Zahl bis zum Jahr 2002 auf 1,8 Prozent gesunken war. Von 1985 bis 2003 sank die Zahl der Schadensersatzprozesse wegen deliktischer Handlungen (*tort*) an den US-amerikanischen Bezirksgerichten (*district courts*) insoweit um fast 80 Prozent, von 3.600 auf weniger als 800. Siehe *U. S. Department of Justice's Bureau of Statistics*, National Center for State Courts, Bd. 4, Nr. 1 (2000).

licher Vertrauensbeweis für das Urteilsvermögen der betroffenen Person angesehen."[86] *Oliver Wendell Holmes, Jr.* wird oft mit seiner Definition zitiert, das Recht bestehe aus Erfahrung und nicht aus Rationalität. Diese Erfahrung meint diejenige des Rechts im Austausch mit der Gesellschaft, der es dient.

„Obwohl die sich ständig ändernden sozialen Bedingungen derjenige Kontext sind, in dem sich das Recht entwickelt, kann nicht mit Recht behauptet werden, dass sie allein für die Veränderung des Rechts verantwortlich sind. Seit es die Ausbildung des juristischen Berufsstandes gibt, ist das Sinnieren der Juristen über das Recht die wesentliche Quelle für seine Veränderungen gewesen. Während einiger Abschnitte der Geschichte war die Reflexion der Juristen über das Recht, wie es scheint, vollkommen isoliert von den sozialen Bedingungen. Über das Recht nachzudenken, war zeitweise nichts anderes als spielerischer Selbstzweck und das auf diese Weise in der Theorie entwickelte Recht beruhte auf logischen Ableitungen von anerkannten Rechtssätzen. [...] Juristen sind innerhalb des Gesetzgebungsprozesses nicht unbedingt dominant. Das juristische Denken beeinflusst jedoch die Art und Weise, wie Gesetze [für einen Rechtsstreit] interpretiert werden. Juristen beschreiben diesen Prozess mit dem Aphorismus: ‚Das Recht ändert sich mit‚seiner Anwendung‘."[87]

Da das Recht bei seiner Anwendung im Gerichtssaal sowohl Juristen als auch die reale Erfahrung der Gesellschaft betrifft, bezieht das *common law* einen Fall nach dem anderen in den Rechtsetzungsprozess ein. *Holmes* hielt dies vermutlich für einen Unterschied dazu, sich darauf zu verlassen, dass die Gesetzgebungsorgane während des Gesetzgebungsverfahrens alles richtig machen, wenn er sagt, dass das Recht nicht aus „mathematischen Theoremen" besteht.

Es gibt eine verwandte Kategorie, die das US-amerikanische Recht von dem englischen unterscheidet. So wird oft und allgemein angenommen, dass alles, was US-Recht ist, zunächst bereits englisches Recht war. Dies trifft jedoch nicht zu. Zum Beispiel:

„[Die] Angewohnheit, Entscheidungen zu verfassen, die die Argumente beider Parteien zusammenfassen und die Klageziele herausarbeiten, erschien [Kanzler *James*] *Kent* als ausgesprochen amerikanisch. Aber schon bald begannen auch einige englische Richter damit, ausführlich begründete schriftliche Entscheidungen zu treffen. [...] Plötzlich war die sorgfältig begründete Entscheidung ein amerikanisches Vorbild, an dem englische Entscheidungen gemessen wurden."[88]

Diese schlichte chronologische Einordnung hat weitreichende Relevanz. Die schriftliche juristische Entscheidung und die Fähigkeit der Juristen, sie auf die Art und Weise ausfindig zu machen, wie die darauf spezialisierten Berichterstatter (*official reporters*), ermöglicht erst die wissenschaftliche Praxis der Verbindlichkeit von Präzedenzfällen (*stare decisis*). Und es waren die US-amerikanischen Anwälte, die als erste die offizielle Entscheidungssammlung für den *U. S. Supreme Court* erfanden. Bis zum US-amerikanischen Bürger-

---

[86] *Konrad Schiemann*, Common Law Judge to European Judge, ZEuP(2005), 741 (743).
[87] *Kempin*, a. a. O., Fn. 9, S. 5 f.
[88] *Daniel J. Hulsebosch*, An Empire of Law: Chancellor Kent and the Revolution in Books in the Early Republic, Alabama Law Review, Bd. 60 (2008–09), 377.

krieg, der 1865 endete, waren fast sämtliche staatlichen Gerichte diesem Beispiel gefolgt. „In England tauchten erst 1865 halboffizielle Sammlungen auf, obwohl sie teilweise bereits wesentlich früher im selben Jahrhundert erschienen waren."[89] Zudem sah die US-Verfassung bereits 1789 einen Obersten Gerichtshof (*Supreme Court*) als höchstes staatliches Gericht vor, gefolgt von den Verfassungen der einzelnen Bundesstaaten. „In England gab es einen obersten Gerichtshof erst 1873."[90] Aufgrund dieser festgelegten Hierarchie der Gerichte, verbunden mit der üblichen Vorgehensweise, begründete Entscheidungen zu verfassen und schließlich ein offizielles System zur Dokumentation dieser Entscheidungen zu entwickeln, das es Anwälten und Richtern ermöglichte, nach Entscheidungen zu suchen, um sie zu nutzen, waren die notwendigen Instrumente vorhanden, um es den Vereinigten Staaten zu ermöglichen, ihre Einstellung gegenüber der Verbindlichkeit von Präzedenzfällen (*stare decisis*) dahingehend zu ändern, dass man nicht nur glaubte, dass Richter Recht setzen, sondern gar davon überzeugt war, dass sie es tun. Alles, was die Vereinigten Staaten brauchten, war eine Theorie des *common law*, die dies untermauerte, und die kam mit dem Rechtspositivismus des Engländers *John Austin*.[91] „Bis 1825 hatten bereits einige der älteren Staaten damit begonnen, die Bindungswirkung selbst durch eine einzige Präzedenzentscheidung zu betonen und bis 1850 war die Lehre fest etabliert."[92]

Nachdem wir uns mit den Fragen beschäftigt haben, warum man das Studium des US-Rechts als Studium des ausländischen Rechts verstehen sollte (Kapitel 1), warum man das Ergründen des US-Rechts als rechtsvergleichendes Unterfangen behandeln sollte (Kapitel 2) und warum man das US-Recht sowohl anhand seiner Rechtsfamilie des *common law* im Allgemeinen als auch anhand seiner besonderen Ausprägungen innerhalb der anderen *Common-law*-Kulturen vergleichen sollte (Kapitel 3) sind wir schließlich dazu in der Lage, die ausländischen Einrichtungen, Prozesse und Rechtsquellen in den Vereinigten Staaten anhand der Referenzrahmen der Geschichte, Soziologie, Sprache, Philosophie, Rechtswissenschaft und schließlich der Rechtspraxis angemessen gegenüberzustellen. Im nächsten Kapitel werden wir die US-amerikanische Rechtskultur durch den historischen Referenzrahmen betrachten. Viele der wichtigsten Erkenntnisse der Rechtsvergleichung, die sich heute mit dem Vergleich von Rechtstraditionen auf der ganzen Welt befasst, gelten gleichermaßen für die Betrachtung der Rechtsgeschichte, was uns dazu führt, Rechtstraditionen auch in ihrer zeitlichen Entwicklung zu vergleichen. Aber bevor wir uns die Fakten der Geschichte ansehen, müssen wir uns, wenn es eines geben sollte, unser eigenes Verständnis von Geschichte

---

89   *Kempin*, a. a. O., Fn. 9, S. 104.
90   Ebd., S. 104 f.
91   Ebd., S. 103 f.
92   Ebd., S. 105.

vor Augen führen. Diese Vorstellung mag fragwürdig sein, aber dennoch ist
sie in allen historischen Erklärungen als Bezugsrahmen präsent.

Wissenskontrolle

Was ist der Unterschied zwischen einem Vergleich der Rechtsquellen des *common
law* und des *civil law* einerseits von „unten nach oben" (induktiv) und andererseits
von „oben nach unten" (deduktiv)?

Wissensherausforderung

Wenn Sie aus einer Rechtskultur des *civil law* stammen, versuchen Sie, eine Übersicht Ihres Rechtssystems zu erstellen, beginnend mit den beteiligten Personen
des Rechtssystems, dann den Einrichtungen, die die Personen aufgebaut haben,
und schließlich den Methoden der Konfliktlösung. Inwieweit unterscheidet sich
Ihre Übersicht von der Art und Weise, in der Ihr Rechtssystem normalerweise beschrieben wird?

Wissenserweiterung

Zu den verschiedenen Rechtskulturen der Welt zählen mehr als nur Gerichtsbarkeiten des *common law* und des *civil law*. Einige haben religiöse Systeme, Monarchien,
lokales Recht oder auch gemischte Systeme. Eignet sich ein spezieller Unterschied
zwischen dem *common law* und dem *civil law* auch dazu, um die Seele und den
Geist anderer Rechtssysteme zu ergründen?

Literatur

Berman, Harold J., Law and Revolution: The Formation of the Western Legal Tradition,
1983.
Chase, Oscar G./Hershkoff, Helen/Silberman, Linda/Taniguch, Yasuhei, Civil Litigation in
Comparative Context, 2007.
Coquillette, Daniel, The Anglo-American Legal Heritage, 2. Aufl. 2004.
Frankenberg, Günter, Critical Comparison, Re-Thinking Comparative Law, Harvard Inter-
national Law Journal, Bd. 26 (1985), 411.
Holmes, Oliver Wendell, Jr., The Path of Law, Harvard Law Review, Bd. 10 (1897), 457.
Kempin, Frederick G., Jr., Legal History: Law and Social Change, 1963.
Lever, Jeremy, Why Procedure is more Important than Substantive Law, International and
Comparative Law Quarterly, Bd. 48 (1999), 285 (297).
Maine, Henry Sumner, Ancient Law, 10. Aufl. 1884.
Markesinis, Basil, Comparative Law–A Subject in Search of an Audience, The Modern Law
Review, Bd. 53 (1990), 1.
Sack, Peter G., Law & Custom: Reflections on the Relations Between English Law and the
English Language, Rechtstheorie, Bd. 18 (1987), 421.

Schiemann, Konrad, The Common Law Judge to European Judge, Zeitschrift für Europäisches Privatrecht, Bd. 4 (2005),741–749.

Stoebuck, William B., Reception of English Common Law in the American Colonies, William & Mary Law Review, Bd. 10 (1968), 393.

Suber, Peter, Legal Reasoning after Post-Modern Critiques of Reason, Legal Writing, Bd. 3 (1997), 21.

Suchman, Mark C./Mertz, Elizabeth, A New Legal Empiricism? Assessing ELS and NLR, Annual Review of Law and Social Science, Bd. 6 (2010), 561.

Tribe, Lawrence H., Trial by Mathematics: Precision and Ritual in the Legal Process, Harvard Law Review, Bd. 84 (1971), 1329.

White, James Boyd, Law as Rhetoric, Rhetoric as Law: The Arts of Cultural and Communal Life, University of Chicago Law Review, Bd. 52 (1985), 684.

4 Historischer Referenzrahmen: „Mitglieder des Commonwealth ohne Monarch auf der anderen Seite des Atlantiks"[1]

Leitgedanken

1. Sollten Juristen geschichtskundig sein?
2. Wie verändert sich unsere Rechtspraxis, wenn sich eine historische Theorie ändert?

Die restlichen sechs Kapitel stellen jeweils einen anderen Referenzrahmen dar, durch den man das US-amerikanische Rechtssystem betrachten kann. Jedes Kapitel beginnt damit, diejenigen Probleme zu untersuchen, die einen inhärenten Bestandteil dieses Referenzrahmens darstellen, und wendet den Bezugsrahmen dann auf das US-amerikanische Recht an. Innerhalb der sechs Referenzrahmen kann der historische Referenzrahmen als allumfassend bewertet werden:

„Innerhalb des Rechts, wie auch in anderen Bereichen menschlicher Tätigkeit und menschlichen Lernens, können drei gültige Fragen gestellt werden: Wo kommt es her, wo befindet es sich und wo geht es hin. Woher das Recht kam, lässt sich durch die Rechtsgeschichte nachvollziehen; wo es jetzt ist, kann teilweise durch die Rechtsgeschichte erklärt werden; wohin es geht, kann durch Trends und dauerhafte Prinzipien angedeutet werden, die durch das Studium der Rechtsgeschichte offenbart werden."[2]

---

[1] Das vollständige Zitat, von dem dieses Epigramm entnommen ist, stammt von *F. W. Maitland*: „Diese paar Männer, die sich in Westminster um Pateshull und Raleigh und Bracton scharrten, entwarfen *writs*, die im Namen der Mitglieder des Commonwealth ohne Monarch auf der anderen Seite des Atlantiks ausgegeben werden sollten; sie entschieden für uns und unsere Kinder über richtig und falsch.", *F. Pollock/F. W. Maitland*, The History of English Law Before the Time of Edward I, S. F. C. Milsom (Hrsg.), Bd. II., 2. Aufl. 1968, S. 674.

[2] *Frederick G. Kempin, Jr.*, Historical Introduction to Anglo-American Law, 1990, S. 5.

4.1 Das Geschichtsproblem

Das Rechtssystem der USA wird heute, nach der Terminologie von *Zweigert* und *Kötz*, zum „anglo-amerikanischen Rechtskreis"[3] gezählt. Es zeichnet sich durch sein *Common-law*-System aus, das im Kern eine geordnete Form des Gewohnheitsrechts darstellt. Sämtliche Bezugnahmen auf das *common law* beschreiben es als ein Rechtssystem, das in England entstand, durch die Eroberungen des Britischen Kolonialreiches über die ganze Welt verteilt wurde (und deshalb stets in englischer Sprache praktiziert wurde) und seit Jahrhunderten Bestand hat. Der Entstehungs*ort* ist jedoch lediglich einer von mannigfaltigen Aspekten, die als Ausgangspunkt zum Verständnis des US-amerikanischen Rechtssystems herangezogen werden können.

Die Existenz gegenwärtiger Einrichtungen wird üblicherweise auf einen rationalen Grund zum Entstehungszeitpunkt zurückgeführt. Die Geschichte lehrt uns aber für gewöhnlich, dass nur wenige derartige Einrichtungen bereits ursprünglich dazu gedacht waren, um auch heutige Bedürfnisse zu befriedigen oder aktuelle Probleme zu lösen. Um zu erkennen, ob sie in ihrer bestehenden Form beibehalten werden sollten, muss man daher vor allem ihre Geschichte kennen:

> „Das rationale Studium des Rechts ist immer noch zu einem großen Teil ein Studium der Geschichte. Diese muss deswegen ein Teil des Studiums sein, weil wir ohne sie den genauen Umfang der Regeln nicht kennen können, obwohl dies unsere Aufgabe ist. Ein Teil des rationalen Studiums ist es, weil es den ersten Schritt in Richtung eines aufgeklärten Skeptizismus darstellt, also in Richtung einer reflektierten Überprüfung des Wertes dieser Regeln. Nur wenn man den Drachen aus seiner Höhle herausholt und ihn bei Tageslicht auf einer Ebene betrachtet, kann man seine Zähne und Krallen zählen und seine wahre Stärke erkennen. Ihn herauszuholen ist aber lediglich der erste Schritt. Der nächste ist es dann, ihn entweder zu töten oder aber zu domestizieren und zu einem Nutztier zu machen."[4]

Ein gutes Beispiel, bei dem die ausschließlich mit rationalen Überlegungen gepaarte Beobachtung einer aktuellen Einrichtung zu falschen Schlussfolgerungen führen würde, wäre es, die US-amerikanischen *small claims courts* des 20. Jahrhunderts als Abkömmlinge der britischen *shire courts* des 13. Jahrhunderts zu verstehen. So zeigt die Geschichte, dass die sachliche Zuständigkeit der *shire courts* für Klagen mit geringem Streitwert (*small claims*) nur ein Ergebnis der Anfänge war, die Idee eines gerichtlichen Rechtsbeistandes umzusetzen:

> „Die *shire courts* waren sachlich zuständig sowohl für unterschiedliche Zivilrechtsstreitigkeiten als auch für unbedeutendere Straftatbestände (*lesser crimes*). Ihr Prestigeverlust kann jedoch als Ergebnis einer Gerichtspraxis gesehen werden, die 1236 begann und den angeseheneren Klägern erlaubte, sich bei den *shire courts* anwaltlich vertreten zu lassen, ohne selbst vor Gericht zu erscheinen. Im späten 13. Jahrhundert entwickelte sich dann die Regel, dass die *shire courts* für Klagen mit einem Streitwert über 40 Schilling keine

---

[3]   *Zweigert/Kötz*, Einführung in die Rechtsvergleichung, 3. Aufl. 1998, passim.
[4]   *Oliver Wendell Holmes, Jr.*, The Path of Law, Harvard Law Review, Bd. 10 (1897), 457.

Zuständigkeit mehr besaßen. Die unvermeidliche Minderung des Geldwertes durch Inflation bedeutete mit der Zeit, dass die *shire courts* letztlich nur noch für Klagen mit äußerst geringem Streitwert zuständig waren."[5]

Derartige Beispiele unterstützen die Beharrlichkeit des Empirikers, dass man Fakten beobachtet hat, aus denen man Normen ableiten kann. Nach Ansicht des Empirikers ist ein Rationalismus in Reinform, ohne korrekte geschichtsbasierte Fakten, aber nicht mehr als ein Ratespiel.

Allzu oft sprechen und schreiben wir von der Geschichte, als ob sie entweder der ordentlich sortierte Bereich eines Bücherregales oder der Kurs des Universitätsstudiums wäre. Durch diese unreflektierte Herangehensweise könnten wir auch gleich so etwas wie „die Fakten der Vergangenheit" zum maßgeblichen Untersuchungsgegenstand der Geschichte erklären. Aber auch das unkritischste Ohr sollte bei einer solchen Beschreibung hellhörig werden. Selbst wenn wir uns allein auf die Erzählungen verstorbener Menschen beschränken würden, würde dies bedeuten, dass die Fakten von etwa 107 Milliarden Menschenleben[6] erzählt werden müssten. Das ist natürlich unmöglich, aber diese Schwierigkeit veranschaulicht, dass die Darstellung der Geschichte, auch nur der Menschheitsgeschichte, eine Reihe von Entscheidungen ist, und die Art und Weise, wie die Entscheidungen getroffen werden, die Vorlieben, Ziele und (wie der Historiker *Harold J. Berman* bemerkt) sogar die Vorurteile des Geschichtsschreibers widerspiegelt. Historiker wissen das. Aber der Rest von uns scheint es zu ignorieren, wenn wir es uns denn überhaupt jemals bewusst gemacht haben.

Das führt uns schließlich zu der Frage, nach welchen Kriterien wir die Fakten einer Kultur auswählen, die wir dann als ihre „Rechtsgeschichte" bezeichnen. Durch diese Verknüpfung erkennen wir, dass unterschiedliche Kulturen unterschiedliche Ereignisse auswählen, um sie als „Rechtsgeschichte" zu bezeichnen. Meine Durchsicht unterschiedlicher Werke der Rechtsgeschichte zeigt, dass das, was als „Rechtsgeschichte" bezeichnet wird, sehr oft entweder eine Staatsgründung oder den Entstehungs- bzw. Entdeckungszeitpunkt eines Textes als Ausgangspunkt nimmt, um dann einen Abriss der Entwicklung bis zur heutigen Zeit darzustellen, wobei dieser Staat oder Text dann gewissermaßen als Bindeglied für die „Fakten der Geschichte" zueinander fungiert. Ersteres würde ich eher als politische Geschichtsschreibung verstehen und obwohl letzteres Vorgehen als Rechtsgeschichte zu sehen ist, erklärt es normalerweise nicht, warum das Datum eines bestimmten Textes der Beginn der Geschichtsschreibung eines Volkes sein sollte. So wird etwa eine Rechtsgeschichte der Vereinigten Staaten oftmals mit der Unabhängigkeit im Jahre 1776 beginnen und der verschriftlichten Verfassung dreizehn Jahre später. Ein weiteres Beispiel: Die Rechtsgeschichte des *civil law* wird als

---

[5] *Kempin*, a. a. O., Fn. 2, S. 25.

[6] Siehe www.livescience.com/18336-human-population-dead-living-infographic.html (zuletzt aufgerufen am 21.10.2020).

Geschichte des *Corpus Juris Civilis* dargestellt, entweder durch Mutmaßungen über seine Entstehung in Rom oder durch die Diskussion der Umstände seiner Wiederentdeckung und Nutzbarmachung durch *Irnerius*.[7] Für das *civil law* mit seiner Schwerpunktlegung auf den geschriebenen Text eines Zivilgesetzbuches ist diese Darstellung der Geschichte am bequemsten, sinnvollsten und wirkungsvollsten, um nur drei denkbare Kriterien zu nennen. Aber es gibt Alternativen. *Berman* schreibt zum Beispiel, dass „vor nicht allzu langer Zeit ein guter Anwalt gleichsam dafür benötigt wurde, die Entwicklungsgeschichte juristischer *Institutionen* zu kennen."[8] Und zumindest für das *common law* tendiere ich dazu, *Frederick G. Kempin, Jr.* zuzustimmen, wenn er schreibt, dass die Geschichte des *common law* am besten damit zu beginnen sei, als sich der unabhängige Berufsstand der Anwälte herausbildete.[9] Verstanden als eine Erzählung über die Menschheit, sollte die Geschichte, wenn vom Recht die Rede ist, die Menschen in dieser Erzählung auch beschreiben. Vor allem für das Rechtsstudium durch praktizierende Juristen oder durch angehende praktizierende Juristen (aktuelle Jurastudierende) ist es sinnvoll, denjenigen Zeitpunkt zu beleuchten, als das Recht zum Beruf wurde, und nicht eine denkbare andere Kategorie der anthropologischen Forschung. *Kempin* bemerkt weiter, dass es die Bedingungen der Einrichtungen waren, die es den Anwälten ermöglichten, unabhängig zu werden und nicht lediglich eine Frage des Willens derjenigen, die einen Berufsstand gründen wollten. Er behauptet, dass „Veränderungen der Gewohnheiten, mit denen die Zusammensetzung der Regierung, einschließlich der Gerichte, kontrolliert wurde, den Anwaltsberuf geschaffen haben."[10] Wir können *Kempins* Behauptung mit den Worten von *Oliver Wendell Holmes, Jr.* in Verbindung bringen, wenn dieser schreibt, dass „die Vorhersagen darüber, was die Gerichte tatsächlich tun werden, und nichts weniger Anspruchsvolles, das ist, was ich unter Recht verstehe."[11] Diese berühmte Aussage wird oft mit Bezug auf die Vorhersagen zitiert, aber es ist nicht weniger wichtig zu beachten, dass er sich bei der Charakterisierung dessen, was Recht „ist", auf die Gerichte und nicht auf die Gesetze oder die Gesetzgebungsorgane beruft.

---

[7] Es wird üblicherweise behauptet, dass, als im Italien des elften Jahrhunderts eine Kopie der *Digesten* aus dem *Corpus Juris Civilis* entdeckt wurde, „das römische Recht erneut zum Gegenstand der Aufmerksamkeit von Wissenschaftlern wie *Irnerius* wurde", *Howard D. Fisher*, Die deutsche Rechtsordnung und Rechtssprache, 4. Aufl. 2009, S. 1. Was jedoch nicht so oft gesagt wird, ist, dass *Irnerius* in erster Linie ein Lehrer der freien Künste war, nicht des Rechts *an sich*, und das *Corpus Juris Civilis* wahrscheinlich zuerst in seinen Rhetorikunterricht in Bologna einbezogen hat. Von seinen schriftlichen Werken ist wenig erhalten, aber soweit er heute bekannt ist, ist er es eher als Glossator des *Corpus Juris Civilis* denn durch seine Arbeit als Dozent.

[8] *Harold J. Berman*, Law and Revolution, 1983, S. 7 (Hervorhebung durch den Verfasser).

[9] *Kempin*, a. a. O., Fn. 2, S. 2.

[10] Ebd., S. 95.

[11] Siehe *Holmes*, a. a. O., Fn. 4.

4.2 Abgrenzungsfragen: Geschichte, US-amerikanische Geschichte und US-amerikanische Rechtsgeschichte

Indem *Holmes* behauptet, dass er mit der „Wissenschaft des Rechts" unsere Fähigkeit meint, Vorhersagen darüber zu treffen, wie die Richter in einem konkreten Fall entscheiden werden,[12] erinnert er uns daran, dass die Jurisprudenz eine Wissenschaft der Antizipation ist. Für einen Juristen des *common law* muss diese Vorhersage, als Wissenschaft, auf Erfahrung basieren. Das bedeutet, dass wir die Zukunft auf Grundlage der eingeschlagenen Pfade der Vergangenheit vorhersagen. Diese Pfade sind die Beobachtung der Geschichte, sowohl in persönlicher als auch in kultureller Hinsicht. Das erste, was Juristen aus der Geschichte lernen können, ist schlicht, dass Rechtssysteme über eine solche verfügen. Rechtsnormen und Rechtsinstitutionen kommen und gehen. Weder die Normen noch die Institutionen waren zu allen Zeiten so ausgestaltet, wie sie es heute sind. Eine zweite Sache, die jeder – einschließlich der Juristen – aus der Geschichte lernen sollte, ist, dass es naive Arroganz wäre, zu glauben, dass wir gegenwärtig an einem Endpunkt der Perfektion angelangt wären, sodass zukünftig keine weiteren Veränderungen vorgenommen werden müssten oder würden. Es geht also nicht darum, ob sich die Dinge ändern werden, sondern allein darum, was sich als nächstes ändern wird, wann und warum.

Ein Konzept zur Erforschung der Geschichte ist die Zeit. Obwohl wir das Zeitkonzept, in Anbetracht der Tatsache, dass wir das Recht durch den Referenzrahmen der Geschichte betrachten, als Selbstverständlichkeit erachten könnten, lohnt es sich, bei dem Konzept der Zeit einen Moment lang innezuhalten. Für das Konzept der Zeit hatten die alten Griechen mindestens zwei verschiedene Wörter: χρόνος (Chronos) und καιρός (Kairos). Chronos behandelt die Zeit quantitativ so, als wäre jede Minute genau gleich, was zwangsläufig zu einem Verständnis der Geschichte führt, das lediglich aus einer Aneinanderreihung dieser einheitlichen Minuten besteht. Dieses Zeitkonzept herrscht im alltäglichen Sinne vor, z. B. in Wissenschaft und Technik. Kairos ist demgegenüber ein qualitatives Zeitgefühl, durch das wir nach der Relevanz bestimmter Momente der Vergangenheit Ausschau halten. Wenn wir diesen Aspekt im Hinterkopf behalten, sehen wir, dass die Geschichte nicht in Minutenfragmenten zu uns kommt, die ausnahmslos zeitgleich erlebt wurden. Ihre Darstellung hängt vielmehr davon ab, wie wir analysieren, wer die Untersuchung leitet und welche Materialien der Untersuchende dafür verwendet, um vergangene Ereignisse zum Leben zu erwecken und ihnen Bedeutung zu geben. Darüber hinaus erreicht uns die Geschichte vielfach nicht einmal in chronologischer Reihenfolge und, wenn doch, dann ist die chronologische Reihenfolge nicht zwingend mit derjenigen räumlichen Vorstellung

---

[12] *Oliver Wendell Holmes, Jr.*, The Common Law, 1881.

verbunden, die viele Sprachen ihr heute geben. Man denke etwa insoweit daran, dass für die Römer die Vergangenheit „vor" ihnen und die Zukunft „hinter" ihnen lag.[13] Eine weitere Erkenntnis aus der Problematisierung des Geschichtskonzepts ist es also, dass uns die Geschichte ihre Erzählungen üblicherweise nicht i.S.v. Chronos, sondern i.S.v. Kairos näherbringt.

Wenn wir von Geschichte sprechen, können wir schlicht nichts Anderes tun, als von der Gegenwart aus in eine andere Zeit zu schauen. Hierbei müssen wir aufmerksam vorgehen. Im Hinblick auf das Mittelalter etwa „sollten wir [...] die mittelalterliche Wahrnehmung nicht isoliert oder im Einklang mit unserer gegenwärtigen Weltanschauung betrachten"[14]. Wenn wir an Kapitel 2 zurückdenken, dann sollten wir stets im Hinterkopf behalten, dass unsere Geschichtsanalyse, insoweit wir uns in einer Epoche befinden und eine andere betrachten, bereits immanent eine vergleichende Praxis darstellt, indem wir die Dinge nicht von einem Ort zum anderen, sondern von einem Zeitpunkt zum anderen vergleichen. So wie es überheblich ist, sämtliche anderen Orte ausschließlich bezogen auf den eigenen Standpunkt als relevant zu erachten, ist es gleichsam naiv, alle anderen Zeiten lediglich im Vergleich mit der Gegenwart als beachtenswert anzusehen.[15]

Es ist schwierig, wenn nicht gar unmöglich, eine andere Zeit durch den historischen Bezugsrahmen zu betrachten, ohne diesen Rahmen zugleich mit bestimmten Vorurteilen über die Geschichte zu verzerren. Vor allem aber könnten wir die Geschichte so behandeln, als wäre sie eine vorgefertigte Erzählung, die zwangsläufig zu dem Ergebnis der Gegenwart führt; ein gefährliches Konzept, das zu romantisierten Vorstellungen von Schicksal und Vorherbestimmtheit führt, die dann mit historischen Prognosen verwechselt werden. Die Unwägbarkeiten der Geschichte zeigen uns, dass das, was wir als Gegenwart bezeichnen, bereits anders wäre, und tatsächlich anders ist, wenn es sich bei dem Geschichtsschreiber um eine andere Person handeln würde. Vielmehr ist die Bewertung der denkbaren Geschichtsverläufe, auf die wir schauen – diejenigen Entscheidungen, die ich zuvor beschrieben habe –, zu einem Großteil lediglich Ausdruck unserer eigenen Sicht auf die Geschichte. Wenn wir die Geschichte als Bezugsrahmen behandeln, hilft uns das dabei, diejenigen Probleme zu sehen, die in viele unserer unreflektierten Annahmen über die Geschichte eingebettet sind. Es existieren zumindest sechs denkbare Bewertungen der Geschichte, die uns einen Bezugsrahmen liefern können. Um sie zu veranschaulichen, können schlicht Pfeile in einfachen Diagrammen dargestellt werden, wobei die horizontale Achse die Zeit und die vertikale Achse die Entwicklung darstellt. Wenn unsere *Com-*

---

[13] *Maurizio Bettini*, Anthropology and Roman Culture: Kinship, Time, Images of the Soul, 1991.

[14] *Bernhard Großfeld*, Core Questions of Comparative Law, 2005, S. 183.

[15] Siehe *Roscoe Pound*, Comparative Law in Space and Time, American Journal of Comparative Law, Bd. 4, Nr. 1, (1955), 70.

mon-law-Wissenschaft es uns tatsächlich ermöglichen soll, vorherzusagen, wie ein Richter einen Fall entscheiden wird, dann müssen wir unseren Sinn schärfen für die Muster der Geschichte (die Linien mit Pfeilen), die es uns ermöglichen würden, dies zu tun.

Die nachfolgenden Graphen sollen es Ihnen ermöglichen, zu erkennen, dass es eine Vielzahl von Sichtweisen auf die Geschichte gibt. Sie stellen ausnahmslos Orientierungshilfen dar, die Ihnen lediglich einen heuristischen Katalog von Möglichkeiten anbieten sollen, nicht aber eine fundierte Studie. Von diesen sechs Sichtweisen wird im Folgenden zunächst mit der statischen Bewertung der Geschichte begonnen.

4.2.1 Statische Sichtweise

In der statischen Sicht der Geschichte ändert sich nichts (siehe Abbildung 4.1). Die menschliche Erfahrung der Gegenwart ist in etwa so wie vor tausend Jahren und in etwa so wie sie in tausend Jahren sein wird. Es mag natürlich verschiedene Technologien geben, aber die Essenz dessen, wer wir sind und was wir tun, ändert sich nicht. Man könnte auch nur auf einen bestimmten Bereich des Lebens eine statische Sichtweise der Geschichte haben. Zum Beispiel: „Warum soll ich wählen gehen?", fragte meine Großmutter rhetorisch. „Die sind alle gleich und, wenn der eine fertig ist mit seinem Mist, kommt der nächste und macht dasselbe." Meine Großmutter hatte eine statische Sicht auf die Geschichte im Hinblick auf den politischen Bereich der menschlichen Erfahrung.

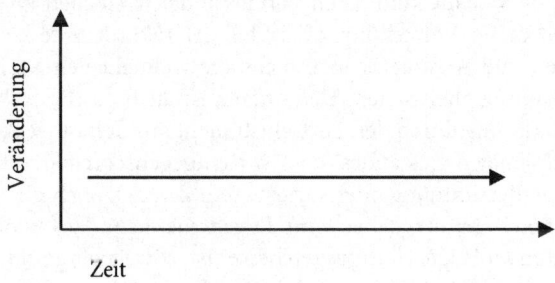

Abbildung 4.1: Statische Sichtweise

4.2.2 Periodische oder zyklische Sichtweise

In der periodischen oder zyklischen Sicht auf die Geschichte ändern sich die Dinge im Laufe der Zeit, kehren aber letztendlich zu einem Punkt zurück, an dem sie in der Vergangenheit bereits waren. Der deutsche Philologe und Philosoph *Friedrich Nietzsche* hat die alte Idee der „Ewigen Wiederkunft" aus asiatischen und griechischen Kulturen übernommen, um diese Ansicht zu beschreiben.[16] Grafisch würde die periodische oder zyklische Sichtweise in etwa so aussehen wie in Abbildung 4.2.

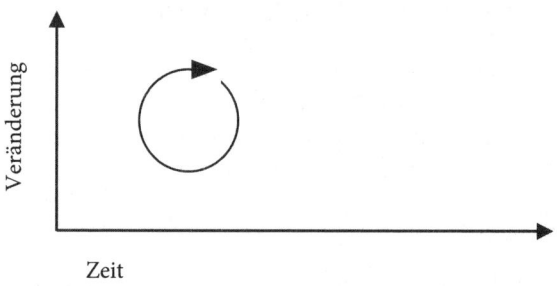

Abbildung 4.2: Periodische oder zyklische Sichtweise

4.2.3 Progressive oder aufgeklärte Sichtweise

Aus dieser Sicht, die seit der Zeit der Aufklärung im Westen im Allgemeinen als „wahr" oder zumindest als normal angesehen wird, machen wir umso mehr Fortschritt, je weiter wir in der Geschichtsschreibung voranschreiten. Eine solche Sichtweise muss natürlich davon ausgehen, dass wir heute weiter fortgeschritten sind als in der Vergangenheit und dass wir in Zukunft weiter fortgeschritten sein werden als heute. Alte Zivilisationen, von denen wir heute behaupten, dass sie die kulturellen Vorfahren der westlichen Welt sind, haben nicht mit dieser Vorstellung gearbeitet. „Heraklit kannte keinen Fortschritt. Platon und Aristoteles auch nicht, die vielmehr den Kreis als das Bild der Vollkommenheit sahen: Der Anfang ist auch das Ende."[17] Was die Sicht der Aufklärung durch den Fortschritt nicht anzeigt, ist weder die Beschaffenheit desjenigen Zustandes, dem wir entgegenschreiten, wie z. B. ein Schicksal, eine Bestimmung oder sogar τέλος (Zweck), noch ob es überhaupt einen solchen Zeitpunkt geben wird. Es geht vielmehr darum, ob unsere heutige Situation *im Vergleich zu gestern* besser ist, soweit wir gestern messen, erfassen und darstellen können, und darauf die Annahme stützen können, dass die Dinge als solche sich weiterhin positiv entwickeln werden. Die Idee der Vorhersehbarkeit auf der Grundlage von Erfahrungen im *common law* nach *Oliver Wendell Holmes, Jr.* ist in dieser Theorie der Geschichte als Fortschritt verwurzelt. Die Qualität dessen, was es bedeutet, Fortschritte zu machen, wird aber oftmals nicht untersucht. Die progressive Sichtweise

---

[16] *Nietzsches* konzentrierteste Abhandlung der Geschichte findet sich in: *Friedrich Nietzsche*, Vom Nutzen und Nachteil der Historie für das Leben (1874), die ursprünglich als eine von vier „Unzeitgemäße Betrachtungen" veröffentlicht wurde.

[17] *Octavio Paz*, In Light of India, Eliot Weinberger (Übersetzer), 1997, S. 188.

macht daher in der Regel gar nicht deutlich, nach welchen Kriterien wir den Fortschritt bewerten können. Häufig wird schlicht entweder der technologische oder aber der medizinische Fortschritt genannt. Das führt uns zu einer kniffligen Frage. Was würde es bedeuten, wenn man nicht den Fortschritt in Bezug auf Wissenschaft und Technik in Betracht zieht, sondern sagen würde, dass ein Rechtssystem Fortschritte gemacht hat? Es könnte bedeuten, dass mehr Personen in einem Rechtssystem Zugang zu Gerichten haben, dass mehr Menschen tatsächlich ein faires Verfahren erhalten haben oder dass die Qualität und nicht die Quantität der Justiz verbessert wurde. Die progressive Sichtweise geht zumeist davon aus, dass der Fortschrittsmotor die menschliche Vernunft oder Rationalität ist. Gegenwärtig scheint die westliche Kultur von dieser Geschichtsperspektive so durchdrungen zu sein, dass sie als die einzige oder gar „normale" Bewertung der Geschichte angesehen wird. Die progressive Sichtweise auf die Geschichte könnte wie in Abbildung 4.3 dargestellt werden.

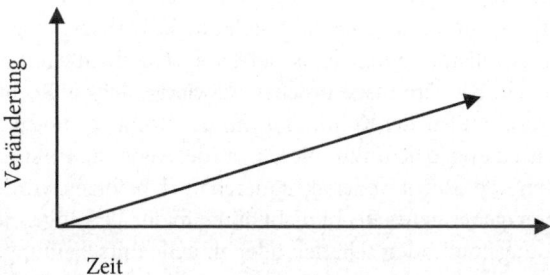

Abbildung 4.3: Progressive oder aufgeklärte Sichtweise

4.2.4 Spiralförmige Sichtweise

Wenn wir den periodischen mit dem progressiven Bewertungsansatz kombinieren würden, würden wir so etwas wie die spiralförmige Sichtweise erhalten. Diese Geschichtstheorie, die manchmal mit dem Philosophen *Georg F. W. Hegel*[18] in Verbindung gebracht wird, kann in unseren einfachen Diagrammen als spiralförmige Schnecke dargestellt werden (siehe Abbildung 4.4). Die Anhänger der spiralförmigen Sichtweise sind zwar der Meinung, dass wir gewisse Fortschritte machen, aber auch, dass wir an bestimmte Weichenstellungen der menschlichen Existenz zurückkehren, dann jedoch auf leicht „fortgeschrittenem" Niveau.

---

[18] Siehe *Georg F. W. Hegel*, Phenomenology of Spirit, A. V. Miller (Übersetzer), 1977 (mit einer sehr nützlichen Textanalyse und einem Vorwort von *J. N. Findlay*).

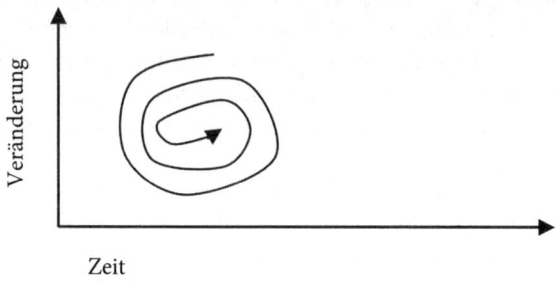

Abbildung 4.4: Spiralförmige Sichtweise

4.2.5 Kataklystische Sichtweise

In der hier vorgestellten fünften westlichen Theorie der Geschichte scheint es zwar eine Veränderung zu geben, allerdings folgt diese keinem Muster und ist daher auch, wie in Abbildung 4.5 dargestellt, nicht vorhersehbar. Es ist eine Sichtweise des Nihilismus oder Chaos, bei der die Geschichte nur aus Zufallsereignissen besteht. Es wäre ausgesprochen schwierig, sich ein Rechtssystem vorzustellen, sei es im Fall der Konfliktlösung, der Rechtssetzung oder auch der Rechtsdurchsetzung, das funktionieren würde, wenn die Personen innerhalb dieses Systems das Recht weder akzeptieren noch befolgen würden oder Richter und Gesetzgeber neues Recht nicht durch in der Vergangenheit bewährte Konfliktlösungsmethoden schaffen oder aktuelle Entscheidungen nicht auf rationale Gründe gestützt in neue Rechtsnormen umsetzen würden.

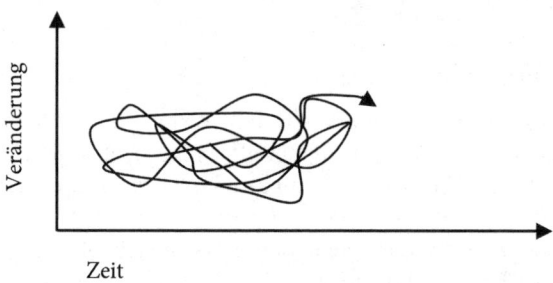

Abbildung 4.5: Kataklystische Sichtweise

4.2.6 Regressive Sichtweise

Schließlich sollte man sich noch die regressive Sicht auf die Geschichte vor Augen führen, bei der der Qualitätswert kontinuierlich sinkt, je weiter wir in der chronologischen Zeit voranschreiten (siehe Abbildung 4.6). Einige Autoren haben insoweit den zweiten Hauptsatz der Thermodynamik aus der Physik fruchtbar gemacht und diese Sichtweise auf die Geschichte analog als „soziale Entropie" bezeichnet. In der thermodynamischen Entropie neigt die Welt dazu, Energie irreversibel durch Systeme zu verteilen, die nicht arbeiten können („arbeiten" im Sinne der Physik). Gleichwohl weist diese Analogie Schwächen auf, weil der Zweite Thermodynamische Hauptsatz von einem geschlossenen System ausgeht. Angesichts der Permeabilität der Grenzen des Rechts durch äußere Einflüsse sowie der Anpassungsfähigkeit des Rechts von innen heraus erscheint diese Analogie daher nicht sonderlich aufschlussreich. Auch wenn die Analogie insoweit wenig erhellend ist, sollte diese Sichtweise gleichwohl ernst genommen werden. Was würde ein derartiges Regressionsbild über die Geschichte für die Entwicklung von Rechtssystemen bedeuten? *Cicero* soll insoweit gesagt haben, dass es einen direkten Zusammenhang gebe zwischen der Anzahl der Gesetze und dem Zerfall einer Gesellschaft, die mit diesen Gesetzen lebt.

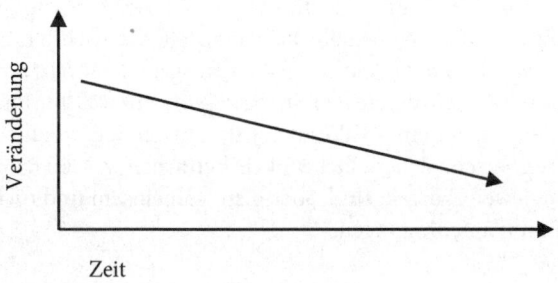

Abbildung 4.6: Regressive Sichtweise

4.3 Lehren aus den verschiedenen Sichtweisen

Die erste Beobachtung dieses Kapitels über die Geschichte war, dass das Recht eine Geschichte *hat* und dass Juristen sie kennen sollten. „Ihre ultimative Sicht auf die Rechtsgeschichte wird wahrscheinlich eine Menge darüber aussagen, welche Art von Jurist Sie sein werden, in beruflicher wie auch politischer Hinsicht, und Ihr Studium der Rechtsgeschichte kann diese Zukunft möglicherweise sogar beeinflussen."[19] Eine zweite Sache, die wir gesehen habe, ist, dass die Geschichtsschreibung nicht mit einem chronologischen Zeitgefühl arbeitet, sondern mit einem, das dem Verständnis von Kairos entspricht. Drittens haben wir uns durch die Analyse von sechs verschiedenen

---

[19] *Daniel Coquillette*, The Anglo-American Legal Heritage, 2. Aufl. 2004, S. 600.

Sichtweisen vor Augen geführt, dass jeder, noch bevor er damit beginnt, eine bestimmte historische Beschreibung zu verfassen, von unterschiedlichen Grundannahmen über den Verlauf der Geschichte ausgeht.[20] Das gilt auch für eine Darstellung der Rechtsgeschichte der USA. Unterschiedliche Kulturen und verschiedene Personen legen ihren Darstellungen jeweils unterschiedliche Annahmen zugrunde. Für die Zwecke dieses Buches ist es notwendig, dass wir uns dieser Grundannahmen bewusst werden. Eine Darstellung der US-amerikanischen Rechtsgeschichte, die zur Zeit der Aufklärung beginnt, geht insoweit überwiegend von der damals vorherrschenden Ansicht aus – einer progressiven Sichtweise auf die Geschichte. Wir sehen jedoch, dass „die Geschichte nicht einheitlich, sondern pluralistisch ist"[21]. In Geschichtsfragen kann keine „alleinige, wahre Antwort" erwartet werden. Was wir stattdessen versuchen sollten, ist zu verstehen, warum wir uns dafür entscheiden, eine ganz bestimmte Darstellung der Geschichte anzubieten, um die Gegenwart zu erklären. Man könnte sicherlich auch mehr als die sechs obigen Sichtweisen auf die Geschichte herausarbeiten oder aber jeden dieser sechs Ansätze bestreiten. Der Punkt jedoch ist, dass man sich bewusst sein muss, welche Sicht auf die Geschichte man hat – und warum – bevor man versucht, die Geschichte eines beliebigen Untersuchungsobjekts darzustellen, einschließlich der des Rechts. *Mohandas K. Gandhi*, ein in England ausgebildeter *barrister*, der letztlich Indien anführen würde, stellte fest, dass „[ein] Autor fast immer einen ganz bestimmten Aspekt eines Falles darstellt, obwohl jeder Fall aus nicht weniger als sieben verschiedenen Blickwinkeln betrachtet werden kann, die für sich betrachtet jeweils korrekt sind, aber nicht gemeinsam und nicht unter den gleichen Rahmenbedingungen."[22]

4.4 Nutzen und Missbrauch der Geschichte

Eine vierte Erkenntnis über die Geschichte ist, dass wir, obwohl wir dazu in der Lage sein sollten, aus der Geschichte zu lernen, diese nicht dazu nutzen können, um durch mathematische Extrapolation der Vergangenheit die Zukunft wie ein Physiker vorhersagen könnten, der, basierend auf Mathematik und unumstößliche Naturgesetze, die Flugbahn einer Rakete oder

---

[20]   Zur Rolle des Erzählen in der Geschichtsschreibung siehe *E. H. Carr*, History as Narrative, in: What is History?, 1987, S. 45–94; zu einer Kritik am gleichmütigen Geschichtsdiskurs siehe *Michel Foucault*, L'Archéologie du Savoir, 1969; *A. M. Sheridan Smith* (engl. Übersetzung): The Archaeology of Knowledge and the Discourse on Language, 1982.

[21]   *J. W. Swain*, Theory of History by Frederick J. Teggart, The Journal of Philosophy, Bd. 23, Ausg. 25 (1926), 693 f.

[22]   *M. K. Gandhi*, An Autobiography or The Story of My Experiments with Truth, Mahadev Desai (Übersetzer), 1927, S. 30; *Gandhi* selbst erwähnt die Zahl Sieben nicht. Unabhängig von der konkreten Zahl soll jedenfalls verdeutlicht werden, dass es mehrere sind und nicht nur einer.

die Position eines Himmelskörpers bestimmen möchte. Dieses Ziel könnte
mit keiner der Geschichtstheorien erreicht werden! Selbst die prinzipiell
linearen Verläufe der statischen oder der progressiven Sichtweise sind insoweit irreführend, weil für soziale Ereignisse der Vergangenheit, unabhängig
davon, wie regelmäßig sie in der Vergangenheit auch aufgetreten sein mögen,
niemals garantiert werden kann, dass sie sich auch in derselben Regelmäßig-
keit wiederholen werden.[23] Die sich ändernden Gesetze von Staaten und
der menschlichen Gesellschaft sind keinesfalls mit Naturgesetzen vergleichbar. Mit mathematischer Präzision kann man weder vorhersagen, *wann* sich
menschliche Ereignisse wiederholen werden, noch mit welchen Variationen
der Vergangenheit. Die kataklystische Sichtweise macht derartige Vorhersagen demgegenüber beinahe völlig unmöglich, selbst unter Zugrundelegung
der Chaostheorien in der Mathematik.

Wenn also eine genaue Vorhersage unmöglich ist, wie können wir dann
diejenige Erfahrung nutzen, die wir nach unserer Meinung durch ein Studium der Rechtsgeschichte gewonnen haben? Wie ist diejenige Art von Vorhersage möglich, von der *Holmes, Jr.* behauptet, dass sie das Recht ausmache?
In rechtsvergleichenden Untersuchungen wird die Rechtsgeschichte häufig
durch die Geschichte von Institutionen und Rechtsquellen untersucht, ein
Prozess, den ich als Einbettung in einen historischen „Referenzrahmen" bezeichne. Aber was kann man erwarten, wenn man nur die Entwicklung der
Rechtsprechungsorgane, der Gesetzgebung oder der Kodifikation in verschiedenen Rechtsordnungen vergleicht? Wir lernen die Unterschiede allenfalls sehr abstrakt, aber die wichtigeren sozialen Informationen darüber,
wie Bürger etwa ihre Streitigkeiten beilegen und ihr Leben mit Hilfe dieser
Regeln und Institutionen gestalten, bleiben ebenso schwer fassbar, wie etwa
die Art und Weise, mit der Rechtspraktiker die Systeme nutzen. Bevor wir
unseren Blick durch den historischen Referenzrahmen wagen, müssen wir
uns daher zunächst fragen, was wir erwarten bzw. was wir überhaupt erwarten können, wenn wir uns die Geschichte im Allgemeinen ansehen oder
die Rechtsgeschichte der USA im Besonderen. Der sich im Folgenden an-
schließende historische Referenzrahmen versucht daher nicht so sehr, die
US-Rechtsgeschichte als Begründung dafür heranzuziehen, dass sich juristische Ausbildung und Praxis zwangsläufig zu ihrer heutigen Form entwickeln
mussten, sondern vielmehr als Rahmen zu sehen, in dem die Entwicklung
der heutigen sozialen Praktiken überhaupt möglich waren.

---

[23] Siehe *Ludwig Wittgenstein*, Philosophical Investigations, G. E. M. Anscombe (Übersetzer), 4. Aufl. 2009 (hierin diskutiert er, dass unterschiedliche Übersetzer sogar das
Muster einer Zahlenfolge unterschiedlich übersetzen werden und dennoch jeder sein
eigenes Muster als „natürlich" bezeichnen wird).

4.5 Bestraft durch Ort und Zeit: Begründung einer historischen Darstellung des US-Rechts

Der historische Ansatz ist natürlich immer auf historische Nachweise begrenzt. Allzu oft stehen jedoch nur unzureichende Daten zur Verfügung, um hinreichend belegbare Schlussfolgerungen zu treffen. Daher ist die individuelle Bewertung der begrenzt verfügbaren Daten sehr wichtig. So hat etwa der Wissenschaftshistoriker *J. E. McGuire* behauptet, dass die Verdinglichung von Texten die Geschichtsschreibung zunichtemache. Vielmehr sollte ein Text zwingend sowohl vor dem Hintergrund gelesen werden, wer ihn wann geschrieben hat, als auch im Kontext anderer Texte und im Austausch mit den Lesern des Textes, seien sie real oder fiktiv.[24] Um ein Verständnis der Rechtsgeschichte zu schaffen, brauchen wir zumindest eine vage Vorstellung von denjenigen Konzepten, Lehren und Regeln, die von den praktizierenden Anwälten und Richtern dazu verwendet wurden, um in einer Gesellschaft Ordnung zu halten. Von Anbeginn der Ausbildung des Berufsstandes der Anwälte an waren laut *Frederick G. Kempin, Jr.* die eigenen Aufzeichnungen der Anwälte, die ihre Praktiken beschrieben haben, die besten Quellen der Geschichte.[25] Die Tatsache, dass ein Großteil der gerichtlichen Entscheidungen schriftlich festgehalten wurde, ist insoweit ein enormer Vorteil für das Studium des *common law*. Diese Entscheidungen lasen sich ursprünglich wie eine Wiedergabe der Argumente der Anwälte[26] und enthalten bis heute oft noch explizite Hinweise auf den konkreten Wortlaut, den die Parteien in ihren Aussagen verwendet haben. Durch die Analyse der erfassten Fälle haben wir die Möglichkeit, einen Einblick in das rechtliche Denken zu einem bestimmten Zeitpunkt der Vergangenheit zu erhalten. Aus den Entscheidungsgründen der *Common-law*-Richter lassen sich dann Tatsachen, Regelungen, die Anwendung der Regelungen und die Beweggründe für ggf. neu geschaffene Regelungen erkennen.

Neben den steinernen Aufzeichnungen von Primärquellen der Vergangenheit, wie etwa dem Kodex Hammurabi oder dem Zwölftafelgesetz der Römer, stützen wir uns weitgehend auf Quellen aus Papier, Pergament oder sogar manchmal aus Papyrus, die nicht nur die Gesetze selbst, sondern auch die Beschreibung der Gerichtsverfahren enthalten.[27] Der irische Dramatiker *Brian Friel* verbindet unseren historischen Referenzrahmen mit dem sprachlichen Referenzrahmen, indem er über sein Stück *Translations* schreibt: „Es ist nicht

---

[24] *J. E. McGuire*, Reading Historical Texts, University of Ghent Sarton Medal Lecture, 28. April 2011 (Notizen des Verfassers).

[25] *Kempin*, a. a. O., Fn. 2, S. 5.

[26] Für eine Sichtweise, die eine Brücke zwischen dem Wiedergabemodell (*transcript model*) und dem gegenwärtigen wissenschaftlichen Erklärungsmodell darstellt, siehe bspw. *Rylands v. Fletcher*, House of Lords, L. R. 1 Ex 265 (1866).

[27] *J. H. Baker*, The Legal Profession and the Common Law, 1986.

die wortwörtliche Vergangenheit, die uns prägt, nicht die ‚Fakten' der Geschichte, sondern es sind in Sprache verkörperte Vorstellungen der Vergangenheit."[28] Damit die Geschichte für uns in der Gegenwart eine Bedeutung hat, müssen, mit anderen Worten, die erfassten „Fakten" mit einer Erzählung verbunden werden. Und zu dieser Beobachtung möchte ich hinzufügen, dass die Erzählung mit so etwas wie denjenigen Annahmen konstruiert ist, die zu Beginn dieses Kapitels vorgestellt wurden.

Unabhängig von dem Material einer Rechtsquelle sollten wir dabei erkennen, dass unsere Vorstellungen von der Vergangenheit allein durch das gesteuert, ermöglicht und begrenzt werden, was aus der Vergangenheit erhalten geblieben ist. Bezogen auf das Recht sind das schriftliche Aufzeichnungen gleich welcher Form. Von diesen Dokumentationen sind naturgemäß sämtliche Dinge ausgenommen, die zwar geschehen, aber nicht schriftlich festgehalten wurden, einschließlich aller lediglich verbal geäußerten Beiträge.[29] In der Tradition des *civil law* zum Beispiel konzentriert sich unsere Erzählung im Allgemeinen auf die Tatsache, dass das *Corpus Juris Civilis* (*C. J. C.*) des *Justinian*, als es in Bologna wiederentdeckt wurde, die Rechtswissenschaftler dazu in die Lage versetzte, eine konsistente Rechtswissenschaft zu erschaffen, weil es seither einen einheitlichen Rechtstext gab (auch wenn es sich hierbei um einen Text handelte, der dem damals praktizierten tatsächlichen Recht überhaupt nicht entsprach). Die gleiche überlieferte Erzählung sagt uns dann, dass die Gelehrten der damaligen Zeit tatsächlich zusammengekommen sind, um diesen Text zu studieren. Denn bereits im 12. Jahrhundert wurde das Werk des Glossators *Irnerius* für jeden unentbehrlich, der sich systematisch mit sämtlichen bereits vorhandenen Interpretationen des *C. J. C.* befassen wollte. Zufällig begannen die Männer von *Wilhelm dem Eroberer* zur gleichen Zeit die Entscheidungen der englischen Richter in Jahrbüchern (*Year Books*) aufzuzeichnen und diese Jahrbücher wurden schließlich als Kurzfassungen (*abridgements*) und Entscheidungssammlungen (*Reporters*) indexiert. Wenn wir von der Rechtsgeschichte sprechen, müssen wir uns daher sowohl in der Tradition des *civil law* als auch in der des *common law* auf die geschriebenen „Fakten" der Geschichte verlassen und bezogen auf das Recht ergeben sich diese Fakten aus der maßgeblichen Literaturgattung des Rechts oder seiner verbindlichen Auslegung. Gleichwohl können unsere Beschreibungen, die auf diesen Fakten basieren, vielfältig sein. Schlichte Darstellungen tendieren dazu, lediglich darauf aufmerksam zu machen, dass die Texte allein eine von vielen denkbaren Erzählungen liefern und dass die gewählte Darstellung oftmals eine politische ist, die die Geschichte als Landnahme mit militärischen Mitteln beschreibt. Eine solche Beschreibung würde uns indes wenig über das dort geltende Recht oder die private Rechtspraxis erzählen.

---

[28] *Brian Friel*, Translations, 1981, S. 80.
[29] Siehe *Walter Ong*, Orality and Literacy: The Technologizing of the Word, 2002.

Warum sollte man sich, wenn es um juristische Narrative geht, und insoweit sei auf Kapitel 2 Bezug genommen, für dasjenige entscheiden, das die Welt lediglich in zwei Systeme unterteilt – das *common law* und das *civil law* – und zwar auf der Grundlage von Fakten aus Rechtstexten? Sagt uns diese erzwungene Parallelität etwas? Im Gegenteil: Die Geschichte des *common law* in England ist seit mehr als achthundert Jahren ununterbrochen, während die *Civil-law*-Tradition in zahlreiche Kulturen und in unterschiedliche Sprachen aufgeteilt und immer wieder neu erfunden wurde.

Ziel dieses Kapitels ist es, die Geschichte der US-amerikanischen Rechtskultur im Kontext der Geschichte des englischen Rechts und der US-amerikanischen Kultur im Allgemeinen zu positionieren, verbunden mit der distanzierenden Klarstellung, dass eine Geschichtsschreibung, gleich welcher Art, keine Naturwissenschaft ist, die auf eine „richtige" Darstellung reduziert werden könnte. Mit dieser Annahme im Hinterkopf stellen wir eine Frage, die vorwiegend unser Geschichtsverständnis i.S.v. *Kairos* und nicht so sehr i.S.v. *Chronos* offenbart: Wie können wir ein Datum festlegen, von dem wir behaupten können, dass das englische Recht „begann"? Ich folge insoweit der Meinung von *Frederick G. Kempin, Jr.*, der die beste Antwort auf diese Frage in demjenigen Zeitpunkt sieht, als die Anwaltstätigkeit zu einem eigenständigen Beruf wurde.[30]

„Das angloamerikanische Rechtssystem ist in den letzten achthundert Jahren weitgehend ausgereift (in dem Sinne, dass es Untersuchungsgegenstand eines eigenen juristischen Berufsbildes war). Ihr ging das archaische und fast verlorene Rechtssystem der Angelsachsen voraus und findet seinen entfernten Ursprung im Recht der germanischen Stämme, die England in der Mitte des ersten Jahrtausends besiedelt haben."[31]

Diese Antwort geht davon aus, dass Rechtspraktiken, nicht etwa Prinzipien oder Ideen oder die Gesetzestexte, der Regelungsgegenstand des „Rechts" sind. Im Vergleich dazu gehen historische Ansätze in der Regel davon aus, dass der Ausgangspunkt in der britischen Rechtsgeschichte die normannische Eroberung im Jahr 1066 und die Veränderungen des angelsächsischen Systems durch die Normannen sind, was dann wiederum bedeuten würde, dass Prinzipien oder Ideen das Recht ausmachen und nicht Personen. Behalten Sie dabei aber im Hinterkopf, dass, wenn wir die normannische Eroberung des sächsischen Englands als Ausgangspunkt nehmen, allein wir es sind, die diesen Zeitpunkt als Beginn gewählt haben, um den Startpunkt der Geschichte festzulegen und dementsprechend auch dazu in der Lage sein sollten, zu erklären, warum.

---

[30] *Kempin*, a. a. O., Fn. 2, S. 5; Es gibt natürlich Alternativen. So wurde beispielsweise vorgeschlagen, dass das *common law* mit der Ausarbeitung und Vereinheitlichung der Regeln für Landbesitz im 12. Jahrhundert oder der regelmäßigen Berücksichtigung von Sitten und Gebräuchen durch Feudalgerichte begann. *Kempin*, a. a. O., Fn. 2, S. 28; *Goldwin Albert Smith*, A Constitutional and Legal History of England, 1955, S. 70 f.

[31] Ebd., S. 2.

4.5.1 Ursprünge des *common law*

Üblicherweise wird berichtet, dass in England vom sechsten bis zum elften Jahrhundert das angelsächsische Recht vorherrschte. Dann, im Jahre 1066, besiegte *Wilhelm*, Herzog der Normandie, den sächsischen König *Harald II.* in der Schlacht von Hastings und beanspruchte die englische Krone für sich.[32] Die normannische Eroberung im Jahr 1066 beendete das angelsächsische Recht zwar nicht, aber sie änderte es. Dieses veränderte System basierte weiterhin auf Rechtsbräuchen.[33] Diese gewohnheitsrechtliche Basis des *common law* besteht bis heute fort und stellt möglicherweise sogar dasjenige Element dar, das in entscheidender Weise für die Langlebigkeit des *common law* verantwortlich gewesen ist.[34] Wenn das von den Richtern angewandte Recht auf denjenigen Gebräuchen des Volkes beruhte, die sie ohnehin schon befolgt haben, dann ist das Recht dem Volk bereits bekannt gewesen und wurde nicht oktroyiert. Auf diese Weise schlagen sich Veränderungen nur langsam, von Einzelfall zu Einzelfall, ihre Bahn, selbst wenn die politischen Machthaber wechseln.

Darüber hinaus sollten wir die Rechtsnatur von *Wilhelms* Anspruch auf den Thron im Auge behalten. *Wilhelm* verstand seinen Thronanspruch nicht als Kriegsbeute eines externen Eroberers, der *Harald II.* gestürzt hatte, sondern als heimisches Geburtsrecht und sah sich als legitimen Nachfolger von König *Eduard* (dem Bekenner). Aufgrund seines Selbstverständnisses als Einheimischer, der ein legitimes Anrecht auf den Thron hatte, ehrte er auch das System, als dessen rechtmäßiger Erbe er sich verstand, und bewahrte die Eigenarten dieses Rechtssystems. Hierdurch blieben die in England geltenden gewohnheitsrechtlichen Normen unverändert. „Die normannischen Eroberer führten gewisse Verwaltungsänderungen durch, die zwar radikale Auswirkungen hatten, aber gleichwohl die bestehenden englischen Bräuche nur unwesentlich veränderten."[35]

Freilich kann nicht geleugnet werden, dass die Normannen das angelsächsische Recht verhältnismäßig stark dadurch beeinflusst haben, dass sie ein feudales Verwaltungssystems mit dem König als alleinigem Lehnsherrn des gesamten Landes eingerichtet haben. Als Gegenleistung für einen Treueeid gewährte der König den privilegierten Herzögen weitläufige Landstriche als Lehen. Durch ertragreiche Landnutzung konnten sich die Fürsten des Landes

---

[32] Siehe bspw. *Plantagenet Somerset Fry*, The Battle of Hastings 1066 and the Story of Battle Abbey, 1990.

[33] *Kempin*, a. a. O., Fn. 2, S. 11.

[34] Als Ausnahme könnte die elfjährige Regentschaft von *Oliver Cromwell* im 17. Jahrhundert gelten. Während dieser Zeit nahm er bestimmte Handlungen vor, die man als „Gesetzesänderungen" bezeichnen könnte. Nach Wiederherstellung der Stuart-Monarchie wurde *Cromwells* Körper exhumiert und öffentlich gehängt. Hiermit lässt sich das Scheitern einer dem Gewohnheitsrecht oktroyierten Gesetzgebung gut veranschaulichen!

[35] *Kempin*, a. a. O., Fn. 2, S. 9.

somit wirtschaftlich selbst versorgen.[36] Ein weiteres juristisches Konzept des normannischen Feudalwesens bestand darin, dass ein Feudalherr die rechtsprechende Gewalt über seine Untertanen ausübte.[37]

Die Idee der rechtsprechenden Gewalt der Feudalherren begünstigte eine neuartige Zivilgerichtsbarkeit, in der das als „*common law*" bezeichnete System aus dokumentiertem Gewohnheitsrecht seinen Ursprung hat. Im Vergleich dazu beriet die *curia regis* (Königshof) den König in Staatsfragen, schloss Vereinbarungen zwischen Kirche und Staat, löste Streitigkeiten zwischen den Feudalherren und fungierte als eine Art Legislative.[38] Die *curia regis* förderte vor allem die Einheit und Kohärenz des *common law*.[39] Ihr kam eine gewisse Sonderstellung zu: „über allem stehen die Vorbringen des königlichen Hofes, der die Anwendung und die Gebräuche des Rechts zu jeder Zeit und an jedem Ort und mit konstanter Einheitlichkeit bewahrt."[40] Daher kann davon ausgegangen werden, dass das *common law* überall und so lange galt, bis ein abweichender lokaler Brauch nachgewiesen werden konnte. Ursprünglich enthielt das *common law* dabei keine materiellen Rechtsnormen, sondern allein prozessuale Rechtsregeln.[41] Die Gebräuche des Reiches wurden zu den Gebräuchen der Gerichte, was dann die Wechselwirkungen zwischen dem Gewohnheitsrecht, den Richtern und den Anwälten, die es interpretierten, ausbauten und intensivierten.[42] Um das Feudalsystem zu sichern, musste die königliche Verwaltung aber zwangsläufig Teile der Justiz übernehmen. Als die Regierung schließlich in der Nähe von London zentralisiert wurde, wurde auch eine Bürokratie aufgebaut und die schriftlichen Aufzeichnungen hierüber ermöglichten, dass sich eine faktenbasierte Rechtsgeschichte ausbilden konnte. Bestandteile des überlieferten angelsächsischen Systems, wie etwa das Juryverfahren, Gottesurteile und die sog. *writs*[43], überlebten. Der normannische König und sein Gerichtshof der *curia*

---

[36] *Kempin*, a. a. O., Fn. 2, S. 11; *Smith*, a. a. O., Fn. 30, S. 39.

[37] *Kempin*, a. a. O., Fn. 2, S. 28; *Smith*, a. a. O., Fn. 30, S. 70 f.

[38] *Kempin*, a. a. O., Fn. 2, S. 28; *Smith*, a. a. O., Fn. 30, S. 47.

[39] *Baker*, a. a. O., Fn. 27, S. 13.

[40] J. H. *Baker*, An Introduction to English Legal History, 4. Aufl. 2002, S. 13.

[41] Siehe bspw. *Michael Lobban*, The Common Law and English Jurisprudence, 1991, S. 257–90 (zitiert in: Robert Kagan et al. [Hrsg.], Legality and Community: On the Intellectual Legacy of Philip Selznick, 2002, S. 128).

[42] *Smith*, a. a. O., Fn. 30, S. 118.

[43] Anmerkung des Übersetzers: Ursprünglich bedeutete *writ* lediglich ‚juristisches Schriftstück' und diente als Gegenbegriff zum Plädoyer (*oral pleading*). Heute kann *writ* – je nach Kontext – mit ‚schriftlicher Erlass / hoheitlicher Beschluss' (i.S.v. *decision in writing*), mit ‚Zulässigkeitsentscheidung über ein klägerisches Begehren' oder auch mit ‚Katalogklage / Formularklage / Musterklage' (es gab über hundert verschiedene unterschiedlichen Typen von *writs*) übersetzt werden. Da zumeist mehrere Bedeutungen angesprochen sind, wird im Folgenden weiterhin die englische Bezeichnung verwendet und nur – soweit möglich und zum Verständnis sinnvoll – die Bedeutung im Deutschen in Klammern angegeben.

regis blieben dabei nicht kontinuierlich an einem Ort, sondern der königliche Gerichtshof folgte zwangsläufig dem König.[44] Eine Gruppe von Verwaltern ließ sich gleichwohl, während der König ortsabwesend war, an einem festen Ort nieder, meist im Palast von Westminster in London.[45]

Soweit man die Schlacht von Hastings als Ausgangspunkt für den Beginn des englischen Rechtssystems, wie wir es heute kennen, nimmt, lässt sich, zum Verständnis der US-amerikanischen Rechtskultur mittels des historischen Referenzrahmens, die Chronologie der Ereignisse in drei Perioden einteilen: eine frühe, eine mittlere und eine moderne.

4.5.2 Frühe Periode: 11.–13. Jahrhundert

Die größten Veränderungen in der frühen Periode, im Anschluss an die Regentschaft von *Wilhelm dem Eroberer*, wurden während der Herrschaft von *Heinrich II.* (1154–89) vorgenommen. Ein Berichterstatter hat insoweit ausgeführt, dass „vermutlich kein Gerichtshof des *common law* existiert, den seine Herrschaft nicht beeinflusst hat.“[46] Eine der im Allgemeinen maßgeblichsten Änderungen unter *Heinrich II.* war sein königlicher Anspruch auf das gesamte Territorium Englands.[47] Bedeutsam für die Rechtspraxis war allerdings vor allem die Verwendung der *writs* (i.S.v. ‚Katalogklagen‘) durch seinen Gerichtshof. Obwohl die Tradition der *writs* bereits bis in die Zeit der angelsächsischen Könige zurückreicht, wurde (nicht ohne Kontroversen) behauptet, dass die Verwendung der *writs* in Gerichtssachen erst mit den normannischen Königen begonnen habe.[48] Die *writs* (i.S.v. ‚Schrifterlass‘), die damals nicht mehr als einfache Schriftstücke waren, stellten für die Gerichte verbindliche Anordnungen dar, über den Inhalt einer Klage zu entscheiden.[49]

Als Folge der Verwendung dieser *writs* (i.S.v. ‚Zulässigkeitserklärung‘) war das junge Rechtssystem schnell überlastet. Als Reaktion darauf ersann *Heinrich II.* wenigstens drei *writs* (i.S.v. ‚Katalogklagen‘), um zeitnah eindeutige Entscheidungen fällen lassen zu können. Dies waren: das Eigentümerformular (*possessory writ*), mit dem die Herausgabe von Landeigentum erzwungen werden konnte, das Klageformular bei Tod eines Ahnen (*writ of Mort d'Ancestor*), mit dem darüber entschieden werden konnte, ob der Vorfahre eines Klägers tatsächlich Landeigentümer war, und die Letztgabe-Dar-

---

[44] *Baker*, a. a. O., Fn. 27, S. 17.

[45] *Smith*, a. a. O., Fn. 30, S. 84; *Baker*, a. a. O., Fn. 27, S. 17.

[46] *Smith*, a. a. O., Fn. 30, S. 81.

[47] *Kempin*, a. a. O., Fn. 2, S. 31; *Smith*, a. a. O., Fn. 30, S. 84.

[48] *Kempin*, a. a. O., Fn. 2, S. 31; aber siehe die Kommentare von *Sidney Packard* in: Speculum, Bd. 36, Nr. 2 (1961) 357 (358), in seiner Rezension von *R. C. van Caenegem*, der behauptet, dass die ältere Theorie von *Giry* und *Brunner*, dass die *writs* und die Jury von den normannischen Königen nach England gebracht wurden, nicht mehr zutrifft, siehe *R. C. Van Caenegem*, Royal Writs in England from the Conquest to Glanvill: Studies in the Early History of the Common Law (Selden Society, LXXVII), 1959.

[49] *Kempin*, a. a. O., Fn. 2.

legung (*Darrein*[50] *Presentment*), mit der darüber entschieden wurde, wer einer Einrichtung der Kirche eine Spende tatsächlich zuletzt hat zukommen lassen. Dabei waren es die Richter selbst, die „die Anwendung dieses ausgeklügelten technischen Systems der Klageformulare verbreiteten."[51] Doch aufgrund der Erkenntnis, dass Schnelligkeit fehleranfällig sein kann, wurden auch die auf Grundlage dieser drei *writs* (i.S.v. ‚Katalogklagen') getroffenen Entscheidungen einer späteren gerichtlichen Überprüfung unterzogen. Zusätzlich zu seiner Entwicklung der Verwendung der *writs* (i.S.v. ‚Katalogklagen') vollendete *Heinrich II.* im Jahre 1166 die als *Assize von Clarendon* bekannte Gesetzgebung, mit der ein geregeltes Strafverfahren eingeführt wurde.[52]

Wenn wir uns auf die Institutionen der damaligen Zeit konzentrieren, stellen wir fest, dass sich die *curia regis* in der zweiten Hälfte des 12. Jahrhunderts ihren Verwaltern anschloss, die sich bereits in Westminster[53] befanden, sodass London zum Zentrum aller Aspekte des englischen Rechts wurde. Die *writs* waren zum zentralen Mittel zur Eröffnung eines Klageverfahrens geworden, und die Gerichte waren zwischenzeitlich zentralisiert. Das Gottesurteil war durch das Juryverfahren ersetzt worden. Jurys entschieden über Rechtsstreitigkeiten und die Richter formten die Grundsätze und Rechtspraktiken der zentralisierten Gerichtshöfe in Westminster.

Nach Ansicht des Rechtshistorikers *J. H. Baker* war die Entstehung des englischen *common law* mehr oder weniger mit dem Aufkommen von Berufsrichtern verbunden, denen schon bald der Berufsstand der Anwälte folgte.[54] Dies steht im Einklang mit *Kempins* Behauptung, dass das Entstehen eines unabhängigen Berufsstandes von Rechtspraktikern den Beginn des *common law* markiert. Im Hinblick auf die relativ unbedeutende Frage, ob sich nun zunächst ein Berufsstand von Richtern oder von Anwälten herausgebildet hat, unterscheidet sich *Kempin* allerdings von *Baker*:

„Heute sagen wir, dass der Richter das Recht setzt; dieser Grundsatz gilt seit siebenhundert Jahren. Aber noch lange nach der Eroberung waren Richter unbekannt. Es gab ‚Gerichtshöfe', aber diese bestanden aus Laien, genannt *suitors*, die Fragen des ‚Rechts' auf Grundlage ihrer Kenntnisse der lokalen Gepflogenheiten beantworteten. Die Leiter dieser Einrichtungen – Landvögte, Vorsteher, Lords und Gutsverwalter – führten lediglich den Vorsitz. Das Recht war noch kein Spezialwissen, das professionelle Richter gebraucht hätte."[55]

---

[50] Anmerkung des Übersetzers: *darrein* ist ein selten gebräuchlicher juristischer Ausdruck für ‚final' oder ‚zuletzt'.

[51] *Smith*, a. a. O., Fn. 30, S. 118.

[52] Ebd., S. 97.

[53] *Baker*, a. a. O., Fn. 27, S. 17.

[54] Ebd., S. 155.

[55] *Kempin*, a. a. O., Fn. 2, S. 22 f.; Wie weit ist doch die urbane Gesellschaft inzwischen von der Vorstellung entfernt, dass Menschen grundsätzlich alles selbst erledigen können und Hilfe von Spezialisten nur für Bereiche mit ungewöhnlichem Wissen benötigen: mittlerweile können diese Menschen kaum noch etwas selbst erledigen und benötigen Spezialisten sogar für die einfachsten Aufgaben des täglichen Lebens, wie etwa das Gassigehen oder die Planung ihrer Hochzeit!

Auch wenn sich die Gelehrten vielleicht darüber streiten, ob nun die Ausbildung des Berufsstandes von Richtern oder von Anwälten das *common law* begründet hat, besteht zwischen ihnen dennoch Einigkeit darüber, dass der Beginn des *common law* mit der Ausbildung eines Berufsstandes begonnen hat und nicht etwa mit der Entdeckung eines Textes. Die Erfindung des unabhängigen Berufsstandes der Anwälte ist aus einer praktischen Notwendigkeit heraus entstanden. Zunächst hat sich jeder selbst vor dem König vertreten. Aber mit Einführung der *writs* in Gerichtssachen durch *Heinrich II.* wurde es für Prozessführer möglich, jemand anderen mit der Wahrnehmung seiner rechtlichen Interessen zu betrauen. Dieser Beauftragte, der als allererster Vertreter seiner Zunft vor Gericht für jemand anderes erschien, wurde als „*responsalis*" bezeichnet und war zunächst kein Mitglied eines separaten Berufsstandes.[56] Die historischen Aufzeichnungen verraten uns nicht, ob diese Verantwortlichen (*responsalis*) regelmäßig vor Gericht erschienen sind. Ihre Rolle könnte man in der heutigen Rechtssprache am besten als jemanden mit einer beschränkten Handlungsvollmacht verstehen. Von einem juristischen „Berufsstand" können wir indes erst ab demjenigen Zeitpunkt sprechen, ab dem die Menschen diese Tätigkeit zur Grundlage ihres täglichen Broterwerbs gemacht haben. Hiervon kann aber erst etwa ab Mitte des 13. Jahrhunderts die Rede sein.

Ergänzend im Hinblick auf die Rechtsanwälte:

„bis zur Zeit von *Heinrich III.* (1216–1272) waren die Richter zu Profis geworden, und die Gerichte hatten damit begonnen, einen Bestand sowohl an materiellen als auch prozessualen Rechtskenntnissen zu schaffen. Die schriftlichen, oder mündlichen, Vertreter sind entstanden, um für die Prozessparteien vor Gericht aufzutreten und die Aufgabe eines Interessenvertreters wahrzunehmen."[57]

Bestandteil des Nachweises dafür, dass die Anwaltschaft tatsächlich einen unabhängigen Berufsstand darstellte, ist die Tatsache, dass es für sie gewisse gesetzliche Regelungen gab.[58] Während der Zeit von *Eduard I.*, der von 1272 bis 1307 regierte, befand sich der relativ junge Berufszweig in einem ziemlich desolaten Zustand. Das, was zwischenzeitlich offiziell als Anwaltstätigkeit angesehen wurde, war erheblich angestiegen, aber eine Ausbildung für das neue Berufsbild existierte allenfalls rudimentär. Es gab keine unabhängigen juristischen Fakultäten und die Universitäten lehrten ausschließlich Kirchenrecht – sie erachteten die Rechtsanliegen des einfachen Mannes als zu banal, um sich ihnen mit wissenschaftlichem Eifer zu widmen. Daher erließ *Eduard I.* 1292 ein Dekret, um sich dieser Situation anzunehmen. Das Dekret wies die für Bürgerbegehren (*Common Pleas*) zuständigen Gerichte an, bestimmte „Anwälte und Schüler" auszuwählen, um an der Arbeit des jeweiligen Gerichts teilzunehmen. Obwohl der direkte Effekt des Dekrets

---

[56] *Kempin*, a. a. O., Fn. 2, S. 78.
[57] Ebd.
[58] *Baker*, a. a. O., Fn. 27, S. 156.

allein darin bestand, die juristische Ausbildung in einen respektablen Zustand zu versetzen, bestand dessen indirekter Effekt darin, ein Monopol für den juristischen Berufsstand zu schaffen. „Die Auswirkung der Entscheidung, die Juristenausbildung in die Hände der Gerichte zu legen, kann kaum überschätzt werden. Es führte zu einer relativen Abschottung der englischen Juristen von kontinentalen, römischen und kirchlichen Einflüssen."[59] Da wir uns mit rechtsvergleichenden Praktiken befassen, kann dieser Punkt nicht genug betont werden. Die Reformen und Beiträge *Heinrichs III.* zum Rechtssystem dienten dazu, mehr Einheit und Konsistenz im System zu schaffen, was von der Öffentlichkeit nicht unbemerkt blieb:

> „Der Anwalt lehrte den Anwalt, und jeder lernte aus den gerichtlichen Vorgängen mit der Folge, dass das Recht wuchs, indem es sich allein auf seine eigenen Ressourcen stützte und nichts von außen aufnahm. Es isolierte sich. Ob das gut oder schlecht für die Entwicklung des Rechts war, ist eine strittige Frage, aber es hat ein einzigartiges System mit einem Minimum an fremden Ideen geschaffen."[60]

Insoweit muss noch ein weiterer Punkt angesprochen werden. Das Dekret von *Eduard I.* festigte nicht nur den Ausbildungsunterschied zwischen *civil law* und *common law*, sondern trennte in England auch den weltlichen Anwalt vom kirchlichen Anwalt. Diese Unterscheidung mag heute offensichtlich erscheinen, aber wenn zum damaligen Zeitpunkt ein Unrecht begangen wurde, war dem Übeltäter nicht klar, ob er oder sie sich vor einem weltlichen oder einem kirchlichen Gericht würde verantworten müssen.[61]

Die Reform des Anwaltsberufs durch *Eduard I.* beschränkte sich zudem nicht allein darauf, die Ausbilder festzulegen. Vielmehr stellte *Eduard I.* mittelbar auch die Ausbildungsliteratur zur Verfügung, als er die Unübersichtlichkeit des *common law* dadurch organisierte, dass er die Entscheidungen in Jahrbüchern zusammenstellen ließ. Vor *Eduard I.* bestanden die Aufzeichnungen des *common law* lediglich aus informellen Fallnotizen, die von Anwälten oder Studierenden dokumentiert worden waren. Doch selbst diese Sammlung von Fällen war für ein System unerlässlich, das seine Richter an frühere Rechtsauslegungen binden würde, sodass es sowohl für die Richter als auch für die Anwaltschaft strukturiert werden musste.[62]

Dank der verbesserten Organisation vertrauten die Probanden mehr auf die Macht der Krone, was wiederum zu einer stärkeren Nutzung der königlichen Gerichtshöfe führte. Die verstärkte Inanspruchnahme der Gerichte mit den damit verbundenen Gerichtsgebühren war dann wiederum ein Vorteil für den König.

---

[59] *Baker*, a. a. O., Fn. 27, S. 81.
[60] Ebd., S. 79.
[61] *Berman*, a. a. O., Fn. 8, passim.
[62] Ebd., S. 99.

4.5.3 Mittlere Periode: 1340er – 1640er

Seit der zweiten Hälfte des 12. Jahrhunderts wurden sämtliche Streitigkeiten vor dem Monarchen in London verhandelt, so dass viele eine lange Reise antreten mussten, damit ihnen rechtliches Gehör für ihren Konflikt gewährt werden konnte. Daher ist es kein Zufall, dass sämtliche Anwälte der damaligen Zeit in London ansässig waren. Die Besonderheiten der mittleren Periode, die es uns ermöglichen, die US-amerikanische Rechtskultur anhand des historischen Referenzrahmens zu verstehen, bleiben naturgemäß englisch und betreffen schwerpunktmäßig die Konzentration der Juristenausbildung an den vier sog. *Inns of Court – Lincoln's, Gray's, Middle* und *Inner.* Es gibt einige Unstimmigkeiten darüber, wann die *Inns* gegründet wurden, aber die Dekrete von *Eduard I.* aus den Jahren 1290 und 1292 könnten insoweit als Nachweis dafür herangezogen werden, dass die *Inns of Court* seit über siebenhundert Jahren existieren.

Die *Inns of Court* haben nicht nur Anwälte ausgebildet, sondern vielmehr die Bildungsgesellschaft im Allgemeinen beeinflusst. „Etwa bis zu einem Drittel des englischen Adels ist durch sie hindurchgegangen, was im Hinblick auf die Universitäten für diese Zeit nicht annähernd behauptet werden kann."[63] Die Ausbildung in den *Inns of Court* bestand tagsüber darin, zahlreichen Gerichtsverfahren beizuwohnen, und des Abends aus Diskussionsrunden mit Rechtsanwälten in den nahegelegenen Gasthäusern.[64] Die Ausbildung folgte der mündlichen Tradition. Schließlich wurden praktische Übungsrunden, die wir heute als „Moot Courts" bezeichnen würden, in die Ausbildung einbezogen.[65] Die Schüler aßen mit ihren Ausbildern. Für die forensisch tätigen Anwälte (*barrister*) ist es auch heute noch üblich, gemeinsam zu essen.[66] Während dieser Zeit gab es mindestens sechs verschiedene Typen von Rechtsanwälten, von denen heute nur noch die forensisch tätigen (*barrister*) und die nicht forensisch tätigen (*solicitor*) geblieben sind.[67]

Die Bedeutung der *Inns* für das Rechtsdenken kann nicht genug betont werden. Noch bis 1573 wurden abweichende Auffassungen der *Inns of Court* von den Gerichten dokumentiert, was jedenfalls zeigt, dass sie sich in Rechtsfragen zumindest als gleichberechtigte Stimme neben der Justiz wahrgenom-

---

[63] *Baker*, a. a. O., Fn. 27, S. 98.

[64] Siehe *Robert Richard Pearce*, A History of the Inns of Court and Chancery, 1848, S. 78.

[65] Ebd.

[66] Siehe *Alex Aldridge*, Barristers' Dinners – a Bit of Fun or One Upper-Class Indulgence too Many? The Guardian, 12. Mai 2011, abrufbar unter www.theguardian.com/law/2011/may/12/barristers-dinners-fun-indulgence (zuletzt aufgerufen am 21.10.2020).

[67] Die verschiedenen Typen waren je nach Quelle unter anderen Namen geläufig. Dies waren: *barrister, apprentices* und *serjeants,* zu denen später noch die *benchers* bzw. *masters of the bench, masters of the utter bar* und *masters of the inner bar* hinzukamen. Siehe dazu *Wilfrid Bovey*, The Control Exercised by the Inns of Court over Admission to the Bar in England, American Law School Review, Bd. 3 (1911–15), 334.

men haben. Zu der Fähigkeit, eine maßgebliche Position in Rechtsfragen einzunehmen, die sich von derjenigen der Gerichte unterschied, trug auch die relative Unabhängigkeit der *Inns of Court* bei. Vor dem Hintergrund unseres heutigen Verständnisses von Autorität im *Common-law*-System erscheint es hingegen eher arrogant, dass eine informelle Bildungseinrichtung wie die *Inns of Court* als maßgeblicher angesehen werden könnte als die Gerichte selbst.

Nach Ansicht von *Baker* gaben die *Inns* schließlich die Autorität auf, für das Recht zu sprechen. Der erste der drei Hauptgründe für diese Verschiebung hängt mit den inhärenten Schwierigkeiten bei der Vermittlung einer einheitlichen Lehre durch mündliche Überlieferung zusammen – einerseits innerhalb eines *Inns of Court* und andererseits, zu einem noch größeren Teil, zwischen den unterschiedlichen *Inns*. Dann, 1440, mit der Erfindung des Buchdrucks, schmälerten die engen Grenzen des juristischen Wissenstransfers durch mündliche Überlieferung und die handschriftlichen Notizen der Anwälte diese Funktion für die *Inns* weiter. Und schließlich, in Fortsetzung des Trends von *Eduard I.*, schickte sich die Monarchie an, die Autorität der Richter dahingehend zu stärken, dass sie im Namen des Monarchen auftraten. Dieser Delegationsprozess wurde ausgeweitet, als 1474 die Kanzleigerichte (*Courts of Chancery*) von den ordentlichen Gerichten (*courts of law*) getrennt wurden. Hierdurch wurde ein Gerichtsstand geschaffen, der es ermöglichte, zwischen Billigkeitsklagen (*remedies of equity*) und ordentlichen Klagen (*remedies of law*) zu differenzieren, indem ein Zuständigkeitsbereich des königlichen Gerichtshofs (*court of the crown*) auf die Kanzleigerichte übertragen wurde.

Wir wissen auch, dass, obwohl keine genauen Daten verfügbar sind, „sie [die *Inns of Court*] sich vor Mitte des 14. Jahrhunderts von freiwilligen Zusammenschlüssen von Jurastudenten zu engen Quasi-Korporationen praktizierender Staranwälte weiterentwickelt haben, analog zu der Entwicklung der Studiengruppen von Oxford und Cambridge zu Colleges."[68] In den 1400er Jahren bestand die juristische Ausbildung aus den vier *Inns of Court* und zehn *Inns of Chancery*. Eine universitäre Ausbildung war noch immer nicht eingeschlossen.

Weitere wichtige Änderungen, die sich in der mittleren Periode ereigneten, betrafen die Methoden zur Dokumentation der Gerichtsentscheidungen. Auch wenn Qualität und Struktur der Jahrbücher im 15. Jahrhundert verbessert worden waren, wurden sie dennoch ab 1535 nicht mehr erstellt.[69] Diese Aufgabe wurde jedoch in vergleichbarer Weise zeitnah durch private Druckereien wahrgenommen, indem diese damit begannen, Entscheidungssammlungen (*Reporters*) zu publizieren. Es scheint also, dass die Fallsammlungen

---

[68] *Malcolm Fooshee*, The English Inns of Court: Their Background and Beginnings, A. B. A. Journal, Bd. 46 (1960), 616.

[69] *Kempin*, a. a. O., Fn. 2, S. 99.

und die darin enthaltenen Argumente für die Rechtspraxis des *common law* unverzichtbar waren. Denn als die Erstellung der Jahrbücher eingestellt wurde, fehlte nunmehr ein wesentliches Instrument für die Rechtspraxis, was dann seine unmittelbare Ersetzung erforderlich machte.[70]

Gleichwohl werden wir hierdurch daran erinnert, dass all diese Entwicklungen lediglich Abhilfemaßnahmen für konkrete Probleme waren, die von der Öffentlichkeit, den Rechtsanwälten, den Richtern oder auch der Krone wahrgenommen wurden. Es gab aber keinen großen Plan hinsichtlich der Struktur oder der Funktionen der Rechtsordnung. Folglich, so *Baker*, „erwartete [im 14. bis 15. Jahrhundert] niemand einen allmählichen Zuwachs des Rechts von Einzelfall zu Einzelfall, genauso wenig wie wir jetzt erwarten, dass aus jeder Schachsaison neue Regeln für das Schachspiel hervorgehen."[71] Und um dieses Wachstum zu erkennen, besteht für uns lediglich die Möglichkeit, mittels des historischen Referenzrahmens auf die dokumentierten Zeitzeugnisse zu schauen.

Abschließend ist anzumerken, dass dieses System der juristischen Ausbildung unter starkem politischem Einfluss stand. Wegen des englischen Bürgerkrieges hörten die *Inns of Court* vorübergehend auf, Recht zu lehren. Und obwohl der Krieg bereits 1646 endete, wurde die juristische Ausbildung erst 1846 – also zweihundert Jahre später – wieder aufgenommen.[72]

4.5.4 Moderne Periode: 18. Jahrhundert – Gegenwart

Wenn wir uns nun den unabhängigen Vereinigten Staaten von Amerika zuwenden, wäre es irreführend anzunehmen, dass alle fünfzig US-Bundesstaaten in irgendeiner Form als englische Kolonien mit englischem Recht begonnen und sich dann zu etwas „Amerikanischem" entwickelt hätten. Texas zum Beispiel erklärte seine Unabhängigkeit nicht von Großbritannien, sondern 1836 von Mexiko und trat in der Folge erst 1845 den Vereinigten Staaten bei. Während es ein Teil Mexikos war, galt in Texas aber ein vom spanischen *civil law* geprägtes Rechtssystem, sodass das texanische Rechtssystem auch auf dieser Grundlage entstanden ist und sich nicht unmittelbar aus dem englischen Recht entwickelt hat. In Louisiana, das zum Zeitpunkt seines Ankaufs durch Präsident *Thomas Jefferson* von *Napoléon Bonaparte* fast ein Drittel der Fläche der heutigen Vereinigten Staaten ausmachte, galt französisches Recht. Und nach wie vor gilt dort das *civil law* ebenso wie in der kanadischen Provinz Québec, mitten im ansonsten durch das *common law* geprägten Kanada. Doch sollte man, als das englische *common law* durch die englische Kolonisation Nordamerikas in die USA transferiert wurde, nicht

---

[70] Siehe *Richard J. Ross*, The Commoning of the Common Law: The Renaissance Debate Over Printing English Law, 1520–1640, University of Pennsylvania Law Review, Bd. 146 (1998), 323.

[71] *J. H. Baker*, The Common Law Tradition: Lawyers, Books and the Law, 2000, S. 25.

[72] *Kempin*, a.a.O., Fn. 2, S. 81.

selbstverständlich davon ausgehen, dass die englische Rechtsprechung nach der Unabhängigkeit der USA vollständig übernommen wurde. „Es versteht sich von selbst, dass frühe amerikanische Gerichte nicht automatisch dazu bereit waren, englische Präzedenzfälle anzuwenden. […] Vielmehr haben einige amerikanische Gerichte während des Krieges von 1812 sogar verboten, englische Fälle vor Gericht überhaupt anzuführen."[73]

In diesem Sinne könnte man sich fragen, wie und warum viele Staaten, trotz ihrer beträchtlichen politischen Unabhängigkeit voneinander, das *common law* Englands dennoch adaptiert und weiterentwickelt haben? Die Antwort hierauf ist zum Teil darin zu sehen, dass der unvollendete Zustand der US-amerikanischen Rechtsprechung dazu führte, dass man sich auf allgemeine Prinzipien verlassen musste. 1809 schrieb Virginias Kanzler *Creed Taylor*: „Es war das *common law*, das wir übernommen haben, nicht die englischen Entscheidungen; und wir sollten die Maßstäbe dieses Rechtssystems zu den unsrigen machen, nämlich: redlich miteinander konkurrieren, niemandem schaden und jedem ein faires Gerichtsverfahren garantieren."[74] Darüber hinaus wanderten im Zuge der Beitrittsgeschichte Rechtsanwälte anderer Bundesstaaten in die neuen Bundesstaaten aus und brachten ihre jeweilige *Common-law*-Ausbildung mit sich.[75] Abermals sollten wir also erkennen, dass es die praktizierenden Anwälte des *common law* waren, nicht etwa Gesetzestexte, die das Rechtsdenken in den Vereinigten Staaten von Amerika nachhaltig geprägt haben. *Mohandas Gandhi*, sinnierend über das indische Rechtssystem, erinnert uns daran, dass „der wesentliche Gesichtspunkt, den wir nicht vergessen sollten, darin besteht, dass die Gerichte ohne Juristen nicht hätten errichtet oder geführt werden können und die Engländer ohne sie nicht hätten herrschen können."[76]

Ebenso wie es ein Fehler wäre, von der Rezeption des englischen *common law* in „Amerika" zu sprechen, wäre es ein Fehler, von einem einheitlichen System des „Amerikanischen Rechts" zu sprechen. Vielmehr ließe sich die Situation in den USA besser verstehen, wenn man eine Analogie zur „Rezeption" der kolonialen Rechtssysteme in den verschiedenen Staaten Afrikas bilden würde und dabei berücksichtigen würde, wie jeder dieser Staaten, in unterschiedlichem Maße, das Rechtsystem seines ehemaligen Kolonialherrn abgelehnt, akzeptiert oder modifiziert hat. Jede nordamerikanische Kolonie hat das englische Recht auf unterschiedliche Art und Weise übernommen, wobei das Spektrum von Massachusetts, das fast gar kein englisches Recht rezipierte,[77] bis South Carolina reicht, das fast das gesamte englische Recht

---

[73] Ebd., S. 107
[74] *Marks v. Morris*, 14 Va. 463 (1809).
[75] *Daniel Hulsebosch*, An Empire of Law: Chancellor Kent and the Revolution in Books in the Early Republic, Alabama Law Review, Bd. 60 (2009), 377, passim.
[76] *M. K. Gandhi*, Hind Swaraj or Indian Home Rule, 1938, S. 50.
[77] *William E. Nelson*, Americanization of the Common Law: The Impact of Legal Change on Massachusetts Society, 1760–1830,1994, passim.

übernahm,[78] mit Ausnahme von denjenigen Fällen, in denen das US-amerikanische Rechtsempfinden aus kulturellen Gründen, soweit dies von einem Richter ausgedrückt werden konnte, zu unterschiedlich war.[79]

Im Anschluss an die Periode, in der die Gerichte in den neuen Bundesstaaten das *common law* „erhalten" haben, lohnt es sich, einen Blick auf die offiziellen staatlichen Erklärungen zu werfen, mit denen das englische Recht rezipiert wurde. Auf diese Weise lässt sich erkennen, wie unterschiedlich jeder einzelne Bundesstaat das *common law* adaptiert hat. Eine Haltung im Einklang mit dem, was *William Stoebuck* als die Bewahrung der „Grundzüge" von Richter *Story* im Fall *Van Ness* bezeichnet,[80] wird im Jahre 1777 durch ein Gesetz zum Ausdruck gebracht, das die Generalversammlung von Pennsylvania verabschiedete. Diese lautete (in Auszügen):

„Das *common law* sowie die am 14. Mai 1776 in der Provinz Pennsylvania geltenden und an die Umstände der Bewohner dieses Mitgliedes des Commonwealth angepassten englischen Statuten treten ab dem 10. Februar 1777 in diesem Mitglied des Commonwealth in Kraft."[81]

Zur Bewahrung der „Grundzüge" wird in dem Gesetz die Bedingung „an die Umstände der Bewohner dieses Mitgliedes des Commonwealth angepassten englischen Statuten" (in Bezug auf Pennsylvania) verwendet, genau wie *Story* im Fall *Van Ness* argumentierte.

Wohin auch immer die Briten ihr damaliges Weltreich ausdehnten, brachten sie ihre Sprache und ihr Rechtssystem mit und beides hatte als Erbe vielfach auch noch Bestand, wenn die Kolonialherrschaft, freiwillig oder gewaltsam, beendet war. Auf Nordamerika traf dies jedenfalls zu. Tatsache ist, dass die Vereinigten Staaten für ihre Rechtspraxis kein völlig anderes Rechtssystem ersonnen haben. So stellte etwa der berühmte US-Richter, Pandektist und Kanzler von New York, *James Kent*, im Hinblick auf den Stil der US-amerikanischen Urteile fest, dass „politische Unabhängigkeit nicht die volle Unabhängigkeit der Rechtskultur mit sich brachte"[82]

Es wird auch darauf hingewiesen, dass das Recht eng mit der Sprache verknüpft ist:

„Die imperiale Funktion des Rechts ist eng verbunden mit der Rolle, die das Recht als Sprache spielte, die es Menschen ermöglichte, über politische Grenzen hinweg zu kommunizieren, sei es innerstaatlich oder international. Rechtliche Argumentation und juristischer Diskurs gingen über die Politik im Grunde genommen hinaus, indem sie es Menschen

---

[78] *William B. Stoebuck*, Reception of the English Common Law in the American Colonies, William & Mary Law Review, Bd. 10 (1969) 242 (401); „Die Annahme, dass das Kolonialrecht in allen Kolonien im Wesentlichen das gleiche war, entbehrt jeglicher Grundlage.", ebd.(zitiert *George L. Haskins*, Law and Authority in Early Massachusetts, 1960, S. 114 f.).

[79] Ebd., S. 401.

[80] *Van Ness v. Pacard*, 27 U.S.(2 Pet.) 137 (1829).

[81] 1 Sm.L. 429 §§ 1 to 3, 8; wurde zu 46 P.S. §§ 151 to 154 und ist heute noch in Kraft als 1 Pa. C.S.A. § 1503(a).

[82] *Hulsebosch*, a.a.O., Fn. 75, S. 16.

erlaubten, über Grenzen hinweg zu kommunizieren, zu argumentieren oder Geschäfte zu tätigen. Im Britischen Empire, das in eine Vielzahl von Königreichen, Kolonien und Herrschaftsgebiete unterteilt war, hat das Recht eben diese Rolle gespielt."[83]

Insofern kann man sagen, dass das *common law* als „System" zur Zeit des Britischen Empire aus der Not heraus übernommen wurde, weil es ein Rechtssystem war, das es erlaubte, über verschiedene Teile des Empires hinweg zu kommunizieren. Dabei stellte sich heraus, dass diese Besonderheit gut zum US-amerikanischen Föderalismus passte, in dem einflussreiche unabhängige Bundesstaaten diejenigen Rollen übernahmen, die die verschiedenen Teile des Britischen Empire zuvor gespielt hatten.

4.6 US-amerikanische Geschichte

Bevor wir uns nun der US-amerikanischen Rechtsgeschichte zuwenden, scheint es an dieser Übergangsstelle sinnvoll zu sein, ein paar Worte über die US-Geschichte im Allgemeinen zu verlieren – sei es auch nur, um darauf hinzuweisen, dass ein Rechtssystem stets Bestandteil eines größeren kulturellen Gefüges ist und dass man, um die US-amerikanische Rechtsgeschichte zu verstehen, zumindest einige Grundlagen über dieses umfassendere Bild der US-Geschichte kennen muss. Im Hinblick auf das vorangegangene Kapitel über Vergleiche sei daran erinnert, dass ein sinnvoller und treffender Vergleich zwischen Rechtssystemen auch eine Einschätzung darüber beinhalten muss, inwieweit ein Rechtssystem den Bedürfnissen der Kulturangehörigen entspricht. Zu diesem Zweck muss man sich fragen, was denn die Bedürfnisse der US-amerikanischen Bevölkerung im Laufe der Zeit gewesen sind.

1831 reisten *Alexis de Tocqueville* und *Gustave de Beaumont* im Auftrag der französischen Regierung neun Monate lang durch die Vereinigten Staaten, um dessen Gefängnissystem zu analysieren. Während dieser Reisen sammelten sie zahlreiche Erkenntnisse über die US-amerikanische Kultur im Allgemeinen und die politische Kultur im Besonderen. *De Tocqueville* erkannte mehrere Faktoren, von denen er glaubte, dass sie dazu beitragen könnten, um den Erfolg der Vereinigten Staaten zu erklären – reichlich vorhandenes, fruchtbares Land, Möglichkeiten für die Menschen, dieses Land zu erwerben, um damit ihren Lebensunterhalt zu bestreiten, das Fehlen einer feudalen Aristokratie, die die Ambitionen blockieren konnte, und der Sinn für Unabhängigkeit, der durch das Pionierleben und den Individualismus gefördert wurde.[84] Einige dieser Eigenschaften ermutigen die US-Amerikaner heute sogar, den Kapitalismus generell mit der Demokratie zu assoziieren.

Die Kultur dessen, was heute die Vereinigten Staaten sind, begann lange vor demjenigen Ereignis, das Juristen gerne als die Stunde null bezeichnen –

---

[83] Ebd., S. 17.
[84] *Alexis de Tocqueville*, Democracy in America, 1835.

die US-Verfassung –, und man sollte sich der Tatsache bewusst sein, dass die Verfassung von Menschen geschrieben wurde, die in diese bereits funktionierende Kultur hineingeboren wurden.[85] Allgemein könnte die Geschichte dabei auch aus einem geographischen oder anthropologischen Blickwinkel dargestellt werden, was dann die Stämme der amerikanischen Ureinwohner stärker in den Vordergrund stellen würde, von denen im 18. Jahrhundert noch viele in größerer Anzahl vorhanden waren. Aber die Geschichte wird meist aus der Perspektive der europäischen Kolonisatoren erzählt. Doch selbst dabei werden, vor dem Hintergrund der englischen Dominanz und ohne über die Geschichte des in englischer Sprache praktizierten *common law* hinauszuschauen, die frühen Kolonien der Niederländer, Portugiesen, Spanier und Franzosen gerne übersehen.

Eine ganz andere Geschichtsschreibung würde sich auch dann ergeben, wenn man primär den Verlauf und die Auswirkungen der Sklaverei erzählen würde. Erst die Sklaven ermöglichten die Agrarwirtschaft und bildeten den emotionalen Auslöser für den amerikanischen Bürgerkrieg, in dem mehr Amerikaner getötet wurden als in beiden Weltkriegen des 20. Jahrhunderts zusammen. Heute haben 13 Prozent der US-amerikanischen Bevölkerung zumindest teilweise afrikanische Vorfahren. Wie in vielen europäischen Staaten vollzogen sich in den 1960er Jahren auch in den Vereinigten Staaten soziale Umwälzungen, als die Bevölkerung nachdrücklich darum kämpfte, sich sowohl mit Fragen der *race* und der Bürgerrechte auseinanderzusetzen als auch auf die sozialen und ökologischen Schäden zu reagieren, die durch den ungezügelten Industrialismus verursacht worden waren.[86] Und obwohl man die Vereinigten Staaten heute als Kapitalismusgesellschaft in ihrer extremsten Ausgestaltung bewerten könnte, haben Gewerkschaften und Arbeitnehmerrechte eine gravierende Rolle im US-amerikanischen Industrialismus gespielt. Der europäische Tag der Arbeit am 1. Mai wurde erstmals in Chicago begangen, die Kommunistische Partei war im 20. Jahrhundert auch in den Vereinigten Staaten aktiv und stellte einen Präsidentschaftskandidaten sogar bis weit in die Zeit des Kalten Krieges.

Die Geschichten, die die US-Kultur gerne oftmals über sich selbst erzählt, sind diejenigen von harter Arbeit, selbständigem Engagement und sozialen Freiheiten. Die Romane von *Horatio Alger, Jr.* vermitteln insoweit das Bild des bettelarmen Immigranten aus Europa, der es in den Vereinigten Staaten zum Millionär schaffen kann, oder des demütigen Mannes aus Kentucky, der, in einer Blockhütte geboren, US-Präsident werden kann. Diese beiden

---

[85] Die bereits funktionierende Kultur beinhaltete die erste „Verfassung", bekannt als „Konföderationsartikel". Für öffentlich-rechtlich interessierte Juristen ist es interessant, sich mit den Rechtsmechanismen zu befassen, durch welche diese Artikel ihre Gültigkeit verloren, um der US-amerikanischen Verfassung ihre Gültigkeit zu verleihen. Siehe dazu *Clinton Rossiter*, 1787: The Grand Convention, 1987, S. 274 ff., 299 f.

[86] *Bernard Bailyn* et al., The Great Republic: A History of the American People. Bd. II, 1977, passim.

Gleichnisse sollten jedoch ernsthaft hinterfragt werden, wenn man bedenkt, dass seit den 1950er Jahren die meisten Präsidenten der Vereinigten Staaten bei ihrem Amtsantritt bereits Millionäre gewesen sind.

4.7 US-amerikanische Rechtsgeschichte

Ausgehend von diesen wenigen Aspekten der US-amerikanischen Geschichte im Allgemeinen wenden wir uns nun der US-amerikanischen Rechtsgeschichte zu. Wie bereits dargelegt, besteht die erste Aussage, die über die US-amerikanische Rechtsgeschichte gemacht werden muss, schlicht darin, dass es eine gibt. Bestandteil des Wissens, dass es eine Geschichte gibt, ist dann die Erkenntnis, dass die Unabhängigkeit der Vereinigten Staaten im juristischen Denken nicht mit simplen Mitteln, mechanisch oder gar automatisch erreicht wurde. Vielmehr benötigten die Vereinigten Staaten insoweit einen eigenen Pandektisten wie *William Blackstone*, jemanden, der das amerikanische Recht so zusammenfassen und kommentieren konnte, dass es sich von seinen Vorläufern unterschied, sei es nun das Recht der Franzosen, der Mexikaner oder vor allem der Engländer. Diesen Prozess begann der New Yorker Kanzler *James Kent*. Laut dem US-amerikanischen Rechtshistoriker *Lawrence M. Friedman* „beabsichtigte *Kent*, dass sein riesiges Werk der nationale *Blackstone* sein sollte."[87] Als die US-Bundesstaaten nicht mehr Teil eines fremden Imperiums, sondern unabhängig sein wollten, bestand für sie auch im Hinblick auf die Rechtsquellen das Bedürfnis, Unterschiede aufzuzeigen. Nach dem Rechtshistoriker aus Yale, *John H. Langbein*, „teilen *Kents* Kommentare (*Commentaries*) den verheißungsvollen Anspruch der europäischen Institute für nationales Recht, einer neuen, selbstbewussten Nation Charakter und Eigenständigkeit zu verleihen."[88]

Die wesentlichen Aspekte der modernen Periode, die es uns ermöglichen, die heutige US-amerikanische Rechtskultur durch den historischen Referenzrahmen besser zu verstehen, bestehen erstens darin, dass sich die Praktiken des *common law* vor und während der modernen Periode im gesamten *British Empire* verbreiten, einschließlich der Vereinigten Staaten. Zweitens wird die Verbreitung des *common law* in den Vereinigten Staaten nicht durch die Jahrbücher (*Year Books*) oder Entscheidungssammlungen (*Reporters*) erreicht, die umständlich zu reproduzieren und für viele der Kolonisten wahrscheinlich

---

[87] *Lawrence M. Friedman*, A History of American Law, 2. Aufl. 1985, S. 332.
[88] *John H. Langbein*, Chancellor Kent and the History of Legal Literature, Columbia Law Review, Bd. 93 (1993), 547 (591 ff.) (wie zitiert in *Hulsebosch*, a. a. O., Fn. 75, S. 4).

zu teuer gewesen wären, sondern durch die Werke der *Common-law-*„Pandektisten"[89]: *Blackstone, Littleton* und *Coke.*[90]

Dem neuen Staat einen eigenen Charakter zu verleihen, beinhaltete auch einen Prozess seiner Abgrenzung von dem, was er nicht mehr sein wollte. Laut dem Rechtshistoriker der Universität New York, *Daniel Hulsebosch,* „war in Kontinentaleuropa das römische Recht die Rechtsquelle, von der man sich abgrenzte. In den Vereinigten Staaten war es das englische *common law.*[91] Und diese Emanzipation des US-amerikanischen Rechts erfolgte während der modernen Periode. Die Konvention, Entscheidungen zu verfassen, in denen die Argumente beider Parteien zusammengefasst und die Klageziele herausgearbeitet werden, war ein spezifisches Merkmal der US-amerikanischen Gerichtsentscheidungen. Als bald darauf auch einige englische Richter damit begannen, ausführlich begründete schriftliche Entscheidungen zu verfassen, nannten sie diesen Stil „amerikanisch".

Zur Zeit der politischen Theoretiker des 18. Jahrhunderts war das englische Verfassungssystem gut etabliert. Dieses System, und nicht etwa rein theoretische Spekulationen, bildete die Grundlage für das Prinzip der Gewaltenteilung. Die Leistung der Theoretiker bestand darin, das bereits Bestehende zu rationalisieren, hierfür einen theoretischen Rahmen zu schaffen und es dabei zu einer neuen Regierungsgrundlage zu verfeinern.[92] Aus dieser Beobachtung können wir ableiten, dass Rechtspraktiken oftmals nicht deshalb entstehen, weil sie zunächst rationale Vorschläge gewesen wären, sondern vielmehr tatsächliche Praktiken darstellen, die erst im Anschluss rational begründet werden.

Ein Beispiel dafür ist die Tatsache, dass die Gewaltenteilung in England, obwohl sie *Montesquieus* rationaler Schöpfung ähnelt, letztlich dadurch entstanden ist, dass dem absoluten Herrscher nach und nach Kompetenzen entzogen wurden. So lässt sich aus dem Fall *Bonham* erkennen, dass die Rechtsprechung vom König unabhängig wurde. Und dann, im sog. *Proklamationsfall* (*Case of Proclamations*), wurde das Parlament als oberste Gewalt anerkannt. Folglich wurden dem absoluten Monarchen die Rechtsetzungs- und die Rechtsprechungskompetenzen Stück für Stück weggenommen. Im Ergebnis liegt die Exekutivgewalt damit nicht etwa deshalb beim Monarchen,

---

[89] Zwar gab es im *common law* keine Pandekten, sodass es formal auch keine Pandektisten gibt. Doch *Blackstone, Littleton* und *Coke* haben die Funktion der Pandektisten im *common law* übernommen.

[90] Für weitere Informationen zur Geschichte des *common law* siehe *Pollock/Maitland,* a. a. O., Fn. 1, welche die Geschichtsschreibung des englischen Rechts geprägt haben, und *Christopher Columbus Langdell,* der Erfinder der „Fallmethode (*case study*)" an der *Harvard Law School* im 20. Jahrhundert, die noch heute als Grundlage des US-amerikanischen Bildungssystems der Juristen dient. Siehe auch *Paul Perell*, Stare Decisis and Techniques of Legal Reasoning and Legal Argument, 1987.

[91] *Hulsebosch,* a. a. O., Fn. 75, S. 4.

[92] *Kempin,* a. a. O., Fn. 2, S. 43.

weil sie ihm aufgrund einer rationalen Dreiteilung zugesprochen worden wäre, sondern weil dem König, nachdem ihm die beiden anderen Kompetenzen entzogen worden waren, allein die Exekutivgewalt geblieben war.[93]

Der englische Rechtshistoriker des 19. Jahrhunderts, *Henry Sumner Maine*, gelangte insoweit zu der bekannten Schlussfolgerung: „Wir können sagen, dass die Entwicklung fortschrittlicher Gesellschaften bislang eine Entwicklung vom *Status zum Vertrag* gewesen ist."[94] Im Hinblick auf das Kapitel über die Sprache lässt sich die Wahrheit von *Maines* Behauptung auch aus der informellen Bezeichnung für das Testament ableiten – den letzten „Willen" (*will*). Im Feudalsystem war es demgegenüber nicht möglich, Landeigentum im Todesfall nach dem eigenen Willen zu übertragen, sondern nur in Abhängigkeit von seinem Stand. Mithin war die Einführung der Vorstellung, dass man Land nach dem eigenen Tod willentlich übertragen konnte, eine Verschiebung der Rechtsgrundlage vom Stand hin zum Willen des Erblassers. Angesichts der Tatsache, dass *Maine* wohlbekannt war, seine Schriften viel gelesen wurden, diese spezielle Schlussfolgerung berühmt war und eine solche Aussage darüber hinaus einige Auswirkung auf die Gesellschaft hatte, lässt sich erahnen, dass sie durchaus zu einer ernsthaften Untersuchung derjenigen sozialen Bedingungen führen konnte, unter denen man einen rechtlichen Handlungswillen entwickelt, sei es nun im Hinblick auf einen Handelsvertrag oder die Übertragung von Eigentum auf einen Erben. Dementsprechend ist es auch nicht verwunderlich, dass auf *Maines* historische Ära eine Bewegung der „Rechtssoziologie" folgte.

Berman stellt fest, dass viele Merkmale der westlichen Rechtstradition „in der zweiten Hälfte des 20. Jahrhunderts, insbesondere in den Vereinigten Staaten, stark aufgeweicht wurden."[95] Diese Schwächung beruht auf einem ahistorischen Selbstverständnis des Rechts. „Das Recht wird so dargestellt, als hätte es keine eigene Geschichte, und die Geschichte, die es zu präsentieren verkündet, wird bestenfalls als Chronologie und schlimmstenfalls als reine Illusion behandelt."[96] Man könnte vermuten, dass die A-Historisierungstendenz der USA in der zweiten Hälfte des 20. Jahrhunderts zumindest teilweise auf das Beharren der Widersacher des Kalten Krieges – China und UDSSR – zurückzuführen ist, dass laut *Karl Marx* alle staatlichen Angelegenheiten historisiert werden müssen. Aber auf beiden Seiten des Atlantiks gab es auch interne Einflüsse. Der englische Rechtshistoriker *Frederic William Maitland* schrieb: „Der Jurist muss orthodox sein, sonst ist er kein Jurist; und eine orthodoxe Geschichte scheint mir ein Widerspruch in sich zu sein."[97] Folgt

---

[93] Ebd., S. 92 f.

[94] *Henry Sumner Maine*, Ancient Law, 10. Aufl. 1884, S. 165.

[95] *Berman*, a. a. O., Fn. 8, S. 38.

[96] Ebd.

[97] Siehe *S. F. C. Milsom*, Introduction, in: Pollock / Maitland, The History of English Law Before the Time of Edward I, Bd. I, 2. Aufl. 1968, S. XXIV–XXV.

man dem progressiven Geschichtsverständnis, dann besteht zudem die Gefahr, die Vergangenheit als unvollkommen bzw. naiv anzusehen oder ihr die vollständige Sachkenntnis abzusprechen, die wir zwischenzeitlich erlangt haben. *Oliver Wendell Holmes, Jr.*, Richter am *U. S. Supreme Court*, schrieb:

> „Wir müssen uns vor dem Antiquarismus hüten und uns daran erinnern, dass wir uns im Hinblick auf unsere Zwecke lediglich für dasjenige Licht interessieren, das er auf die Gegenwart wirft. Ich sehe derjenigen Zeit mit Freude entgegen, in der die Rolle der Geschichte für die Begründung eines Dogmas nur noch marginal sein wird und in der wir unsere Energie statt für ausgeklügelte Geschichtsforschung allein auf die erstrebenswerten Zielsetzungen und ihre Beweggründe verwenden."[98]

Diese Form der egozentrischen Bewertung der Beweggründe, etwas über andere Zeiten zu erfahren, ist kaum besser als eine engstirnige Bewertung für die Beweggründe, etwas über andere Orte wissen zu wollen.

4.8 Schlussfolgerung

„Wohin führt uns das und mit welchen Folgen? Ohne eine universelle Wahrheit und einen universellen Weg der (Rechts-)Entwicklung können wir nicht mehr nur eine einzige historische Erklärung bemühen, sondern benötigen eine Vielzahl an denkbaren Entwicklungen und Erklärungen, mit denen wir umgehen können."[99] Ein derartiger Blick durch den historischen Referenzrahmen führt uns zum gegenwärtigen Stand der US-amerikanischen Rechtsausbildung und -praxis. Nachdem wir uns die Gegenwart im Kontext der Geschichte angesehen haben, um hierdurch den *status quo* zu analysieren, wird der Blick im nächsten Kapitel mittels des sozialen Referenzrahmens auf die US-amerikanische Rechtskultur gelegt.

Wissensherausforderungen

1. Was würde es bedeuten, zu behaupten, dass ein Rechtssystem Fortschritte gemacht hat?
2. Auf welche Weise hätte sich eine Erzählung der US-amerikanischen Rechtsgeschichte anders entwickelt, wenn das verwendete Geschichtsmodell nicht progressiv, sondern eher kataklystisch oder regressiv wäre?

---

[98] *Holmes*, a. a. O., Fn. 4.
[99] *Günter Frankenberg*, Critical Comparison, Re-Thinking Comparative Law, Harv. Int'l L. J., Bd. 26 (1985), 411 (454).

Literatur

Bailyn, Bernard/Dallek, Robert/Davis, David/Donald, David/Thomas, John, The Great Republic: A History of the American People, Bd. II, 1977.

Baker, John H., The Legal Profession and the Common Law, 1986.

Bettini, Maurizio, Anthropology and Roman Culture. Kinship, Time, Images of the Soul, van Sickle, J. (Übersetzer), 1991.

Coquillette, Daniel, The Anglo-American Legal Heritage, 2. Aufl. 2004.

Fooshee, Malcolm, The English Inns of Court: Their Background and Beginnings, American Bar Association Journal, Bd. 46 (1960), 616.

Frankenberg, Günter, Critical Comparison, Re-Thinking Comparative Law, Harvard International Law Journal, Bd. 26 (1985), 411.

Friedman, Lawrence M., A History of American Law, 2. Aufl. 1985.

Friel, Brian, Translations, 1995.

Fry, Plantagenet Somerset, The Battle of Hastings 1066 and the Story of Battle Abbey, 1990.

Großfeld, Bernhard, Core Questions of Comparative Law, Vivian Grosswald Curran (Übersetzerin) 2005.

Holmes, Oliver Wendell, Jr., The Common Law, 1881.

Holmes, Oliver Wendell, Jr., The Path of Law, Harvard Law Review, Bd. 10 (1897), 457.

Hulsebosch, Daniel, An Empire of Law: Chancellor Kent and the Revolution in Books in the Early Republic, Alabama Law Review, Bd. 60 (2009), 377.

Kempin, Frederick G., Jr., Historical Introduction to Anglo-American Law, 1990.

Maine, Henry Sumner, Ancient Law, 10. Aufl. 1884.

Ong, Walter, Orality and Literacy. The Technologizing of the Word, 2002.

Pearce, Robert Richard, A History of the Inns of Court and Chancery, 1848.

Pollock, Frederick/Maitland, Frederic W., The History of English Law Before the Time of Edward I, Milsom, S. F. C. (Hrsg.), 2. Aufl. Bd. II, 1968.

Pound, Roscoe, Comparative Law in Space and Time, American Journal of Comparative Law, Bd. 4 (1955), 70.

Stoebuck, William B., Reception of the English Common Law in the American Colonies, William and Mary Law Review, Bd. 10 (1969), 242.

Swain, Joseph W., Theory of History by Frederick J. Teggart, The Journal of Philosophy, Bd. 23 (1926), 693 f.

Tocqueville, Alexis de, Democracy in America, Reeve, Henry (Übersetzer), 1835.

Zweigert, Konrad/Kötz, Hein, An Introduction to Comparative Law, Weir, Tony (Übersetzer), 3. Aufl. 1998.

5 Sozialer Referenzrahmen: Kulturpraktiken, bekannt als „Recht"

| Leitgedanken

1. Warum sollte irgendeine Kultur, einschließlich der Kultur der USA, Rechtsexperten haben wollen?
2. Was macht die Anwaltstätigkeit zu einem Beruf und wodurch unterscheidet sich dieser von anderen Berufen?

5.1 Einleitung: Will die Gesellschaft Rechtsexperten haben?

Der soziale Referenzrahmen ermöglicht uns, die juristischen Akteure eines Rechtssystems (Rechtsanwälte, Richter, Parteien, Gesetzgeber, Polizisten etc.) zu analysieren. Dieser Ansatz basiert inhaltlich auf der Idee von *Frederick G. Kempin, Jr.*, welche im vorherigen Kapitel über den historischen Referenzrahmen vorgestellt wurde und nach welcher man sagen kann, dass das *common law* begann, als die Anwaltstätigkeit zu einem unabhängigen juristischen Berufsstand wurde. Mit dieser Position behaupten wir, dass das, was Recht *ist* oder was ein Rechtssystem *ist*, am besten dadurch nachvollzogen werden kann, welche Handlungen dessen Akteure in ihren Interaktionen mit der Gesellschaft vornehmen. Ein Rechtssystem ist insoweit kein Katalog von Büchern oder abstrakten Prinzipien, sondern vielmehr eine Sammlung sozialer Praktiken. Angefangen bei den Rechtsrealisten, wie *Oliver Wendell Holmes, Jr.*, über die Vertreter einer soziologischen Rechtswissenschaft, wie *Roscoe Pound*, bis hin zu den prominenten Rechtskritikern, wie *Roberto M. Unger*, musste die Geschichte der juristischen Berufspraxis und Ausbildung der USA nur ganz selten ohne Stimmen auskommen, die Reformen gefordert haben. Häufig haben diese Reformer dabei ganz allgemein einen allzu starken Fokus auf die Rechtstexte kritisiert und stattdessen eine vertiefte Auseinandersetzung mit gesellschaftlichen Zusammenhängen gefordert. Mehr zu den philosophischen Elementen dieser „Strömungen" wird in Kapitel 7 zum philosophischen Referenzrahmen ausgeführt.

Zu Beginn seiner Abhandlung, „The Common Law", schrieb *Holmes*:

> „Das Recht [*common law*] lebt nicht von Logik, sondern von Erfahrung. Die gefühlten Notwendigkeiten vergangener Zeiten, die vorherrschenden moralischen und politischen Theorien, die öffentliche Meinung, explizit oder implizit, selbst die Vorurteile, die die Richter mit ihren Mitmenschen teilten, haben weitaus mehr hiermit zu tun als der Syllogismus bei der Festlegung von Regeln, nach denen Menschen zusammenleben sollten."[1]

Holmes zielt hier deutlich auf die römisch-rechtliche Tradition ab, indem er die deduktiven, regelbasierten Praktiken des *civil law* kritisiert und gleichzeitig die induktiven, erfahrungsbasierten Praktiken des *common law* befürwortet. Soweit man *Holmes'* Position zustimmt, sollten sich sowohl Studierende als auch Praktiker fragen, wie man Erfahrung studieren kann und wie man Rechtspraktiken aufgrund einer erworbenen Erfahrung etabliert.

Eine weitere Erkenntnis, die man gewinnt, wenn man die Rechtswissenschaft durch den sozialen Referenzrahmen betrachtet, ist zu hinterfragen, wie die Rechtswissenschaft durch soziale Beziehungen und nicht durch abstrakte Prinzipien oder gar materielle Rechtsnormen geprägt werden kann. Um diese Frage zu veranschaulichen, könnte man sich eine so schlichte soziale Konvention wie die Bezeichnungspraxis im *common law* ansehen: Fallnamen („Smith v. Jones" – ohne Angabe von Zahlen), Namen von Rechtsgebieten („Recht der Vermieter und Mieter [*landlord and tenant law*]" – keine Bezeichnung als „Mietrecht"), die Namen von Gesetzen („Taft-Hartley Act"), die Einbeziehung der Namen von Anwälten in Gerichtsurteile und die allgemeine Bekanntheit von Richtern, insbesondere derjenigen des *U. S. Supreme Court*. „Sie sind wie Rockstars", behauptet meine Kollegin der Universität Bonn, wenn sie deren Reputation mit derjenigen der Richter am Bundesgerichtshof oder am Bundesverfassungsgericht in Deutschland vergleicht.

In der Regel befassen sich Jurastudierende und Rechtspraktiker mit *ihrer* Position innerhalb der Gesellschaft, indem sie aus der Gesellschaft heraus durch den sozialen Referenzrahmen schauen. Wenn ich Studierende frage, warum wir eine eigenständige Rechtsdisziplin haben, dann antworten sie üblicherweise: „Weil wir über Spezialwissen verfügen, das die übrigen Mitglieder der Gesellschaft nicht haben." Diese Begründung erfordert jedoch eine gewisse Überprüfung. So hat fast jeder Mensch zumindest irgendeine Form von „Fachwissen", das bei der Lösung von Konflikten helfen könnte. Tatsächlich kann nach den US-amerikanischen Beweisregelungen auf Bundesebene (*U. S. Federal Rules of Evidence*) als Sachverständiger eines Prozesses anerkannt werden, wer über gewisse „Spezialkenntnisse oder besondere Erfahrungen" verfügt.[2] Diese Einordnung umfasst folglich ebenso Automechaniker wie Babysitter, Kellner, Athleten, Software-Hacker etc., abhängig von

---

[1]   *Oliver Wendell Holmes, Jr.*, The Common Law, 1881.
[2]   United States Federal Rule of Evidence 702.

der jeweiligen Fragestellung im Prozess. Daher ist eine Spezialisierung möglicherweise gar nicht so speziell. Die Frage muss sich also vielmehr darauf konzentrieren, warum gerade das Recht eine eigenständige Disziplin ist, und hierauf werden wir in Kapitel 8 zurückkommen.

Zumeist verstehen sich Jurastudierende als gewöhnliche Studierende und werden auf meine Frage erwidern, dass Jura, so wie Philosophie oder Chemie, lediglich ein universitäres Studienfach ist. Wenn dem so wäre, dann könnten Studierende leicht zu dem Schluss kommen, dass die Gesellschaft die Juristen deshalb für ihre Dienste bezahlt, weil sie Experten mit Spezialkenntnissen auf einem bestimmten Fachgebiet sind. Warum verlangen die meisten Gesellschaften der Welt dann aber, dass man sich als Anwalt zulassen wird, was von Philosophen oder Chemiker nicht erwartet wird? Wir könnten also durchaus gut daran tun, diese Zulassungsverpflichtung als starken Indikator dafür zu werten, dass die Gesellschaft ein direktes Interesse an der Ausbildung von Juristen hat. Anwälte leisten für eine Gesellschaft unmittelbar notwendige zivilisatorische Dienste. Daher hat die Gesellschaft auch ein direktes Interesse daran, zu kontrollieren, wie und welche Dienstleistungen insoweit erbracht werden. Benötigt eine Gesellschaft überhaupt den Berufsstand der Anwälte, um diese Dienste zu gewährleisten? Oder, wie der Philosoph der *Yale Law School, Daniel Markovits*, fragt: „Wofür gibt es Anwälte?"[3] Wäre es nicht möglicherweise viel demokratischer, wenn jeder geschädigte Bürger selbst vor Gericht auftreten und seine Leidensgeschichte erzählen könnte und dann allein der Richter feststellen würde, ob diese Tatsachen einen Schadensersatzanspruch begründen und, wenn ja, gegenüber wem und, wenn ja, wie dieser Schaden auszugleichen wäre?

Rechtsanwälte sind für eine Konfliktlösung nicht in gleicher Art und Weise notwendig wie Chirurgen für operative Eingriffe oder Physiker, um eine Rakete auf den Mond zu schicken. Obwohl das anwaltliche Fachwissen die Beilegung außergerichtlicher oder gerichtlicher Streitfragen ungleich effizienter machen kann, sind Rechtsanwälte in beiden Situationen grundsätzlich entbehrlich. Demgegenüber kann während einer Operation kaum auf das Fachwissen eines Chirurgen verzichtet werden. Privatpersonen können ihre Rechte und Pflichten in Streitfällen allerdings auch ohne Rechtsanwälte gerichtlich durchsetzen. Wie wir in Kapitel 4 zum historischen Referenzrahmen gesehen haben, haben sich einige US-Bundesstaaten bewusst gegen die Anerkennung des Berufsstandes der Rechtsanwälte entschieden und, obwohl vor den Gerichten in sämtlichen US-Bundesstaaten inzwischen allgemeiner Anwaltszwang herrscht, ihre rechtsanwaltsfreien Gesellschaften teilweise noch bis ins 20. Jahrhundert beibehalten.

---

[3] *Markovits* eröffnet seine Diskussion mit der Frage: „Wofür gibt es Anwälte? Welchen sozialen Zwecken dienen Anwälte? Welche Funktionen kommen den besonderen Rechten und Pflichten zu, die mit der beruflichen Tätigkeit des Anwalts einhergehen?", *Daniel Markovits*, What are Lawyers for? Akron Law Review, Bd. 47 (2014), 135.

Vielleicht ist insoweit eine weitere Analogie aufschlussreich. Viele Staaten verlangen von ihren Bürgern, dass sie eine Einkommensteuererklärung für das zurückliegende Jahr abgeben. Viele Staaten haben ihr Steuerrecht zudem derart kompliziert ausgestaltet, dass es den Bürgern zunehmend schwerer fällt, dieser Verpflichtung ohne die Hilfe einer Person, die über Fachkenntnisse zur Steuererklärung verfügt, nachzukommen. Und doch würden wir diese Steuerberater nicht für erforderlich halten, wenn wir nicht selbst das Steuerrecht derart verkompliziert hätten. Ist das juristische Fachwissen also eher mit dem eines Steuerberaters oder mit dem eines Chirurgen oder Physikers vergleichbar?

Abermals kommen wir zurück zu *Kempin*, der behauptet, dass „ein realistischer Zeitpunkt, um eine Diskussion über die anglo-amerikanische Rechtsgeschichte zu beginnen, derjenige ist, zu dem das *common law* zum ersten Mal der Untersuchungsgegenstand eines eigenständigen Berufszweiges wurde."[4] Daher sollte vom *common law* nicht behauptet werden, dass es mit dem Auffinden oder Schreiben eines bestimmten Textes entstanden ist, sondern mit der Entstehung der Juristerei als ein unabhängiger Berufsstand. Diese Schlussfolgerung gibt uns einen guten Eindruck davon, was *Roscoe Pound* den „Geist" des *common law* nannte,[5] womit wir uns in Kapitel 1 befasst haben. In der Rechtsvergleichung fügt *Günter Frankenberg*, unter Bezugnahme auf die Probleme der subjektiven Voreingenommenheit, noch hinzu, dass das Recht ein Bestandteil des gesellschaftlichen Lebens ist und kein ergänzender Text:

> „das Recht als Ergänzung und nicht [...] als konstitutives Element einer sozialen Realität zu definieren, führt zur Herrschaft eines Textes (tot oder lebendig) über soziale Erfahrungen und macht es schwierig, wenn nicht gar unmöglich, Rechtsideologien und die das soziale Leben durchdringenden Rituale zu analysieren."[6]

Wenn Anwälte für die Konfliktlösung tatsächlich entbehrlich sind, wer ist dann unentbehrlich? Die Antwort lautet: Schiedsrichter bzw. Entscheidungsträger im Allgemeinen. Aber auch insoweit sollte man sich vor Augen führen, dass wir für diese Aufgabe grundsätzlich keine professionellen Juristen bräuchten. Zwar sind die Entscheidungsträger zumeist Berufsrichter, allerdings gibt es insoweit Ausnahmen. In Deutschland sind etwa die Kammern für Handelssachen wie auch andere Spruchkörper mit Laienrichtern besetzt, wobei diese gegenüber den Berufsrichtern des betreffenden Spruchkörpers zuweilen sogar in der Überzahl sein können. In den Vereinigten Staaten wird die unterste Ebene der Richter – Schiedsmänner (*state magistrates*), Bezirksrichter (*district judges*) oder „Friedensrichter" (*justices of the peace*) – vielfach nicht mit professionellen Juristen besetzt. Wenn wir uns also die soziale Gesellschaftspraxis im Hinblick auf Konfliktlösungen anschauen, dann müssen

---

4   *Frederick G. Kempin, Jr.*, Historical Introduction to Anglo-American Law, 1990, S. 3.
5   *Roscoe Pound*, The Spirit of the Common Law, 1921, S. 10.
6   *Günter Frankenberg*, Critical Comparison, Re-Thinking Comparative Law, Harvard International Law Journal, Bd. 26 (1985), 411 (424).

wir feststellen, dass Anwälte nicht zwingend erforderlich sind und auch die Entscheidungsträger im Einzelfall keine Berufsrichter sein müssen.

Welche juristischen Berufe verbleiben dann noch, nachdem wir uns mit Richtern und Anwälten befasst haben? Gesetzgeber und Strafverfolgungsbehörden. Die Mitglieder der Rechtssetzungsorgane sind oft selbst Politiker und in vielen Staaten keine ausgebildeten Juristen. Auch wenn die meisten Mitglieder des US-Senats Juristen sind, ist die Zusammensetzung des US-Repräsentantenhauses in beruflicher Hinsicht insoweit etwas vielfältiger. Auch der Großteil der Abgeordneten des Deutschen Bundestages hat nicht Jura studiert. Nur etwa 10 % der Parlamentsangehörigen Indiens und Kanadas sind Juristen. Und obwohl die Mitarbeiter der Strafverfolgungsbehörden in der Regel juristisch ausgebildet werden, wird dabei meist nur ein einziges Rechtsgebiet abgedeckt – das Strafrecht–, selbst wenn die Ausbildung gemäß anderen behördlichen Zuständigkeiten auch im Steuerrecht, im Umweltrecht oder in einer anderen Rechtsmaterie erfolgen könnte. Letztendlich muss in den verschiedenen Phasen einer Konfliktlösung in sämtlichen Kulturen keine der beteiligten Personen, die in der Regel mit der Rechtspraxis betraut ist, zwingend über juristisches Fachwissen verfügen. Zu dieser Erkenntnis gelangt, müssen wir immer noch untersuchen, wie die Rechtspraxis von außen betrachtet aussieht.

Als Gegenstand der wissenschaftlichen Untersuchung mag dies für Juristen etwas seltsam anmuten. Schließlich schauen wir in der Regel auf die sozialen Konflikte anderer Menschen, so wie etwa Naturwissenschaftler ihre wissenschaftlichen Methoden üblicherweise nach außen gerichtet auf Planeten, Vögel, Atome, Zellen, andere Gesellschaften, das Gehirn von Affen sowie eine Million andere Dinge anwenden und nicht auf ihre Praktiken als Wissenschaftler. Daher wurde während der so genannten „Wissenschaftskriege" der 1990er Jahre heftig darüber gestritten, ob Soziologen es sich anmaßen dürfen, Naturwissenschaftlern die Naturwissenschaften zu erklären. So wurde einerseits behauptet, dass Naturwissenschaftler nicht dazu in der Lage seien, ihr eigenes Verhalten während ihrer Tätigkeit selbst zu erforschen, und andererseits, dass nur ein Naturwissenschaftler die Fähigkeit und damit auch das Recht habe, Naturwissenschaftler oder die Naturwissenschaften zu erklären. Die Rückbesinnung einer Wissenschaft auf sich selbst ist ein übliches Verhalten der Selbstreflexion unter dem Mantel der Postmoderne und soll einen Blick auf die Wissenschaft und die Wissenschaftler mit ihren eigenen Methoden ermöglichen.[7]

---

[7] Für ein gutes Beispiel siehe *Bruno Latour/Steve Woolgar*, Laboratory Life. The Construction of Scientific Facts, 1986. *Latour* und *Woolgar* wurden unter dem Vorwand, angebliche Laborarbeiten zu verrichten, in einem Labor beschäftigt. Gleichzeitig beobachteten sie aber auch, mit einem sozialtheoretischen Blick, was Naturwissenschaftler tun und wie die Naturwissenschaft in sozialer Hinsicht aufgebaut ist.

Wenn wir uns nun unserem eigentlichen Anliegen zuwenden, wollen wir dann Soziologen oder andere Sozialwissenschaftler dazu einladen oder ihnen gar erlauben, uns Juristen das Recht und uns selbst zu erklären? Die Rechtssoziologie ist eine anerkannte Teildisziplin der Soziologie, die mit eigenen Methoden und eigenen Zielen arbeitet.[8] Dieses Kapitel befasst sich ausschließlich mit sozialen Phänomenen innerhalb der juristischen Ausbildung und Praxis. Sollten wir dennoch, wie die Naturwissenschaftler der 1990er Jahre, auf dem Standpunkt beharren, dass nur Juristen das Recht und die Juristen erklären können? Hier könnte es ratsam sein, einen Moment lang über das alte Sprichwort aus dem US-amerikanischen Recht nachzudenken, wonach „ein Anwalt, der sich selbst vertritt, einen Narren als Mandanten hat." Wenn wir also die abwehrende Haltung der Naturwissenschaftler mit diesem gängigen Sprichwort der Rechtspraxis vergleichen, bedeutet das dann, dass wir Juristen offener dafür wären, unsere juristischen Praktiken und Akteure von den Sozialwissenschaften analysieren und erklären zu lassen? Wohl kaum. Anstatt Soziologen dazu einzuladen, uns unsere Welt zu erklären, fühlen wir uns, auch als lediglich juristisch geschulte Personen, dennoch dazu berechtigt, soziologisches Wissen anzuwenden, wenn wir „Interessen ausgleichen" (etwa wenn ein Gericht eine Entscheidung trifft, um die widerstreitenden Interessen nach inhaltlicher Abwägung der Besonderheiten des Einzelfalls „ins Gleichgewicht" zu bringen), „Rechtspragmatiker" werden oder Forschung auf dem Gebiet der „Rechtssoziologie" betreiben.[9]

Für uns Juristen ist die Rechtspraxis ein Beruf, also etwas, wovon wir leben, und damit ein Alltagsgeschäft. Aber die restlichen Mitglieder der Gesellschaft, die keiner juristischen Tätigkeit nachgehen, betrachten das Recht als Außenstehende. Rechtsanwälte als Garanten der verfassungsrechtlich verbrieften Bürgerrechte müssen daher berücksichtigen, wie die Gesellschaft, in der wir arbeiten, uns sieht. Was erwartet die Gesellschaft von uns? Warum erschafft die Gesellschaft eine Gruppe von Personen, die sie als zugelassene Rechtsexperten betrachtet?

Pierre Lepaulle, französischer Anwalt am Pariser Berufungsgericht (*Cour d'appel*), sagte seinem Publikum der *Harvard Law School* bereits 1922: „Wir sind in einer Zeit angekommen, in der es in den meisten Staaten erhebliche

---

[8] Die Rechtssoziologie kann als inhärent interdisziplinär angesehen werden und umfasst viele Themen, die, wie oben im Vorwort erwähnt, auch eine Diskussion über die „Kultur" beinhalten. Siehe z. B. *Susanne Baer*, Rechtssoziologie: Eine Einführung in die interdisziplinäre Rechtsforschung, 2011.

[9] Die soziologische Rechtswissenschaft wird auch in den Vereinigten Staaten weitgehend nicht mehr akzeptiert oder praktiziert, aber die Praxistheorien werden weiterhin von Juristen, die offenbar allzu gerne ignorieren, dass die Sozialwissenschaft von ausgebildeten Soziologen betrieben werden sollte, selbst entworfen und aufrechterhalten. Eine pointierte Kritik der soziologischen Rechtswissenschaft findet sich bei *Pierre Lepaulle*, The Function of Comparative Law with a Critique of Sociological Jurisprudence, Harvard Law Review, Bd. 35 (1922), 838 (839 ff.).

Unzulänglichkeiten des Rechts gibt, in der es nicht gelingt, wissenschaftliche Standards und soziale Ziele zu erreichen."[10] Diese doppelte Kritik ist nicht nur im Hinblick auf die unmittelbar geäußerte Kritik bedeutsam, sondern auch deshalb, weil sie implizit hinterfragt, ob sich Jurastudierende oder Rechtspraktiker jemals damit beschäftigen, ob ihre Handlungsweisen wissenschaftlich fundiert sind *oder* eine soziale Aufgabe erfüllen. Es scheint, dass sowohl Jurastudierende als auch Rechtspraktiker diese Fragen – wenn überhaupt – nur ausgesprochen selten stellen. Daher lautet die nächste Frage, ob wir das von ihnen eigentlich erwarten oder ob wir es nicht vielmehr merkwürdig finden sollten, dass sich Rechtswissenschaftler um derartige Dinge scheren, wenn es die Rechtspraktiker doch offenkundig nicht tun?

Die vorliegende Diskussion zielt darauf ab, das Verständnis des Rechts der US-amerikanischen Juristen mit dem von Juristen in anderen Staaten der Welt zu vergleichen. Vielleicht weil die Rechtsvergleichung eine kontinentaleuropäische Erfindung ist, „haben verschiedene Vergleichsansätze ein gemeinsames Rechtskonzept, in dem das Recht als eine Summe von Institutionen, Techniken und Vorschriften verstanden wird, die dazu bestimmt und eingesetzt werden, individuelle Rechte neutral und rational zu garantieren und zu verteidigen."[11] Ein solcher Ansatz, oft als allein richtiger angesehen, ignoriert den Berufsstand der Anwälte und seine Praktiken eher. Wäre es nicht wissenschaftlicher, Beobachtungen auf Grundlage der kulturellen Praxis zu machen und zu beschreiben, was das US-Recht *ist*, indem man beschreibt, was das US-Recht *leistet*?

Wenn man erwartet, dass das Recht eine Wissenschaft ist, wie in Kapitel 8 noch diskutiert werden wird, könnte man durchaus auch erwarten, dass es mit einer wissenschaftlichen Methode arbeitet, die auf Fakten basiert, welche wiederum durch eine wissenschaftliche Methode bestimmt wurden. *Lepaulle* fand zu wenig davon, selbst in den kontinentaleuropäischen *Civil-law*-Systemen. Der Fehler, so sagte er, liege vor allem darin, dass sich Juristen sozialwissenschaftlich ausreichend kompetent fühlten, ohne auch nur über die geringste Ausbildung in diesem Forschungsgebiet zu verfügen. Im Vergleich zur Medizin etwa hielt er das Recht für unwissenschaftlich. Und was die andere große Sorge betrifft – ob das Recht den Bedürfnissen der Gesellschaft entspricht –, so folgerte er, dass Rechtssysteme egozentrisch und im Wesentlichen nur auf Selbsterhalt und nicht auf wissenschaftliche Erkenntnisse fokussiert seien. „Kaum jemand hat versucht, induktiv rechtliche Fakten im Zusammenhang mit anderen gesellschaftlichen Tatsachen zu untersuchen, um insoweit die notwendigen Gesetzmäßigkeiten ihrer Beziehung zueinander zu entdecken."[12] Kurz gesagt, ob die juristische Ausbildung oder Praxis

---

[10] Ebd.

[11] *Frankenberg*, a. a. O., Fn. 6, S. 421 (zitiert *Konrad Zweigert/Hein Kötz*, An Introduction to Comparative Law, 3. Aufl. 1998, passim).

[12] *Lepaulle*, a. a. O., Fn. 9, S. 839.

den Bedürfnissen einer Gesellschaft entspricht, schien die Juristen seinem Eindruck nach auf beiden Seiten des Atlantiks wenig zu interessieren. Wenn seine Einschätzung richtig war, hat sich dieser Zustand seither geändert?

Das Recht ist eine normative soziale Praxis: Es soll das menschliche Verhalten leiten, indem es Handlungsrichtlinien festlegt. Das Recht ist jedoch nicht der einzige normative Bereich unserer Kultur: Moral, Religion, Sozialkonventionen, Etikette etc. leiten das menschliche Verhalten in vielerlei Hinsicht auf eine dem Recht ähnliche Weise.[13] Diese anderen Bereiche sind Teil unseres Verständnisses davon, was Recht ist und wie es mit diesen Aspekten interagiert. Die Verständlichkeit des Rechtssystems hängt somit von anderen normativen Ordnungen, wie Moral oder Sozialkonventionen, ab. Indem das Recht auf diesen sozialen Aspekten aufbaut, wird es dann auch untrennbar mit der Kultur und der Gesellschaft verbunden. Folglich kann weder eine vollständige Rechtsordnung noch können auch nur Teile davon bedenkenlos auf andere Kulturen übertragen werden. Mit anderen Worten: Das Recht ist ein soziales Phänomen, das die Gesellschaft prägt und gleichzeitig von ihr geprägt wird. Im Hinblick auf die berühmten Worte von *Holmes*, dass „die Vorhersage dessen, was die Gerichte tatsächlich tun werden, und nichts Anspruchsvolleres, das ist, was ich unter Recht verstehe"[14], können wir nun die maßgebliche Rolle der sozialen Rahmenbedingungen für die Konfliktlösung erkennen. Die Entscheidung eines Gerichts vorhersagen zu können, bedeutet mehr, als die Auslegung eines Textes zu antizipieren. Die juristische Ausbildung und Praxis der US-amerikanischen Juristen spiegelt das Denken, die Fähigkeiten und die Herangehensweise an das Recht der US-amerikanischen Kultur wider. Und hierdurch wiederum prägen sie die Gesellschaft, in der sie das Recht lehren, setzen oder ausüben. Eine Befassung der Juristen mit diesen beiderseitigen Einflüssen anhand des sozialen Referenzrahmens hilft folglich erheblich dabei, das Verständnis für die US-amerikanische Rechtskultur zu erleichtern.

5.1.1 Soziologische Annäherung an die juristischen Akteure

Auch wenn die Vereinigten Staaten weder die juristische Ausbildung noch die Organisation der Justiz von England übernommen haben, so haben diese Elemente die US-amerikanische Rechtskultur dennoch beeinflusst. Die unter-

---

[13]   *Andrei Marmor*, The Nature of Law, The Stanford Encyclopedia of Philosophy, Ausg. Winter 2011, *Edward N. Zalta* (Hrsg.), http://plato.stanford.edu/archives/win2011/entries/lawphil-nature/ (zuletzt aufgerufen am 01.12.2022).

[14]   *Oliver Wendell Holmes, Jr.*, The Path of Law, Harvard Law Review, Bd. 10 (1897), 457; *Holmes* war nicht nur Richter am *U. S. Supreme Court*), sondern auch Richter am Obersten Gerichtshof von Massachusetts (*Massachusetts Supreme Court*) und kämpfte im US-amerikanischen Bürgerkrieg, in dem er zweimal verwundet wurde. Er verbrachte seine Sommer oftmals in London und machte sich so mit den Praktiken seiner Anwalts- und Richterkollegen des *common law* auf beiden Seiten des Atlantiks vertraut.

schiedlichen Typen von Anwälten, die in England im Laufe der Geschichte das Recht studiert und praktiziert haben, waren dabei weitaus zahlreicher als heute. So gab es im späten Mittelalter mindestens sechs verschiedene Berufsbezeichnungen: den *serjeant-at-law*, den *clerk*, den *attorney-at-law*, den *apprentice-at-law*, den *utter-barrister* und den *solicitor*.

Mitte des 16. Jahrhunderts blieben davon in England nur noch zwei verschiedene Anwaltstypen übrig, deren Berufsgruppen dort heute noch immer existieren: *barrister* und *solicitor*. Ein *solicitor* führt Mandantengespräche, entwirft sämtliche Arten von Rechtsdokumenten und berät Mandanten dahingehend, ob Klage erhoben werden sollte oder nicht. Wenn ein *solicitor* der Ansicht ist, dass Klage erhoben werden sollte, dann ist es allein seine Aufgabe und nicht die der Prozesspartei, die Dienste eines *barristers* in Anspruch zu nehmen. Danach ist es wiederum alleinige Aufgabe des *barristers*, den Gerichtsprozess zu führen, indem er etwa Zeugenbefragungen durchführt und die Zeugenaussagen dann dazu nutzt, um ggf. darauf hinzuwirken, dass noch andere Beweise vor Gericht zugelassen werden. Obwohl *solicitor* heute in begrenztem Maße das Recht dazu haben, auch selbst vor Gericht aufzutreten, zeigt die Beobachtung der sozialen Wirklichkeit, dass sie hiervon nur ausgesprochen selten Gebrauch machen und in den mündlichen Gerichtsverhandlungen weiterhin in erster Linie auf die Fachkompetenz eines *barristers* zurückgreifen. Der Mandant bezahlt den *solicitor* für sämtliche juristischen Dienstleistungen. Der *barrister* wird hingegen, wenn ein *solicitor* seine Beteiligung für erforderlich hält, stets durch den *solicitor* bezahlt. *Barrister* und *solicitor* durchlaufen dabei nach wie vor einen jeweils unterschiedlichen Ausbildungsweg. *Barrister* haben zudem nicht das Recht, sich in Anwaltskanzleien (*law firms*) zusammenschließen, dürfen aber gleichwohl in entsprechenden Kammern (*chambers*) organisiert sein. Innerhalb dieser Kammern können sie dann etwa von einem gemeinsamen Verwaltungsapparat profitieren, dürfen Fälle aber keinesfalls gemeinsamen bearbeiten. Im Gegensatz dazu arbeiten *solicitor* in der Regel in Anwaltskanzleien zusammen. Diese Anforderung an die Unabhängigkeit der *barrister* führt bei Neueinsteigern wenig überraschend zu einer hohen Fehlerquote.[15] Daher kann es einem jungen *barrister* durchaus schwerfallen, von einem *solicitor* neue Arbeit und neue Mandanten zu erhalten. Als Folge hiervon war es oftmals so, dass Jung-*barrister* finanziell ausreichend unabhängig sein mussten. Einer der historisch gewachsenen sozialen Unterschiede zwischen *solicitor* und *barrister* bestand folglich darin, dass nur Menschen mit unabhängigen Finanzmitteln sich die schwierigen frühen Berufsjahre mit wenigen Mandaten und dem geringen Einkommen wirtschaftlich leisten konnten. Diese finanzielle Unabhängigkeit wurde oftmals geerbt oder aus Kapitalerträgen generiert.

---

[15] *Richard L. Abel/Philip S. C. Lewis* (Hrsg.), Lawyers in Society: An Overview, 1995, S. 82, http://ark.cdlib.org/ark:/13030/ft8g5008f6/ (zuletzt aufgerufen am 01.12.2022).

5.1.2 Juristische Praxis und Ausbildung in den USA

Vor ihrer Unabhängigkeit von Großbritannien verfügten die Kolonien in Nordamerika lediglich über eine eher schwach entwickelte Juristenausbildung. Damals gab es dort zwar bereits neun Universitäten, aber die Kolonisten mussten, wie auch die britischen *barristers* und *solicitors* der damaligen Zeit, kein universitäres Studium absolvieren, um als Anwalt arbeiten zu dürfen. Wie auch in Großbritannien wurde im Jurastudium der damaligen Universitäten nicht das weltliche, sondern allein das kanonische Recht gelehrt. Infolgedessen wurden die amerikanischen Kolonisten daher zusammen mit ihren britischen Kollegen an den *Inns of Court* aufgenommen und, verbunden mit den Schwierigkeiten und Kosten der Reise, juristisch im Ausland ausgebildet. Eine weitere Form der juristischen Ausbildung war ein selbst zu bezahlendes berufsbezogenes Praktikum (*apprenticeship*) bei einem zugelassenen Anwalt. Mit Ende der Kolonialzeit entstand dann ein wachsender kommerzieller Bedarf an Rechtsanwälten. Dieses Bedürfnis leistete einen entscheidenden Beitrag zur Etablierung einer formalen juristischen Ausbildung. Die erste Anwaltsprüfung (*bar exam*) auf dem Gebiet der heutigen Vereinigten Staaten, die seinerzeit aus einer mündlichen Prüfung vor einem Richter bestand, wurde 1763 in der damaligen Kolonie Delaware durchgeführt. Die angewendete Methode wurde bald von anderen Kolonien übernommen und Ende des 19. Jahrhunderts, als die hiermit betrauten Richter zunehmend überlastet waren, wurde die Aufgabe, potenzielle Neumitglieder der Anwaltskammer zu prüfen, auf die Anwaltskomitees (*committees of attorneys*) übertragen. Schließlich wurde aus dem ursprünglichen Format der mündlichen Prüfung dann noch ein schriftliches Anwaltsexamen.[16]

5.1.3 US-amerikanische Juristenausbildung und Rechtspraxis unmittelbar nach der Unabhängigkeit

Verbunden mit ihrer Unabhängigkeit von England im Jahre 1776 strebte die US-amerikanische Gesellschaft an, sich von den Überresten einer elitären Klassengesellschaft zu befreien, die Teil der englischen Kultur waren. Die US-amerikanische Gesellschaft hatte dabei in erster Linie nur einen Typus von Rechtsanwälten: den *attorney-at-law*.[17] Kurz nach der Unabhängigkeit der USA begann dann ein Anwalt namens *Tapping Reeve* damit, Universitäts-

---

[16] Ebd.
[17] Darüber hinaus werden Anwälte in einigen Bundesstaaten als „Berater (*counselor*)" bezeichnet, wenn sie die Berechtigung haben, vor dem Obersten Gerichtshof eines Bundesstaates aufzutreten. Aber ein *counselor* hat zu diesem Zeitpunkt keine andere Ausbildung genossen als ein *attorney*, sondern dies war lediglich eine besondere Bezeichnung für diejenigen Anwälte, die vor den höchsten Gerichten auftreten durften. Die Bezeichnung *counselor* wird heute von vielen US-amerikanischen Richtern im Gerichtssaal noch immer zur Ansprache eines Anwaltes verwendet, um zu verdeutlichen, dass sie sich an einen Parteivertreter richten.

absolventen als Praktikanten (*apprentices*) aufzunehmen. Während der Zeit ihres Praktikums in seiner Kanzlei erwartete er von den Hochschulabsolventen, dass sie an seinen Unterrichtseinheiten teilnahmen. In der Folge zog *Reeve*, maßgeblich vor allem aufgrund seiner Fähigkeiten zur Lehre, immer mehr Studierende an, die sich um ein solches Praktikum bewarben. Daher war es nur konsequent, dass er 1784 die so genannte erste *law school* der Vereinigten Staaten – *Litchfield Law School* in Litchfield, Connecticut – ins Leben rief, ausgestattet mit separaten Gebäuden für seine Vorlesungen und seine Bibliothek. Der Lehrplan war auf mehr als 14 Monate ausgelegt und als Lehrmaterial wurden *Blackstones Commentaries* verwendet. Bis zu ihrer Schließung im Jahre 1833 hatte die *Litchfield Law School* an die 1000 Studierende unterrichtet. Im Hinblick auf die aktuellen Einschreibungszahlen der *law schools* der Vereinigten Staaten sind die Gründe, wegen derer *Litchfield* geschlossen wurde, beinah genauso wichtig wie die Umstände, unter denen sie ins Leben gerufen wurde: Die *Litchfield Law School* musste wegen eines dramatischen Rückgangs der Studierenden geschlossen werden, nicht anders erging es vielen *law schools* der USA auch im gegenwärtigen Jahrzehnt des 21. Jahrhunderts. Der heutige Rückgang ist vor allem auf die exorbitant hohen Studiengebühren in Verbindung mit einem geringen Bedarf an Juristen auf dem Arbeitsmarkt zurückzuführen. Die Gründe für den Rückgang in *Litchfield* im Jahr 1883 waren hingegen andere. Nachdem der charismatische *Reeve* die *law school* gegründet hatte, war er schließlich Richter geworden und zog sich damit aus der juristischen Lehre zurück. Mit seiner Abwesenheit verschwand auch ein Teil der Attraktivität von *Litchfeld*. Zudem wurden nach dem Vorbild von *Litchfield* weitere Privatschulen eröffnet. Darüber hinaus kam eine erschwingliche Ausbildungsliteratur in Form einer Kombination aus Lehrbüchern und Kommentaren auf den Markt, wie etwa die von *James Kent* und *Joseph Story*, weshalb die Studierenden nicht mehr darauf angewiesen waren, dass ihnen ein Fachkundiger das Recht mit Hilfe der Kommentare von *Blackstone* beibrachte.[18] Schließlich wurden auch noch die Standards für die Anwaltszulassung gesenkt, womit dann die Notwendigkeit einer formalen juristischen Ausbildung entfiel, wie sie *Litchfield* angeboten hatte. Einige Staaten schafften die Zulassungsvoraussetzungen sogar gänzlich ab, sodass im Ergebnis eine praktische Ausbildung in Verbindung mit einem Selbststudium ausreichend war.

In den folgenden Jahren unterschied sich die juristische Ausbildung in den einzelnen Bundesstaaten erheblich. So variierte beispielsweise die Ausbildungsdauer zwischen drei und sieben Jahren. Manche Staaten forderten etwa dann weniger Ausbildungsjahre, wenn man vor dem Jurastudium irgendein anderes Hochschulstudium absolviert hatte. Andere Staaten wiederum erwarteten ausschließlich das Bestehen einer Anwaltsprüfung und keinerlei juristisches Studium oder irgendeine andere juristische Ausbildung. Eine

---

[18] *Frederick G. Kempin, Jr.*, Legal History: Law and Social Change, 1963, S. 86.

wegweisende und dauerhafte Änderung in der Ausbildung der US-amerikanischen Juristen vollzog sich in der Folge durch die Gründung der *Harvard Law School* im Jahre 1817, die, im Unterschied etwa zur *University of Virginia*, wo die juristische Ausbildung in den regulären Lehrplan integriert war, nur lose mit der *Harvard University* selbst verbunden war. Ein wichtiges Nebenprodukt dieser beiden Modelle war es, dass sie schließlich die Entwicklung einer von der Rechtspraxis unabhängigen Rechtslehre als eigenständigen Berufszweig ermöglichten. Die Etablierung des Berufsstandes der Rechtsgelehrten war eine notwendige Voraussetzung dafür, dass sich das Recht als Wissenschaftsdisziplin in der US-amerikanischen Rechtskultur überhaupt ausbilden konnte (mehr über die Wissenschaftsdisziplin der Jurisprudenz erfahren wir in Kapitel 8).

In Kriegszeiten leidet für gewöhnlich die Bildung, weil etwa Schulen schließen. Während des US-amerikanischen Bürgerkrieges (1861–65) wurden auch einige *law schools* geschlossen. Nach Ende des Bürgerkriegs mussten dann einige Bundesstaaten erheblich darum kämpfen, dass die juristische Ausbildung wieder aufgenommen wurde. North Carolina zum Beispiel ignorierte die juristische Ausbildung gänzlich und verlangte für die Erteilung einer Anwaltslizenz lediglich eine Einmalzahlung von zwanzig Dollar. Im Jahre 1870 wurde dann schließlich eine Änderung vorgenommen, die die Ausbildung der US-amerikanischen Juristen bis heute nachhaltig geprägt hat und noch immer prägt: *Christopher Columbus Langdell*, einer der damaligen Rechtsgelehrten der *Harvard Law School*, führte die „Fallmethode" (*case method*) ein.[19] Bis dahin hatten weder *Harvard* noch viele andere *law schools* der USA Zugangsvoraussetzungen. Zudem waren die meisten Rechtsgelehrten bis zu diesem Zeitpunkt nur Teilzeitdozenten und arbeiteten weiterhin als Anwälte. *Langdell* kam auf die Idee, dass das Recht anhand der dokumentierten gerichtlichen Entscheidungsgründe gelehrt werden sollte. Auch wenn das lediglich als simpler didaktischer Aspekt erscheinen mag, so hatte es tatsächlich mehrere gravierende Auswirkungen jenseits der universitären Vorlesungssäle. Die dokumentierten Gerichtsentscheidungen leisteten zweierlei Dinge: einerseits, für die Prozessparteien, eine rechtliche Begründung des Gerichts, und andererseits, für nachfolgende Rechtsanwender, eine verbindliche Auslegung des Rechts. Durch *Langdells* Idee der Fallmethode wurden dieselben Entscheidungsgründe seither zusätzlich (bis einschließlich heute) für Generationen von Juristen zum primären Gegenstand der juristischen Ausbildung. Ein zweiter, damit verbundener Effekt bestand darin, dass den

---

[19]   Einige Rechtshistoriker bezweifeln *Langdells* Rolle als Begründer der Fallmethode. Diese Zweifler behaupten, dass die Methode eigentlich von seinem Schüler *James Barr Ames* entwickelt wurde, der 1873 Mitarbeiter an der *Harvard Law School* wurde. Es sei auch darauf hingewiesen, dass die Fallmethode im Jahr 1870 auch außerhalb von Harvard nicht unbekannt war. Eine ähnliche Methode wurde auch an der *New York University of Law* angewandt. Dennoch wird es in der Regel *Langdell* als Dekan von *Harvard* zugeschrieben, die Methode institutionalisiert zu haben.

Richtern hierdurch nun die Position offizieller Rechtskommentatoren zukam. Manche Richter verfassen ihre Entscheidungsgründe mittlerweile sogar auf eine pedantische und belehrende Weise, mit der offensichtlichen Erwartung, dass ihre juristische Argumentation in den Hörsälen der *law schools* zitiert wird.[20] Im Gegensatz zur Tradition des *civil law* mit seiner anerkannten und standardisierten Kommentarliteratur, geschrieben von Professoren, oder sogar des *common law*, das sich bis zu diesem Zeitpunkt auf Pandektenwissenschaftler wie *Blackstone, Coke* oder *Littleton* verlassen hatte, lasen die US-amerikanischen Jurastudierenden seither gerichtliche Entscheidungsgründe, deren Bedeutung ihnen dabei ein Rechtsgelehrter vermittelte. Durch die Einführung der Fallmethode wurde demnach sowohl die Rolle der Pandektisten als auch die der Rechtsanwälte für die Ausbildung des juristischen Nachwuchses in den USA erheblich geschwächt (wenn nicht sogar ganz gestrichen). Gleichzeitig forderte dieser drastische Wandel nicht nur die Lehrer, sondern auch die Schüler heraus. Folglich ist es wenig überraschend, dass sie sich, selbst wenn sie den Paradigmenwechsel verstanden, auch gegen diese Änderung auflehnten. Tatsächlich weigerten sich sogar die meisten Studierenden, das Recht auf diese Art zu studieren. Daher musste *Langdell* zwei weitere Schritte vollziehen, um die Fallmethode vollständig umsetzen zu können. Zum einen führte er Zugangsvoraussetzungen für das Studium ein, wodurch sich das Leistungsniveau der Jurastudierenden verbesserte, und zum anderen wurden an der *Harvard Law School* nur noch Vollzeitlehrkräfte eingestellt.[21] Der heutige Wächter über die Standards der Rechtsanwaltschaft in den Vereinigten Staaten – die *American Bar Association* – sorgt noch immer dafür, dass sowohl diese beiden Ideen als auch die Fallmethode als Unterrichtsgegenstand durchgesetzt werden.

5.1.4 Allgemeine Überlegungen zur Anwaltszulassung

Wie bereits erwähnt, war der Erwerb einer Anwaltszulassung nach dem Bürgerkrieg von Bundesstaat zu Bundesstaat genauso uneinheitlich wie die juristische Ausbildung. In vielen Fällen bestanden diese Unterschiede aber auch noch später. Die Bundesstaaten waren im Hinblick auf die jeweilige Vorgehensweise zum Erwerb der Anwaltslizenz somit nicht einheitlich. Einige Bundesstaaten beseitigten dann, getreu der Idee, dass der Zugang zur Anwaltschaft nicht nur einer Elite vorbehalten sein sollte, sämtliche Zulassungsvoraussetzungen mit Ausnahme eines „sittlichen und moralischen Charakters". Bezogen auf den Geist des *common law* ist das nicht sonderlich überraschend. Einige Bundesstaaten ließen es dabei genügen, in nur einem

---

[20] Ein gutes Beispiel für diesen Schreibstil findet sich in *MacDonald v. Thomas M. Cooley Law School*, 724 F.3d 654 (6th Cir. 2013).

[21] Wie bei der Einführung der Fallmethode wurden diese Ideen auch andernorts eingesetzt, nämlich in *Columbia* und *Yale*, wo etwa zur gleichen Zeit ähnliche Schritte eingeleitet wurden.

einzigen Bezirk zugelassen zu sein, um als Anwalt im gesamten Bundesstaat praktizieren zu dürfen.[22] Andere Bundesstaaten wählten hingegen das andere Extrem und verlangten für jeden einzelnen ihrer Bezirke eine separate Zulassung.

Inwiefern unterscheidet sich nun die Tätigkeit als Rechtsanwalt von anderen Berufen? Man könnte damit beginnen, sich Gedanken darüber zu machen, welche Tätigkeiten im Allgemeinen eine Ausbildung, Überprüfung der bestehenden Fähigkeiten oder sogar Lizenz voraussetzen. Für juristische Berufe muss man üblicherweise zunächst eine Ausbildung abschließen, bevor man eine Zulassungsprüfung ablegen kann. Aber der Nachweis von Fachwissen reicht in der Regel nicht aus. Zwei Beispiele sollen dies veranschaulichen. Pennsylvania etwa behielt bis in die 1960er Jahre die Praxis bei, dass ein Anwalt für jeden Bezirk innerhalb des Bundesstaates eine separate Zulassung erwerben musste. Als Bestandteil dessen, was den Geist der US-amerikanischen Rechtskultur kennzeichnet, verlangt Pennsylvania darüber hinaus unter anderem, dass nur eine Person von „sittlichem und moralischem Charakter" eine Anwaltszulassung erhalten kann. Diese Art von Zulassungsvoraussetzung ist in anderen Berufen nicht erforderlich.

Die Aufnahmekommission der Anwaltskammer (*Board of Law Examiners*) von Pennsylvania erklärt:

> „Im Rahmen der Beantragung einer Anwaltszulassung bei der Aufnahmekommission der Anwaltskammer müssen die Bewerber einen Antrag ausfüllen und Hintergrundinformationen zu ihrer Person zur Verfügung stellen, damit die Aufnahmekommission den Charakter und die persönliche Eignung der Kandidaten überprüfen und bestimmen kann.
> Die Kommission prüft die Anträge und kann auch andere Untersuchungsmethoden einsetzen, um die Eignung und Befähigung des Kandidaten festzustellen. Im Falle von Anwaltsexamina beginnt die Kommission bereits vor dem eigentlichen Examen mit einer Vorprüfung des Antrags. Die vollständige Überprüfung und Bestimmung des Charakters und der persönlichen Eignung erfolgt jedoch erst nach erfolgreichem Abschluss des Anwaltsexamens. Bei anderen Bewerbertypen beginnt die Kommission ihre Untersuchung mit Annahme der Online-Bewerbung. Der Prozess zur Überprüfung des Charakters und der persönlichen Eignung kann je nach Art der Untersuchung, der damit verbundenen Probleme, der Reaktion auf Anfragen nach zusätzlichen Informationen, der Zusammenarbeit mit externen Beteiligten etc. zwischen drei Wochen und mehr als einem Jahr dauern."[23]

Als Rechtsanwalt aus Pennsylvania, der Kandidaten für die anwaltliche Tätigkeit in Pennsylvania vorbereitet hat, habe ich regelmäßig Briefe von der

---

[22] Sogar in England wurde die juristische Ausbildung, um sich für die Anwaltspraxis zu qualifizieren, erstmals durch den *Solicitors Act* von 1922 gefordert und erforderte nur ein Jahr formale Ausbildung. Laut *Kempin* motivierte dieses Gesetz eine Reihe von Universitäten in den Provinzen dazu, juristische Kurse anzubieten. In den 1980er Jahren haben fast sechzig Institutionen im Vereinigten Königreich, sowohl traditionelle Universitäten als auch polytechnische Universitäten, juristische Kurse angeboten, die einen für die Aufnahmeprüfung qualifizieren sollten. Siehe dazu *Kempin*, a. a. O., Fn. 18, S. 82.

[23] Siehe www.pabarexam.org/c_and_f/cfoverview.htm (zuletzt aufgerufen am 21. 10. 2020).

Aufnahmekommission der Anwaltskammer (*Board of Law Examiners*) in Pennsylvania erhalten, in denen um eine Bewertung des Charakters eines Kandidaten gebeten wurde. In einem kürzlich erhaltenen Schreiben heißt es:

„Die Aufnahmekommission der Anwaltskammer von Pennsylvania führt eine Hintergrundbefragung im Hinblick auf alle Bewerber durch. Im Rahmen dieser Untersuchung übermitteln Sie der Kommission bitte sämtliche Informationen oder Kenntnisse, die darauf hindeuten könnten, dass der oben genannte Antragsteller nicht über die charakterlichen Voraussetzungen verfügt, um Mitglied der Anwaltskammer von Pennsylvania zu werden."

Dabei werden keine bestimmten Kriterien angegeben, um zu beurteilen, welche charakterlichen Voraussetzungen es gibt. Die Bewerber können sich auch nicht dagegen wehren, dass ihr Charakter beurteilt wird, was ein weiterer Indikator dafür ist, dass es sich hierbei nicht um eine staatliche Zulassungsbedingung, sondern um diejenige einer selbstverwalteten privaten Anwaltskammer handelt. Darüber hinaus dürfen die Antragsteller auch keine zivilrechtlichen Schritte gegen eine Person einleiten, die seinen Charakter beurteilt hat. Vielmehr werden, zusätzlich zu der allgemeinen Charakterbewertung, nur einige konkrete Fragen gestellt. Dazu gehören etwa:

„Wurde der Antragsteller jemals von Ihnen oder einem anderen Vorgesetzten, Manager oder Kollegen im Hinblick auf […] seine Aufrichtigkeit, […] die Art und Weise, wie er mit dem Geld oder Eigentum anderer umgegangen ist […] oder seine Fähigkeit, die Vertraulichkeit von Informationen zu wahren, zurechtgewiesen, befragt, belehrt oder angesprochen?"[24]

Auf diese Weise sind die Anwälte selbst der Maßstab aller Anwälte.

Auch andere Mitglieder der Gemeinde müssen einer Anwaltszulassung zustimmen. Um beispielsweise im Bundesstaat New York zugelassen zu werden, muss man neben einem Nachweis über die erforderliche juristische Ausbildung und das bestandene Anwaltsexamen jeweils eine eidesstattliche Erklärung (*affidavit*) von zwei Angehörigen eines eng umgrenzten Personenkreises einreichen, die dazu bereit sind, den sittlichen und moralischen Charakter des Bewerbers zu bestätigen. Während die Norm des „sittlichen und moralischen Charakters" schwer zu testen oder zu überprüfen ist, gehen andere Berufsgruppen nicht einmal so weit, die Anforderungen überhaupt zu konkretisieren. Die Richtlinien der Aufnahmekommission der Anwaltskammer (*Board of Law Examiners*) des Bundesstaates New York sehen zum Beispiel vor:

„Die eidesstattlichen Erklärungen [*affidavits*] sind von angesehenen Personen abzugeben, die den Antragsteller seit mindestens zwei Jahren kennen. Die Erklärungen dürfen nicht von Personen abgegeben werden, die für den Antragsteller bereits eine eidesstattliche Erklärung über seine Arbeitstätigkeit abgeben. Die eidesstattlichen Erklärungen dürfen nicht von Personen abgegeben werden, die mit dem derzeitigen Arbeitgeber des Bewerbers in Verbindung stehen, die mit dem Bewerber verwandt oder verschwägert sind, die ebenfalls das Bewerbungsverfahren durchlaufen oder die Mitglieder des Verwaltungspersonals einer

---

[24] Der Brief befindet sich in den Unterlagen des Verfassers.

von dem Bewerber besuchten *law school* sind. Vorzugsweise ist eine der beiden eidesstattliche Erklärungen von einem Rechtsanwalt mit tadelloser Reputation abzugeben. Die Person, die die eidesstattliche Erklärung abgibt, hat diese dem Antragsteller auszuhändigen, damit er sie zusammen mit seinem Aufnahmeantrag einreichen kann."[25]

Kurz nach Ende des Bürgerkriegs, etwa zur gleichen Zeit, als in *Harvard* die juristische Ausbildung in einer Weise geändert wurde, die sich viele andere *law schools* als Beispiel nehmen würden, haben sich praktizierende Rechtsanwälte in einer nationalen Organisation zusammengeschlossen – der *American Bar Association* (A. B. A.). Die 1878 gegründete *A. B. A.* wollte sowohl bundesstaatliche Angelegenheiten in Rechtsfragen „standardisieren" als auch das Praxisniveau der Anwaltschaft nach der erfolgten Standardisierung anheben. Noch heute beziehen sich die Verantwortlichen der juristischen Ausbildung in den USA nicht etwa auf Gesetze, Verordnungen oder Statuten, sondern allein auf die „Standards" der *A. B. A.* Um das Praxisniveau insgesamt zu erhöhen, machte sich die *A. B. A.* stets für eine universitäre Juristenausbildung stark. Sie verfasste sogar ein Rundschreiben an die Regierungen der Bundesstaaten, in dem sie empfahl, ein Jurastudium von drei Jahren zur allgemeinen Voraussetzung für die Anwaltszulassung zu machen. Dennoch stellt die Bildung im Allgemeinen (nicht nur für die juristische Ausbildung) eine ausschließliche Kompetenz der einzelnen Bundesstaaten dar. Ebenso, und für Viele vermutlich überraschend, wird auch die Frage der Anwaltszulassung allein auf der Ebene der einzelnen Bundesstaaten und nicht etwa auf der gesamtstaatlichen Ebene geregelt.[26] Noch heute ist es wie bereits im Jahre 1878, dass es keine gesamtstaatliche Examensprüfung gibt, deren Bestehen es einem erlauben würde, als Anwalt in mehr als nur einem Bundesstaat zugelassen zu werden.[27]

Der Einfluss der *A. B. A.* ist möglicherweise geringer, wenn es darum geht, Unterschiede des materiellen Rechts zwischen den Bundesstaaten zu beseitigen. Da sich für Bundesgesetze jeglicher Art immer eine unmittelbare Kompetenz aus der US-amerikanischen Verfassung ergeben muss, war die *A. B. A.* dazu gezwungen, auf ein anderes Instrument zurückgreifen, das bereits Bestandteil des Geistes des *common law* war: unverbindliche Richtlinien (*model statutes*), die von den Gesetzgebern der jeweiligen Bundesstaaten dann ganz oder teilweise übernommen werden konnten. „Der Gedanke war, dass eine einheitliche Richtlinie schließlich auch zu einheitlichen Gesetzen führen

---

[25] Siehe https://www.nybarexam.org/admission/C-Bar_Admissions-Good%20Moral%20 Character.pdf (zuletzt aufgerufen am 01. 12. 2022).

[26] Als Konsequenz daraus wurde beispielsweise im Bundesstaat West Virginia, da es dort bis in die 1980er Jahre nur eine einzige *law school* gab, ein Kandidat nach Abschluss seines *J. D.* an dieser *law school* automatisch auch für die Anwaltskammer im Bundesstaat West Virginia zugelassen.

[27] Es gibt jedoch einen zunehmenden Trend, die Zulassungsexamina der Bundesstaaten zu vereinheitlichen. Siehe dazu weiter unten noch die Ausführungen über das Einheitliche Anwaltsexamen (*Uniform Bar Examination*, abgekürzt *U. B. E.*).

würde."[28] Der Einfluss der gesamtstaatlichen Organisation eines Berufsstandes sollte daher in einer Kultur, in der sich dieser Berufsstand weitgehend selbst organisiert und kontrolliert, keinesfalls unterschätzt werden. In den Jahren 1896–1918 wurde von vielen Bundesstaaten eine Reihe von einheitlichen Handelsvorschriften verabschiedet, aber es dauerte noch bis 1952, bis der erste Entwurf eines einheitlichen Gesetzbuchs eingeführt wurde. Auch in diesen einheitlichen und kodifizierten Rechtsgebieten wird die rechtliche Analyse und juristische Praxis nach wie vor anhand der traditionellen *Common-law*-Methode durchgeführt und folgt nicht dem Ansatz des *civil law*.

Als abschließender Aspekt der kulturellen Tradition ist zu betonen, dass die Ausübung des Anwaltsberufs ohne entsprechende Lizenz eine Straftat darstellt. Das ist besonders bemerkenswert, wenn man sich vor Augen führt, dass in den Vereinigten Staaten, im Gegensatz zu anderen Staaten der Welt, die Kontrolle der beruflichen Ausbildungsbedingungen in vielen anderen Berufszweigen und letztlich auch im Hinblick auf die Beschäftigung von Anwälten, allein dem Markt überlassen wird und nicht dem Staat. Die Anzahl der nach „freiem Belieben" abgeschlossenen Arbeitsverträge und die relativ geringe Zahl von Kontrollbeauftragten deutet auf eine generelle Favorisierung der Privatautonomie hin, einschließlich der Beschäftigung von Anwälten. Doch aus dem Verbot zur Ausübung der Anwaltstätigkeit ohne Lizenz lässt sich ableiten, dass der Staat zumindest ein Minimum an Kontrolle über die Rechtspraxis ausübt, indem er sicherstellt, dass Anwälte über eine entsprechende Zulassung verfügen. Im Gegensatz zu vielen anderen Ländern fungiert der Gesamtstaat aber insoweit nicht als Kontrollinstanz über die eigentliche Zulassung, weil er die Lizenzbedingungen nicht selbst vorschreibt.[29] Jeder Bundesstaat bleibt vielmehr, abgesehen von den einheitlichen Richtlinien und dem Druck der *A. B. A.* im Hinblick auf die juristische Ausbildung, grundsätzlich frei, seine Anforderungen zur Erteilung einer Anwaltszulassung individuell festzulegen.[30]

---

[28] *Kempin*, a. a. O., Fn. 18, S. 114.

[29] *Kenneth M. Rosen*, Lessons on Lawyers, Democracy, and Professional Responsibility, Geo. J. L. Ethics, Bd. 19 (2006), 155 (167); *Rosen* weist jedoch darauf hin, dass „wenn Anwälte sich nicht wieder auf den Kodex ihres Berufsstandes und ihre gesellschaftliche Verantwortung besinnen wollen, man zusätzliche [externe] Regelungen erwarten darf".

[30] Diese Anforderungen ergeben sich zumeist nicht aus bundesstaatlichen Gesetzen, sondern aus bundesstaatlichen Gerichtsentscheidungen. Für die meisten Menschen mag der Unterschied zwischen Gesetzgebung und Rechtsprechung unbedeutend sein, aber öffentlich-rechtlich gesehen handelt es sich insoweit um eine Differenzierung zwischen dem originären Willen des Volkes, der durch die Legislativorgane des Bundesstaates zum Ausdruck gebracht wird, und Verwaltungsvorschriften, die lediglich von einem bundesstaatlichen Organ erlassen werden.

5.1.5 Juristische Ausbildung im 20. und 21. Jahrhundert

Zu Beginn des 20. Jahrhunderts folgte die juristische Ausbildung dem Beispiel der Rechtspraxis und begann sich gesamtstaatlich zu organisieren. So wurde im Jahr 1900 die Vereinigung der US-amerikanischen *law schools* (*Association of American Law Schools*, abgekürzt *A. A. L. S.*) gegründet. Die *A. A. L. S.*, eine gemeinnützige Organisation, der etwa 170 der rund zweihundert *law schools*[31] der Vereinigten Staaten als Mitglieder angehören, begann als ein Zusammenschluss von *law schools*, die die juristische Ausbildung verbessern und die Fallmethode fördern wollten. Im Laufe der Jahre begann die *A. A. L. S.* damit, sehr erfolgreich mit der *A. B. A.* dahingehend zusammenarbeiten, höhere Standards für die anwaltliche Zulassung zu setzen und der *A. B. A.* auf diese Weise zu helfen, eines ihrer beiden Gründungsziele zu erreichen. Das Ziel der juristischen Ausbildung in den Vereinigten Staaten, wie von der *A. A. L. S.* und der *A. B. A.* erklärt, ist es, fähige Anwälte hervorzubringen. Das mag eine naheliegende und banale Aussage sein, unterscheidet sich aber fundamental vom deutschen System (als Beispiel für die Juristenausbildung im *civil law*), in dem die Ausgestaltung der juristischen Ausbildung den Nachwuchs im Wesentlichen auf eine richterliche Tätigkeit vorbereiten soll, was wiederum damit belohnt wird, dass es allein den Absolventen mit den besten Examensnoten vorbehalten bleibt, einer richterlichen Tätigkeit im Staatsdienst nachzugehen. Ironischerweise sind die meisten amerikanischen Juristen keine forensisch tätigen Rechtsanwälte (*litigators*)[32] und die meisten deutschen Juristen keine Richter[33].

Neben der bewussten Neustrukturierung der Rechtsausbildung und -praxis wirkten sich auch soziale Kräfte wie die Industrialisierung aus. Mit der Erfindung der Schreibmaschine übernahmen beispielsweise Schreibkräfte die Schreibarbeiten der Praktikanten (*apprentices*) innerhalb einer Kanzlei.

---

[31] Obwohl der wesentliche Teil der juristischen Ausbildung in den Vereinigten Staaten heute an den juristischen Fakultäten der Universitäten erfolgt, werden diese in den USA noch heute weitgehend als „*law school*" bezeichnet. Dieser Spitzname sollte Sie allerdings nicht irreführen. Die juristische Ausbildung ist zwar entweder Bestandteil der universitären Ausbildung oder erfolgt universitätsunabhängig, aber stets als Postgraduiertenstudiengang. Tatsächlich kann man, wie bereits erwähnt, erst dann mit einem Studium der Rechtswissenschaften beginnen, wenn man einen grundständigen Universitätsstudiengang auf Bachelorniveau abgeschlossen hat. Auch andere Fachbereiche, wie die Medizin, verwenden die Bezeichnung „*school*", wie in „*medical school*", wobei die Medizin, genau wie die Rechtswissenschaft, ein Postgraduiertenprogramm darstellt.

[32] *Edward Rubin*, Legal Education in the Digital Age, 2012, S. 216.

[33] Siehe dazu die Statistik der Bundesrechtsanwaltskammer, wonach es in Deutschland im Januar 2014 insgesamt rund 164.000 zugelassene Anwälte gab: www.brak.de/w/ files/04_fuer_journalisten/statistiken/grmgstatisitik2014_korr.pdf (zuletzt aufgerufen am 21.10.2020). Die Zahl der Richterstellen in Deutschland liegt dagegen bei rund 21.000. Die exakte Anzahl für einen konkreten Zeitpunkt lässt sich den Aufzeichnungen des Bundesamtes für Justiz entnehmen.

Darüber hinaus konnten dank der Erfindung der Gas- und Elektrobeleuchtung Abendschulen für Teilzeitstudierende eingerichtet werden. Die Abendschule wiederum ermöglichte es der Arbeiterklasse und den Einwanderern in den Vereinigten Staaten, eine juristische Ausbildung zu absolvieren, während das in einer klassenstrukturierten Kultur ohne vergleichbare technische Veränderungen kaum möglich gewesen wäre.

Im Jahr 1923 veröffentlichte die *A. B. A.* dann ihre erste Akkreditierungsliste mit renommierten *law schools*.[34] Dies hat wesentlich mehr bewirkt als nur das Bereitstellen eines Kanons. Durch die Liste wurde die juristische Ausbildung nicht nur von den Bundesstaaten, die die Hochschulbildung im Allgemeinen kontrollierten, und den Universitäten, die ihre jeweiligen Lehrpläne in den meisten Fachgebieten selbst erstellten, sondern nunmehr auch von der Anwaltschaft offiziell anerkannt.

Bis in die 1930er Jahre erlaubte wenigstens ein Bundesstaat noch immer eine Anwaltszulassung mittels Zahlung einer einfachen Gebühr. Um einen Teil der Anwaltsprüfung in den Vereinigten Staaten zu vereinheitlichen und um damit für eine einheitlichere juristische Ausbildung zu sorgen, also auch eines der Ziele der *A. B. A.* umzusetzen, wurde 1931 eine weitere juristische Organisation gegründet: die Nationale Konferenz der Examensprüfer (*National Conference of Bar Examiners*, abgekürzt *N. C. B. E.*). Aufgrund des durch diese drei privaten Organisationen – der *A. B. A.*, der *A. A. L. S.* und sodann der *N. C. B. E.* – ausgeübten Drucks glichen sich die anwaltlichen Zulassungsvoraussetzungen der einzelnen Bundesstaaten bis Mitte des 20. Jahrhunderts Stück für Stück an. Bewerber mussten nun vor dem Beginn des Jurastudiums zunächst irgendein abgeschlossenes Hochschulstudium in einem anderen Fachbereich vorweisen, anschließend eine *law school* für drei oder mehr Jahre besuchen und schließlich auch das Anwaltsexamen bestehen. Zu Beginn des Zweiten Weltkriegs studierten mehr als zwei Drittel der Jurastudierenden der Vereinigten Staaten an einer der renommierten *law schools*. Von 1784 in *Litchfield* bis zur Mitte des 20. Jahrhunderts hatten sich die *law schools* damit zum „wichtigsten Tor zum Berufseinstieg" entwickelt.[35]

Wie also sieht die juristische Ausbildung in den Vereinigten Staaten aktuell aus? Um heute Anwalt zu werden, muss man eine Lizenz erwerben. Der Prozess der Lizenzerteilung beginnt mit dem Erwerb eines Bachelor-Abschlusses irgendeiner in- oder ausländischen Fakultät.[36] Anschließend benötigt der Kandidat eine ausreichende Punktzahl im Zulassungstest fürs Jurastudium

---

[34]   *Margaret C. Johns/Rex R. Perschbacher*, The United States Legal System – An Introduction. 2. Aufl. 2007, S. 8.

[35]   Ebd.

[36]   Wie bereits zu Beginn des Buches erwähnt, gibt es in den Vereinigten Staaten kein grundständiges Jurastudium, das dazu berechtigen würde, das Anwaltsexamen abzulegen. Häufig müssen BWL-Studierende einen Basiskurs mit dem Titel „Wirtschaftsrecht" belegen, der aber nur einen kurzen Überblick über die wesentlichen Rechtsgebiete innerhalb von ein oder zwei Kursen bietet.

(*Law School Admissions Test*, abgekürzt *L. S. A. T.*). Der *L. S. A. T.* ist in den Vereinigten Staaten eine landesweit einheitliche Prüfung und trägt somit zu einer gewissen Angleichung und Standardisierung der juristischen Ausbildung bei. Mit einer *L. S. A. T.*-Punktzahl und einem Bachelor-Abschluss in der Tasche kann sich der Kandidat dann gegen die Zahlung einer Gebühr an einer der rund zweihundert *law schools* der Vereinigten Staaten um die Zulassung zum Jurastudium bewerben. Der Abschluss dieses Studiums wiederum ermöglicht es einem Juristen dann, das Anwaltsexamen abzulegen. Der Studiengang wird heute in der Regel mit dem akademischen Grad *juris doctor (J. D.)* abgeschlossen, aber in der Vergangenheit konnten auch Studierende, die einen LL. B. oder einen anderen Abschluss erworben hatten, die Anwaltsprüfung ablegen. Indirekt kontrolliert dabei die *A. B. A.*, etwa durch die Akkreditierung der *law schools*, wer Jura studieren darf. Solange sich die *law schools* innerhalb der Maßgaben der *A. B. A.* bewegen, können sie das Profil ihrer Studierenden zwar grundsätzlich nach eigenem Belieben festlegen, allerdings dürfen sie keinesfalls gegen die Richtlinien der *A. B. A.* verstoßen. Abermals zeigt sich also, dass sich der Berufsstand, sogar im Bereich der juristischen Ausbildung, selbst überwacht und nicht etwa staatlich reguliert wird.

Mit Blick auf die oben genannten Standardisierungsentwicklungen läuft das dreijährige Studium der meisten von der *A. B. A.* zugelassenen US-amerikanischen *law schools* ungefähr wie folgt ab: Der Lehrplan des ersten Studienjahres besteht hauptsächlich aus Pflichtveranstaltungen im Vertragsrecht (*contracts*), Deliktsrecht (*torts*), Sachenrecht (*property*), Strafrecht (*criminal law*), Zivilprozessrecht (*civil procedure*) sowie dem rechtswissenschaftlichen Arbeiten und Schreiben (*legal research and writing skills*). In den letzten Jahren haben einige der innovativeren *law schools* zudem das Völkerrecht (*international law*) in den obligatorischen Lehrplan des ersten Studienjahres aufgenommen. Der Lehrplan des zweiten Jahres enthält zwar zuweilen auch noch einige Pflicht-, aber auch viele Wahlveranstaltungen. Angeboten werden insoweit etwa Vorlesungen oder Seminare zum Steuerrecht (*taxation*), Erbrecht (*decedent's estates, wills and trusts*), Verfassungsrecht (*constitutional law*), Internationalen Privatrecht (*conflict of laws*), Vorbringen in Rechtsmittelinstanz (*appellate advocacy*), Familienrecht (*family law*), harmonisierten Handelsrecht der USA (*Uniform Commercial Code*), Beweisrecht (*evidence*)[37] und Wirtschaftsrecht (*business organizations*). Für Studierende, Rechtspraktiker und

---

[37] Erwähnenswert ist noch, dass es im US-amerikanischen Recht sowohl Beweisregeln auf gesamt- und auf bundesstaatlicher Ebene gibt als auch gesamt- und bundesstaatliche Organe der materiellen Beweisrechts. In einem System, in welchem der Beibringungsgrundsatz herrscht und in dem der Richter nicht von Amts wegen ermittelt, sondern eher als neutraler und passiver Schiedsrichter auftritt, müssen von den Streitparteien weitaus strengere Regeln bei der Einführung von Beweismitteln vor Gericht eingehalten werden. Daher muss von jedem, der Rechtsanwalt werden will, zumindest ein Kurs zum Beweisrecht belegt werden und das Beweisrecht wird als eigenständiges Prüfungsfach auch im Anwaltsexamen abgefragt.

sogar Hochschulprofessoren außerhalb der Vereinigten Staaten ist es dabei oftmals überraschend, dass sich US-amerikanische Studierende mit dem Verfassungsrecht erst im zweiten Jahr ihrer juristischen Ausbildung befassen. Aber wenn man die US-amerikanische Rechtspraxis durch den sozialen bzw. historischen Referenzrahmen betrachtet, wird man daran erinnert, dass der Berufsstand durch die Rechtspraxis definiert wird – nicht durch die Rechtsquellen. Darüber hinaus wissen wir aus der Geschichte, dass viele Engländer juristische Vorlesungen nicht etwa deshalb besuchten, um anschließend Anwalt zu werden, sondern nur etwa ein Jahr lang, um ausreichend praktische Kenntnisse zu erwerben, die sie dazu befähigen würden, um in einer „Nation von Kaufleuten"[38] zu bestehen. Für die tägliche Berufspraxis als Geschäftsmann waren Kenntnisse des Vertrags- und des Deliktsrechts deutlich sinnvoller als eine Beschäftigung mit der Verfassung. Bemerkenswert ist auch ein letzter Punkt im Hinblick auf diese offensichtliche Eigenart der US-amerikanischen Lehrpläne: Da das Vereinigte Königreich seine Verfassung auch heute noch nicht in einem ganzheitlichen Schriftstück zusammengefasst hat, wäre es für die *Inns of Court* möglicherweise auch zu abstrakt gewesen, das Verfassungsrecht als einheitliches Studienfach zu präsentieren.

Im dritten Jahr des Jurastudiums wird der Lehrplan dann weitgehend von den Studierenden selbst bestimmt und könnte etwa folgende Kurse beinhalten: Bundesgerichte (*federal courts*), Rechtsvergleichung (*comparative law*), Völkerrecht (*international law*), Umweltrecht (*environmental law*), Rechtsphilosophie (*legal philosophy*), Moot-Court-Wettbewerbe, Seerecht (*admiralty law*), Rechtsgeschichte (*legal history*), Grundrechte (*civil rights law*), Tierrecht (*animal law*), Mietrecht (*landlord-tenant law*), Arbeitsrecht (*labor law*), Erbrecht (*estate planning*), Praxiserfahrung in der juristischen Beratung (*clinic*) und Praktika (in einigen Staaten ist es den Studierenden im dritten Jahr sogar erlaubt, unter Aufsicht eines zugelassenen Rechtsanwalts und mit dem Einverständnis des Gerichts, im Namen eines Mandanten im Gerichtssaal aufzutreten).

Nach drei Jahren erfolgreichem Jurastudium, geprüft in einem Fach nach dem anderen, erhalten die Absolventen schließlich den akademischen Grad des *juris doctor (J. D.)* oder einen vergleichbaren Abschluss. Behalten Sie dabei aber stets im Hinterkopf, dass die Absolventen, mit wenigen Ausnahmen, nur dann dazu berechtigt sind, anschließend ein Anwaltsexamen abzulegen, wenn der Abschluss an einer der auf der Liste der *A. B. A.* aufgeführten

---

[38] *Adam Smith*, dann *Napoleon I.* und schließlich auch andere haben England als „eine Nation von Ladenbesitzern" bezeichnet. In seinem Werk zum Nationalreichtum (*The Wealth of Nations*) schrieb *Smith*: „Um ein großes Imperium zu gründen, das allein dem Zweck dient, ein Volk von Verbrauchern aufzuziehen, mag auf den ersten Blick als Projekt erscheinen, das nur für eine Nation von Ladenbesitzern geeignet ist. Es ist jedoch ein Projekt, das für eine Nation von Ladenbesitzern völlig ungeeignet ist, aber für eine Nation, deren Regierung von Ladenbesitzern beeinflusst wird, äußerst geeignet ist.", *Adam Smith*, The Wealth of Nations, Bd. IV, Teil vii.c., 1976.

anerkannten *law schools* erworben wurde.[39] Darüber hinaus muss sich der Kandidat als Person von „sittlichem und moralischem Charakter" erweisen und in der Regel muss mindestens ein zugelassener Anwalt dessen „Eignung zur Rechtspraxis" bescheinigt haben. Die Voraussetzung, von moralischem Charakter zu sein, entspricht der Vorstellung, wenn nicht gar der Grundidee der Anwaltschaft insgesamt, dass die Rechtspraxis eine tatsächliche Berufung und kein bloßer Broterwerb ist. Die Gesellschaft toleriert die Selbstorganisation und -regulierung der Anwaltschaft nur insoweit, als sie die erforderlichen Dienstleistungen in rechtlichen Angelegenheiten auch in einer von der Öffentlichkeit akzeptierten Weise erbringt. Solange ihre Berufsausübung „die Pferde nicht scheu macht"[40], bleibt es der Anwaltschaft vorbehalten, sich vollständig selbst zu regulieren. So war, um nur ein Beispiel zu nennen, im Jahr 1895 allein die im Raum stehende Möglichkeit, dass die Rechtspraxis in Pennsylvania einer Regulierung durch den Gesetzgeber unterworfen werden könnte, Auslöser für die Gründung der dortigen Anwaltskammer (*Pennsylvania Bar Association*).[41] Solch eine „weiche" Anerkennung der anwaltlichen Rechtspraxis erfordert für den Berufsstand eine gewisse Form der Selbstdisziplin. Die US-amerikanische Gesellschaft hat allerdings, wie viele andere Gesellschaften auch, eine durchaus januskÖpfige Beziehung zu ihren Rechtsanwälten. In Umfragen würden US-Bürger die Vertrauenswürdigkeit von Anwälten vermutlich mit derjenigen von Gebrauchtwagenhändlern gleichsetzen. Aber würden Sie die gleichen Leute fragen, wen sie sich aussuchen würden, um sie in ihrem Scheidungsverfahren oder einem anderen Zivilrechtsverfahren zu vertreten, dann wären sie zweifellos dazu bereit, auch den ruchlosesten Anwalt, den sie sich leisten können, zu mandatieren, solange er den Ruf hat, Fälle zu gewinnen.

5.2 Die USA heute: Zugang zum juristischen Berufsstand

Jeder der fünfzig Bundesstaaten hat, ebenso wie etwa die Außengebiete Puerto Rico, Amerikanische Jungferninseln oder Guam, innerhalb der jeweiligen Grenzen eigene Regeln für die Prüfung und Zulassung von Anwälten. Da es kein bundeseinheitliches Anwaltsexamen gibt, müssen die Kandidaten

---

[39] Einige Bundesstaaten wie Kalifornien erlauben es den Studierenden, das Anwaltsexamen abzulegen, wenn sie über einen Abschluss in Jura an einer von der *A. B. A.* oder von dem betreffenden Bundesstaat akkreditierten *law school* verfügen.

[40] Die britische Schauspielerin, *Beatrice „Patrick" Campbell*, die als erste die *Eliza Doolittle* in *George Bernard Shaws Pygmalion* spielte, soll im Hinblick auf das promiskuitive Sexualverhalten anderer bekanntlich gesagt haben: „Spielt es wirklich eine Rolle, was diese leidenschaftlichen Menschen treiben, solange sie es nicht mitten auf der Straße tun und die Pferde scheu machen?"

[41] *Henry Thomas Dolan*, The Diamond Anniversary History of the Pennsylvania Bar Association, Pennsylvania Bar Association Quarterly, Bd. XLII, Ausgabe 2 (1971), 131.

die Anwaltsprüfung des Bundesstaates ablegen, in dem sie arbeiten wollen oder, wie es in den Vereinigten Staaten oft heißt, das „Recht praktizieren" (*practice law*) möchten. In der Regel führt hierzu die *bar association* eines Bundesstaates die Prüfung durch oder das Examen wird im Einklang mit den Vorgaben des obersten Gerichtshofs des betreffenden Bundesstaates (*state supreme court*) durchgeführt.

Im Jahr 2010 haben einige Bundesstaaten das sog. Einheitliche Anwaltsexamen (*Uniform Bar Examination*, abgekürzt *U. B. E.*) eingeführt, das von der *N. C. B. E.* vorbereitet und koordiniert wird. Die Zahl der Bundesstaaten, die das *U. B. E.* eingeführt haben, ist bislang zwar vergleichsweise gering, aber es dürfte noch zu früh sein, um abschätzen zu können, inwieweit sich dieser Trend durchsetzen wird.[42] Die Vorteile des *U. B. E.* bestehen in einer einheitlichen Verwaltung sowie einer vergleichbaren Bewertung und Benotung. Hierdurch könnte dann die erreichte Punktzahl ggf. auch auf andere Zulassungsverfahren übertragen werden, in denen ebenfalls das *U. B. E.* abgelegt werden muss. Gleichwohl verwendet die Mehrheit der Bundesstaaten das *U. B. E.* nach wie vor nicht. Insgesamt dauert das Anwaltsexamen mindestens zwei Tage, in einigen Bundesstaaten auch drei. An einem der Prüfungstage müssen die meisten Studierenden dann das mehrstufige Anwaltsexamen (*Multistate Bar Exam*, abgekürzt *M. B. E.*) absolvieren, das jeweils von dem Bundesstaat durchgeführt wird, in dem der Kandidat zugelassen werden möchte. Das *M. B. E.* umfasst Fragen zum Verfassungsrecht (*constitutional law*), Vertragsrecht (*contracts*), Straf- und Strafverfahrensrecht (*criminal law and procedure*), Beweisrecht (*evidence*), Immobiliarsachenrecht (*real property*) und Deliktsrecht (*torts*) und wird in Form eines Multiple-Choice-Tests durchgeführt. Diejenigen, die mit einem derartigen Prüfungsformat nicht vertraut sind, könnten irrtümlicherweise glauben, dass ein Multiple-Choice-Format simpel ist, jedenfalls dann, wenn es nur eine einzige richtige unter den verschiedenen Antwortmöglichkeiten gibt. Allerdings erstrecken sich die jeweiligen Fragen teilweise über mehrere Seiten. Darüber hinaus sind die Fragen des *M. B. E.* oftmals so ausgestaltet, dass es mehr als nur eine richtige Antwort gibt. Unter diesen muss der Kandidat dann aber die *beste* Antwort finden, anstatt nur die einzig richtige.

Der zweite Tag der Anwaltsprufung ist typischerweise dem Recht des jeweiligen Bundesstaates, in dem die Prüfung abgelegt und für den eine Anwaltszulassung angestrebt wird, gewidmet. Diese Aufgaben sind durch

---

[42] Seit Mai 2022 haben nunmehr 41 US-Bundesstaaten das *U. B. E.* eingeführt. Dennoch werden nicht zwingend sämtliche Staaten diesem Beispiel folgen. Denn betreffend das Anwaltsexamen bleiben die Staaten weiterhin unabhängig. Bedeutende Bundesstaaten wie Kalifornien und Florida haben es nach wie vor nicht eingeführt; Nevada hat sich sogar ausdrücklich dazu bekannt, es niemals einführen zu wollen; New York hat zwar eine Kommission eingerichtet, um sich näher damit zu befassen, könnte sie aber auch wieder abschaffen, siehe www.ncbex.org/about-ncbe-exams/ube/ (zuletzt aufgerufen am 05.05.2022).

ausformulierte längere Antworten oder „Abhandlungen" (*essays*) zu lösen. Die geprüften Themengebiete, die von Bundesstaat zu Bundesstaat variieren,[43] betreffen Wirtschaftsrecht (*business organizations*), Diskriminierung am Arbeitsplatz (*employment discrimination*), berufliche Verantwortung als Anwalt (*professional responsibility*), Zivilprozessrecht (*civil procedure*), Beweisrecht (*evidence*), Immobiliarsachenrecht (*real property*), Strafrecht (*criminal law*), Familienrecht (*family law*), Deliktsrecht (*torts*), Kollisionsrecht (*conflict of laws*) (zwischen den US-Bundesstaaten), Verfassungsrecht des Bundes (*federal constitutional law*), harmonisiertes Handelsrecht der USA (*uniform commercial code sales*), Vertragsrecht (*contracts*), Einkommenssteuerrecht des Bundes (*federal income tax*) und Erbrecht (*decendents' estates, wills and trusts*).

Als weiterer Beleg dafür, dass sich der Berufsstand nicht nur als schlichter Broterwerb verstehen möchte, müssen die Bewerber in den meisten Staaten, zusätzlich zur bestandenen Anwaltsprüfung, innerhalb eines Jahres (vor oder nach dem Anwaltsexamen) eine separate mehrstufige Verantwortlichkeitsprüfung des Berufsstandes (*Multistate Professional Responsibility Examination*) bestehen.[44] Insgesamt werden die Bewerber damit im Hinblick auf die berufliche Verantwortung (manchmal auch als „Rechtsethik" bezeichnet) typischerweise dreimal getestet: im Rahmen des juristischen Lehrplanes als universitäre Pflichtveranstaltung, welche mit einer Prüfung endet, durch Einbettung in andere Fachgebiete der Anwaltsprüfung (z. B. durch Fragen zum Vertrags- oder Verfassungsrecht, die mit Aspekten zur beruflichen Verantwortung verknüpft werden) und mittels einer mehrstufigen isolierten Prüfung innerhalb eines Jahres vor oder nach dem Anwaltsexamen.

Nicht zuletzt aufgrund seiner Entwicklung hin zu einem selbstregulierenden Berufsstand wurde diese Common-law-Rechtspraxis oftmals mit den Eigenarten einer Gilde, einer Gewerkschaft oder sogar eines Clubs verglichen. Wenn wir die Erkenntnisse aus der Rechtsvergleichung nutzen, werden wir daran erinnert, dass „die besondere soziale Stellung der juristischen Tätigkeiten und die Beschaffenheit des Rechts als wissenschaftlicher Untersuchungsgegenstand im Vergleich zur Medizin oder zum Ingenieurwesen für die juristische Ausbildung eine einzigartige Konstellation bereithalten [...] Im Gegensatz zu Ärzten oder Ingenieuren fungieren Juristen als soziale Re-

---

[43] Es ist ein guter Indikator für die Unabhängigkeit eines jeden US-Bundesstaates, dass jeder Bundesstaat die Rechtspraxis innerhalb seines Gebiets unabhängig von anderen Bundesstaaten reguliert. Wie *Jonathan Goldsmith*, Generalsekretär des Rates der Anwaltschaften der Europäischen Gemeinschaft, feststellte, „ist es für einen deutschen Anwalt einfacher, in Frankreich zu arbeiten, als für einen Anwalt aus Pennsylvania, in Ohio zu arbeiten". Interview mit *Goldsmith* vom 3. August 2004 durch den Autor und *Wayne J. Carroll* (Notizen zum Interview befinden sich in den Unterlagen des Verfassers).

[44] Einige Staaten, wie z. B. Connecticut, verzichten auf diese Anforderung, wenn der Kandidat an der *law school* einen Ethikkurs mit ausreichender Note abgeschlossen hat.

gulatoren.“[45] Aber das ist noch nicht alles. „Die Anwaltskammer ist nicht einfach nur eine Gilde oder eine Gewerkschaft. Juristen erfüllen eine offizielle öffentliche Aufgabe“, insbesondere Richter und Staatsanwälte, aber auch sämtliche zugelassenen Rechtsanwälte haben als unabhängige Organe der Rechtspflege „grundsätzlich die Pflicht, die reibungslose Funktionsfähigkeit der rechtsstaatlichen Institutionen zu gewährleisten.“[46]

5.3 Rechtspraxis in den USA als Nicht-US-Rechtsanwalt (LL.M. und Rechtsberatung)

Samuel Johnson, unter anderem deshalb erwähnenswert, weil er 1755 ein wegweisendes Wörterbuch der englischen Sprache publiziert hat, soll einmal gesagt haben, dass es sich bei Juristen um „Vereinsmeier“ handelt. Dieser Charakterzug der Juristen wird etwa aus der Selbstorganisation der Rechtspraxis deutlich. So wie jeder Bundesstaat über eine eigene Regelungskompetenz für die Anwaltszulassung auf seinem Hoheitsgebiet verfügt, so verfügt jeder Bundesstaat auch über eine individuelle Regelungskompetenz, um es zugelassenen Anwälten anderer Bundesstaaten zu gestatten, auch in diesem Bundesstaat als Anwalt zu arbeiten. Da es kein bundeseinheitliches Anwaltsexamen gibt, sollte man sich zunächst vor Augen führen, dass selbst US-amerikanische Anwälte mit einer Anwaltslizenz in einem Bundesstaat (z. B. Florida) in keinem anderen Bundesstaat (z. B. Texas) als Anwalt arbeiten dürfen, ohne entweder die texanische Anwaltsprüfung zu bestehen oder in Texas aufgrund ausreichender Berufserfahrung in Florida zugelassen werden (viele Bundesstaaten fordern fünf Jahre Berufserfahrung). Aber selbst mit der erforderlichen beruflichen Erfahrung im eigenen Bundesstaat bedarf es in der Regel noch eines zugelassenen Anwalts des anderen Bundesstaates (in diesem Beispiel aus Texas), um im Namen des anderen Anwalts (aus Florida) einen gerichtlichen Antrag für die Anwaltszulassung in Texas zu stellen. Diese Anforderung verdeutlicht, jenseits der allgemeinen Voraussetzungen, die Anwaltprüfung eines anderen Bundesstaates bestanden und dort bereits als Anwalt gearbeitet zu haben, die soziale Notwendigkeit, dass eine bestimmte Gruppe von Anwälten (aus Texas), einen anderen Anwalt (aus Florida) auch tatsächlich in ihre Mitte aufnehmen muss. Die Rechtspraxis ist folglich eng mit der Kultur verbunden, die ihre Rahmenbedingungen hervorbringt, wobei sich diese Rahmenbedingungen für einen Großteil des US-amerikanischen Rechts unmittelbar aus der Kultur des jeweiligen Bundesstaates (wie derjenigen von Texas) ergeben. Texaner wollen also, wie jede andere lokale Rechtskultur, wirklich sicher sein, dass ein Anwalt aus Florida auch in ihre

---

[45] *William M. Sullivan* et al., Educating Lawyers: Preparation for the Profession of Law, 2007, S. 82 (auch bekannt als „Carnegie Foundation Report“).

[46] Ebd.

lokale Rechtskultur passt; gute Noten im Anwaltsexamen allein vermögen insoweit nicht zu überzeugen.

Derzeit haben 32 Bundesstaaten Regelungen erlassen, die es Personen mit einer Anwaltszulassung aus einem Land außerhalb der USA ermöglichen, als „ausländische Rechtsberater"[47] anwaltlich tätig zu werden. Auch wenn sich Professoren und andere Stimmen nachdrücklich für eine bundeseinheitliche Regelung ausgesprochen haben, ist die Kompetenz zur Zulassung von derartigen Rechtsberatern dennoch bei den einzelnen Bundesstaaten verblieben.

Jede Bewertung eines bestimmten Systems der Rechtspraxis oder juristischen Ausbildung muss immer berücksichtigen, ob dieses System die Bedürfnisse derjenigen Gesellschaft erfüllt, aus der es hervorgegangen ist. Je heterogener eine Gesellschaft ausgestaltet ist, desto unwahrscheinlicher ist es auch, dass sämtliche Gesellschaftsmitglieder auch dieselben Bedürfnisse an dieses Rechtssystem stellen. Selbst im Hinblick auf eine derart grobe geografische Aufteilung eines Staates in Bundesstaaten ergeben sich Unterschiede. So verdeutlicht etwa ein Blick in die Vergangenheit, dass einige US-amerikanischen Bundesstaaten überhaupt keinen Berufsstand von Anwälten haben wollten und für unterschiedlich lange Zeiträume auch ohne sie ausgekommen sind. Wenn es einen anwaltlichen Berufsstand gibt, welche Bedürfnisse erfüllt er dann? Wie viele andere Betätigungsfelder, die sich irgendwann durchgesetzt haben, sind sowohl das Berufsbild des Rechtsanwalts im Allgemeinen als auch jede Anwaltskanzlei im Speziellen maßgeblich auf Selbsterhalt bedacht. Die Anwaltschaft könnte insoweit in besonderer Form dazu in der Lage sein, sich ihren eigenen Markt zu schaffen. Dieses Phänomen lässt sich gut anhand einer Geschichte über eine Kleinstadt im Mittleren Westen der USA veranschaulichen, in der es nur einen einzigen Anwalt gibt. Dort gibt es nicht einmal genügend Fälle, um diesen einen armen Anwalt mit ausreichend Arbeit zu versorgen. Als nun dieser Anwalt denkt, dass es kaum schlechter laufen könnte, lässt sich zu allem Überfluss auch noch ein zweiter Anwalt in dieser Stadt nieder. Doch überraschenderweise geht es beiden Anwälten bereits nach kurzer Zeit recht gut! So kann eine größere Komplexität juristischer Angelegenheit durchaus bedeuten, dass Bürger vermehrt einen Anwalt brauchen, um sich in diesem Labyrinth der Rechtsstreitigkeiten zurechtzufinden. Aber oftmals sind es die Anwälte selbst, die diese Komplexität hervorbringen.[48] „Je länger ein Rechtsstreit dauert, desto weniger Gewinn

---

47 *American Bar Association Center for Professional Responsibility Policy Implementation Committee*, Foreign Legal Consultant Rules, https://www.americanbar.org/groups/ professional_responsibility/committees_commissions/commission-on-multijurisdictional-practice/ (zuletzt aufgerufen am 01.12.2022).

48 Meine eigene Studie kam zu dem Schluss, dass Verzögerungen des Gerichtsverfahrens weder dadurch vermindert werden können, dass mehr Richter eingestellt werden, noch dadurch, dass andere Verwaltungsmaßnahmen zur Verfahrensbeschleunigung durchgeführt werden, weil Anwälte von Verzögerungen profitieren und deshalb auch zu ihrer Entstehung beitragen.

verspricht er, außer für Ihren Anwalt", führte *Mark H. McCormack* in seinen Beobachtungen über den Berufsstand aus.[49]

Anstatt langwierige und kostspielige Rechtsstreitigkeiten zu führen, können Parteien auch eine alternative Form der Streitbeilegung anstreben. Hierzu zählen – unter anderem – der Vergleich (*settlement before trial*), das Schiedsgerichtsverfahren (*arbitration*) oder die Mediation. Zusammen werden sie als Mittel zur „alternativen Streitbeilegung" (*alternative dispute resolution*) oder (auch im Deutschen) schlicht als „*A. D. R.*" bezeichnet. Wenn man bedenkt, wie viele Rechtsstreitigkeiten inzwischen (gerichtlich oder außergerichtlich) gütlich beigelegt werden, könnte man sagen, dass es in den Vereinigten Staaten heute mittlerweile eher die Ausnahme darstellt, dass ein Verfahren durch streitiges Gerichtsurteil beendet wird. Auf die unterschiedlichen Formen der alternativen Streitbeilegung werden wir in Kapitel 9 zurückkommen, wenn wir uns vertieft den Mechanismen der streitigen Verfahren zuwenden.

Während es die Ausgestaltung der Zivilrechtspraxis mit sich zu bringen scheint, dass Anwälte auch darauf bedacht sind, den Fortbestand des anwaltlichen Berufsstandes sicherzustellen, würde man eine vergleichbare Zielsetzung unter Richtern und Staatsanwälten nicht erwarten. Bei Richtern scheint es zwar eine Tendenz zu ideologischen Abschweifungen im Hinblick auf die sozialen Bedürfnisse zu geben, aber keine generellen Bestrebungen zum Erhalt der Richtertätigkeit im Allgemeinen. In Kapitel 7 zum philosophischen Referenzrahmen werden wir noch mehr über den Rechtsrealismus und die kritische Rechtslehre erfahren. An dieser Stelle sei, bezogen auf den sozialen Referenzrahmen, insoweit nur ausgeführt, dass die Rechtsrealisten der 1920er Jahre und die kritische Rechtslehre am Ende des 20. Jahrhunderts

„beide eine post-aufklärerische Position vertraten, indem sie behaupten, dass die Argumentation von Richtern und Gesetzgebern weitgehend die Rationalisierung von Interessen und Ideologien darstellt. Dieser Vorwurf wird durch eine beunruhigende Masse an empirischen Belegen gestützt. In einer Studie konnte etwa gezeigt werden, dass republikanische Richter signifikant häufiger als ihre demokratischen Kollegen gegen den Angeklagten in einem Strafverfahren entscheiden, gegen die Verwaltungsbehörden in wirtschaftsrechtlichen Regulierungsstreitigkeiten entscheiden, gegen einen Arbeitnehmer in arbeitsrechtlichen Abfindungsverfahren entscheiden, das Vorliegen eines Verfassungsverstoßes in Strafverfahren entscheiden, gegen die Regierung in Steuerverfahren entscheiden, gegen den Mieter in Mietrechtsstreitigkeiten entscheiden, gegen den Verbraucher in Verbraucherrechtsfällen entscheiden, gegen den Geschädigten in Verkehrsunfallsachen entscheiden und gegen den Arbeitnehmer in Streitigkeiten mit Arbeitsunfällen entscheiden."[50]

---

[49] *Mark H. McCormack*, The Terrible Truth About Lawyers, 1986 (zitiert von *Peter McGargee Brown* in: A. B. A. Journal, 1. Dezember 1987, S. 126).

[50] *Peter Suber*, Legal Reasoning After Post-Modern Critiques of Reason, Legal Writing, Bd. 3 (1997), S. 21 (36) (zitiert *Joel B. Grossman*, Social Backgrounds and Judicial Decision-Making, Harvard Law Review, Bd. 79 (1966), 1551. Obwohl *Suber* in seinem Artikel das Wort „substantiell" verwendet, führt er insoweit nur den *Grossman*-Artikel als Beleg an. Außerdem ist diese Studie inzwischen mehr als fünfzig Jahre alt. Dies scheint dennoch zutreffend angesichts der gestiegenen Zweifel an der politischen

Peter Suber weist darauf hin, dass es zwei sehr verschiedene Möglichkeiten gibt, um dieses Problem der Voreingenommenheit auf der Richterbank zu interpretieren und damit auch, um es zu korrigieren. So könnte man auf der einen Seite schlussfolgern, dass zwar das Recht für sich betrachtet in Ordnung, allerdings das System zur Auswahl oder Ernennung der Richter fehlerhaft ist. Auf der anderen Seite könnte man aber auch folgern, dass die Grundannahme, Richter könnten unpolitisch sein, inhärent problematisch ist. Wenn aber der Richter politisch voreingenommen ist, dann können wir auch nur ein politisches Urteil erwarten. Der Rechtsrealismus, zu dem in Kapitel 7 weitere Ausführungen folgen, merkt deshalb an, dass wir diese Wahrheit keineswegs leugnen und deshalb vorgeben sollten, dass Richter unpolitisch wären, sondern anerkennen sollten, dass Richter politisch denkende Menschen sind, und deshalb auch versuchen sollten, ihre politische Natur Teil des Rechtsprechungssystems werden zu lassen.

Ein Unbeteiligter, der von außen auf die Rechtspraxis und juristische Ausbildung blickt, vermutet, in der Anwaltschaft nicht nur eine Arbeit wie jede andere, sondern sogar einen Dienst an der Gesellschaft. Gleichwohl könnte dieser externe Beobachter auf eine Reihe von Rechtsanwälten treffen, die ihre berufliche Tätigkeit lediglich als Durchschnittsjob wie jeden anderen verstehen. Wenn das passiert, besteht die Gefahr, dass der Anwaltsberuf zur täglichen Routine wird, in der sich der Anwalt nur noch als Arbeitnehmer eines Arbeitgebers versteht und Mandanten oder den Dienst an der Gesellschaft aus den Augen verliert. Es ist leicht, in eine solche Arbeitsplatzmentalität hineinzurutschen. Schließlich arbeitet der Anwalt, möglicherweise nur im Gegensatz zu den *barristers* vom alten Schlag, um seinen Lebensunterhalt zu bestreiten. Wegen der hohen Kosten der juristischen Ausbildung in den Vereinigten Staaten ist jeder Anwalt, unabhängig davon, wie sehr er sich auch mit seiner Rolle als unabhängiges Organ der Rechtspflege identifiziert, sehr wahrscheinlich für einen beträchtlichen Zeitraum seiner beruflichen Zeit finanziell hoch verschuldet.

Diese unerbittlichen finanziellen Auswirkungen sind bereits während der juristischen Ausbildung präsent. In den letzten zwanzig Jahren haben die juristischen Ausbildungsstellen zusammen mit der Regierung und den Banken dafür gesorgt, dass Studierende enorme Kredite gewährt werden können, ohne dass hierfür dieselben Sicherheiten geleistet werden müssen, wie bei jedem anderen Darlehen. Stattdessen wurde einerseits angenommen, dass eine lukrative Zukunft als zugelassener Anwalt ausreichend Sicherheit bietet,

---

Unvoreingenommenheit der Justiz, wie im Jahr 2000 veranschaulicht, als die konservative Mehrheit des Obersten Gerichtshofs der USA in das Wahlrecht von Florida eingriff, um eine Nachzählung der US-Präsidentschaftswahlen zu stoppen und damit die Wahl zugunsten des republikanischen Kandidaten *George W. Bush* zu entscheiden. Die gerichtliche Entscheidung wurde mit 5:4 Stimmen getroffen, wobei die fünf Richter ausnahmslos von republikanischen Präsidenten ernannt worden waren und sich so entschieden haben, dass *Bush* gewählt wurde.

und sich andererseits auf die Tatsache verlassen, dass Bildungskredite, im Gegensatz zu den meisten anderen Arten von Schulden, nicht aufgrund eines Insolvenzverfahrens erlassen werden können. Auch wenn die Universitätsausbildung in den Vereinigten Staaten bereits im Allgemeinen sehr teuer ist, ist es aus zwei Gründen besonders teuer, Jura zu studieren. Erstens kann man Jura nur als Aufbaustudiengang studieren. Daher muss zunächst das grundständige Studium (*undergraduate*) bezahlt werden, bevor anschließend das Jurastudium als Postgraduiertenstudium begonnen werden kann. Zweitens sind die Gebühren für das Jurastudium im Vergleich zu anderen Studiengängen vielfach hoch, sodass der gesamte Geldbetrag, den Jurastudierende auf Kredit finanzieren müssen, deutlich höher ist als für die meisten anderen Bildungswege, abgesehen vielleicht vom Medizinstudium.[51] Studierenden dieser beiden Studienfächer wird eingeredet, dass sie sich wegen derart hoher Schuldenlasten keine Sorgen zu machen bräuchten, weil sie später einmal genug Geld verdienen würden, um die Kredite zu tilgen.

Einige wirtschaftlich orientierte Personen in den Vereinigten Staaten haben immer wieder betont, die Zahlung erheblicher Studiengebühren für die vier oder mehr Jahre eines grundständigen Universitätsstudiums (also bereits ohne die zusätzlichen Gebühren für die juristische Universitätsausbildung) sei keine besonders weise Entscheidung im Vergleich zu einer kürzeren und kostengünstigeren Ausbildung in der Wirtschaft oder der Industrie und der anschließenden Arbeit und möglichen Investitionen während dieser frühen Jahre des Arbeitslebens.[52] Ich hatte dieser Position, obwohl die nackten Zah-

---

[51] Siehe *Shawn O'Connor*, Grad School: Still Worth the Money? Forbes, 9. Juli 2015; *O'Connor* verdeutlicht, dass der Studienplan der *law schools*, der sich über drei oder vier Jahre erstreckt, wahrscheinlich zu höheren Gesamtkosten für Studierende führen wird, obwohl *business schools* für ihren Unterricht in Einzelfällen mehr als das Doppelte der jährlichen Studiengebühren der *law schools* verlangen. Dabei ist es wichtig, die Schwierigkeiten dafür im Auge zu behalten, die „Kosten" der Ausbildung tatsächlich zu berechnen. Die jährlichen Studiengebühren sind hierbei nur eine Variable. Eine andere Unbekannte ist das „entgangene Einkommen". Die Berechnung des entgangenen Einkommens ist besonders schwierig, da man über das Einkommensniveau, das Studierende ohne die angestrebte Ausbildung erreichen könnte, spekulieren muss. Wenn Studierende nicht an einer postgradualen Universitätsausbildung (in den Vereinigten Staaten auch „*grad school*" genannt) teilgenommen haben, sollte dann das entgangene Einkommen eines Berufseinsteigers zugrunde gelegt werden oder sollte es so berechnet werden, als wäre sie oder er Anwalt oder Manager geworden?

[52] Belege für diesen Einwand finden sich in einem ausführlichen Bericht des *Economist*. Hierin wird die Gesamtheit der weltweiten Hochschulbildung bewertet, wobei allerdings (wenig überraschend) nur auf die Vorteile für die persönliche und nationale Wirtschaftssituation eingegangen wird, welche die Hochschulbildung für ihre Absolventen bereithält. Eine solche Untersuchung lässt *Paideia*, Bildung oder *la formation humaine* nur als naive Hindernisse auf dem Weg zum „glorreichen Reichtum" erscheinen, der von *Deng Xiaoping* vorgezeichnet wird: „Der Widerstand der Akademiker gegen Veränderungen gewinnt an Stärke durch den Glauben, dass die Bildung keine Beschäftigung, sondern eine Berufung ist; und dass ihre Verteidigung gegen Barbaren

len diese Argumentation stützen, eigentlich immer widersprochen. Denn die Ziele einer Hochschulausbildung, wie sie im elften Jahrhundert konzipiert und entwickelt wurden, beschränken sich nicht allein darauf, einen Job zu bekommen und Einkommen zu generieren.[53] Aber in letzter Zeit hat die Zusammenarbeit von Universitäten, Banken und der Regierung im Hinblick auf die Kreditbewilligung für hochpreisige Bildung die Kosten der juristischen Ausbildung so exorbitant ansteigen und die spätere Tilgung dieser Ausbildungskosten als Anwalt derart utopisch werden lassen, dass mir nunmehr eine Variation dieses alten wirtschaftlichen Arguments zunehmend als sinnvoll erscheint. Warum in eine juristische Ausbildung investieren, wenn man die Kosten hierfür mit einem durchschnittlichen Einkommen als Anwalt nicht mehr aus eigener Kraft zurückzahlen kann? Studienkredite, von Banken vergeben und durch den Staat abgesichert, waren ursprünglich als Mechanismus dafür gedacht, um auch den Nachkommen der Arbeiterklasse und der Mittelschicht zu ermöglichen, eine Universität und eine *law school* zu besuchen. Aber inzwischen hat genau dieser Lösungsansatz, der einst die Demokratisierung der Bildungsmöglichkeiten eingeleitet hatte – der staatlich garantierte Studienkredit –, dazu geführt, dass die Studierenden finanziell derart stark belastet werden, dass der wirtschaftliche Aspekt von einem Studium der Rechtswissenschaften abhält.

Ich habe eine inoffizielle Studie darüber durchgeführt, wie Dekane, Prodekane und Juraprofessoren in den Vereinigten Staaten den massiven Rückgang der Bewerbungen an den *law schools* (und damit die Einschreibungszahlen) bewerten. Die meisten sind sich insoweit einig, dass die US-amerikanische Juristenausbildung keine vorübergehende Phase durchläuft, sondern einen bedeutenden historischen Umbruch erlebt. „Ein Jahr wie 2006 werden wir so schnell nicht mehr erleben", meint *James G. Leipold*, Geschäftsführer der Nationalen Vereinigung zur Stellenvergabe juristischer Tätigkeiten (*National Association for Law Placement*, abgekürzt N. A. L. P.), eine gemeinnützige Kooperation zwischen *law schools* und Arbeitgebern.[54] Der Sektor hat allein in den Jahren 2008 und 2009, sagt er, insgesamt 60.000 Arbeitsplätze verloren, und nur 15.000 dieser Stellen wurden wieder geschaffen. Fast 9 % der Mit-

---

kein Selbstzweck, sondern eine moralische Pflicht ist.", *The Economist*, Special Report: Universities, 28. März 2015, S. 16.

[53] Während meines eigenen Bachelorstudiums machte Professor *Robert Hauser*, der sich bewusst war, dass sein Publikum größtenteils aus Studienanfängern bestand, die ein Gymnasium der Arbeiterklasse besucht hatten, bereits zu Beginn unseres ersten Semesters an der Universität eine sehr deutliche Aussage. Er sagte uns, dass zwei schändliche Probleme einer Universitätsausbildung darin bestanden, dass man anschließend entweder keinen Job bekommt oder sein Leben in der Folge ausschließlich dem Funktionieren in einer beruflichen Tätigkeit widmet.

[54] *Jennifer Smith*, Law Firm Entry-Level Hiring Unlikely to Return to 2006 Levels, Wall Street Journal LawBlogs, 11. April 2014, http://blogs.wsj.com/law/2014/04/11/law-firm-entry-level-hiring-unlikely-to-return-to-2006-levels/ (zuletzt aufgerufen am 01.12.2022).

arbeiter in US-amerikanischen Anwaltskanzleien wurden 2009 entlassen und einige von ihnen versuchen, während ich dies schreibe, noch immer, eine Vollzeitstelle in einer Anwaltskanzlei zu bekommen.[55]

Obwohl eine extrem marktorientierte Gesellschaft grundsätzlich auch darauf hoffen darf, dass sich die Krise durch die so genannte „Selbstregulierung des Marktes" erledigen wird, sind sich Experten einig, dass es sich hierbei allenfalls um eine teilweise Behebung des Problems handeln wird.[56] Kurz gesagt wird die Rechtswissenschaft in absehbarer Zeit keine mit der Vergangenheit vergleichbare Anzahl an Absolventen hervorbringen. Es hat mehrere Jahre gedauert, bis die Studierenden festgestellt haben, dass die Kosten der juristischen Ausbildung mit einem durchschnittlichen Einkommen als Anwalt nicht mehr zurückgezahlt werden können. Aber jetzt, da diese Tatsache unter den Studierenden allgemein bekannt ist, wird es einer weiteren grundlegenden Veränderung bedürfen, um die Zahl der Jura Studierenden zu erreichen, die mit denjenigen aus den Jahren vor 2008 auch nur annähernd vergleichbar wären.

5.4 Rechtswissenschaftliche Forschung

Würde man die juristischen Geschichtsbücher durchforsten, fände man zahlreiche unterschiedliche Vorstellungen darüber, was der eigentliche Inhalt der juristischen Ausbildung sein sollte und auf welche Weise die Rechtswissenschaft der Gesellschaft dient. Bereits im 16. Jahrhundert gab es Beschwerden darüber, dass es in Nottingham, England, zu viele Anwälte gebe. Die Meinungen über den Inhalt des Lehrplans der US-amerikanischen Juristenausbildung gehen seit Einführung des US-amerikanischen Rechtssystems auseinander. Noch im Jahr 1995 wurde kritisiert, dass in der US-amerikanischen Juristenausbildung handwerkliche Fähigkeiten gelehrt werden, die mit der Sprache Macht assoziiert werden, mit Vernunft, Logik und analytischen Fähigkeiten. Kompetenzen, von denen jeweils behauptet werde, dass sie an „unserer" *law school* „am besten" vermittelt würden.[57] Wenn die US-amerikanische Juristenausbildung tatsächlich nur derartige Fähigkeiten fördern wollte, warum haben die Zulassungsstellen dann nicht ausschließlich Studierende angenommen, die ein grundständiges Studium in den Ingenieur-

---

[55] Ebd.

[56] Siehe allgemein Cooley Law School Plans to Close its Ann Arbor Campus at Year's End, www.abajournal.com/news/article/cooley_law_school_plans_to_close_its_ann_arbor_campus_at_years_end (zuletzt aufgerufen am 01. 12. 2022); Die Western Michigan University Thomas M. Cooley Law School schloss 2014 ihren Campus in Ann Arbor und reagierte damit auf einen Einschreibungsrückgang von 39 % zwischen 2010 und 2013.

[57] *Jack A. Hiller/Bernhard Großfeld*, Comparative Legal Semiotics and the Divided Brain: Are We Producing Half-Brained Lawyers?, American Journal of Comparative Law, Bd. 50 (2002), 175 (179).

wissenschaften, der Logik oder der Physik abgeschlossen haben? Sie fragten: „Gibt es eine natürliche Verbindung zwischen der linken Gehirnhälfte und dem Recht oder handelt es sich hierbei um eine kulturelle Einschränkung, die wir für selbstverständlich erachten?"[58] Im Widerspruch zu dieser Kritik hat die *A. B. A.* in der Tat in jüngerer Zeit die Ausbildungsstandards geändert und verlangt eine noch praxisbezogenere Ausbildung. Diese soll zudem in der Rechtspraxis stattfinden, nicht an der *law school*, und gleicht, bezogen auf die USA, einer Rückkehr zur Zeit der Hauslehrer (*preceptorship*) oder, bezogen auf das Vereinigte Königreich, (für *barrister*) einer Wiedereinführung der Lehrlingszeit (*pupillage*) bzw. (für *solicitor*) der praktischen Ausbildungszeit (*training contract*) oder, bezogen etwa auf Deutschland, der Einführung verpflichtender Studienpraktika bzw. einer obligatorischen Referendarzeit.

Dieses Kapitel widmet sich dem Verständnis des US-amerikanischen Rechts mit einem Blick durch den sozialen Referenzrahmen. Einer der wesentlichen Unterschiede zwischen dem *common law* und dem *civil law* ist die Art und Weise, wie das Recht selbst, sowohl als Studienfach als auch in der Praxis, definiert oder gesehen wird. Deshalb muss untersucht werden, inwieweit die sozialen Gegebenheiten die Rechtsnatur beeinflussen. (Wie bereits erwähnt, wird darauf in Kapitel 8 näher eingegangen, wenn wir uns mit dem Recht als Wissenschaftsdisziplin befassen.). Während *Holmes* in seinem berühmt gewordenen Zitat feststellte, dass das Recht von Erfahrung lebt, so kann ein Jurist aus einem *Civil-law*-System durchaus argumentieren, dass das Recht eine logische Wissenschaft ist: Immerhin kann es aus einer abstrakt-generellen Regelung abgeleitet und vor Gericht auf konkrete Fälle angewendet werden. Diese Differenzierung anhand der Aufgabenstellung zeigt sich deutlich auch im Hinblick auf die Reputation eines Richters in jedem dieser unterschiedlichen Systeme. Da man Erfahrung nicht studieren kann, wird ein Richter in den Vereinigten Staaten meist eine gewisse Zeit lang als Anwalt gearbeitet haben, bevor er zum Richter ernannt oder gewählt wird. In *Civil-law*-Systemen aber, wie z. B. in Deutschland, haben diejenigen, die das zweite juristische Staatsexamen mit Bestnote abschließen, bereits unmittelbar nach dem Studium die Möglichkeit, als Richter tätig zu werden, während durchschnittlichen oder gar unterdurchschnittlichen Kandidaten dieser Berufsweg generell verschlossen bleibt. Daher kann es durchaus passieren, dass man auf der deutschen Richterbank einen lediglich dreißigjährigen Richter am Amts- oder Landgericht antrifft. Im Vergleich dazu kann man sich in den USA, unabhängig davon, ob die jeweiligen Richter gewählt oder ernannt werden, nicht unmittelbar nach Bestehen der Anwaltsprüfung um eine Richterstelle bewerben. Werden Richter ernannt, dann sind die Stellenbesetzungen in der Regel zumindest teilweise politisch motiviert, da derjenige, dem insoweit die Auswahlentscheidung zukommt – dem Gouverneur eines Bundesstaa-

---

[58]   Ebd.(zitiert *Tony Weir*, Wise Men's Counters, 1998 und *Bernhard Großfeld*, Unsere Sprache: die Sicht des Juristen, 1995).

tes für bundesstaatliche Gerichte (*state courts*) oder dem US-Präsidenten für Bundesgerichte (*federal courts*)–, nur Personen aus seiner eigenen Partei ernennen wird. Auch wenn das allzu politisch erscheinen mag, brächte die Alternative – eine generelle Wahl der Richter – andere Probleme mit sich. Die Wähler mögen zwar ein Gefühl dafür haben, worin die Arbeit eines Parlamentsabgeordneten besteht, und folglich beurteilen können, warum man sich für einen bestimmten Kandidaten entscheidet, aber um auch nur ansatzweise einschätzen zu können, woraus die Arbeit eines Richters besteht, muss man über ein vergleichsweise großes Vorwissen verfügen, das allenfalls Justizmitarbeiter hätten. Dieser grundlegende Unterschied ergibt sich daraus, wie eine Rechtsordnung das Recht versteht. In den Vereinigten Staaten ist das Recht – im weitesten denkbaren Sinne – ein „heterogenes Gemisch aus rhetorischen Angriffen und Verteidigungshandlungen", das idealerweise deshalb von den Ältesten entzerrt wird, weil sie mit der Weisheit der Erfahrung ausgestattet sind.[59] Unabhängig davon, ob die jeweiligen Richter ernannt oder gewählt werden, verfügen sie in den Vereinigten Staaten deshalb immer über eine gewisse Erfahrung in der rechtspraktischen Wirklichkeit.

5.5 Anwälte und Jurastudierende in Zahlen

Mathias Reimann zufolge ist es allgemein anerkannt, dass „es kaum nennenswerte empirische Untersuchungen [in der Rechtsvergleichung] gibt und das Interesse an soziologischen Studien heute noch geringer ist als vor einigen Jahrzehnten."[60] Nichtsdestotrotz lohnt es sich, sich an empirischen Beschreibungen von Jurastudierenden und Juraprofessoren zu versuchen, um die Rechtspraxis durch den sozialen Referenzrahmen zu betrachten. So blieb beispielsweise in der Zeit von 1880 bis 1947 das Verhältnis von Anwälten zu Bürgern mit etwa 1:790 relativ konstant.[61] 1947 gab es in den Vereinigten Staaten insgesamt 169.489 Anwälte. Etwa achtzig Jahre später (2014) lag die Anzahl der Anwälte bei 1.281.432, was zu einem Verhältnis von 1:402 führte. Aus diesen drei einfachen Relationen können wir erkennen, dass sich die US-Bevölkerung von 1947 bis 2014 zwar mehr als verdoppelt hat, sich die Zahl der Anwälte im selben Zeitraum aber fast verachtfacht hat. Warum könnte ein Land, das in einigen Bundesstaaten ursprünglich gänzlich ohne

---

[59] *Richard Posner*, The Material Basis of Jurisprudence, Indiana Law Journal, Bd. 69, Nr. 1 (1993), S. 2.

[60] *Mathias Reimann*, The Progress and Failure of Comparative Law in the Second Half of the Twentieth Century, American Journal of Comparative Law, Bd. 50 (2002), 671.

[61] Siehe *The American Bar Association*, The Lawyer Statistical Report, 1985, 1994, 2004, 2012 editions, Teil der *American Bar Association's Lawyer Demographics*; Siehe auch *Robert MacCrate* et al., Legal Education and Professional Development – An Educational Continuum, A. B. A. Section Legal Education & Admission to the Bar (1992), S. 15 (nachfolgend „MacCrate Report").

anwaltlichen Berufsstand funktionierte, mittlerweile für 402 seiner Bürger einen Anwalt benötigen?[62]

Dabei ist die Zahl der Anwälte nicht nur überproportional zur Bevölkerung im Allgemeinen gestiegen, sondern diese Anwälte sind innerhalb der Vereinigten Staaten auch noch ungleich verteilt. Eine überwältigende Anzahl von Personen unterhalb der Armutsgrenze in den Vereinigten Staaten kann sich für zivilrechtliche Streitigkeiten keine Rechtsberatung leisten.[63] So kam seit 2005 nur noch ein Anwalt, der kostenlose oder kostengünstige Rechtsdienstleistungen anbietet, auf 6.415 Menschen in Armut, obwohl der Gesamtdurchschnitt bei 1:402 lag und damit vierzehn Mal höher war.[64]

5.5.1 Geschlechter

Ein weiterer sozialdemographischer Vergleichsfaktor der Rechtspraxis ist die Geschlechterverteilung. 1971 waren weniger als 3 % der Anwälte Frauen. Bis 1980 war diese Zahl auf 8 % angestiegen und bis zum Jahr 2000 immerhin auf 27 %. Dies scheint ein gesunder Trend zu sein. Man muss jedoch auch bedenken, dass im Jahr 2014 zwar 47 % der Jurastudierenden, aber nur 34 % der Anwälte Frauen waren. Ohne nähere Untersuchung wäre die „landläufige" Erklärung für die vergleichsweise geringe Anzahl an Anwältinnen gegenüber der Anzahl an Jurastudentinnen, dass Frauen ihren Beruf zugunsten der Kindererziehung aufgeben. Allerdings zeigt bereits ein wenig Nachforschung, dass eine Anwältin durchschnittlich 20.000 Dollar weniger pro Jahr verdient als ihr männliches Pendant. Darüber hinaus sind nur etwa 25 % der Bundesrichter (*federal judges*), 20 % der Dekane der *law schools*, etwas mehr als 20 % der Partner in Anwaltskanzleien und sogar nur 1 % der geschäftsführenden Kanzleipartner (*managing partners*) weiblich.[65] Da Anwältinnen aber denselben finanziellen Belastungen wie ihre männlichen Kollegen ausgesetzt sind,

---

[62] *MacCrate Report*, a. a. O., Fn. 62.

[63] Im Hinblick auf die Verfügbarkeit von Rechtsdienstleistungen muss man zwischen denjenigen, welche einer Straftat verdächtigt sind und denjenigen, die einen Rechtsbeistand in zivilrechtlichen Angelegenheiten benötigen unterscheiden. Für Strafverfahren ist die anwaltliche Vertretung verfassungsrechtlich garantiert, während dies für Zivilverfahren nicht der Fall ist. Dennoch legen die meisten Staaten die Verfassung weit aus und gewähren eine anwaltliche Vertretung für eine Reihe von zivilrechtlichen Rechtsmaterien. So hat beispielsweise der Oberste Gerichtshof von Pennsylvania in der Rechtssache *In Re Adoption of R. I.* 312 A.2d 601, 602 (Pa.1973) eine Reihe von Fällen des Obersten Gerichtshofs der USA angewandt, die für den Grundsatz stehen, dass eine Person in jedem Verfahren, das zur Entziehung von „wesentlichen Rechten" führen kann, wie z. B. der Beendigung des Sorgerechts, Anspruch auf anwaltliche Vertretung hat. Siehe www.americanbar.org/groups/legal_aid_indigent_defendants/initiatives/civil_right_to_counsel.html (zuletzt aufgerufen am 25. 10. 2020).

[64] *Legal Services Corporation*, Documenting the Justice Gap In America: The Current Unmet Civil Legal Needs of Low-Income Americans, An Updated Report of the Legal Services Corporation, September 2009, S. 21.

[65] American Bar Association Commission on Women in the Profession, A Current Glance

könnten sie durchaus eine bessere Bezahlung außerhalb der Rechtspraxis gesucht haben.

5.5.2 Herkunft

Seit der Ankunft der Europäer in Nordamerika sind ethnische Unterschiede ein Bestandteil des Gefüges der aus Europa importierten Rechtssysteme. In der US-amerikanischen Verfassung wurden Sklaven (die meist aus Afrika verschleppt wurden) und die nordamerikanischen Ureinwohner „indianischer" Abstammung sowohl im Hinblick auf die Verteilung der Wahlberechtigten als auch auf Steuerfragen lediglich als Drei-Fünftel-Person gezählt. Die Drei-Fünftel-Formel findet sich in Artikel 1, Abschnitt 2, Absatz 3 der US-Verfassung:

> „Die Abgeordneten und die direkten Steuern werden für die einzelnen Staaten, die in diese Union aufgenommen werden können, im Verhältnis zu ihrer Einwohnerzahl bestimmt; diese wird ermittelt, indem zur Gesamtzahl der freien Personen, einschließlich derjenigen, die auf Zeit an ein Dienstverhältnis gebunden sind, und ohne die nicht zu besteuernden Indianer, drei Fünftel der Gesamtzahl aller übrigen Bewohner hinzugezählt werden."

Die Verschleppung, Versklavung („an ein Dienstverhältnis gebunden") und schließlich die Freilassung (Emanzipation) der Afrikaner wurden ausnahmslos durch damals legale Maßnahmen erreicht. Schließlich wurde auch die Abschaffung der Sklaverei durch eine Rechtsänderung erreicht. Sobald die Sklaverei jedoch abgeschafft worden war, begann die Kultur, eine Unmenge von Fragen über die Beziehungen zwischen den einzelnen ethnischen Gruppen zu diskutieren, einschließlich der Frage, ob das Recht überhaupt geltend gemacht werden musste, um dann zu den verschiedenen Ansätzen überzugehen, wie das Recht dazu beitragen könnte, *racial justice* zu erreichen. Die Weiterentwicklung des Rechts, um diesem Ziel näher zu kommen, beinhaltet dabei auch Maßnahmen für Chancengerechtigkeit im Bildungssektor.

1971 waren in den Vereinigten Staaten insgesamt 5.568 Studierende der ethnischen Minderheiten für ein Jurastudium eingeschrieben. 1991 waren es dann bereits 19.410 Studierende. Eine detailliertere ethnische Aufschlüsselung der eingeschriebenen US-amerikanischen Jurastudierenden ergab im Jahr 2011 insgesamt 11.327 mit asiatischen Wurzeln, 10.173 mit afrikanischen Wurzeln, 6.514 mit lateinamerikanischen Wurzeln und 1.273 mit nordamerikanischen Wurzeln. Vergleicht man die Zahl der für ein Jurastudium eingeschriebenen mit der Zahl derjenigen, die als Anwälte arbeiten, so war dies, bezogen allein auf die Afroamerikaner, 1970 nur 1 %. 1990 war dieser Prozentsatz auf 3,3 gestiegen, aber über die nächsten 20 Jahre, bis 2010, stagnierte das Wachstum eher, sodass nur etwa 4,8 % der Anwälte

---

at Women in the Law 2014, https://www.americanbar.org/groups/diversity/women/resources/statistics/ (zuletzt aufgerufen am 01.12.2022).

Afroamerikaner waren,[66] obwohl sie zu diesem Zeitpunkt etwa 13 % der US-amerikanischen Bevölkerung ausmachten.

Seit der Amerikanischen Revolution kämpft die juristische Ausbildung gegen jede Form von elitärem Denken innerhalb der US-amerikanischen Kultur an. Noch heute würde sich die US-amerikanische Gesellschaft nicht als Klassensystem bezeichnen. Dennoch haben, was die juristische Ausbildung anbelangt, ausschließlich die intellektuell fähigsten und wirtschaftlich am besten gestellten Studierenden die Möglichkeit, Jura zu studieren. Nur wenn man die Oberstufe, das grundständige Studium und auch den *L. S. A. T.* mit guten Noten abgeschlossen hat, öffnet sich überhaupt die Tür zu einer *law school*. Vergleicht man das US-amerikanische Ausbildungssystem mit Systemen, in denen man Jura bereits unmittelbar im Anschluss an die Oberstufe studieren kann, lässt sich durchaus erkennen, dass sowohl das Jurastudium als auch die spätere berufliche Tätigkeit als Jurist im US-amerikanischen System nur einem ausgewählten Teil der Bevölkerung offenstehen. Im Vergleich dazu reichen beispielsweise in Großbritannien oder Deutschland gute Abiturnoten (bzw. Noten im *A level*) aus, um an einer juristischen Fakultät angenommen zu werden.

5.6 Ein neues Jahrtausend der *Common-law*-Ausbildung, ein neues Jahrhundert der US-amerikanischen Juristenausbildung

Während eines Großteils seiner Geschichte wurde die juristische Ausbildung als überholt empfunden und es Reformen gefordert: seitens der Öffentlichkeit,[67] des Berufsstandes, der Jurastudierenden, der Berufsverbände, der Dozenten selbst[68] oder einer beliebigen Kombination hiervon. Doch während all dieser Zeit ist die juristische Ausbildung in den Vereinigten Staaten kontinuierlich gewachsen und hat sich ausgeweitet. Daher könnte man glauben, dass ein Ausbildungssystem unter Kritik der Normalzustand ist. Selbst wenn also tatsächlich ein Ausbildungswandel stattfindet, könnte man diesen leicht als üblichen Vorgang von Kritik und der Reaktion darauf missverstehen. Erleben wir derzeit also einen signifikanten Wandel oder handelt es sich nur um alten

---

[66] Quelle dieser Statistiken ist die *American Bar Association*, Resources for Lawyers: Profession Statistics (2013), http://www.americanbar.org/resources_for_lawyers/profession_statistics.html (zuletzt aufgerufen am 01. 12. 2022).

[67] Nicht nur die Rechtspraxis, sondern auch die juristische Ausbildung wurde als politisch kritisiert. Siehe *Russell G. Pearce*, The Legal Profession as a Blue State: Reflections on Public Philosophy, Jurisprudence, and Legal Ethics, Fordham Law Review, Bd. 75 (2006), 1339.

[68] Siehe *Michael Hunter Schwartz*, Teaching Law by Design: How Learning Theory and Instructional Design Can Inform and Reform Law Teaching, San Diego Law Review, Bd. 38 (2001), 347.

Wein in neuen Schläuchen? Im Jahr 2002 enthielt die Liste der *A. B. A.* für die Vereinigten Staaten 187 akkreditierte *law schools*. Im Jahr 2010 war diese Zahl auf 200 gestiegen,[69] ein Zuwachs von fast 7 % in nur acht Jahren, obwohl die US-amerikanische Bevölkerung in den acht Jahren zwischen 1982 und 1990 (die Jahrgänge, die sich zwischen 2002 und 2010 im Alter von 20 Jahren für die Studienplätze an den *law schools* bewerben würden) nur um 300.000 Bürger, also nur um etwa 1,3 %, angewachsen war. Ende des 20. Jahrhunderts richtete die *A. B. A.* eine Untersuchungskommission ein, um die Zusammenhänge und Lücken zwischen juristischer Ausbildung und Rechtspraxis zu analysieren. Das Ergebnis dieser Kommission, der MacCrate-Bericht,[70] hat nicht nur die juristische Ausbildung in den USA, sondern auch im Ausland beeinflusst.[71] Großen Einfluss auf die US-amerikanische Juristenausbildung hatte auch der im Jahre 2007 veröffentlichte Bericht „Juristenausbildung. Vorbereitung auf das juristische Berufsleben" (*Educating Lawyers: Preparation for the Profession of Law*[72] – allgemein bekannt als „Der Carnegie Report"). Dabei hätte man sich auch damit begnügen können, diese Berichte in die lange Liste der berechtigten Kritik und Reaktionen im Hinblick auf die juristische Ausbildung und den Berufsstand aufzunehmen. Aber dann brachen Ende 2008 die Scheinwelt der Wall Street und die Immobilienblase zusammen. Es dauerte zwar einige Jahre, bis die Auswirkungen dieses wirtschaftlichen Zusammenbruchs auch die juristische Ausbildung erreichten, aber irgendwann taten sie es, sodass auch das von den Launen des Marktes abhängige Bildungssystem schließlich die gleiche Rezession erlebte wie andere Sektoren. Bis 2011 hatten viele *law schools* einen Bewerberrückgang von 30 % verzeichnet und zwischen 2012 und 2014 erlebten sie einen weiteren Einbruch gleichen Ausmaßes.[73] Stellt das nun lediglich eine Marktanpassung dar oder doch eine grundlegende Veränderung der US-amerikanischen Juristenausbildung? Soweit die Ausbildung lediglich eine marktübliche Ware ist, könnte man leicht von „Anpassungen des Marktes" oder „Korrekturen des Marktes" sprechen. Würde aber der Staat, der die Ausbildung für einen Bereich des öffentlichen Dienstes gewährleistet, analog dazu eine ähnliche Wortwahl wählen? Studiert irgendjemand Rechtswissenschaften, allein um juristisch ausgebildet zu werden, ohne eine berufliche Tätigkeit als Jurist

---

[69] *Catherine L. Carpenter* (Hrsg.), A Survey of Law School Curricula 2002–2010, A. B. A., Executive Summary, S. 14, Fn. 8.

[70] *Robert MacCrate* et al. a. a. O., Fn. 62.

[71] Siehe *Andreas Bücker/William A. Woodruff*, The Bologna Process and German Legal Education: Developing Professional Competence through Clinical Experiences, German Law Journal, Bd. 9 (2008), 575.

[72] *Sullivan* et al., a. a. O., Fn. 46.

[73] Siehe *American Bar Association*, A. B. A. Section of Legal Education reports 2014 law school enrollment data, 16. Dezember 2014, https://www.americanbar.org/groups/legal_education/resources/statistics/statistics-archives/ (zuletzt aufgerufen am 01. 12. 2022).

zumindest anzustreben? Sicherlich nicht oft, obwohl eine Kultur die Ausbildung ihrer Bürger durchaus selbst dann für sinnvoll halten könnte, wenn sie nicht wegen der anschließenden Aufnahme einer beruflichen Tätigkeit erfolgt. „Im Französischen, wenn auch nicht im Englischen, ist es üblich, die Ausbildung als ‚Formation' zu bezeichnen, wie etwa *la formation medicale* oder gar *la formation humaine*."[74] Dieser Beobachtung könnte man das Beispiel der deutschen Sprache hinzufügen, in der in Anlehnung an *Humboldt* die Bildung sowohl „Ausbildung" (*education*) als auch „Charakterformung" (*formation*) bedeuten kann.

Der Ruf der *law schools* hängt stark davon ab, ob es ihren Absolventen gelingt, die Anwaltsprüfung bereits im ersten Anlauf zu bestehen. Die *A. B. A.* hat eine Untersuchung der Lehrpläne der US-amerikanischen *law schools* durchgeführt. So wie Studierende während ihres Studiums Vorbereitungskurse für den *L. S. A. T.* belegen können, haben 2010 „49% der Befragten einen Vorbereitungskurs für das Anwaltsexamen gegen Credits angeboten. Das Themenspektrum umfasste dabei die Bereiche mehrstufiger Aufsatz (*multistate essay*), Multiple-Choice-Fragen, Aufsatz über den Bundesstaat (*state essay*) und Prüfungssituation (*performance practice*). An den meisten der *law schools* war der Kurs freiwillig."[75]

„Es ist wahrscheinlich keine große Überraschung, dass die Einstiegsgehälter des ‚Absolventenjahrgangs [20]10 landesweit' deutlich gesunken sind", so die *N. A. L. P.*[76] Das durchschnittliche Einstiegsgehalt für Juraabsolventen ist nach einer *N. A. L. P.*-Studie um fast 13 % gesunken. Laut demselben Bericht ist auch das Durchschnittsgehalt um etwa 10 % gesunken.[77] So betrug das durchschnittliche Einstiegsgehalt für Vollzeitarbeitskräfte, die ihr Gehalt angegeben haben, verglichen mit den 72.000$ für den Absolventenjahrgang von 2009, landesweit nur noch 63.000$. Das Durchschnittsgehalt aller Juristen lag, im Gegensatz zu den 93.454$ des Vorjahres, landesweit nur noch bei 84.111$, was einem Rückgang von fast 10 % entsprach. Dem Bericht zufolge war der Privatsektor dabei besonders stark betroffen,[78] während es den Absolventen, die in den öffentlichen Dienst eintraten, deutlich besser erging. So blieben die durchschnittlichen Einstiegsgehälter für Regierungsmitarbeiter und Verwaltungsbeamte (*public interest jobs*) gegenüber 2009 nahezu unverändert: 52.000$ bzw. 42.900$. Und das Durchschnittsgehalt für den Justiz-

---

[74] *Sullivan* et al., a. a. O., Fn. 46, S. 84.

[75] *Catherine L. Carpenter*, Major Findings of the 2010 Survey, in: A Survey of Law School Curricula: 2002–2010, American Bar Association, 2010, S. 16; Die Studie nutzte die vorherigen Untersuchungen der A. B. A. von 2002 als Grundlage um Veränderungen festzustellen.

[76] *Hillary Mantis*, Starting salaries down for Class of 2010, The National Jurist, 7. Juli 2011, www.nationaljurist.com/content/starting-salaries-down-class-2010 (zuletzt aufgerufen am 25. 10. 2020).

[77] Ebd.

[78] Ebd.

nachwuchs (*judicial clerkship*) stieg sogar von 50.000$ auf 51.900$ an. „Dieser Abwärtstrend der Einstiegsgehälter ist jedoch", nach *James G. Leipold* von der *N. A. L. P.*, „zum größten Teil nicht darauf zurückzuführen, dass einzelne Arbeitgeber den Absolventen weniger als in der Vergangenheit bezahlt hätten". Vielmehr sanken „die durchschnittlichen Einstiegsgehälter [...], weil die Absolventen weniger hochbezahlte Jobs in den großen Anwaltskanzleien fanden und deutlich mehr Stellen bei den kleinsten Anwaltskanzleien, die die niedrigsten Einstiegsgehälter zahlen."[79]

Wenn die juristische Ausbildung ein Konsumgut des Marktes ist, so wie es Schuhe, Häuser oder „Finanzderivate" sind, dann sollte man erwarten können, einen vergleichbaren Umgang in Bezug auf Marketing, Werbung oder produktbezogenes Leistungsversprechen (*product performance*) zu finden. Und dem ist auch so. Einen einstmals möglicherweise hoch angesehenen Berufsstand zu einem Konsumprodukt des Marktes verkommen zu lassen, ist für die US-amerikanische Kultur wenig überraschend. Wäre das möglicherweise anders, wenn der Berufsstand staatlich und nicht weitestgehend autark kontrolliert wäre? Um das zu beantworten, wäre zwar ein Berg von Vermutungen mit spekulativen Schlussfolgerungen aufzustellen, aber wir können zumindest damit beginnen. „Die problematisch gewordenen Zahlen waren dazu gedacht, sagte *Rotenberg* [Sprecherin der Abteilung für juristische Ausbildung und Zulassung zum Anwaltsberuf der *A. B. A.*], um potenziellen Studierenden ‚Verbraucherinformationen' zur Verfügung zu stellen, und wurden vom Bildungsministerium der USA nicht verlangt."[80] Hält man einen Moment lang inne, um über diese Aussage nachzudenken, dann scheint es, dass die *A. B. A.* zwischen dem unterscheidet, was dem Staat gemeldet werden muss, und dem, was eine *law school* als Werbung verwenden kann. Das scheint nahezulegen, dass sowohl private als auch staatliche *law schools* in einer Konsumwirtschaft dazu berechtigt sind, das gesamte Arsenal der übertriebenen Versprechungen, an die wir durch die Werbung für Alltagsprodukte bereits gewöhnt sind, dafür zu nutzen, um neue Studierende anzuwerben, aber nicht, um staatlichen Institutionen Bericht zu erstatten. Das erinnert doch ein wenig an die Geld-zurück-Garantie der Werbetreibenden, wonach ein Konsumgut sein Versprechen in jedem Fall halten muss, „oder Sie bekommen Ihr Geld zurück". Was also verspricht die juristische Ausbildung?

Die Art und Weise, mit der die juristische Ausbildung ihre Versprechungen macht, ist nicht nur für die Bewerber der *law schools* von Interesse, sondern war es auch bereits 1992 für die *A. B. A.* selbst. Im McCrate-Report empfahl die *A. B. A.* für die juristische Ausbildung mehr Transparenz im Hinblick auf den Prozess, Anwalt zu werden. Konkret:

---

[79] Ebd.
[80] *Carl Bialik*, Job Prospects for Law Grads? The Jury's Out, Wall Street Journal, 19. März 2012, S. 11.

„Die Abteilung für juristische Ausbildung und Zulassung zum Anwaltsberuf [der *A. B. A.*] sollte in Zusammenarbeit mit dem Rat für die Zulassung zum Jurastudium [*Law School Admission Council*, abgekürzt *L. S. A. C.*] und der *Association of American Law Schools*, sicherstellen, dass angehende Jurastudenten, die auf der Suche nach einer *law school* sind, Informationen über sämtliche *law schools* in Bezug auf Zulassungsstatistiken, Studiengebühren, Kosten und finanzielle Unterstützung, Immatrikulations- und Abschlussstatistiken, Lehrpläne und Kursgrößen, Bibliotheksressourcen, Universitätsgebäude, Verfügbarkeit von Wohnraum, finanzielle Ressourcen zur Unterstützung von Ausbildungsprogrammen, Praktika sowie Statistiken über die Erfolgsquote bei den Anwaltsexamina erhalten können."[81]

In einer Reihe von Klageverfahren junger Absolventen wurde behauptet, dass das Marketing, das sie dazu veranlasst hatte, Jura zu studieren, insbesondere dasjenige der eigenen *law school*, absichtlich irreführend gewesen sei und sie deshalb ihr Geld zurückhaben wollten.[82] *Kyle McEntee*, Mitbegründer und Geschäftsführer einer gemeinnützigen Organisation namens „Transparenz der Jurafakultäten" (*Law School Transparency*), sagte, er habe keinen Zweifel daran, dass „irreführende Statistiken zur Verfügung gestellt wurden". Aber er wirft auch eine Frage auf, die ebenfalls von den Anwälten der Beklagten gestellt wurde: *Wie* kann festgestellt werden, ob den Studierenden ein Schaden zugefügt wurde und, wenn ja, welcher Anteil der Studiengebühren sollte erstattet werden?[83] Im Verlauf dieser Verfahren haben wenigstens zwei *law schools* eingeräumt, dass sie der *A. B. A.* falsche Daten über die Abschlusszeugnisse der Studierenden, die zum Jurastudium zugelassen waren, übermittelt hatten. Professor *Brian Tamanaha* von der *Washington University* in St. Louis, kommentierte diese Enthüllung wie folgt: „Es wäre naiv, anzunehmen, dass keine der *law schools* die Beschäftigtenzahlen [für ihre Absolventen] gefälscht hat".[84] Betrachtet man diesen Kommentar in dem breiteren Kontext dessen, welchen Stellenwert die Ausbildung der Juristen in den Vereinigten Staaten oder anderswo hatte, dann kann hierin eine kulturbezogene Selbstkritik gesehen werden. In einer Kultur, die ihre Bildung kommerzialisiert, wird ein Betrug im Konkurrenzkampf um die Studierenden sogar mittlerweile von denjenigen erwartet, die sich eigentlich darum kümmern sollten, den Menschen die staatsbürgerlichen Rechte und Pflichten beizubringen. Selbst wenn die Kläger ihre Verfahren nicht gewinnen, ist es sozialwissenschaftlich dennoch bemerkenswert, dass zu diesem Zeitpunkt der Geschichte der juristischen Ausbildung und Praxis derartige Klagen überhaupt eingereicht werden. Als Reaktion auf die in diesen Klagen und in vielen Blogs, Zeitungsartikeln[85] und anderen Medien angesprochenen Aspekte hat die *A. B. A.* den

---

[81]   *MacCrate Report*, a. a. O., Fn. 62, S. 329.

[82]   Siehe *MacDonald v. Thomas M. Cooley School of Law*, 724 F.3d 654 (6th Cir. 2013).

[83]   *Bialik*, a. a. O., Fn. 81.

[84]   Ebd.

[85]   Ein bestimmter Artikel der New York Times löste eine Flut von Diskussionen über die Themen aus. *David Segal*, Is Law School a Losing Game? New York Times, 8. Januar 2011.

Standard 509 der Anforderungen für die Aufnahme einer *law school* in ihre Akkreditierungsliste (*Standards for Approval of Law Schools*), wonach sie von den *law schools* bisher verlangte, jährliche Berichte zu erstellen, geändert. Weitere Änderungen wurden bereits vorgeschlagen und werden derzeit von der *A. B. A.* geprüft.[86]

Als Reaktion auf das Tempo, in welchem der Anstieg der Ausbildungskosten, einschließlich für die juristische Ausbildung, die Einkommenssteigerung in den Vereinigten Staaten übersteigt, veröffentlichte Präsident *Barack Obama* im März 2015 ein Memorandum, das das Weiße Haus als „Grundrechtecharta der Studierenden" (*Bill of Rights for Students*) bezeichnete. Obwohl das Dokument weder ein Gesetz noch eine Rechtsverordnung darstellt, werden hierdurch immer noch eine Reihe US-amerikanischer Verwaltungsbehörden zu Hütern einer fairen Informations- und Verfügbarkeitspraxis im Hinblick auf Studienkredite und deren Rückzahlung.

5.7 Schlussfolgerung: Ist das Kind schon in den Brunnen gefallen?

Zum Zeitpunkt seiner Veröffentlichung stößt dieses Buch an die Grenze dessen, was man als „gegenwärtigen" Stand der gesellschaftlichen Bedenken bezogen auf die juristische Ausbildung und Praxis in den Vereinigten Staaten bezeichnen könnte. Wenn man sich entweder der spiralförmigen oder der aufgeklärten Sichtweise auf die Geschichte aus Kapitel 4 anschließt, könnten die Bedingungen der Vergangenheit und der Gegenwart genutzt werden, um den Lauf der Zukunft vorherzusagen. In einem Ausbildungssystem, das mit derart hohen Kosten für Studierende verbunden ist, haben die Höhen und Tiefen der Wirtschaft im Allgemeinen einen direkten Einfluss darauf, wer sich eine juristische Ausbildung leisten kann. In einer anhaltend schwachen Wirtschaft sinkt, selbst wenn man die Ausbildung abschließt, die Zahl der Arbeitsplätze für Juraabsolventen. Potenzielle Mandanten nehmen einen optionalen Rechtsbeistand nicht in Anspruch, wenn sie kein Geld haben. Diese

---

[86] Siehe *Jacob Gershman*, Law Schools Face New Rules on Reporting Graduates' Success, The Wall Street Journal, 17. März 2015, www.wsj.com/articles/law-schools-face-new-rules-on-reporting-graduates-success-1 426 629 126 (zuletzt aufgerufen am 25. 10. 2020); Hierin wird eine neue Regelung diskutiert, die von der Akkreditierungsstelle der *American Bar Association* eingeführt wurde, um die Klageverfahren dadurch einzudämmen, dass die *law schools* weniger Anerkennung für Jobs bekommen, die sie bezuschussen. In diesen so genannten „Übergangsbeschäftigungen (*Bridge-to-Practice*)" werden den Absolventen in der Regel 1.000 bis 4.000 US-Dollar pro Monat für Tätigkeiten im gemeinnützigen oder öffentlichen Sektor gezahlt, die zeitlich oft auf ein Jahr befristet sind.

Konsequenz haben die rund 200 von der *A. B. A.* akkreditierten *law schools* der Vereinigten Staaten deutlich zu spüren bekommen.[87]

Die Geschichte im Allgemeinen sollte uns lehren, dass sich die Gesellschaft, die Kultur und ihre Institutionen im Laufe der Zeit ändern. Wir alle tendieren in unserer Überzeugung ein wenig dazu, anzunehmen, dass der Zustand zum Zeitpunkt unserer Geburt, oder zumindest zum Zeitpunkt unseres Erwachsenwerdens, schon immer derselbe gewesen ist, ganz so als hätte der Pfeil der aufgeklärten Sichtweise auf die Geschichte seinen Endpunkt zufälligerweise am Tage unserer Geburt erreicht. Für uns Menschen, die wir bereits ein fortgeschritteners Alter erreicht haben, scheint hingegen der Glaube daran weit verbreitet zu sein, dass früher, zum Zeitpunkt unserer Geburt, alles besser war – die „gute alte Zeit" – und die Dinge seither nur schlechter geworden sind. Vielleicht. Die juristische Ausbildung und Praxis in den Vereinigten Staaten verändert sich. Ob diese Veränderungen als gut oder schlecht zu bewerten sind, wird davon abhängen, welcher Historiker die Geschichte schreiben und wessen Lage er erzählen wird. Eine Situation, in der es sich zwar weniger Studierende leisten können, Jura zu studieren oder einen Job als Anwalt zu finden, dafür aber mehr von ihnen weiblich sind oder Minderheiten angehören, kann auf viele verschiedene Arten bewertet werden, sowohl positiv als auch negativ. Eine Situation, in der zwar weniger Junganwälte eine Anstellung finden, dafür aber mehr Menschen mit niedrigem Einkommen ein Rechtsbeistand zur Verfügung steht, wird in Abhängigkeit davon, ob man die Geschichte aus Sicht der Juristen oder im Hinblick auf die Verfügbarkeit von Rechtsdienstleistungen darstellt, unterschiedlich bewertet werden. Sollte es jedoch dazu kommen, dass sich nur noch die Reichsten unter den Reichen eine Rechtsdienstleistung von denjenigen leisten können, die bereits reich genug waren, um Jura zu studieren, dann könnten zukünftig tatsächlich die Pferde scheu gemacht werden.

Verständniskontrolle

Geben die Merkmale der sozialen Organisation des juristischen Berufsstandes der USA dem US-amerikanischen Recht bestimmte Merkmale?

Wissensherausforderung

Welche Belege gibt es dafür, dass die private Marktwirtschaft über ausreichende Mechanismen verfügt, um den US-amerikanischen Bürgern angemessene Rechtsdienstleistungen zu gewährleisten?

---

[87] Viele *law schools* halten sich im Hinblick auf ihre Budgetzahlen über Wasser, indem sie Studienplätze mit ausländischen LL. M.-Studierenden füllen, das Lehrprinzip „umdrehen" und grundsätzlich digitale Vorlesungen mit nur teilweiser Unterstützung durch tatsächlich anwesende Dozenten (und nicht umgekehrt) sowie neue und kreative interdisziplinäre Studiengänge anbieten.

Literatur

Carpenter, Catherine L., Major Findings of the 2010 Survey, A Survey of Law School Curricula: 2002–2010, American Bar Association, 2010.

Frankenberg, Günter, Critical Comparison, Re-Thinking Comparative Law, Harvard International Law Journal, Bd. 26 (1985), 411.

Hiller, Jack A./Großfeld, Bernhard, Comparative Legal Semiotics and the Divided Brain: Are We Producing Half-Brained Lawyers?, American Journal of Comparative Law, Bd. 50 (2002), 175.

Holmes, Oliver Wendell, Jr., The Common Law, 1881.

Holmes, Oliver Wendell, Jr., The Path of Law, Harvard Law Review, Bd. 10 (1897), 457.

Johns, Margaret C./Perschbacher, Rex R., The United States Legal System – An Introduction, 2. Aufl. 2007.

Kempin, Frederick G., Jr., Legal History: Law and Social Change, 1963.

Kempin, Frederick G., Jr., Historical Introduction to Anglo-American Law. St. Paul, 1990.

Lepaulle, Pierre, The Function of Comparative Law with a Critique of Sociological Jurisprudence, Harvard Law Review, Bd. 35 (1922), 838.

MacCrate, Robert et al., Task Force on Law Schools and the Profession: Narrowing the Gap, Legal Education and Professional Development – An Educational Continuum, American Bar Association Section Legal Education & Admission to the Bar, 1992.

Marmor, Andrei, The Nature of Law, in: Zalta, Edward N. (Hrsg.), The Stanford Encyclopedia of Philosophy, 2011.

Posner, Richard, The Material Basis of Jurisprudence, Indiana Law Journal, Bd. 69 (1993), 1.

Pound, Roscoe, The Spirit of the Common Law, 1921.

Reimann, Mathias, The Progress and Failure of Comparative Law in the Second Half of the Twentieth Century, American Journal of Comparative Law, Bd. 50 (2002), 671.

Sullivan, William M./Colby, Anne/Wegner, Judith W./Bond, Lloyd/Shulman, Lee S., Educating Lawyers: Preparation for the Profession of Law, 2007.

6 Sprachlicher Referenzrahmen

Leitgedanken

1. Welche Verknüpfungen bestehen zwischen Rechtsvergleichung und Sprache?
2. Welche Rolle wird der Sprache in der juristischen Ausbildung und Praxis zugewiesen?

6.1 Einleitung und Überblick

So wie Kapitel 4 mit einigen Aspekten begann, die wir berücksichtigen sollten, wenn wir mit einem Blick durch den historischen Referenzrahmen eine Chronologie historischer Fakten erstellen wollen, und Kapitel 5 mit einigen Aspekten, die wir im Hinterkopf behalten müssen, wenn wir mit einem Blick durch den sozialen Referenzrahmen die juristische Ausbildung und Praxis in den USA durch Zahlen und Kategorien beschreiben möchten, eingeleitet wurde, wird es am Anfang von Kapitel 6 hilfreich sein, uns einige sprachliche Aspekte vor Augen zu führen, bevor wir damit beginnen, anhand einiger Beispiele über die Beziehung von Sprache und Rechtspraxis zu sprechen. Bereits in Kapitel 5 habe ich den Carnegie-Bericht über die juristische Ausbildung in den Vereinigten Staaten vorgestellt. Dort heißt es:

> „Bei unseren Besuchen an den *law schools* wurde uns wiederholt berichtet, sowohl von den Studenten als auch den Dozenten, dass die Erfahrung des ersten Jahres typischerweise zu einer bemerkenswerten Transformation führt: ein bunt gemischter Anfängerjahrgang geht hinsichtlich der eigenartigen Verwicklungen des juristischen *Diskurses* auf magische Weise von Verwirrung zu Vertrautheit über – wenn nicht sogar zu Leichtigkeit. Die juristische Fallmethode in all seinen Variationen hat dabei während des größten Teils des vergangenen Jahrhunderts das erste Ausbildungsjahr dominiert. Ihr Zweck wurde uns in einfachen Worten nahegebracht: Die *dialogische* Fallmethode, die in den 1870er-Jahren von *Langdell* und seinen Kollegen an der *Harvard Law School* eingeführt wurde, soll die Studenten darauf vorbereiten, wie Juristen zu denken."[1]

---

[1]   *William M. Sullivan* et al., Educating Lawyers: Preparation for the Profession of Law, 2007, S. 47 (auch bekannt als der „Carnegie Foundation Report") (Hervorhebungen durch den Verfasser).

Aber Moment mal. Selbst in diesem Zitat der Carnegie-Stiftung bedeutet der Lernprozess, ‚wie ein Jurist zu denken', tatsächlich zu lernen, ‚wie ein Jurist zu reden'. Bezogen auf den historischen Referenzrahmen sei insoweit noch daran erinnert, dass eine der Methoden der Rechtsgeschichte darin besteht, Rechtstexte zurückzuverfolgen, einschließlich Gesetzesrecht, Kommentaren, Gerichtsentscheidungen und Prozessakten praktizierender Anwälte. Zu behaupten, dass die Sprache das Recht vermittelt, ist gleichbedeutend mit dem Eingeständnis, dass die Sprache begrifflich sowohl vor dem Recht entstanden als auch hierfür wesentlich ist. Der US-amerikanische Juraprofessor *David Mellinkoff* stellt im Vorwort seines oft zitierten Werks „The Language of the Law" zutreffend fest: „Das Recht ist eine Profession der Worte."[2] Um die Bedeutung dieser einfachen Aussage von *Mellinkoff* zu verstehen, müssen wir Wörter als Einheiten der gesprochenen oder geschriebenen Sprache verstehen und Sprache wiederum als System solcher Wörter. Daraus können wir dann schließen, dass es ohne Sprache kein Recht geben kann. Es wäre daher irreführend, das Recht einerseits und die Sprache andererseits als zwei getrennte, unabhängige Einheiten zu verstehen, wie man etwa versucht sein könnte, wenn man, ausgedrückt in Form von scheinbar entgegengesetzten Begriffspaaren, die Syntagmen „Sprache des Rechts", „Sprache und Recht" oder „Recht und Sprache" betrachtet. Wenn aber, wie *Mellinkoff* sagt, das Recht eine Profession der Worte ist, dann müssen Juristen etwas darüber wissen, wie Wörter und Sprache funktionieren. Aber wie bei den meisten Grundlagen, einschließlich der Fundamente von Gebäuden oder der Bitmaps von Computersoftware, könnte unsere alltägliche Praxis zwar auf dieser Grundlage basieren, sich dieser Grundlage aber nicht bewusst sein. Die Qualität unserer täglichen Arbeit könnte daran gemessen werden, inwieweit sie die Grundlagen kennt, auf denen sie beruht.

In den 1990er-Jahren, während der so genannten „Wissenschaftskriege", behaupteten einige Kulturtheoretiker, dass alles menschliche Wissen, auch das der Naturwissenschaften, durch die Sprache konstituiert werde. Wenn das wahr ist, wäre es nicht allzu kühn, zu behaupten, dass „alles Recht, das von Menschen geschaffen und gesprochen wird, Sprache ist, der zu Macht verholfen wird"[3] – unabhängig davon, ob das Recht, wie in *Civil-law*-Systemen, als Sozialwissenschaft oder, wie in *Common-law*-Systemen, als Teil der freien Künste (*artes liberales*) verstanden wird. Geht man einen Schritt weiter, dann wäre, wenn das Recht durch Sprache konstituiert wird, die Rechtsvergleichung durch Übersetzungen konstituiert. Das ist jedoch ein problema-

---

[2]   Im Original: „law is a profession of words"; Siehe *D. Mellinkoff*, The Language of the Law, 1963. Anmerkung des Übersetzers: Treffender, weil geläufiger, wäre sicherlich: „Das Handwerkszeug des Juristen ist die Sprache". Dann ergäben allerdings die anschließenden Bezugnahmen des Textes auf „Wörter" nur noch wenig Sinn.

[3]   *Bernhard Großfeld*, Core Questions of Comparative Law, 2005, S. 83 (zitiert *Hans Fritz Abraham*, Vom Beruf des Juristen als Ausdruck seiner Persönlichkeit, F. S. Pinner 1932, S. 8, 13).

tisches Konzept, weil, wie *Bernhard Großfeld* sagt, „linguistische Erfahrungen nicht problemlos von einer Kultur auf eine andere übertragbar sind"[4]. Damit sagt *Großfeld* aber nicht, dass sprachliche Erfahrungen überhaupt nicht übertragbar sind, sondern nur, dass es nicht einfach ist. Was die Sache erschwert, ist, dass Äußerungen in einer Sprache nicht einfach in einen Online-Übersetzer eingegeben werden können, um ein vollständiges Äquivalent in einer anderen Sprache zu erhalten. Ebenso wenig können Rechtsbegriffe oder, schlimmer noch, das, was *Großfeld* als vollständigen „Vergleich von Rechtskonzepten"[5] bezeichnet, wie schlichte Substantive von einer Sprache in eine andere übersetzt werden.

Das führt uns zu einem weiteren Aspekt der Sprache, der zum Kern dessen gehört, wie man das Recht begreift. Die positivistischen Rechtsphilosophen wie *Jeremy Bentham*, *John Austin* und *Hans Kelsen* waren der Ansicht, dass das Recht als Gebot eines Souveräns verstanden werden sollte, dem durch Androhung von Gewalt Nachdruck verliehen wird. Wenn US-Amerikaner an „Vollstreckung" (*law enforcement*) etwa aus dem Strafrecht denken, hören sie zugleich „Gewalt" (*force*). Beschränkt sich die Durchsetzung des Rechts auf physische Gewalt oder auf das, was *Max Weber* als staatliches Gewaltmonopol bezeichnete? Befolgen die Menschen das Recht nicht auch deshalb, weil sie Ordnung wollen und wahrscheinlich mehr Ordnung herrschen wird, wenn die meisten von uns die gleichen Regeln einhalten? Letztere Idee bedeutet zwar eher, die Ordnung zu begrüßen als Furcht vor Gewalt zu haben, aber dennoch können beides Gründe für rechtstreues Verhalten sein. Sobald wir auch dieses zweite Konzept in unsere Überlegungen einbeziehen, wird es leichter, zu erkennen, dass man auch davon überzeugt werden kann, das Recht zu befolgen, anstatt mit physischer Gewalt dazu „gezwungen" zu werden. Eine allzu pauschale Kritik gegenüber dem Völkerrecht besteht oft darin, dass das Völkerrecht überhaupt kein Recht sei, weil es keine übergeordnete Exekutivgewalt der Polizei oder des Militärs gibt, die das Völkerrecht gegenüber allen Nationen oder Mitgliedern aller Nationen durchsetzen könnte. Der Denkfehler einer derart simplen Kritik besteht allerdings darin, dass sie das starke Motiv für die Rechtstreue – den Wunsch nach Ordnung – nicht berücksichtigt. Aus irgendeinem Grund berücksichtigen wir diesen Aspekt zwar relativ häufig für das innerstaatliche Recht und erkennen ihn an, scheinen ihn aber für das internationale Recht zu ignorieren. *Großfeld* lehrt uns: „Eine Rechtsgemeinschaft ist sicherlich in erster Linie eine Gemeinschaft der Überzeugung, nicht des Zwangs; sie ist eine spontane Ordnung"[6]. Aspekte der Sprache sind für die juristische Ausbildung und Praxis von zentraler Bedeutung. Juristen sind Wortakrobaten. Uns ist bekannt, dass in den Anfangsjahren der Vereinigten Staaten rhetorische Fähigkeiten einen wichtigen Teil

---

[4] Ebd., S. 50.
[5] Ebd., S. 10.
[6] Ebd., S. 84.

der Rechtspraxis ausmachten. Der äußerst einflussreiche Richter, Rechtsgelehrte und Autor *James Kent* aus dem Bundesstaat New York „war kein großer Redner und er gestand freimütig, dass er die Rechtspraxis ‚hasste' – soweit sie mündliche Improvisation erforderte"[7]. Der Rechtsphilosoph *Peter Koller* stellt diesen Zusammenhang nicht nur mit dem Recht her, sondern sogar mit der Gerechtigkeit. Gerechtigkeit, so sagt er, „scheint eine anthropologische Konstante zu sein, wird aber zu einem großen Teil durch die Kultur bestimmt. Gerechtigkeit hat viel mit sprachlicher Kommunikation zu tun."[8]

Um linguistische Aspekte des Rechts verstehen zu können, muss man zunächst das Wesen der Sprache ergründen. Dieses Wesen dürfte keinesfalls nur deshalb jedermann bewusst sein, weil wir sie täglich verwenden. Denn schließlich benutzen wir auch unsere Gehirne, gebrauchen Computer und haben Regierungen, ohne dass die meisten von uns behaupten könnten, die jeweiligen Funktionsweisen im Detail verstanden zu haben. Insoweit muss man zunächst einige Vorstellungen des durchschnittlichen „gesunden Menschenverstandes" (*common sense*) über die Funktionsweise der Sprache ausräumen. Die drei irreführendsten Vorstellungen sind, (1) dass Wörter Bezeichnungen für Dinge sind, (2) dass ein Sprecher durch Sprache seine Absichten kommuniziert und (3) dass das Sprechen mit einem Zuhörer einen verlässlichen Übertragungsprozess darstellt, so als würde man einem Empfänger ein elektronisches Signal senden. Diese problembehafteten Vorstellungen sind Themen, die im weiteren Verlauf dieses Kapitels jeweils im Hinblick auf vier verschiedene Definitionsansätze der Sprache[9] untersucht werden.

---

[7]   *Daniel Hulseboch*, An Empire of Law: Chancellor Kent and the Revolution in Books in the Early Republic, Alabama Law Review, Bd. 60 (2008), 377 (389).

[8]   *Peter Koller*, Das Glück in Kooperation schmieden, Interview mit *Alois Pumhösel* in: Der Standard, 14. März 2015.

[9]   *Penelope Pether*, Language, in: Austin Surat / Matthew Anderson / Catherine O. Frank (Hrsg.), Law and the Humanities: An Introduction, 2010, S. 315 ff., wo sie auf S. 318 ausführt: „Über die Feststellung hinaus, dass die ältere Forschung über Recht und Sprache, die noch von der Prämisse ausgeht, dass die Sprache für das Recht nur ein Übertragungsmedium darstellt, von der zeitgenössischen Rechts- und Sprachwissenschaft methodisch als überkommen angesehen wird, könnte auch gesagt werden: Diese Untersuchung über den Status der zeitgenössischen humanistischen Rechts- und Sprachwissenschaft legt vier wesentliche Schlussfolgerungen nahe. Die erste ist, dass ein großer Teil der Bedeutung dieses Werkes darin besteht, die Methode der Sprachwissenschaft und / oder die kritischen Sprachwissenschaften auf die Arbeit von Rechtsinstitutionen, -diskursen und -texten anzuwenden […]. Als nächstes geht es […] zum Teil um die einzigartigen oder unverwechselbaren Beziehungen zwischen Recht und Sprache […]. Drittens […] ist in der wissenschaftlichen Teildisziplin, die sich mit den einzigartigen oder unverwechselbaren Einsichten befasst, die sich aus interdisziplinären Untersuchungen zum ‚Recht' ergeben könnten, noch Vieles unerforscht. […] Viertens […]: Soweit es einen Aspekt der Sprachwissenschaft gibt, der gegenwärtig noch deutlich unterentwickelt ist, sind es die Theorien der Sprache, der Subjektbildung und des Rechts." Siehe auch *Peter Tiersma / Lawrence Solan* (Hrsg.), The Oxford Handbook of Language and Law, 2012.

Von den vier Ansätzen, sich dem Recht durch Sprache zu nähern, werden zwei – Literatur und Philosophie – nur kurz angerissen, während die beiden anderen – Linguistik und Rhetorik – ausführlich besprochen werden. Die Gliederung gestaltet sich dabei wie folgt: Durch die Rechts- und Literaturbewegung (6.2) lässt sich beobachten, dass sich beim Schreiben und Lesen von Literatur bestimmte Themenfelder für das Recht entwickeln, die die Rolle des Rechts in dieser Kultur widerspiegeln oder auch beeinflussen können. Der zweite Ansatz befasst sich mit dem Gebiet der Linguistik (6.3) und fußt auf dem bereits zuvor geäußerten Vergleich – das Ergründen eines fremden Rechtssystems ist wie das Erlernen einer Fremdsprache. Wir lernen eine fremde Sprache nicht auf die gleiche Art und Weise, wie wir unsere Muttersprache gelernt haben. Die Erkenntnisse darüber, wie wir eine zweite Sprache lernen, sagen viel darüber aus, wie wir uns ein anderes Rechtssystem erschließen. In seiner Kritik an den Methoden der Rechtsvergleichung vertritt *Großfeld* die Auffassung, dass sich die Rechtsvergleichung tatsächlich an den Methoden der Übersetzungswissenschaft orientieren sollte. Die Übersetzungswissenschaft konzentriert sich auf die Sprachwissenschaft. Eine der nachhaltigsten Lehren der Linguistik stellt der Strukturalismus dar. Durch diese linguistische Theorie wird uns vermittelt, auf welche Art und Weise Bedeutung innerhalb der Sprache erzeugt wird. Im Gegensatz zu Recht und Literatur mag diese Herangehensweise dem Juristen zwar am weitesten von dem entfernt vorkommen, was ihm über die Sprache in der Rechtspraxis bekannt ist, aber sobald Verbindungen hergestellt werden, ist sie insgesamt am nachhaltigsten.[10]

Drittens begeben wir uns auf die Suche nach einigen Erkenntnissen aus der alten Kunst der Rhetorik (6.4), wobei die Tatsache zu betonen ist, dass die Rhetorik zur Zeit der Einführung des englischen *Common-law*-Systems ein Bestandteil der allgemeinen Schulbildung war, das säkulare Recht hingegen kein Bestandteil der englischen Universitätsbildung.[11] Während der linguistische Ansatz fernliegend, aber lohnenswert erscheint, kann die Untersuchung der rhetorischen Praktiken auf simple Weise erfolgen und, im Hinblick auf die Verdeutlichung einer juristischen Weltanschauung, dennoch vergleichbar erkenntnisreich wie die Philosophie sein. Da sie die Rechtspraxis historisch geprägt hat, ist es für das Verständnis des *common law* wichtig, dass man auch die elementaren Grundlagen der Rhetorik verinnerlicht. Aufgrund des kulturbezogenen Schwerpunktes dieses Buches kann zur Verdeutlichung der Beziehung zwischen Sprache und dem Studium eines Rechtssystems ein simplifizierender kategorischer Syllogismus herangezogen werden:

---

[10] Siehe *Großfeld*, a. a. O., Fn. 3.
[11] Siehe bspw. *Barbara J. Shapiro*, Rhetoric and the English Law of Evidence, in: Victoria Kahn / Lorna Hutson (Hrsg.), Rhetoric and Law in Early Modern Europe, 2001, S. 54 ff.

Erste Prämisse (Obersatz): Sprache transportiert Kultur
Zweite Prämisse (Untersatz): Recht ist ein Kulturphänomen (kein Naturphänomen)
Schlussfolgerung: Sprache transportiert Recht

Der vierte Ansatz über die Sprachphilosophie (6.5) wird nicht besonders intensiv behandelt. Gleichwohl schien mir eine Erwähnung beim Schreiben des Kapitels unvermeidlich. Im Rahmen der Sprachphilosophie werden Sie als Leser nur gebeten, sich einige Gesichtspunkte über das Wesen der Sprache und die damit einhergehende Bedeutung für unsere rechtskulturelle Weltsicht zu verdeutlichen. Was die Aspekte der Sprache im Allgemeinen betrifft, so gibt es weitere, weitreichende und tiefgreifende Auswirkungen auf das Wesen des Wissens. Untersuchungen über die Vermittlung wissenschaftlicher Erkenntnisse an die breite Öffentlichkeit haben gezeigt, dass es nicht ausreicht, „Informationen zu haben" und „Fakten zu kennen", um das Denken der Menschen dahingehend zu ändern, dass sie es mit den wissenschaftlichen Erkenntnissen in Einklang bringen.[12] Insoweit sei betont, dass uns durch die modernen Medien derzeit mehr Informationen zur Verfügung stehen als jemals zuvor. Dennoch führt uns die Forschung nachdrücklich vor Augen, dass die zusätzlich vorhandenen Informationen die menschlichen Überzeugungen nicht ändern. Von all den verfügbaren Informationen scheinen die Fakten der Wissenschaft vielmehr sogar am wenigsten dazu in der Lage zu sein, diese Überzeugungen zu erschüttern.

6.2 Recht und Literatur

Obwohl ich sie nur kurz anreiße, beginne ich mit der Literatur. Denn dieser Teil dürfte denjenigen Juristen, die sich bislang möglicherweise noch nicht vertieft mit Sprachfragen beschäftigt haben, am zugänglichsten sein. Sich dem Recht durch die Literatur zu nähern, hat inzwischen, wie manche sagen, den Status einer „Bewegung" erreicht. Im Hinblick auf die Schnittstelle zwischen Recht und Literatur könnte man dabei berechtigterweise die Frage aufwerfen, ob es überhaupt irgendein Thema geben kann, das weder mit Recht noch mit Literatur zusammenhängt.[13] Angesichts des Schwerpunkts dieses Buches können Recht und Literatur, wenn es um das Verständnis einer Kultur geht, aber dabei helfen, zu verstehen, wie die Kultur die Rolle des Rechts in ihrer Mitte[14] versteht und wie die Literatur ein Bestandteil dieses kulturellen Verständnisses ist. Für Film, Fernsehen und andere visuelle

---

[12] Siehe *Eileen Scanlon/Roger Hill/Kirk W. Junker* (Hrsg.), Communicating Science: Professional Contexts, 1999.

[13] Siehe *Jane B. Baron*, The Rhetoric of Law and Literature: A Skeptical View, Cardozo Law Review, Bd. 26 (2005), 2273.

[14] Siehe *Catherine O. Frank*, Law, Literature, and the Transmission of Culture in England, 1837–1925, 2010.

Medien gilt das zwar gleichermaßen, aber dieses Kapitel beschränkt sich auf sprachbezogene Ansätze und schließt deshalb die multimedialen Formate nicht ein.[15] In der Einführung seines zweibändigen Werkes, *Das Recht in der Literatur* und *Das Recht als Literaturgattung*, schreibt *Ephraim London*, dass „der Terminus ‚Literatur' lediglich eine Bewertung der Qualität des Textes ist. Verfahrensleitende Dokumente, Schriftsätze, Zeugenaussagen, Rechtsansichten, Urteile und der Diskurs über Rechtstheorien – alles [...] kann als Literatur verstanden werden. [...] Selbst Gesetzestexte können das Niveau von Literatur erreichen. Große Literatur sollte bewegen oder inspirieren; aber ob sie es tut, hängt teilweise von ihrem Leser ab.“[16] Mit ein wenig Reflexion dürfte uns aber klar werden, dass *London* diese Aussage deshalb für notwendig erachtet, weil er vermutet, dass die meisten Leser mit dem Begriff der Literatur ausschließlich fiktionale Prosatexte verbinden, nicht aber Rechtstexte. Der größte Teil der Recht-und-Literatur-Bewegung beschäftigt sich mit Prosafiktion, um zu ergründen, wie, wann und warum das Recht von einer Kultur geprägt wird bzw. diese ihrerseits prägt. Die Leser von Literatur können dabei gut mit den Bürgern im Recht verglichen werden – Bedeutung und Akzeptanz von Werten gelten für Leser und Bürger ebenso wie für Autor und Gesetzgeber, wenn nicht sogar mehr. Und wenn ein Leser oder Bürger die Bedeutung eines literarischen oder juristischen Textes interpretiert und ihn in die Praxis umsetzt, wird uns der ganze kulturelle Kontext von Recht und Literatur verdeutlicht.

Jenseits dieser eher „demokratischen" Wertentwicklung und der wechselseitigen Relation zwischen Gesetzgeber und Bürger, bzw. Autor und Leser, finden sich auch einige autoritäre Praktiken. Sowohl die Sprache des Rechts als auch die Sprache der Literatur haben eine Geschichte und durchlaufen Zeiten, in denen sich ihr jeweiliger Gebrauch und unsere Einstellung hierzu ändern. Die moderne Vorstellung, in Auslegungsfragen der Intention eines Autors Vorrang einzuräumen, erklärt gewissermaßen die Orientierung des Rechts an seiner Sprache. Juristen mögen sich eines expansionistischen, wenn nicht sogar imperialistischen Sprachgebrauchs in der Vergangenheit bewusst gewesen sein und sind sich dessen möglicherweise auch in der Gegenwart noch bewusst. Am 3. März 1885 etwa hielt *David Dudley Field*, der dafür bekannt ist, dass er in New York vom *Common-Law-Civil-Pleading* zum *Civil-Code-Pleading* übergegangen ist, vor der Abschlussklasse der *Albany Law*

---

15 Siehe bspw. *Michael Asimow/Shannon Mader*, Law and Popular Culture: A Coursebook, 2007.

16 *Ephraim London* (Hrsg.), The World of Law, Vol. I, II, The Law in Literature, 1960; siehe auch *Sanford Levinson/Steven Mailloux* (Hrsg.), Interpreting Law and Literature, 1988; *Richard Weisberg*, The Failure of the Word, 1984; siehe auch die Zeitschrift Law & Literature, quartalsweise veröffentlicht seit 1988; für rhetorische Überlegungen siehe *James Boyd White*, When Words Lose Their Meaning, 1984; *Gert Ueding* (Hrsg.), Rhetorik: Begriff – Geschichte – Internationalität, 2005; *Katharine Swabota*, The Rhetorical Construction of Law, International Journal for the Semiotics of Law, Bd. 5 (1992), 39.

School einen Vortrag zum Thema „Reform des juristischen Berufsstandes und der Gesetze". Hierin führte er aus: „die Sprache, die wir sprechen, die Institutionen, derer wir uns bedienen, sollen sich zusammen mit unserem Machtbereich ausdehnen."[17] Neben der Tatsache, dass die Sprache uns den Einfluss des *common law* zeigen kann, können wir uns auch mit der Frage beschäftigen, inwiefern die Sprache für das Verständnis derjenigen Rechtskultur von Bedeutung ist, in der sie wirkt. Dazu wiederum müssen wir zunächst verstehen, wie diese Sprache – jede Sprache – Bedeutung erzeugt. Wenn wir insoweit den historischen Referenzrahmen einbeziehen, lässt sich erkennen, dass auch die Vorstellung, wie Sprache Bedeutung schafft, selbst eine Geschichte hat. Laut *Austin Sarat* „haben Rechts- und Literaturtheoretiker den fundamental sprachlichen Charakter sowohl des Rechts als auch der Literatur festgestellt sowie ihre jeweilige Funktion, Realität durch Sprache widerzuspiegeln und zu erschaffen."[18] Nur allzu oft verwenden Juristen, wie auch andere Menschen, die Sprache unter Annahmen, die Wissenschaftler zum Ende der Ära des Modernismus bereits weitgehend verworfen hatten. Bis zu und während dieser Periode sind wir von Annahmen ausgegangen, dass „die Intention des Autors der beste Weg ist, um herauszufinden, was ein Text bedeutet", dass „ein schriftlicher (oder sogar mündlicher) Text nur eine einzige korrekte Bedeutung hat" oder dass „Wörter Bezeichnungen für Dinge sind". Allerdings versichern uns Literaturwissenschaftler, dass sich selbst dann, wenn ein Text nur über eine einzige feststehende Bedeutung verfügt, diese Bedeutung im Laufe der Zeit und je nach Publikum ändern wird. Diese Erkenntnis sollte uns eine Menge darüber sagen, wie die Bürger den Text einer Verfassung, eines Gesetzes, einer Verordnung oder eines Gerichtsurteils verstehen:

> „Die Fähigkeit von Buchstaben, eine für alle Zeiten gültige einzige Bedeutung zu vermitteln – um sowohl Transparenz als auch Beständigkeit durch die Sprache zu erzielen – kann mit dem Rechtsverständnis, der Intention des Verfassers sowie dem Auslegungsrahmen, dem Problem der Bedeutungsfestlegung für die Zukunft, in Konflikt geraten. Die im Laufe der Geschichte entstandenen Lücken resultieren aus den Unzulänglichkeiten von Versuchen, Bedeutung von einer Sprache in eine andere (ein Problem für das Völkerrecht), von einem Diskursthema in ein anderes (von der Rechtswissenschaft in andere Disziplinen) und von einem Sozialgefüge in ein anderes (Interpretationsgemeinschaften) zu übersetzen."[19]

Der Wunsch, die Bedeutung von Symbolen exakt zu bestimmen, besteht jedoch nach wie vor. Daher nutzen Logiker und Naturwissenschaftler die

---

[17] Wie zitiert in: *Daniel R. Coquillette*, The Anglo-American Legal Heritage, 2. Aufl. 2004, S. 603, Fn. 26.

[18] *Austin Sarat / Matthew Anderson / Catherine O. Frank*, Introduction: On the Origins and Prospects of the Humanistic Study of Law, in: Austin Sarat / Matthew Anderson / Cathrine O. Frank (Hrsg.), Law and the Humanities: An Introduction, 2010, S. 34.

[19] Ebd.

Mathematik und nicht die natürlichen Sprachen, um den Versuch zu wagen, eine für alle Zeiten gleichermaßen gültige Bedeutung auszudrücken.

Das Studium der Literatur hilft uns dabei, zu verstehen, wie Texte Bedeutungen ermöglichen können.[20] Literaturwissenschaftler sind insoweit zu dem Schluss gekommen, dass es das Publikum ist, nicht der Autor, das einem Text seinen Sinn verleiht. Natürlich mag ein Autor berechtigterweise hoffen, die denkbaren Bedeutungsinterpretationen seiner Leser zu steuern, aber das stellt keine exakte Wissenschaft dar. Indem das Publikum die Bedeutung eines Textes bestimmt, bringt auch jeder Leser seine individuellen Erfahrungen ein und erzeugt aus seiner Begegnung mit dem Text folglich seine jeweils eigene Bedeutung hierfür. Diesem Prozess sind Grenzen gesetzt. Ein Leser, der einer Aussage „leise rieselt Schnee" die Bedeutung ‚die Zahl der Arbeitslosen in China ist um 2 % gestiegen' zuspricht, wird viel Überzeugungsarbeit leisten müssen, um den Zusammenhang zwischen dem Text und seiner Interpretation zu erklären. Andernfalls würden seine Worte kaum ernstgenommen. Aber zwischen den beiden Extremen einer einzig richtigen und irgendeiner Bedeutung gibt es viel Interpretationsspielraum für akzeptable Vorschläge. Auf welche Weise könnte sich das Recht diese Einsicht bei der Auslegung von Rechtstexten zunutze machen bzw. macht es bereits? Jedenfalls nicht allein durch den Text. Um der prinzipiellen Möglichkeit entgegenzuwirken, dass Bürger für Rechtstexte eine Vielzahl von Bedeutungen konstruieren können, sieht das Recht die verbindliche Auslegung vor – also die eines Königs oder Richters mit finaler Auslegungshoheit, etwa wenn der Richter entscheidet, ob die dargelegten Tatsachen eine zivilrechtliche Haftung begründen oder eine strafrechtliche Verantwortlichkeit nach sich ziehen. Doch selbst in diesen Fällen behauptet der Richter nicht, dass der Text nur eine einzige Bedeutung hätte, sondern entscheidet nur, welches die juristisch korrekte Anwendung der entscheidungserheblichen Normen im Hinblick auf die in Rede stehenden Tatsachen ist.[21] Kein Geringerer als *Lord Denning*, den der Guardian als „den berühmtesten englischen Richter des zwanzigsten Jahrhunderts"[22] bezeichnete, behauptete, dass „die von den Richtern im 19. Jahrhundert festgelegten Rechtsgrundsätze – so gut sie auch zu den sozialen Bedingungen dieser Zeit gepasst haben mögen – nicht den sozialen Bedürfnissen und der gesellschaftlichen Meinung des 20. Jahrhunderts entsprechen."[23]

---

[20] Eine hilfreiche Einführung in die Literaturtheorie, für diejenigen deren primärer Fokus nicht auf Literatur liegt, findet sich *Terry Eagleton*, Literary Theory: An Introduction, 2008.

[21] Siehe *Rheinhold Zippelius*, Einführung in das Recht, 7. Aufl. 2017.

[22] *Clare Dyer*, Lord Denning, Controversial ‚People's Judge', Dies Aged 100, The Guardian, 6. März 1999, www.theguardian.com/uk/1999/mar/06/claredyer1 (zuletzt aufgerufen am 25.10.2020).

[23] *The Rt. Hon. Lord Denning*, The Discipline of Law, 1979.

Eine entscheidende Besonderheit bei der Schaffung eines Rechtssystems ist es, dass gewohnheitsrechtliche Normen auf einen begrenzenden Wortlaut reduziert werden. Wenn wir sagen, dass Ideen, Vereinbarungen oder Normen auf einen Wortlaut „reduziert" werden, legen wir insoweit tatsächlich bereits zu einem gewissen Grad etwas offen. Während der ersten hundert Jahre nach der Eroberung durch *Wilhelm* existierte in der englischen Rechtsgeschichte kein einheitlicher Text, der das Gewohnheitsrecht zusammenfasste. Aber als *Heinrich II.* das Recht zu einem Privileg der Königswürde erklärte, tat er dies in schriftlicher Form.

„In diesem Zusammenhang war das Schreiben selbst eine wichtige Angelegenheit. Die Tatsache, dass das königliche Recht in Schriftform verfasst wurde, verlieh ihm eine gewisse Würde, vielleicht sogar Unantastbarkeit. Die Schriftform verlieh dem Recht zudem eine gewisse Nachhaltigkeit, eine gewisse Stabilität. Darüber hinaus wurde hierdurch die Grundlage für eine vertiefende Ausarbeitung gelegt."[24]

Was das Studium eines ausländischen Rechtssystems angeht, hat eine sinnvolle Herangehensweise noch zu keinem Zeitpunkt darin bestanden, überwiegend Faktenwissen anzuhäufen, obwohl einige, die sich bislang nicht mit dieser Bildungsthematik befasst haben, dies möglicherweise denken könnten. Diese Vermutung steht in der Tat im Zusammenhang mit dem elektronischen Kommunikationsmodell, nicht mit der Kommunikation selbst. Das Lernen im Zeitalter des Internets ist ein extremes Beispiel für diese Tatsache. Wenn sämtliche Informationen überall unmittelbar verfügbar sind, besteht das Lernen sogar noch offensichtlicher darin, die Urteilsfähigkeit zu schärfen – nicht im Herunterladen von Informationen. Uns könnte diesbezüglich auffallen, dass das Wort „Jurisprudenz" aus dem Lateinischen stammt und so viel bedeutet wie ‚Urteil im Einklang mit dem Recht'. Also muss das Rechtsstudium auch darin bestehen, das eigene Urteilsvermögen zu schulen und keine Checklisten auswendig zu lernen. Wenn man den Vergleich zwischen dem Erlernen eines ausländischen Rechtssystems und dem Erlernen einer Fremdsprache weiterführt, wird man unweigerlich an *Goethes* geflügelte Worte erinnert: „Wer keine fremde Sprache spricht, kennt seine Muttersprache nicht". Das Erlernen des US-Rechts bedeutet folglich auch, sich mit dem *Rechtsenglisch* vertraut zu machen.[25] Und das erreicht man, indem man aufmerksam liest und zuhört und dann Tonfall, Stil, Wortlaut und Inhalt dessen, was man gelesen und gehört hat, imitiert, was wiederum selbst einen Erfahrungsprozess darstellt.[26] Was hat das Rechtsenglisch im Hinblick hierauf zu bieten? Gegen Ende des 19. Jahrhunderts und am Ende seines Lebens wurde

---

[24] *Harold J. Berman*, Law and Revolution, 1983, S. 458.

[25] „Rechtsfranzösisch (*Law French*)" wurde der Gebrauch des Französischen in der englischen Rechtspraxis seit der Zeit Wilhelms des Eroberers für einige Jahrhunderte genannt, siehe *J. H. Baker*, The Manual of Law French, 2. Aufl. 1990.

[26] Siehe *Kirk W. Junker*, What Is Reading in the Practice of Law?, Journal of Law in Society, Bd. 9 (2008), 111.

der Eiserne Kanzler, Otto von Bismarck, auf einer Pressekonferenz gefragt, welches für ihn das wichtigste Ereignis des Jahrhunderts gewesen sei. Er antwortete: „die Tatsache, dass Nordamerika Englisch spricht."[27]

6.3 Linguistik: Bedeutungserzeugung durch Sprache

Die Linguistik ist eine von mehreren Disziplinen, die sich mit der wissenschaftlichen Erforschung von Sprache befasst. Im Gegensatz zu den Wissenschaftlern der Rechts- und Literaturbewegung sind die Rechtslinguisten allerdings oftmals keine Juristen, sondern Linguisten.[28] Juristen fragen sich daher oft, wie die Linguistik für die Rechtswissenschaften fruchtbar gemacht werden könnte. Zunächst geht es an dieser Stelle nicht um die Linguistik in ihrem disziplinären Sinne. Ähnlich wie die übrigen Kategorien zur soziologischen oder humanistischen Befassung mit dem Recht,[29] also dem philosophischen, rechtspraktischen, historischen oder sozialen Referenzrahmen, konzentriert sich dieses Kapitel vielmehr auf das Verhältnis zwischen Recht und Sprache und dessen Abhängigkeit hiervon. Die Naturwissenschaften, deren Untersuchungsgegenstände die materiellen Dinge der natürlichen Umgebung und ihre Beziehungen zueinander sind, sollen für alle Zeiten gültige Wahrheiten hervorbringen. Im Vergleich dazu stellt das Recht ein kulturelles und kein natürliches Phänomen dar. Und da die Sprache Kultur in sich trägt, trägt die Sprache auch das Recht als Teilmenge der Kultur in sich. Um diesen Punkt zu verdeutlichen, sollten Sie einen historischen Blick auf die geographische Verteilung des *civil law* und des *common law* werfen. Das *civil law* hat sich über die vielen Provinzen des Römischen und des Spätrömischen Reiches verbreitet. Mit dem Zusammenbruch des Römischen Reiches blieb das *civil law* zwar jeweils weitgehend erhalten, aber die Sprachen der *Civil-law*-Systeme variieren heute. Im Vergleich dazu wurde das *common law* vom Britischen Empire in den zahlreichen Kolonien verbreitet, aber nach der Auflösung des Empire blieben sowohl das *common law* als auch die englische Sprache erhalten. Abgesehen von der kantonesischen Sprache in der Stadt Hongkong kann man daher heute sagen, dass das *common law* ausschließlich in englischer Sprache praktiziert wurde.

Um den linguistischen Ansatz im Hinblick auf das Recht zu verstehen, muss man zunächst über die Definition der Sprache als Zeichensystem

---

[27] *John M. Swales*, Language, Science and Scholarship, Asian Journal of English Language Teaching, Bd. 18 (1998), 1.

[28] Es gibt jedoch auch Personen, die beides sind, wie Lawrence M. Solan. Siehe *Lawrence M. Solan*, The Language of Statutes: Laws and their Interpretation, 2010; Rechtslinguistik ist manchmal als eigene Disziplin anerkannt, siehe bspw. den Studiengang „Europäische Rechtslinguistik" an der Universität zu Köln, http://erl.phil-fak.uni-koeln.de/11925.html?&L=0 (zuletzt aufgerufen am 01.12.2022).

[29] Siehe bspw. *Pether*, a.a.O., Fn. 9.

nachdenken. Der Schweizer Sprachwissenschaftler *Ferdinand de Saussure* (1857–1913) wird gemeinhin als Begründer der modernen Sprachwissenschaft gesehen. Seine Ideen hatten einen nachhaltigen und maßgeblichen Einfluss auf spätere Wissenschaftler im zwanzigsten Jahrhundert, sowohl in Europa als auch in den Vereinigten Staaten, einschließlich der US-amerikanischen Linguisten *Leonard Bloomfield* und *Noam Chomsky*. Für unsere Untersuchung als Juristen lassen sich einige wichtige Erkenntnisse aus *Saussures* genereller Konzeption und dem ersten seiner beiden Prinzipien über die Natur der sprachlichen Zeichen gewinnen. *Saussure* legt dar, dass die Sprache als sozial geteiltes und psychologisch reales Zeichensystem gesehen werden kann, wobei jedes Zeichen aus einer Verbindung zwischen einem abstrakten Konzept besteht, für das *Saussure* den Begriff *signifié* (im Deutschen „Bezeichnetes" oder „Signifikat") einführt, und einem Lautmuster, das *signifiant* (im Deutschen „Bezeichnendes" oder „Signifikant") genannt wird. Diese beiden Aspekte gemeinsam – das Bezeichnete und das Bezeichnende – bilden das sprachliche Zeichen und werden nach *Saussure* zur Basiseinheit der Kommunikation. Er nennt das Zeichen eine „zweiseitige psychologische Einheit". Dieser Gedanke von *Saussure*, der so sehr den Vorstellungen des gesunden Menschenverstandes (*common sense*) von Sprache widerspricht, hält für uns die Erkenntnis bereit, dass Kommunikation nicht etwa „die Verknüpfung einer Sache mit einem Namen, sondern zwischen einem Konzept und einem Lautmuster" ist. Das Konzept steht dabei für ein bestimmtes mentales Bild und das Klangmuster ist nicht der Laut selbst, sondern vielmehr der „psychologische Eindruck, der einem Hörer durch seine Sinne vermittelt wird, wenn er den Klang wahrnimmt."[30] Aufgrund dieser Überlegung lässt sich begreifen, dass man innerhalb einer französischsprachigen Kultur *„arbre"*, in einer englischsprachigen Kultur *„tree"* und in einer deutschsprachigen Kultur „Baum" sagen kann und die beiden Teile des Zeichens (der akustische Eindruck dieser Wörter und die abstrakten Konzepte) dennoch die Sprecher in allen drei Konstellationen auf irgendeine Weise zu einer ähnlichen oder vergleichbaren Sache der Realität führen.

Von dieser Beobachtung leitet *Saussure* zwei generelle Prinzipien ab, die der allgemeinen Vorstellung von Sprache entgegenstehen. Das erste dieser Prinzipien ist einfach: „Die Konstruktion des sprachlichen Zeichens ist willkürlich." Angesichts dessen, was *Saussure* mit „Zeichen" meint, bedeutet dies, dass die Relation zwischen dem Lautmuster unserer Sprache und dem psychologischen Konzept, mit dem es verbunden ist, eine willkürliche Beziehung darstellt. Das muss sie auch sein, denn alle Sprachgruppen haben unterschiedliche Lautmuster. Er belegt diese Schlussfolgerung durch Beispiele aus mehreren zeitgenössischen Sprachen, so wie es vorstehend bezogen auf Französisch, Englisch und Deutsch erfolgt ist. Nach *Saussure* ist damit das Verhältnis zwischen Bezeichnendem (Signifikant) und Bezeichnetem (Signi-

---

[30] *F. de Saussure*, Course in General Linguistics, Roy Harris (Übersetzer), 1983, S. 66.

fikat) willkürlich.[31] Es existiert keine naturgegebene Verbindung zwischen dem Lautmuster (Signifikant) und dem abstrakten Konzept (Signifikat). Die Verbindung ist lediglich sozial üblich, aber die Verbindung zwischen ihnen ist willkürlich. Deshalb sind Bedeutungen mit Wörtern (Zeichen) allein durch soziale Gebräuche, Sitten und Konvention verbunden. Auch wenn dies zutrifft, bedeutet es nicht, dass das Lautmuster (Signifikant) von jedem einzelnen Sprecher einer Gemeinschaft frei gewählt werden könnte. Vielmehr bedeutet es nur, dass die Verbindung zwischen den beiden Aspekten des sprachlichen Zeichens nicht intentional festgelegt wird, denn hierfür gibt es weder eine naturgegebene noch eine rationale Grundlage. Zur Veranschaulichung sei angemerkt, dass der Begriff einer Schwester durch keinerlei innere Beziehung mit der Lautfolge „s – ö – r" (*sœur*) verbunden ist, die in der französischen Sprache als deren Signifikant dient. Mit anderen Worten: Die Lautfolge könnte eine völlig andere sein und das Konzept auch durch jede andere Lautfolge bezeichnet werden, was uns die Unterschiede zwischen den Sprachen und die Existenz verschiedener Sprachen selbst nachdrücklich vor Augen führen.[32] Das Ergebnis dieser Enthüllungen über die Funktionsweise der Sprache ist nach *Saussure*, dass es falsch ist, Sprache als einen bloßen Benennungs- oder Bezeichnungsprozess von „Dingen" oder sogar als vorhandenen Mechanismus zur Darstellung der Welt zu verstehen.[33]

Die Tatsache, dass ein Sprecher einen Signifikanten nicht frei wählen kann, ist erst der Anfang davon, ein Verständnis von der sozialen Natur der Bedeutungsfindung in der Sprache zu entwickeln. Ein zweiter wichtiger Schritt ist die Erkenntnis, dass Bedeutung nicht zuerst von einem Sender als „Gedanke" gebildet und dann wie eine elektronische Nachricht an einen Empfänger verschickt wird, damit dieser sie öffnet, um hierdurch den exakten „Gedanken" des Absenders herauszufinden. Die meisten Studierenden könnten bei der Reflexion über Sprache und Kommunikation auf die nicht-wissenschaftliche, auf gesundem Menschenverstand (*common sense*) beruhende Vorstellung zurückgreifen, dass die Sprache wie ein unilineares System[34] funktioniere, in dem ein Sender eine Nachricht „verkörpert" und diese dann an einen Adressaten übermittelt. Eine solche Sender-Nachricht-Empfänger-Vorstellung mag für das Versenden von E-Mails und SMS nützlich sein, aber es kann die

---

[31] Ebd., S. 67.

[32] Ebd., S. 67 f.

[33] In den 1960er Jahren liebte es der amerikanische Literaturkritiker *Kenneth Burke*, *Saussures* strukturalistischen Ansatz *ad absurdum* zu führen, indem er die inzwischen abgelehnte Vorstellung des „gesunden Menschenverstandes" (*common sense*) der Moderne umkehrte und stattdessen behauptete, dass „Dinge die Zeichen der Worte sind". *Kenneth Burke*, What are the Signs of What?: A Theory of ,Entitlement', Anthropological Linguistics, Bd. 4, Ausg.6 (1962), 5.

[34] Das unilineare System ist die Grundlage des in den 1950er Jahren am Beispiel des Telefons entwickelten Modells von Bell Laboratory, das davon ausgeht, dass die Kommunikation ein linearer elektromagnetischer Prozess ist.

Funktionsweise von Sprache in direkten Sprachsituationen nicht angemessen beschreiben und auch nicht, wie Bedeutung erzeugt wird. Deshalb müssen wir uns von dieser Vorstellung lösen, wenn wir verstehen wollen, wie das Recht funktioniert, um beispielsweise einen Konflikt vor Gericht zu lösen.

Erinnern Sie sich an die Ausführungen in Kapitel 1 über das Verhältnis des *common law* zum Gewohnheitsrecht. Der US-Rechtshistoriker *Harold Berman* hat Folgendes beobachtet:

„Die Regeln, Prinzipien, Standards und Konzepte, die durchgesetzt werden sollten – die Definitionen von Straftaten, die Konzepte von Gewere (*seisin*) und Enteignung (*disseisin*)[35] – wurden aus informellen, ungeschriebenen, ungenutzten Normen und Verhaltensmustern abgeleitet. Diese Normen und Verhaltensmuster existierten in den Köpfen der Menschen, im Bewusstsein der Gemeinschaft."[36]

Diese Einsicht verdeutlicht, dass wir in der Tradition des *common law*, wenn wir „Recht" sagen, diesen Signifikanten (Lautmuster) nicht verwenden, um auf einen bestimmten Text zu verweisen, sondern auf das, was die Allgemeinheit als Recht versteht. Betrachten wir vor diesem Hintergrund das Konzept der Ehe im *common law*. Wenn zwei Menschen sich aufgrund einer gemeinsamen Vorstellung als verheiratet betrachten und sich gegenüber den Mitgliedern ihrer Gemeinschaft als solche ausgeben, bedarf es darüber hinaus keines Instruments des positiven Rechts, wie etwa einer Heiratsurkunde, um die Ehe zu „legalisieren". In diesem Sinne offenbart das Willkürprinzip die soziale Natur der Sprache: Das sprachliche Zeichen erreicht, wie gesehen, seine Bedeutung, weil es sozial geteilt wird – man kann nicht nach eigenem Belieben einen Laut erfinden und dann erwarten, dass diesem Laut die Funktion eines Signifikanten in einer Sprachgemeinschaft zukommt.

Wie ein guter Jurist sah *Saussure* voraus, dass die Kritiker seiner These widersprechen würden, etwa im Hinblick auf Lautmalereien und Interjektionen. Sie behaupteten, dass diese beiden sprachlichen Phänomene zeigen würden, dass die Lautmuster ihrer Sprache (Signifikanten) doch auf eine nicht willkürliche Weise mit den Konzepten (Signifikaten) verbunden seien. Die Onomatopoetika, so die Kritiker, würden zeigen, dass die von den Menschen erzeugten Laute Lautimitationen anderswo in der Natur zu findender Laute seien und nicht durch *Saussures* Vorstellung von einem psychologischen Konzept interpretiert würden. Doch *Saussure* wies darauf hin, dass wir, wenn wir die Natur tatsächlich direkt imitieren würden, alle denselben Laut äußern würden – und das tun wir eindeutig nicht. Denn, wenn ein Hund bellt, ahmt ein englischsprachiger Mensch den Hund mit „*woof-woof*" nach, aber die

---

[35]   Anmerkung des Übersetzers: *seisin* war in der germanischen Rechtstradition die Summe der dinglichen Rechte an einer Sache und wird im Deutschen als *Gewere* bezeichnet. Die Gewere ähnelt damit zwar dem römischrechtlichen Eigentumsverständnis, entspricht ihm aber nicht. Da – soweit ersichtlich – ein **Gewereverlust* im deutschen Sprachgebrauch nicht existiert, wird *disseisin* mit „Enteignung" übersetzt.

[36]   *Berman*, a. a. O., Fn. 24, S. 480 f.

Franzosen hören denselben Hund und imitieren ihn mit *„ouaoua"*. Ebenso ahmt ein Deutscher einen Hahn mit „kikeriki" nach, während der Engländer, der denselben Hahn hört, ihn mit *„cocka-doodle-do"* imitieren wird.

Der zweite Einwand, auf den *Saussure* reagierte, waren die Interjektionen. Diejenigen Kritiker, die an ihrer auf gesundem Menschenverstand (*common sense*) beruhenden Vorstellung von Sprache festhalten wollten, argumentierten, dass Ausrufe nicht durch ein psychologisches Konzept verarbeitet werden würden, sondern rein natürliche Lautprodukte seien, die durch Angst, Wut oder Verletzung entstünden. Aber auch Ausrufe sind nicht naturgegeben. Wenn ein Franzose *„aïe!"* sagt, würde der Deutsche „aua!" rufen[37] und der Engländer *„ouch!"*. Folglich wurden diese Ausrufe durch die Sprecher von ihrer jeweiligen Sprachgruppe sozial erlernt und sind nicht naturgegeben.

An dieser Stelle sei darauf hingewiesen, dass die „Konkretheit" des sprachlichen Zeichens nach *Saussure* darin liegt, dass es psychologisch real und für alle Sprecher einer Sprache geistig zugänglich ist. Die Konkretheit des Zeichens ist aber auf keine Materialität zurückzuführen. Indem es allen Sprechern einer Sprache zugänglich ist, wird das Zeichen zwar zum Bestandteil eines Sprachsystems, stellt aber kein isoliertes Teilchen dar. Daher sind auch die Verbindungen innerhalb des Sprachsystems zu untersuchen, nicht die einzelnen „Sprachatome". Für *Saussure* „ist es klar, dass uns nur die in der Sprache institutionalisierten Verbindungen als relevant erscheinen".[38] Diese Schwerpunktverlagerung von den Sprachteilchen hin zu den sprachlichen Verbindungen ist eine Verlagerung, die für alle Zeichen einer Sprache gilt, unabhängig davon, ob sie eine konkrete Bedeutung haben, wie das französische Wort *„arbre"* und sein englisches Äquivalent *„tree"*, oder eine abstrakte Bedeutung, wie die Zeichen „Schönheit", „Liebe", „Vertrag" oder „Eigentum".

Welche Schlussfolgerungen für die Rechtspraxis können wir allein im Hinblick auf diese beiden sprachbezogenen Aspekte – soziale Konstruktion eines sprachlichen Zeichens und seine willkürliche Beziehung zu konkreten Dingen – ziehen? Wir alle lernen relativ früh im Studium, dass „Eigentum" eine Vielzahl von Rechten umfasst, aber keine konkrete Sache ist, und dass ein privatrechtlicher „Vertrag" eine bestimmte Beziehung zwischen Personen bezeichnet, jedoch nicht allein ein Stück Papier, und dass eine „Verfassung" im öffentlich-rechtlichen Sinn die Beziehung zwischen einem Staat und seinen Bürgern bezeichnet und nicht das Papier auf dem sie festgehalten ist. Aber in dieser Hinsicht lässt sich noch mehr von der Sprache lernen. Eine gesellschaftlich festgelegte Bedeutung von Zeichen setzt voraus, dass diese Bedeutung durch eine Vereinbarung festgelegt werden muss. Was das Alltagsleben anbelangt, muss diese Vereinbarung nicht präzise, sondern funk-

---

[37] Zu seiner Zeit und mit seiner Stellung innerhalb der Kultur verzichtete *Saussure* auf die Verwendung profaner Ausrufe, die man heute vielleicht noch häufiger gebraucht und die seinen Aspekt des „sozialen Lernens" noch besser illustrieren.

[38] *Saussure*, a.a.O., Fn. 30, S. 67.

tional sein – einen Baum als „grün" zu beschreiben dient vielfach nur dem Zweck, ihn farblich, zum Beispiel, von „braun" zu unterscheiden, sodass die zahlreichen Konkretisierungen der Farbe „grün" insoweit nicht von Belang sind. Man kann ein Kind durchaus als „groß" bezeichnen, etwa im Vergleich zum letzten Mal, als man es gesehen hat, oder vielleicht im Vergleich zu seinen Altersgenossen, aber es ist nicht groß in Relation zu einem Erwachsenen oder einem Elefanten. Das Recht mag versuchen, mittels Definitionen für bestimmte sprachliche Zeichen (Signifikanten) konkrete Bedeutungen festzulegen, aber die Definitionen dieser Signifikanten unterliegen weiterhin der Auslegung durch den gesellschaftlichen Konsens. Hierüber jedoch hat das Recht als „Profession der Worte" nicht die vollständige Kontrolle, was man aber vor dem Hintergrund eines allgemeinen Verständnisses von Sprache möglicherweise erwarten könnte.

Eine weitere Erkenntnis besteht in der Gefahr, den abstrakten Rechtsbegriff einer Rechtskultur durch den abstrakten Rechtsbegriff einer anderen Kultur zu übersetzen – zum Beispiel „contract" in „Vertrag". Was das US-amerikanische Vertragsrecht anbelangt, sind wir der Auffassung, dass ein Vertrag die Voraussetzungen Angebot (*offer*), Annahme (*acceptance*), einklagbare Gegenleistung (*consideration*), Geschäftsfähigkeit (*capacity*) und Rechtmäßigkeit / kein Verstoß gegen gesetzliche Vorschriften (*legality*) erfüllen muss. Wenn ich nun in einem deutschen Vertrag so etwas wie die Voraussetzung einer „einklagbaren Gegenleistung (*consideration*)" erwarten würde, nur weil ich „contract" mit „Vertrag" übersetzt habe, würde ich ungeheure Verwirrung stiften, die auch nicht durch das Korrektiv des Funktionalismus von *Zweigert* und *Kötz* (siehe Kapitel 2) aufgelöst werden könnte. Gleichsam würde ich, wenn ich als US-amerikanischer Jurist von vertraglichen „Abhilfemöglichkeiten" (*remedies*) spreche und hiermit Geldzahlungen als Ersatz für die Vertragserfüllung meine, keineswegs den ersten Gedanken eines deutschen Juristen im Kopf haben, die vertragliche Primärleistungspflicht durchzusetzen.

Saussures zweites allgemeines Prinzip ist für uns ebenso aufschlussreich, insbesondere wenn es darum geht, zu verstehen, dass Kommunikation nicht anhand von vorgefertigten Nachrichten abläuft, vergleichbar zu einer E-Mail oder einem Schriftstück, von einem Absender an einen Empfänger übermittelt wird. Dieses Prinzip erinnert uns schlicht daran, dass wir in der gesprochenen Sprache immer einen Laut nach dem anderen produzieren, um hierdurch die Laute zu unterscheiden und darin dann Sinn und Bedeutung zu erkennen. Der Begriff für dieses sprachliche Phänomen ist „Linearität". Gesprochene Sprache ist aber keine geschriebene Sprache.[39] *Saussure* kon-

---

[39] Mehr als fünfzig Jahre nach *Saussures* linguistischen Untersuchungen haben postmoderne Sprachtheoretiker nachdrücklich darauf hingewiesen, dass die Schriftsprache dennoch die Art und Weise beeinflusst, wie wir sprechen. Siehe *Jacques Derrida*, Of Grammatology, Corrected, Gayatri Chakravorty Spivak (Hrsg. und Übersetzer), 1997.

zentriert sich auf das Zeichen als eine Folge von Lauten und nicht als eine Gruppe geschriebener Buchstaben. Sprache ist keine bloße Ansammlung von Wörtern, die die Bedeutungen der in der Welt existierenden Dinge zum Ausdruck bringen. Auch wenn Bedeutung und Wort eng miteinander verbunden sind und nicht getrennt voneinander betrachtet werden können, wäre es ungenau und irreführend, anzunehmen, dass die Bedeutung eines Wortes durch die Abfolge geschriebener Buchstaben ausgedrückt würde. Nach *Saussure* besteht Sprache in erster Linie aus Lauten, nicht aus geschriebenen Buchstaben. Letztere sind nur von untergeordneter Bedeutung, weil sie lediglich als Repräsentationen für die Laute selbst fungieren. Die Bedeutung eines Wortes (Zeichens) stimmt also nicht mit seiner geschriebenen Form überein: Sie resultiert vielmehr aus einem mentalen Prozess bzw. wird durch einen und in einem solchen geformt, durch den die Wahrnehmung einer Abfolge von gesprochenen Lauten (beim Zuhörer) sowie die Erzeugung der gleichen Laute beim Aussprechen eines bestimmten Wortes mit einem bestimmten Konzept verbunden ist – sowohl im Kopf des Sprechers als auch im Kopf des Zuhörers. Daraus folgt, dass Bedeutung nicht vorsprachlich sein kann: Nach *Saussure* werden Bedeutungen zusammen mit der Bildung des sprachlichen Zeichens selbst geschaffen. Obwohl das sprachliche Zeichen nicht von einem einzelnen Sprecher einer Sprachgemeinschaft beliebig modifiziert werden kann, kann die Zeit dazu führen, dass sich das sprachliche Zeichen ändert, indem sich die Beziehung zwischen Bezeichnendem (der Lautfolge) und Bezeichnetem (dem abstrakten Konzept) verändert. In diesem Fall wird ein neues sprachliches Zeichen aus einem „alten" Zeichen geschaffen, auch wenn das Bezeichnende (die Lautfolge) unverändert bleibt. Seit der Zeit von *Saussures* strukturalistischem Ansatz haben sich die Trends in der Linguistik unter anderem in Richtung eines Poststrukturalismus und einer Postmoderne entwickelt. Aber für unsere Zwecke reicht es aus, zu sehen, dass das laienhafte Verständnis davon, wie Sprache funktioniert, für Sprachwissenschaftler eher naiv wirkt und eine echte Gefahr für den praktizierenden Juristen birgt.

Zusätzlich zu diesen abstrakten und theoretischen Bedenken führen sprachliche Fragen auch zu nachweisbaren und konkreten juristischen Unterscheidungen. Bisher habe ich gegen das argumentiert, was ich als *common sense* (i. S. v. ‚gesunder Menschenverstand') der Sprache bezeichnet habe. Als weiterer Gegensatz zu der Art und Weise, wie Wissenschaftler die Funktionsweise der Sprache beschreiben, könnte man sich die Frage stellen, von welchem Sprachverständnis die Gerichte ausgehen. In ihrer Untersuchung zu Minderheitenfragen und der *English-only*-Politik in den Vereinigten Staaten konnte *Janet Ainsworth* häufige Fehler herausstellen, die Gerichte in Bezug auf die Sprache regelmäßig machen. Ein Großteil dieser Rechtsstreitigkeiten entsteht deshalb, weil Arbeitgeber von ihren Arbeitnehmern verlangen, am Arbeitsplatz ausschließlich Englisch zu sprechen, obwohl es in den Vereinigten Staaten keine offizielle Staatssprache gibt.[40] Der angeführte Stein des Anstoßes für die *English-only*-Politik besteht oftmals in der Behauptung, dass Arbeitnehmer, die ausschließlich Englisch sprechen, befürchten würden, dass ihre mehrsprachigen Kollegen über sie lästern, wenn sie sich in anderen Sprachen unterhalten. In keinem der berichteten Fälle wurden jedoch konkrete Beweise dafür vorgelegt, dass die mehrsprachigen Arbeitnehmer tatsächlich abfällige Bemerkungen über ihre ausschließlich englischsprachigen Kollegen machten. *Ainsworth* fasst das so zusammen: „Der Glaube der einsprachigen Sprecher, dass diejenigen, die in einer Fremdsprache sprechen, das nur tun, um schlecht über sie zureden, ist offenbar ein weit verbreiteter paranoider Verdacht."[41]

In ihren Fallstudien arbeitete *Ainsworth* fehlerhafte sprachliche Annahmen in den Gerichtsurteilen heraus, die sich in den Klageverfahren der Arbeitnehmer bezogen auf die English-only-Regeln ergaben.[42] Drei der von ihr analysierten Urteile lassen sich bestenfalls als politisch motiviert einordnen, aber ein Urteil beruhte eindeutig auf der durch das Gericht angenommenen Funktion von Sprache. Die Analysen der Gerichte gingen davon aus, dass „Sprachen transparente Medien einer referentiellen Kommunikation sind, so dass es auch nichts geben würde, was im Englischen nicht ebenso einfach und effektiv ausgedrückt werden könnte wie in den Muttersprachen der Arbeitnehmer."[43] Diese Annahme hat viele ernsthafte Auswirkungen, vor allem dann, wenn man die Rechtsvergleichung als Übersetzungsaufgabe behandelt – so wie das etwa *Bernhard Großfeld* (Kapitel 2) und *James Boyd White* tun (letzterer wird noch an späterer Stelle in diesem Kapitel behandelt).[44]

---

[40]   Es scheinen sich nachhaltig Gerüchte darüber zu halten, dass andere Sprachen als Englisch, vor allem Deutsch, Griechisch und Niederländisch, in den Vereinigten Staaten durch Abstimmung als offizielle Sprachen festgelegt wurden, aber diese Geschichten sind schlicht erfunden. Am nächsten kamen die Vereinigten Staaten einer offiziellen Sprache, als der US-Kongress darüber abstimmte, ob er sich eine solche geben sollte. Der Vorschlag wurde jedoch abgelehnt, so dass es auch nie einen Grund dafür gab, eine offizielle Sprache festzulegen. In der Volkszählung im Jahre 2000 gaben etwa 80 Prozent der Bevölkerung Englisch als Muttersprache an. Da etwa 30 Prozent der Bevölkerung angaben, Spanisch sprechen zu können, erstellt die Bundesregierung ihre Texte in Englisch und Spanisch.

[41]   *Janet Ainsworth*, Linguistic Ideology in the Workplace: The Legal Treatment in American Courts of Employers' ‚English-only Policies' in: Maurizio Gotti / Christopher Williams (Hrsg.), Legal Discourse across Languages and Cultures, 2010, S. 189 (gekürztes Zitat). Diese Art von Angst ist nicht auf die Vereinigten Staaten begrenzt. Eine Lehrerin für Irisch in Belfast hat mir persönlich davon berichtet, über die Teilnahme eines ortsansässigen anglophonen Taxifahrers in ihrem Kurs überrascht gewesen zu sein. Auf die Frage, warum er denn daran interessiert sei, Irisch zu lernen, habe er geantwortet, Angst davor zu haben, dass Fahrgäste über ihn lästern würden, wenn sie Irisch in seinem Taxi sprechen.

[42]   Ebd., S. 182.

[43]   Ebd., S. 182 f.

[44]   *James Boyd White*, Justice as Translation, 1994.

„Diese Annahme stellt die wörtlich-referentielle Bedeutung der Sprache in den Vordergrund und geht davon aus, dass jede Sprache problemlos, ohne Auslassungen oder Lücken, jede andere Sprache abbilden kann. Sprachwissenschaftler, die sich mit Zweisprachigkeit befassen, haben die Unzulänglichkeit dieser Annahme aufgedeckt."[45] Wenn wir sagen können, dass ein Vergleich von Rechtssystemen genauso funktioniert wie ein Vergleich von Sprachen, bedeutet das dann, dass dieselben Gerichte, wenn sie mit ausländischem Recht konfrontiert werden, davon ausgehen würden, dass auch jedes Rechtssystem problemlos, ohne Auslassungen und Lücken, jedes andere Rechtssystem abbilden kann? *Ainsworth* kommt zu dem Schluss, dass immer dann, „wenn wissenschaftlich fundiertes Expertenwissen mit den ideologischen Überzeugungen des ‚gesunden Menschenverstandes' (*common sense*) der Juristen zusammenstößt, die Ideologie leider dazu neigt, gegenüber der Wissenschaft zu obsiegen."[46]

Es gibt aber noch allgemeinere Beobachtungen zum Recht, die ebenfalls von der Sprachwissenschaft gemacht werden. Wenn man die Warnung der Rechtsvergleichung ernst nimmt – also, dass ein Vergleich von Rechtskulturen immer Übersetzungsarbeit bedeutet –, dann sollte man auch zumindest etwas von dieser Übersetzungsarbeit verstehen müssen. So wie man eine zweite oder dritte Sprache anders lernt als die eigene Muttersprache, so lernt man auch ein fremdes Rechtssystem anders als das eigene. „Es ist schwierig, Text-, Werte- und Verhaltenssysteme zu übersetzen; möglicherweise befinden wir uns in einem Sprachkäfig, aus dem es kein Entrinnen gibt."[47] Auf der einen Seite mag es Studierenden, die später als Jurist arbeiten wollen, eher seltsam und praxisfern erscheinen, das US-Recht aus sprachlicher Perspektive zu betrachten. Wenn sich Studierende andererseits mit einem anderen sprachlichen Hintergrund als Englisch dem US-Recht nähern, werden sprachliche Aspekte für sie immer im Vordergrund stehen, insbesondere bei Übersetzungsfragen.

Eine der Lektionen bis hierher sollte die Erkenntnis sein, dass wir uns bei jedem neuen Forschungsfeld erneut selbst in die Irre führen, indem wir damit beginnen, Begriffe definieren zu wollen. Wie wir im nächsten Abschnitt dieses Kapitels sehen werden, war die Definition in der klassischen Rhetorik aber nur eines von mehreren „allgemeinen Themen". Hinzu kamen Vergleich, Beziehung, Umstände und Zeugnis. Irgendwie (vielleicht durch allzu vereinfachtes Denken) ist es jedoch Usus geworden, Definitionen so zu behandeln, als wären Wörter derart fundamentale Grundsteine, die zunächst präsentiert, sorgsam selektiert und ergründet werden müssen, bevor

---

[45] *Ainsworth*, a. a. O., Fn. 41, S. 183, zitiert *Jeannette Altarriba*, Does 'Cariño' equal 'Liking'? A Theoretical Approach to Nonequivalence between Languages, International Journal of Bilingualism, Bd. 7 (2003), 305.

[46] *Ainsworth*, a. a. O., Fn. 41, S. 191.

[47] *Karl Dedecius*, Vom Übersetzen: Theorie und Praxis, 1986.

sie verwendet werden dürfen. Wie wir alle schmerzlich erfahren, wenn wir die Präpositionen oder idiomatischen Wendungen einer anderen Sprache lernen, ist es aber der Gebrauch eines Wortes, nicht seine Begriffsbestimmung, der uns sagt, was ein Wort bedeutet, wann es zu verwenden ist und wie es gebraucht wird. Sowohl die Rhetorik als auch die Linguistik lehren uns, dass der Sprachgebrauch für die Frage der Bedeutungserzeugung innerhalb einer Sprache genauso wichtig ist wie die Definition, wenn nicht sogar wichtiger. Man könnte diese erste Erkenntnis zum sprachlichen Referenzrahmen nun insoweit nutzen, dass man sie auf den Vergleich zwischen *common law* und *civil law* in Kapitel 3 anwendet. Da sich hierbei das deduktive Subsumieren unter eine Definition und die induktive Beobachtung des Üblichen gegenüberstehen, ergibt sich für die Frage der Bedeutungsgewinnung durch Sprache dann ein Verhältnis, in dem die Definition im *civil law* das ist, was der Sprachgebrauch für das *common law* darstellt.

Man könnte bei dieser ersten Erkenntnis zur Definition aber noch viel weiter gehen. Denken Sie etwa an den Begriff „Rechtsstreit" (*litigation*). Wie sollten wir den Sinn und den Gebrauch des Terminus verstehen? Durch eine Definition? Möglicherweise neigen wir aufgrund unseres aufgeklärten Gefühls für Naturwissenschaft oder analytische Philosophie dazu, zu glauben, dass wir etwas am besten dann verstehen können, wenn wir zuerst die Begrifflichkeiten definieren können.[48] Wir definieren Dinge auf die gleiche Weise, wie wir in der Biologie Pflanzen und Tiere sezieren oder in der Chemie Elemente zerlegen, um hierdurch die einzelnen „Bausteine" zu ergründen, und versuchen dann, das große Ganze zu verstehen, indem wir es auf seine kleinsten, unteilbaren Elemente reduzieren (im Griechischen bedeutet *á-tomos* wörtlich ‚un-teilbar'). Atomismus mag hilfreich sein, um die Dinge der natürlichen Welt zu verstehen (und ist es vielleicht nicht, wenn der Schwerpunkt auf Systemen liegt), aber er ist ohne Frage ausgesprochen irreführend, wenn es um Sprache geht. Der Wiener Philosoph *Ludwig Wittgenstein* beginnt sein Werk „Philosophische Untersuchungen" mit einer Kritik des atomistischen Sprachverständnisses. Er behauptet, dass man mehr über die Bedeutung eines Wortes lernt, wenn man begreift, wie es benutzt wird, als wenn man versucht, eine Definition zu verinnerlichen. Vielmehr sind Bedeutungsdefinitionen für viele Wortarten einer Sprache, etwa Artikel oder Präpositionen, nahezu nutzlos. Diese Beobachtung sagt nicht nur viel über die Sprache im Allgemeinen aus, sondern auch über das Verständnis von Recht und Rechtspraxis. Erwartet man, dass Juristen eine abstrakte Norm definieren und dann prüfen, ob sich die Tatsachen eines Einzelfalls dieser Norm dadurch zuordnen lassen, dass man sie unter die Normdefinition subsumieren kann? Etwa so als würde ein Logiker ein abstraktes Gesetz am Reißbrett entwerfen, das die tatsächlichen Gegebenheiten des Einzelfalls be-

---

[48] Für eine ausführliche Erörterung der Geschichte der Sprache in den Naturwissenschaften siehe *Scott Montgomery*, The Scientific Voice, 1996.

rücksichtigt? Selbst wenn man behaupten wollte, dass dies der Vorstellung in der Tradition des *civil law* entspricht, dann gälte das keinesfalls für das *common law*. In ihrer Abhandlung über das US-amerikanische Beweismittelrecht behaupten *Roger C. Park et al.*: „Das Beweisrecht entwickelte sich innerhalb der Besonderheiten einer Sprache und wurde sowohl durch den Sprachgebrauch der Anwälte als auch durch die sprachlichen Feinheiten der Einzelfallentscheidungen der Richter in erster und zweiter Instanz beeinflusst."[49] Das zweitinstanzliche Gericht könnte dabei zwar die Bedeutung einer Beweisregel „definieren", indem es seine übergeordnete Stellung dazu nutzt, um dem Wort oder der Norm eine offizielle Definition zu geben. Da in den USA aber über Beweisfragen ausschließlich in erster Instanz entschieden wird und nicht mehr in der zweiten, bestimmt der Sprachgebrauch letztlich die Bedeutung.

Als weiterer Gesichtspunkt im Hinblick auf das Thema Recht werden wir daran erinnert, dass, selbst für den Rechtspositivisten, das Recht genauso wenig als Summe individueller Regeln verstanden werden kann wie die Sprache nicht als Summe einzelner Wörter zu begreifen ist. *Hans Kelsen* führt uns vor Augen, dass das Recht ein normatives *System* ist. „Recht ist nicht, wie manchmal behauptet wird, eine Regel. Es ist ein Regelwerk, das über eine Art von Einheit verfügt, die wir unter einem System verstehen."[50] Auch für die Sprachen haben *Saussure* und andere betont, dass diese nicht durch einzelne Wörter (*paroles*) verstanden werden können, sondern allein im Kontext des gesamten Sprachsystems (*langue*).

6.4 Rhetorik

Ein dritter Aspekt des sprachlichen Referenzrahmens, durch den wir das Recht und insbesondere das US-amerikanische Recht betrachten können, ist, nach Literatur und Linguistik, die klassische Kunst der Rhetorik. Dabei müssen wir aber zunächst eine Vorstellung davon haben, was wir mit dem Wort „Rhetorik" meinen, wenn wir es verwenden. Beachten Sie, dass ich insoweit keine „Definition" des Wortes zugrunde legen möchte. Denn obwohl das Definieren insoweit eine gängige Methode ist, würden Rhetoriker schnell klarstellen, dass das nur eine Möglichkeit unter mehreren ist, wie man den Gegenstand einer Rede konkretisieren kann. Es ist ungemein schwierig, mit

---

[49] *Roger C. Park/David P. Leonard/Steven H. Goldberg*, Evidence Law, 1998, S. 10, weiter verweisend auf *Ronald J. Allen*, The Simpson Affair, Reform of the Criminal Justice Process, and Magic Bullets, U. Colo. L. Rev., Bd. 67 (1996), 989 (995), worin die Autoren behaupten, dass das *common law*, vergleichbar den natürlichen Sprachen, eine gewachsene und keine erdachte Ordnung ist.

[50] *Hans Kelsen*, General Theory of Law and State, Anders Wedberg (Übersetzer), 1961, S. 3.

der alten Gewohnheit zu brechen, eine wissenschaftliche Untersuchung mit den grundlegenden Definitionen zu beginnen, so als würde man zunächst die zur Verfügung stehenden Werkzeuge auf einem Tisch ausbreiten. Selbst diejenigen, die sich mit den Herausforderungen der Sprache gut auskennen, scheinen zu – und durch – Definitionen getrieben zu werden, wenn etwa *Bernhard Großfeld* und *Jack Hillers* in einem Beitrag, in dem sie eher die Tugenden des Rechts als Kunstform denn als Wissenschaft preisen, fordern: „Wir sollten zuerst unsere Begriffe definieren."[51] Allerdings bleiben Autoren regelmäßig die Begründung für diese Vorgehensweise und das „sollten" eines vergleichbaren Satzes schuldig. Warum „sollten" wir denn? Ist es eine moralische Pflicht? Wohl kaum. Es handelt sich vielmehr um ein „sollten", das auf den kulturellen Erwartungen zur Bedeutungserzeugung beruht, wobei die Definition dann eine Möglichkeit der Bedeutungserzeugung für Atomisten und andere Wissenschaftler darstellt, die das Gefühl haben, größere Dinge dadurch erklären zu können, dass man sie in ihre kleinsten unteilbaren Einheiten zerlegt, um schließlich, im Falle der Sprache, unberechtigte Beziehungen zwischen den Atomen (genannt „Wörter") und ihrer Umwelt schlussfolgern zu können. Für gewöhnlich klingen diese unberechtigten Verknüpfungen dann in etwa so wie die Aussagen „Wörter repräsentieren Dinge" oder „Wörter kennzeichnen Dinge". Aber es gibt zahlreiche Arten von Wörtern, die keine Substantive sind – Artikel, Präpositionen, Verben, Adjektive oder Adverbien – und sie können keinesfalls in einer vergleichbaren Weise mit realen Gegenständen assoziiert werden, wie das für viele Substantive der Fall sein mag. Obwohl man in der realen Welt weder auf ein „der", „die", „das", auf ein „blau" oder auf ein „sanft" zeigen könnte, handelt es sich hierbei zweifelsohne um Wörter. Also können wir schlussfolgern, dass eine Definition eine bestimmte Menge von Wörtern ist, die dem Leser dabei hilft, den Kontext und den Gebrauch eines Wortes in der Sprache zu verorten, aber keine Beschreibung eines realen Gegenstandes liefert. Wir haben bereits herausgefunden, dass Linguisten die Beschreibung von Wörtern als Repräsentationen für reale Dinge nicht akzeptieren – die Rhetoriker tun es ebenso wenig. Wie schon *Saussure* betonte, funktioniert Sprache eher durch die Assoziation eines Wortes oder einer Phrase mit einer psychologischen Abstraktion, nicht mit einer Sache.

In der Antike haben sich die Rhetoriker geweigert, „Rhetorik" zu definieren. Sie bestanden darauf, dass man sich, um Sprache und Kommunikation zu verstehen, nicht auf die Definitionsmethode der Atomisten verlassen dürfe. Für den Rhetoriker ist die Definition nur eines von mehreren üblichen Themen, mit denen der Mensch einen Diskurs anstößt (lateinisch:

---

[51] *Jack A. Hiller/Bernhard Großfeld*, Comparative Legal Semiotics and the Divided Brain: Are We Producing Half-Brained Lawyers?, American Journal of Comparative Law, Bd. 50 (2002), 175 (190).

invention;[52] griechisch: εὕρεσις), d. h. ein Thema, das innerhalb einer Gemeinschaft an einem bestimmten Ort und zu einer bestimmten Zeit aktuell ist, das aber abgesehen von seiner Aktualität über keine zusätzliche rationale Anziehungskraft verfügt. Wie aber lässt sich die Bedeutung eines Wortes konkretisieren, wenn man nicht auf die Definitionsmethode zurückgreifen kann? Die Antwort hierauf ist in der Tat, wie uns die Linguisten erklären, im Sprachgebrauch einer Sprachgemeinschaft zu finden. Selbst wenn das Recht eigene Begriffsdefinitionen in einem Vertrag oder einem Gesetz liefert, dann gibt es immer einen Interpretationsspielraum. Und gerade wegen der Variabilität der juristischen Auslegung benötigen wir im Regelfall eher Juristen und Gerichtsverfahren als einen Computer und die „Theoreme des Euklid" (erinnern Sie sich an *Holmes'* Mahnungen in Kapitel 1), um zu einem juristischen Ergebnis zu gelangen. Definitionen versuchen, das Bedeutungsfeld eines Wortes einzugrenzen. Diese Grenze ist aber aufgrund der durch den Sprachgebrauch geformten Bedeutungs- bzw. Interpretationsentwicklung und -verschiebung instabil.

Es wäre ganz im Sinne der klassischen Rhetorik zu behaupten, dass wir eher herausfinden können, was etwas „ist", indem wir es beobachten, anstatt es zu definieren. Aber Kritiker wie *Platon* behaupteten, die Definitionsverweigerung sei lediglich ein Versuch der Rhetoriker, die wahre Natur ihrer Kunst zu verschleiern, weil diese in Wirklichkeit unehrenhaft sei. Sie sei, wie *Platon* sagte, als Versuch zu sehen, schwache Argumente stärker aussehen zu lassen, als sie sind, und stelle eine formale Lehr- und Denkmethode dar, der es an jeglicher Moral fehle. Dieser Vorwurf wird Juristen bis heute gemacht, insbesondere in den USA, wo, als Beispiel, Verträge keinerlei moralische Verpflichtungen beinhalten.

Ergänzend zu den Erkenntnissen über die Bedeutungserzeugung lehrt uns die Rhetorik die Relevanz der Differenzierung zwischen Definition und Gebrauch. Diese Differenzierung können wir, gedanklich fortgeführt, dazu nutzen, um auch die Rechtspraxis des *common law* besser zu verstehen. Da wir jedoch heutzutage derart daran gewöhnt sind, Bedeutungen durch Definitionen einzugrenzen, dürften einige noch immer sehnsüchtig auf eine Definition für die Kunst der Rhetorik warten. Um dieses Bedürfnis zu befriedigen, könnten wir *Aristoteles'* Rhetorikdefinition als Ausgangspunkt nehmen: „Überzeugungsbildung mit allen verfügbaren Mitteln". Auch wenn sie nicht der beste Weg sind, so können Definitionen immer noch nützlich dafür sein, Bedeutung greifbar zu machen. Wir sollten aber stets dazu in der Lage bleiben, eine Definition später, nachdem wir einen tieferen Einblick in die Entstehung von Bedeutung gewonnen haben, auch wieder zu verwerfen. *Wittgenstein* behandelt Definitionen lediglich als heuristisches Werkzeug,

---

[52] Dazu exemplarisch die Abhandlung von Marcus Tullius Cicero (106–43 v. Chr.), *De inventione* (deutsch: *Über die Auffindung des Stoffes*). Auf die unterschiedlichen Lehrsätze des Cicero in der Rhetorik kommen wir an späterer Stelle zurück.

das, nachdem man verstanden hat, was Sprache ist, problemlos wieder verworfen werden kann – gleichsam so, als würde man eine Leiter entsorgen, nachdem man eine höhere Ebene erreicht hat.[53] Man kann Definitionen aber auch als subjektive Eingrenzung des Untersuchungsgegenstandes verstehen, etwa dann, wenn man schreibt: „Mein Verständnis einer juristischen Geste in dieser Arbeit schließt bewusst zahlreiche Alltagsgesten, die von Rechtsanwälten oder anderen juristischen Akteuren getätigt werden, um Emotionen oder Betonungen auszudrücken, immer dann aus, wenn diesen eine explizit juristische Bedeutung fehlt."[54]

Der Philosoph und Philologe *Friedrich Nietzsche*, selbst mit der klassischen Disziplin der Rhetorik gut vertraut, behauptete, dass nichts, was eine Geschichte hat, definiert werden könne. Wenn etwas eine Geschichte hat, dann ist jeder Versuch einer Definition mit irgendeiner Form von Auswahl oder Auslegung verbunden, sodass sie auch subjektive Elemente in sich trägt. Der Rechtshistoriker *Harold Berman* schreibt, nachdem er *Nietzsches* Beobachtung zur Kenntnis genommen hat: „Nichtsdestotrotz ist ein Sachbuchautor dazu verpflichtet, von vornherein einige seiner Vorurteile offenzulegen."[55]

Fortwährend werden uns die Unterschiede zwischen Gebrauch und Definition vor Augen geführt. Sehen wir uns einmal die Darstellungsform des maßgebenden Wörterbuchs der englischen Sprache an, des *Oxford English Dictionary* oder kurz: *O. E. D.* Das *O. E. D.* ist ein Werk, in dem die Wortbedeutungen durch das Nachzeichnen des historischen Sprachgebrauchs ergründet werden. Es ist kein Definitionswörterbuch. Für jeden Eintrag werden hierin Verwendungsbeispiele eines Wortes von seinen frühesten Aufzeichnungen bis zur Gegenwart aufgeführt, sodass die Autoren induktiv Bedeutung aufbauen – vergleichbar der induktiven Philosophie, die wir uns noch in Kapitel 7 zum philosophischen Referenzrahmen näher ansehen werden. Im Vergleich dazu nutzt die Definitionsmethode die Autorität der Wörterbuchautoren dazu, die Bedeutung eines Wortes, gegebenenfalls auf Grundlage etymologischer Kunstgriffe, nach Belieben selbst festzulegen. Der Unterschied zwischen den verschiedenen Arten der Bedeutungserzeugung mag auf den ersten Blick subtil erscheinen, aber wenn man einen Moment lang darüber nachdenkt, erkennt man den unterschiedlichen Appell an die Leserschaft. In einem Fall wird die Bedeutung deskriptiv durch Beispielfälle des Sprachgebrauchs nachgezeichnet, im anderen Fall präskriptiv durch die Autorität des Autors festgelegt.

---

[53] „Meine Sätze erläutern dadurch, daß sie der, welcher mich versteht, am Ende als unsinnig erkennt, wenn er durch sie – auf ihnen – über sie hinausgestiegen ist.", *Ludwig Wittgenstein*, Tractatus Logico-Philosophicus, C. K. Ogden (Übersetzer), 1922, Ursprünglich veröffentlicht unter: Logisch-Philosophische Abhandlung, in: Annalen der Naturphilosophie, XIV (3 / 4), 1921.

[54] *Bernard J. Hibbitts*, Making Motions: The Embodiment of Law in Gesture, Journal of Contemporary Legal Issues, Bd. 6 (1995), 51 (53 f.).

[55] *Berman*, a. a. O., Fn. 24, S. 1.

In gewisser Weise ist sich die Rechtspraxis der Gefahr bewusst, sich auf Wörterbücher und Definitionen als Hilfsmittel zum Verständnis zu verlassen. Während eines Treffens der *Association of American Law Schools* im Jahre 2001 berichtete Professor *Peter Tiersma* von der *Loyola Law School* in Kalifornien über ein in den USA durchgeführtes Forschungsprojekt zum Thema „Sprache und Strafrecht" (*Language and the Criminal Law*), bei dem Untersuchungen über die durch Richter formulierten Verhaltensregeln für die Geschworenen (*jury instructions*)[56] durchgeführt wurden. *Tiersma* nannte Fälle, in denen Geschworene dabei erwischt wurden, wie sie Fachwörter in Wörterbüchern nachschlugen, um hierdurch ihr juristisches Verständnis zu schärfen. Sie schlugen etwa „Überfall" (*assault*), „schuldhaft" (*culpable*), „Schlussfolgerung" (*inference*), „Arglist" (*malice*), „beabsichtigte Tötung" (*premeditated murder*), „überwiegende Wahrscheinlichkeit" (*preponderance*), „Vergewaltigung" (*rape*), „mutwillig" (*wanton*) und „vorsätzlich" (*willful*) nach.[57] Dazu führte er näher aus: „Streng genommen ist es einer Jury verboten, externe Hilfestellungen in Anspruch zu nehmen."[58] Er berichtete von der Entscheidung eines US-Bundesgerichts (*federal court*), welches die Todesstrafe eines Mannes, der zwanzig Jahre lang in der Todeszelle verbracht hatte, teilweise deshalb aufgehoben hatte, weil es Hinweise darauf gab, dass die damaligen Geschworenen die Wörter „mindern" (*mitigate*), „mildern" (*extenuate*) und „Rechtfertigung" (*vindication*) nachgeschlagen hatten.[59] Ausgesprochen bedenklich scheint insoweit die Annahme, dass das Nachschlagen von Wörtern in Wörterbüchern das Judiz einer Person verbessern und auf diese Weise für mehr Gerechtigkeit sorgen könne. Während die Studie zu dem Schluss kam, dass juristische Fachbegriffe die Juroren verwirren (daher die Scherereien um die Wörterbücher), versäumte sie jedoch zu würdigen, dass der Übergang juristischer Fachtermini in die „Allgemeinsprache" die juristische Eindeutigkeit aufgeweicht hat. Hierdurch verfügen die Begriffe nun möglicherweise nicht mehr allein über eine juristische Bedeutung, sondern auch über objektive Konnotationen, also weder zugunsten der Anklage noch der Verteidigung. Darüber hinaus vergisst die Studie zu erwähnen, dass die richterlichen Entscheidungsfragen für die Geschworenen auch auf die Strafverteidiger zurückgehen könnten, es vielfach auch taten, oder aber als standardisierte Entscheidungsfragen für Geschworene gesetzlich vorge-

---

[56] Anmerkung durch den Übersetzer: *jury instructions* bezeichnen die in den USA durch den Richter formulierten Verhaltensregeln für die Geschworenen. Sie betreffen vor allem die Art und Weise der Entscheidungsfindung.

[57] *Peter Tiersma*, Dictionaries and Death: Do Capital Jurors Understand Mitigation?, Utah Law Review, Bd. 1 (1995), 20.

[58] *Peter Tiersma*, Asking Jurors to do the Impossible, Tennessee Journal of Law & Policy, Bd. 5 (2009), 105.

[59] Learned Language of Judges Confuses Juries, Meeting Told, *Irish Times*, 17. Februar 2001, https://www.irishtimes.com/news/learned-language-of-judges-confuses-juries-meeting-told-1.281831 (zuletzt aufgerufen am 01.12.2022).

schrieben sind. Die notwendige Unabhängigkeit der Geschworenen und die Gleichbehandlung aller Angeklagten, die sich demselben Strafvorwurf ausgesetzt sehen, scheinen uns also an einen Punkt gebracht zu haben, an dem wir zwar faire und unparteiische richterliche Entscheidungsfragen stellen, die die Geschworenen allerdings nicht verstehen. Und das Problem geht noch weiter: Welches kulturelle Verständnis kommt dem Gebrauch und der Nutzung von Wörterbüchern und ihren Beiträgen zu? Schließlich werden sie auch von Richtern benutzt.[60]

Anstatt sich mechanisch auf eine Definition der „Rhetorik" verlassen zu wollen, nehmen Sie lieber zur Kenntnis, wie der Rhetoriker *James Boyd White* ein Kapitel beginnt: „Aber zuerst wende ich mich der Bedeutung von ‚Rhetorik' zu."[61] Wenn Ihre erste Reaktion bezogen auf diesen Vergleich nun darin bestünde, zu sagen: „Wo ist der Unterschied? Definition und Bedeutung sind doch das Gleiche.", dann gäben Sie zu erkennen, dass auch Sie insgeheim ein linguistischer Atomist sind, der Sprache als eine Vielzahl von Wörtern versteht, die Dinge repräsentieren, und deshalb der Überzeugung sind, dass Wörter eine Bedeutung haben, wenn sie durch eine Beschreibung dieser Gegenstände definiert werden.[62] *White* schreibt zwar über den Juristen im Allgemeinen, könnte aber auch nur den *Common-law*-Juristen meinen, wenn er behauptet, dass die narrativen Sprachpraktiken des Juristen „[nach Platons Rolle für die Rhetorik] nicht lediglich eine Kunst des Abschätzens von Wahrscheinlichkeiten [sind] oder [nach Aristoteles] eine Kunst der Überzeugung, sondern eine Kunst zur Erzeugung von Kultur und Gemeinschaft."[63] Das führt uns zurück zur Einleitung dieses Buches, als ich den Aspekt beschrieben habe, das *common law* als Recht innerhalb einer Kulturgemeinschaft zu begreifen. Wie *White* ausführt, sollte man „damit beginnen wollen, das Recht nicht als objektive Realität einer imaginären sozialen Welt zu denken, nicht als Teil einer konstruierten Kosmologie, sondern aus Sicht derer, die sich tatsächlich an ihren Prozessen beteiligen, als etwas, was wir tun und was wir lehren. Das ist ein Weg, das Recht als Tätigkeit und insbesondere als rhetorische Tätigkeit zu verstehen."[64] An dieser Stelle muss noch ein letzter Punkt zur Schwäche der Definitionen erwähnt werden. So wie *Saussure* für

---

[60] Siehe bspw. *William Safire*, On Language: Scalia v. Merriam Webster, The New York Times, 24. November 1994; *Safire* erörtert wie *U. S. Supreme Court* Richter *Scalia* mehrere Wörterbücher heranzieht, um die seiner Meinung nach korrekte Definition des Wortes „*modify*" zu belegen.

[61] *James Boyd White*, Law as Rhetoric, Rhetoric as Law: The Arts of Cultural and Communal Life, University of Chicago Law Review, Bd. 52 (1985), 684 (687). Tatsächlich bleibt *Gorgias* im Gorgias-Dialog von *Platon*, als er dazu aufgefordert wird, „Rhetorik" zu definieren, dem Sinn der Rhetorik treu und antwortet, dass er das nicht könne, und seine Verleumder behaupten deshalb, dass er etwas verheimliche.

[62] Siehe *C. K. Ogden/I. A. Richards*, The Meaning of Meaning, 1923.

[63] *White*, a. a. O., Fn. 44, S. 692.

[64] Ebd., S. 688.

die Linguistik verdeutlichte, dass ein Wort seine Bedeutung im Kontext der gesamten Sprache erhält und nicht durch seine Beziehung zur materiellen Welt, so haben zahlreiche Studien gezeigt, dass Bedeutung zumeist erst durch das Zusammenspiel mehrerer Wörter erzeugt wird und nicht bereits durch jedes Wort allein.

Wenn diese Diskussion über Definition und Rhetorik Jurastudierenden seltsam erscheint, kann der Rückgriff auf *Aristoteles'* Werk helfen. Auch wenn er im Allgemeinen kein besonders großer Freund der Rhetorik war, insbesondere nicht derjenigen Rhetorik, wie sie von den Sophisten betrieben wurde, hat *Aristoteles* doch ein eigenes Werk zu diesem Thema verfasst, das dem Leser des 21. Jahrhunderts in Form und Stil bemerkenswert vertraut erscheint. In seiner „Rhetorik" beschreibt er die rhetorische Praxis als Kunst oder Fähigkeit, die zur Verfügung stehenden Überzeugungsmittel eines jeden Einzelfalls bestmöglich nutzbar zu machen. *Aristoteles* ist der Ansicht, dass die Rhetorik insbesondere für Behauptungen Anwendung findet, die möglicherweise „unzutreffend" sein könnten. Hierdurch fügt er der Rhetorik eine Kategorie hinzu, die sowohl über die durch Logik oder Dialektik gesicherten Tatsachen als auch die Meinung hinausgeht. Er etabliert die Idee, dass, wenn Tatsachen noch nicht gesichert sind, weil sie durch Dialektik oder Logik bislang nicht schlüssig dargelegt wurden, die Rhetorik dazu genutzt werden kann, eine bestimmte Entscheidung zu beeinflussen oder herbeizuführen. Aufbauend auf *Aristoteles'* kurze Beschreibung der Rhetorik verfasste *Trevor Melia* einen hilfreichen Kurzbeitrag, um *Aristoteles'* Sprachgebrauch von zahlreichen anderen Verwendungen des Wortes „Rhetorik" zu unterscheiden. *Melia* schreibt: „[D]a sich der Begriff *Rhetorik* fast ausnahmslos auf ‚Überzeugung' bezieht, gelingt es ihm üblicherweise nicht, zwischen den drei verschiedenen Aspekten einer Überzeugungsbildung zu unterscheiden, nämlich Rhetorik als Überzeugungshandlung, Rhetorik als Analyse derartiger Überzeugungshandlungen und Rhetorik als Weltanschauung."[65] Aus Gründen der Vereinfachung werden diese drei Bedeutungsvarianten im Folgenden mit einfachen Zahlen belegt – als R1, R2 und R3.

Sogar *Aristoteles'* Definition – im Sinne der ersten Bedeutungsvariante der Rhetorik – sagt uns (während sie unser kultiviertes Bedürfnis nach Definitionen stillt) einige sehr konkrete Dinge. Zunächst einmal bringt *Aristoteles'* Definition zum Ausdruck, dass die rhetorische Praxis eine Kunstform ist. Diese wurde an den Universitäten Europas auch noch im Mittelalter zum Ausdruck gebracht, indem dort, in Form eines Grundstudiums, das Trivium gelehrt wurde – Rhetorik, Dialektik (in jüngerer Zeit „Logik" genannt) und Grammatik. An der *National University of Ireland Maynooth*, findet man noch immer Relikte aus dieser Zeit: ein Rhetorik-Haus neben einem Logik-Haus (ein Grammatik-Haus scheint die Zeit hingegen nicht überdauert zu haben). Alle drei Fächer sind sprachbasiert und haben für sich betrachtet nichts mit

---

[65] *Trevor Melia*, Essay Review, Isis, Bd. 83 (1992), 100.

Wissenschaft oder Naturwissenschaft zu tun. Die naturwissenschaftsbezo-
genen Fächer – Arithmetik, Geometrie, Musik und Astronomie – wurden
dann erst nach dem Trivium im Quadrivium gelehrt, wobei Quadrivium und
Trivium zusammen die sieben freien Künste bildeten. Die Kunst der Rhetorik
als Studiengang wurde dann noch bis in diejenigen Colleges und Universitäten der USA getragen, die einen Schwerpunkt auf die freien Künste legen
(sogenannte *liberal arts colleges*). Inwiefern ist das für die Rechtspraxis von
Bedeutung? Zunächst einmal wissen wir aus der Geschichte, dass „die juristische Dialektik, die ein Produkt des Humanismus war, zwei typische Formen
annahm: Handbücher zur juristischen Argumentation für die Rechtspraxis,
unterteilt einerseits in themenbezogene Werke und andererseits in globale
Handbücher, die die gesamte Dialektik abdeckten; und Lehrbücher, die das
Recht auf der Grundlage dialektischer Prinzipien neu strukturierten."[66] Die
erste Gruppe ist ein Beispiel für „Rhetorik" im Sinne von R1 und die zweite
Gruppe im Sinne von R2. Wenn man den Einfluss dieser Werke bestimmen
möchte, muss man zugeben, dass keines dieser Bücher in besonders vielen
Auflagen erschienen ist. Wissenschaftler vermuten, dass dies auf den relativ
begrenzten Leserkreis zurückzuführen ist.[67] Nichtsdestotrotz gibt es eine
Reihe von Praktiken, die über eine gewisse Anziehungskraft und Hartnäckig-
keit verfügen und durch die Rhetorik auch Eingang in das Recht gefunden
haben. Beispielsweise wird auch heute noch anerkannt, dass „humanistisch
gebildete Rechtslehrer erwarten, dass ihre Schüler in klassischer Rhetorik
versiert sind. Sie sind sich der Überschneidung zwischen rhetorischen und
juristischen Aspekten auf dem Gebiet der Auffindung des Stoffes bewusst,
insbesondere der Statuslehre und in *Ciceros* ‚Topica'."[68]

Im antiken Griechenland war die rhetorische Praxis vor allem deshalb
notwendig und beliebt, weil sie Grundlage dessen war, was wir heute als
Rechtspraxis bezeichnen würden. Zur damaligen Zeit gab es noch keine
professionellen Juristen; jeder Bürger, der einen Rechtsstreit initiieren wollte
oder gezwungen war, sich zu verteidigen, musste seine Argumente selbst vor
einer Jury präsentieren, die sich aus seinen Mitbürgern zusammensetzte. Um
das zu tun, beauftragen diejenigen, die es sich leisten konnten, sogenannte
Logographen[69], die ihnen dann überzeugende Plädoyers schrieben. Nach
heutigem Verständnis stellten diese Plädoyers eher eine gesammelte Darlegung der fallrelevanten Fakten dar als eine prägnante Präsentation der entscheidungserheblichen Rechtssätze. Das sollte allerdings kaum überraschen,
wenn man bedenkt, dass das Prozessrecht eine eher untergeordnete Rolle

---

[66] Ebd., S. 278.
[67] Ebd.
[68] *Peter Mack*, A History of Renaissance Rhetoric 1380–1620, 2011, S. 278, das Werk
Topica soll von *Marcus Tullius Cicero* im Jahr 44 v. Chr. verfasst worden sein.
[69] Anmerkung des Übersetzers: Logographen waren im antiken Griechenland professionelle Verfasser von Gerichtsreden.

spielte. Die Tatsachenermittlung stellt auch heute noch eine Besonderheit des *common law* dar. Wenn wir an die Geschichte der englischen Juristenausbildung zurückdenken, so ging die Ausbildung der Nachwuchsjuristen in den *Inns of Court* ganz ähnlich vonstatten wie die Ausbildung in den englischen Handwerkszünften – ein erfahrener und in einer Reihe von Praktiken bereits geschulter Meister gab sein diesbezügliches Wissen und Können an einen Berufsanfänger weiter, der sich in der betreffenden Tätigkeit bereits unter Aufsicht ausprobieren durfte oder sich bereits auf eine eigenständige Tätigkeit vorbereite. Dieser praxisbezogene Grundsatz der Juristenausbildung wurde in den Vereinigten Staaten bis Mitte des 20. Jahrhunderts beibehalten, indem viele Bundesstaaten einen solchen juristischen Vorbereitungsdienst (*apprenticeship* – oft auch als *preceptorship* bezeichnet) als Methode favorisierten, mit der praktische juristische Fähigkeiten von einer Generation an die nächste weitergegeben wurden. Der Unterschied zwischen dieser Form der juristischen Ausbildung und der juristischen Ausbildung in den Staaten des *civil law* ist offenkundig, wenn man bedenkt, dass sie hier weitgehend an der Universität stattgefunden hat und dort als Wissenschaftsdisziplin wie andere auch behandelt wurde. Vor diesem Hintergrund mögen Studierende in Staaten mit einem *Civil-law*-System die Rechtswissenschaft heutzutage problemlos als Wissenschaft begreifen, während ihre Kollegen in den *Common-law*-Staaten auf die Frage, ob das Jurastudium bzw. die Rechtspraxis eine Kunstform oder eine Wissenschaftsdisziplin sei, möglicherweise keine Antwort parat haben.

Wir sollten aber für einen Moment lang noch auf den zweiten und dritten Aspekt zurückkommen, den wir aus *Aristoteles'* Definition der Rhetorik als „Überzeugungsbildung mit allen verfügbaren Mitteln" lernen können. In einem kontradiktorischen System der Rechtspraxis besteht die Aufgabe eines Rechtsanwalts in erster Linie darin, die rechtlichen Interessen und die Argumente des Falles aus der Sicht seines Mandanten zu vertreten. Die anwaltliche Rolle wird dann durch seine Funktion als unabhängiges Organ der Rechtspflege begrenzt. Dieses Bild der Rechtspraxis unterscheidet sich maßgeblich von dem inquisitorischen System des *civil law*, in dem der Rechtsanwalt in erster Linie ein Organ der Rechtspflege ist und in dem der Richter selbst die Kompetenz hat, Zeugen zu befragen, Beweise zu erheben oder (in Verfahren mit Inquisitionsmaxime) ganz allgemein die Untersuchung zu leiten oder von Amts wegen zu ermitteln. Insoweit ist es auch wenig überraschend, dass sich die Juristenausbildung im *common law* auf die praktischen Fertigkeiten der Anwaltschaft konzentriert, während sie im *civil law* zusammen mit anderen Sozialwissenschaften an der Universität gelehrt wird. Wenn man also die heutigen Juristen des *common law* verstehen möchte, dann muss man, so behaupte ich, sogar das begreifen, was sie möglicherweise nicht einmal selbst über die Geschichte und die gegenwärtige Struktur ihrer Ausbildung in Worte fassen können: Sie sind in erster Linie parteiische Interessenvertreter, die in der klassischen Kunst der Rhetorik ausgebildet und durch sie geformt wurden.

Die Aspekte der Rhetorik habe ich ganz bewusst erst im Anschluss an die Fragen der Literatur und der Linguistik behandelt, weil es für Juristen, die mit der Disziplin und Kunst der Rhetorik wenig vertraut sind, wie Philosophie wirken könnte. Philosophie und Rhetorik muss man jedoch trennen. Die Zielsetzung der platonischen Philosophie in seiner „Apologie" zu *Sokrates* ist die Wahrheitsfindung und die Unterscheidung von der Meinung durch offene rationale Dialektik. Die Zielsetzung der präplatonischen Rhetorik ist vermutlich am besten durch die alternativen Formulierungen von *Gorgias* in seinem Werk „Über die Natur" bekannt. Hierin schreibt er, dass es keine Wahrheit gebe oder, wenn es eine Wahrheit gebe, wir sie nicht erkennen könnten oder, selbst wenn wir sie erkennen könnten, wir sie nicht kommunizieren könnten.

Zunächst könnte man feststellen, dass *Gorgias'* Position zur Natur des Wissens möglicherweise nicht besonders gut zu den Naturwissenschaften passt. So kam es auch, dass zur Zeit der Aufklärung die Rhetorik, die an den europäischen Universitäten lange mit der christlichen Kirche assoziiert wurde, aus dem Lehrplan der Universitäten gestrichen wurde. Trotzdem findet sich *Gorgias'* Position in den Vereinigten Staaten heute etwa in Form der alternativen Verteidigungsstrategie (*pleading alternative legal defenses*) wieder. Paragraph 8 (d) (2) der US-amerikanischen Zivilprozessordnung auf Bundesebene (*United States Federal Rules of Civil Procedure*) besagt, dass „eine Partei zwei oder mehr Ansprüche oder Verteidigungsalternativen oder -hypothesen darlegen darf, sowohl in einem einzigen Verteidigungsschriftsatz als auch in mehreren. Wenn eine Partei alternative Ansprüche behauptet, erfüllt der Schriftsatz die notwendigen Voraussetzungen, wenn einer von ihnen ausreichend ist."[70] Alternative Ansprüche oder Verteidigungsmöglichkeiten erlauben es den Parteien eines Gerichtsverfahrens, verschiedene Möglichkeiten zu behaupten, die sich gegenseitig sogar ausschließen oder widersprechen können, indem ein literaturbezogenes Konzept fruchtbar gemacht wird: die Rechtsfiktion. Folglich darf der Beklagte in einem Verkehrsunfallprozess als Verteidigung alternativ oder kumulativ geltend machen, dass sich: 1) kein Unfall ereignet hat, oder 2) zwar ein Unfall ereignet hat, er aber nicht am Steuer saß, oder 3) zwar ein Unfall ereignet hat, er auch am Steuer saß, es aber stockfinstere Nacht war, oder 4) zwar ein Unfall ereignet hat, er auch am Steuer saß, er aber von der Sonne geblendet wurde. Darüber hinaus lag *Gorgias* möglicherweise aber auch richtig mit seiner Natur des menschlichen Wissens und lieferte damit zugleich eine Erklärung dafür, warum wir trotz unserer bemerkenswerten wissenschaftlichen Fortschritte, im Sinne einer progressiven oder aufgeklärten Sichtweise auf die Geschichte, immer noch so viele Fehler machen.

---

[70] U.S. Federal Rule of Civil Procedure 8(d)(2).

Auf juristische Aspekte, sogar innerhalb der juristischen Ausbildung oder Rechtspraxis, stößt man auch in *Aristoteles'* Einteilung der Überzeugungsmittel: Überzeugung bezogen auf Ereignisse der Vergangenheit (forensische Rhetorik), Gegenwart (epideiktische Rhetorik) und Zukunft (deliberative Rhetorik). Es lässt sich folglich eine ausdrückliche Rolle der Rhetorik im Recht erkennen. Herauszufinden, was tatsächlich passiert ist, stellt die entscheidende Frage eines jeden Rechtsstreits dar. Wenn sich die Parteien über den Sachverhalt einig sind, kann der Richter das Gesetz anwenden und eine Entscheidung treffen. Ist der Sachverhalt streitig, muss die vom Rechtssystem entwickelte Methode zur Tatsachenfeststellung eingehalten werden. Ein weiteres Beispiel für den direkten Einfluss der Rhetorik auf das Recht findet sich durch die sogenannten Kollektaneenbücher (*commonplace books*)[71] geordnet nach thematischen Gemeinplätzen (*commonplaces*)[72]. Auch wenn diese Tradition lange Zeit lediglich in der Rhetorik üblich war, wurde diese Idee von den Jurastudierenden übernommen, als die Zahl der Fälle in den Jahrbüchern zu wachsen begann. Wie im Kapitel zum historischen Referenzrahmen erwähnt, enthielten die Jahrbücher Fälle in Form von Niederschriften über die getätigten Aussagen der Prozessbeteiligten, welche in chronologischer Reihenfolge aufgeführt waren. Doch wie wir im selben Kapitel ebenfalls herausgefunden haben, neigen Menschen dazu, Geschichte – i.S.v. *Kairos* – Bedeutung zu verleihen und nicht nur Fakten aufzulisten. Deshalb wurden irgendwann Kurzfassungen der Jahrbücher erstellt, die thematisch und nicht chronologisch gegliedert waren. Die ausgewählten thematischen Gliederungspunkte waren dann die Gemeinplätze (*commonplaces*) der damaligen Zeit. In diesen Kurzfassungen wurden die Fälle aus den Jahrbüchern dann, offensichtlich zur Erleichterung des Studiums, zusammengefasst und thematisch systematisiert, wobei viele von ihnen zunächst als individuelle „Kollektaneenbücher" von Studierenden entstanden, um die Fälle zu abstrahieren und zu analysieren.[73] Der Rechtshistoriker *Frederick G. Kempin, Jr.* erklärt, dass „Kollektaneenbücher große Mappen waren, in denen ein Student unter verschiedenen Themenüberschriften Auszüge von Leitentscheidungen festhielt, um sich in deren Klassifizierung und Analyse zu üben."[74]

An diesem Punkt der Ausführungen über die Rhetorik muss ein fundamentaler Aspekt angesprochen werden: die Rhetorik bezeichnet eine Reihe

---

[71] Anmerkung des Übersetzers: Üblich für diese besondere Form der Notizbücher ist auch die Bezeichnung *Lesefruchtbücher*.

[72] Anmerkung des Übersetzers: Die unterschiedlichen Themengebiete zur Auffindung des Redestoffes (*inventio*) werden in der klassischen Rhetorik als Topoi oder Gemeinplätze bezeichnet. Hiermit sind wiederkehrende Aspekte und Kunstgriffe der Rhetorik oder rhetorische Automatismen gemeint. Die ursprüngliche Bedeutung von *Gemeinplatz* ist folglich von der heute üblichen (negativ konnotierten) Verwendung i.S.v. ‚Floskel', ‚abgenutzte Redewendung' oder ‚Klischee' zu unterscheiden.

[73] *Frederick G. Kempin, Jr.*, Legal History: Law and Social Change, 2013, S. 41.

[74] Ebd., S. 100.

von Praktiken, die über kein bestimmtes Wesen verfügen. Dennoch lassen sich Ähnlichkeiten zwischen der Natur der Rhetorik und der Natur des *common law* erkennen. Diese Analogien helfen uns dabei, den Geist und die Seele des *common law* zu verstehen. Sämtliche rhetorischen Praktiker und Theoretiker, von *Cicero* über *Fabri*[75] bis *Kenneth Burke*, wiederholen gebetsmühlenartig *Aristoteles'* Ansicht, dass das Ziel der Rhetorik die Überzeugungsbildung und das Ziel der Überzeugungsbildung die Beeinflussung des Urteilsvermögens sei. *Aristoteles* behauptet auch, dass die Substanz der rhetorischen Überzeugung die Enthymeme seien (aus dem Griechischen ἐνθύμημα).[76] Enthymeme lassen sich als Argumentationsmuster verstehen, die zumindest eine der Prämissen oder Schlussfolgerungen unausgesprochen lassen, um es dem Publikum zu ermöglichen, auf Grundlage seiner eigenen Gedanken, Vorurteile usw. seine eigenen Schlüsse zu ziehen. Das führt uns zurück zu den Gemeinplätzen (*commonplaces*). Rhetoriker haben ein Gespür dafür, was ein Publikum auf Grundlage der geteilten Gemeinplätze voraussichtlich folgern wird. Entsprechend lässt sich erkennen, dass sowohl die Jahrbücher des *common law* als auch die klassische Rhetorik die Gemeinplätze fruchtbar machten. Die Jahrbücher taten dies durch das Regime der thematischen Systematisierung und die Rhetorik tat und tut dies, indem sie dem Publikum die Gelegenheit gibt, auf Grundlage der Gemeinplätze enthymemische Argumente zu vervollständigen.

In einem kontradiktorischen System ist die Überzeugungsarbeit offenkundig und allgemein bekannt und niemand braucht zum Ausdruck zu bringen, dass „die Beweise für sich selbst sprechen werden", um einen Richter oder eine Jury von etwas zu überzeugen oder etwas glauben zu machen.[77] Ursprünglich erhielten auch Jurastudierende in *Civil-law*-Systemen eine gewisse Form von Logik- und Rhetoriktraining.[78] Wir müssen jedoch vorsichtig sein, die allenfalls implizite Art und Weise, durch die Rhetorik das Studium der Rechtswissenschaften dort beeinflusst hat, allzu deutlich zu betonen. Denn im Großen und Ganzen scheint sie im kontinentalen Europa kein besonders einflussreicher Teil der juristischen Ausbildung gewesen zu sein.[79]

Die Römer übernahmen viele Praktiken der Griechen und führten sie fort. Darunter fiel auch die Rhetorik. Für unseren kurzen Abriss über die rechts-

---

[75] *Pierre Fabri* definiert „Rhetorik" als „die politische Wissenschaft, die sich damit befasst, bewusst gut zu sprechen und zu schreiben, wobei dies, im Sinne der Lehre dieser Kunstfertigkeit, bedeutet, jemanden inhaltlich zu überzeugen oder von etwas abzubringen und die Äußerungen dabei so zu strukturieren, dass die einzelnen Teile jeweils in sich so durchdacht sind, dass sie leicht im Gedächtnis bleiben und sich ansprechend präsentieren lassen.", Le grant et vray art de pleine rhétorique (1521), Neuaufl. 1972, Mack (Übersetzer), a. a. O., Fn. 68, S. 285 f.

[76] *Aristoteles*, Rhetoric, Bd. II., W. Rhys Roberts (Übersetzer), 1984, S. 22 ff.

[77] Siehe bspw. *Eric Oliver*, Facts Can't Speak For Themselves, 2005.

[78] *Mack*, a. a. O., Fn. 68, S. 278.

[79] Ebd., S. 281.

praktischen Grundlagen basierend auf rhetorischen Praktiken liefert *Cicero* den letzten Aspekt, der auf die klassische Rhetorik zurückgeht. Obwohl die Rhetorik über eine große theoretische Komponente verfügt, die sogar eine oben erwähnte, alternative Weltsicht des *Gorgias'* möglich macht, hat sie, dank ihrer simplen Tradition des „Leitfadens", vielfach die Widerstände von Kirche, Philosophie und Wissenschaft überlebt. *Cicero* stellte eben diesen Leitfaden zusammen, den „Kanon" der Rhetorik, nach dem jeder eine Rede strukturieren und halten kann. Diese fünf Produktionsstadien einer Rede, die wiederum auf die Griechen zurückgehen, waren *inventio* (auf Griechisch: εὕρεσις; auf Deutsch: Auffindung des Redestoffes), *dispositio* (auf Griechisch: τάξις; auf Deutsch: Gliederung), *elocutio* (auf Griechisch: λέξις, ἑρμηνεία oder φράσις; auf Deutsch: Wortwahl), *memoria* (auf Griechisch: μνήμη; auf Deutsch: Memorisieren) und *pronunciatio* (auf Griechisch: ὑπόκρισις; auf Deutsch: Betonung).

Man kann sich gut vorstellen, welchen Nutzen ein solcher Leitfaden für die Rede eines Jurastudierenden oder Rechtsanwalts haben könnte, dessen Aufgabe darin besteht, die Position eines Mandanten vor Gericht zu vertreten. Diese Fähigkeiten wurden schließlich auch auf die schriftliche Kommunikation ausgeweitet, sodass heutzutage die Universitätsstudierenden der englischsprachigen Bildungssysteme vielfach darin geschult sind, Texte am Maßstab von „Grammatik und Rhetorik" zu gestalten, wobei die Grammatik die wissenschaftlichen Regeln liefert und die Rhetorik als diejenige Kunst verstanden wird, durch die man einen Leser überzeugt. Im Lichte dieses Dualismus mag man es durchaus hilfreich finden, an die Tendenz des *civil law* zur Grammatik und des *common law* zur Rhetorik zu denken.

Es kann nicht die Zielsetzung dieser kurzen Einführung sein, den gesamten Kanon zu überprüfen, aber es lohnt sich, ein paar zusätzliche Zeilen zum Stilaspekt zu sagen, der fälschlicherweise leicht so verstanden werden könnte, als würde es nur darauf ankommen, besonders blumige Worte in prosaischer Form zu finden. Das Stilkonzept, von dem ein Rhetoriker behaupten würde, es beinhalte eine sorgfältige Auswahl der Worte, schafft eine Verbindung zwischen Literatur und Rhetorik. *Aristoteles* erinnert uns daran, dass es nicht ausreicht, lediglich zu wissen, was man sagen soll, weil sich die Art und Weise, wie etwas gesagt wird, auf die Verständlichkeit der Aussage auswirkt. Eine Metapher, so *Aristoteles*, „gibt dem Stil Klarheit, Charme und Unterscheidungskraft wie nichts anderes."[80] Um sich Geist und Seele der napoleonischen Feldzüge, über die er schrieb, begreiflich zu machen, soll es sich der große französische Schriftsteller *Stendhal* zur Gewohnheit gemacht haben, beim Schreiben seines Romans „La Chartreuse de Parme" regelmäßig den *Code Civil* zu lesen: *„En composant la Chartreuse, pour prendre le ton, je*

---

[80] *Aristoteles*, a. a. O., Fn. 76.

lisais chaque matin deux ou trois pages du code civil, afin d'être toujours naturel; je ne veux pas, par des moyens factices, fasciner l'âme du lecteur."[81]

Obwohl man mit einem Literaturstudium oftmals belletristische Studien verbindet, lässt sich für Juristen etwas daraus lernen, wenn sich Literatur oder Rhetorik mit der Ästhetik befassen. Die juristische Sprache enthält nicht nur schlichte Informationen. Vielmehr hat auch die Rechtssprache ihren eigenen Stil und dieser Stil ist nicht zwingend trocken oder nüchtern. Der Philosoph *Martin Heidegger* geht sogar noch weiter. Er behauptet: „Reine Prosa ist nie ‚prosaisch.' Sie ist so dichterisch und darum so selten wie die Poesie."[82], wobei man erkennen sollte, dass die meisten sprachlichen Erscheinungsformen irgendwo dazwischen liegen und in gewisser Weise bildlich sind.

Ein weiteres Beispiel für die Bedeutung des Stils liefert uns der EuGH-Richter *Sir Konrad Schiemann*. In einem vergleichenden Artikel über die Gestaltung der Urteile in England und am EuGH, zog er den Stil als Vergleichskriterium für seine Analysen und Erklärungen heran. Letztendlich nutzt *Schiemann* seinen stilistischen Vergleich dann als Einfallstor dafür, die soziale Funktion der Urteile *im Verhältnis zur Funktion des Gerichts* zu verdeutlichen.[83] Wie man sieht, ist der Stil kein nachrangiges Beiwerk. Er leistet vielmehr einen eigenen Beitrag zur Gestaltung eines Textes.

Sobald Rhetorikstudierende den gesamten Katalog der Möglichkeiten in jedem der fünf kanonischen Produktionsstadien beherrschen, müssen sie dazu in der Lage sein, sich diese Werkzeuge für eine wirkungsvolle Rede auch in Erinnerung zu rufen. *Aristoteles* wiederum unterteilt die unterschiedlichen Redetypen in insgesamt drei Kategorien, die sich am Faktor Zeit orientieren: die forensische (bezogen auf die Geschehnisse der Vergangenheit), die epideiktische (bezogen auf die Handlungsempfehlungen für die Gegenwart) und die deliberative (bezogen auf die Handlungsempfehlungen für die Zukunft) Rede. Es ist offenkundig, dass sich diese Redetypen problemlos für die Rechtspraxis eignen. Ist ein Vertrag geschlossen worden? Ist das blaue Auto mit dem roten kollidiert oder umgekehrt? Hat der Beklagte vorsätzlich gehandelt? All diese Fragen betreffen die Vergangenheit und sind damit der forensischen Rhetorik zugeordnet. Wie viel Schadensersatz sollte der Beklagte zahlen, um den Kläger angemessen zu entschädigen? Wie lang sollte die Haftstrafe sein? Das sind Fragen, die der deliberativen Rhetorik zuzuordnen sind. Durch ein klassisches Studium der Rhetorik könnte man sich demnach gut auf die Rechtspraxis im *common law* vorbereiten.

---

[81]   „Während ich die Chartreuse schrieb, habe ich, um den rechten Ton zu finden, jeden Morgen zwei oder drei Seiten des Code Civil gelesen, um immer authentisch zu bleiben; ich möchte das Interesse des Lesers nicht mit künstlichen Mitteln fesseln.", *Stendhal* in einem Brief an *Honoré de Balzac*, 30. Oktober 1840.

[82]   *Martin Heidegger*, Gesamtausgabe, Bd. XII, 1985, S. 28.

[83]   *Konrad Schiemann*, From Common Law Judge to European Judge, ZEuP, Bd. 4 (2005), 741 (747).

Inwieweit mussten sich die Jurastudierenden in England mit Rhetorik befassen? Haben sie klassische Rhetorik studiert? Wenn ja, haben sie muttersprachliche Versionen der Texte gelesen, oder mit den antiken Sprachfassungen der Werke gearbeitet? Natürlich waren die Bücher in englischer Sprache erhältlich und auch ausreichend für Nachdrucke und Neuauflagen gefragt. Einige waren Abhandlungen über die Kunst der Rhetorik (im Sinne von R2), wie z. B. *William Fulwoods* Briefsammlung „Enemie of Idlenesse" (1568). Viele andere waren Rhetorikhandbücher, die den Leser, im Sinne von R1, in einer Reihe praktischer Fertigkeiten unterwiesen. Von diesem letzteren Typus gab es zwischen 1550 und 1620 in englischer Sprache insgesamt 72 Ausgaben von 22 Büchern über Rhetorik, darunter sieben Ausgaben des dialektischen Werks „Rule of Reason" (1551) von *Thomas Wilson* (1525–81), acht seines Werks „Art of Rhetoric" (1553) und sechs des Handbuchs zum Verfassen von Briefen namens „The English Secretorie" (1586) von *Angel Day*.[84] Abgesehen von den rhetorischen Werken in der Volkssprache, gab es im England der damaligen Zeit aber auch noch die Originale in Griechisch und Latein.[85]

Der Einfluss der Rhetorik auf das *common law* ist aber nicht nur bezogen auf die oben erwähnten Bedeutungen R1 und R2 begrenzt. Die klassische Kunst der Rhetorik lieferte auch eine vollständige Weltanschauung bezogen auf die Natur des Wissens und unser Verhältnis dazu. Für die antiken Griechen gab es mindestens drei verschiedene Wege, auf denen man Wissen erwerben konnte – den praxisbezogenen (*techne*), den theoretischen oder algorithmischen (*episteme*) und den erfahrungsbezogenen (*emperia*) Weg.[86] Dabei stellt letzterer Weg unser frühestes soziales und intellektuelles Wissen dar, also dasjenige Wissen, was wir uns aneignen, wenn wir damit beginnen, uns in unserem sozialen Universum zu bewegen und zu handeln, zu sprechen und zu begreifen. Das ist das Wissen, durch das Sprache und soziale Beziehungen hergestellt werden. Der US-amerikanische Jurist und Rhetoriker *James Boyd White* arbeitete, ganz im Gegensatz zur Position solch intellektueller Schwergewichte wie *René Descartes*,[87] *Thomas Hobbes*[88] und *John Locke*[89], Folgendes heraus:

---

[84] *Mack*, a.a.O., Fn. 68, S. 284 (zitiert *W. S. Howell*, Logic and Rhetoric in England 1500–1700, 1956 und *P. Mack*, Elizabethan Rhetoric, 2002, S. 76).

[85] *Mack*, a.a.O., Fn. 68, S. 284 (zitiert *Mack*, a.a.O., Fn. 68, S. 76–80). *Mack* kommt zu dem Schluss, dass dies insgesamt kein sehr einflussreicher Teil der juristischen Ausbildung gewesen zu sein scheint. Seine Schlussfolgerung stützt sich auf die Anzahl der publizierten und produzierten Werke zur Rhetorik.

[86] Wir können das Recht als handwerkliche Praxis des Altgriechischen verstehen: τέχνη (*techne*). Siehe *Janet Atwill*, Rhetoric Reclaimed: Aristotle and the Liberal Arts Tradition, 1998, und *Kirk W. Junker*, Rhetoric Demonstrates the Foundation of Law as Techne, Not Empeiria, in: K. Boudouris (Hrsg.) Philosophy, Art and Technology, 2011, S. 99–114.

[87] *René Descartes*, Discours de la Methode, 1637, S. 4.

[88] *Thomas Hobbes*, Leviathan, 1651, Kapitel 13.

[89] *John Locke*, Second Treatise of Government, Bd. II, 1690, Kapitel 1–3.

„Der Rhetoriker beginnt also nicht mit dem imaginierten Individuum in imaginierter Isolation, auch nicht mit dem Selbst, isoliert von all seinen Erfahrungen, mit Ausnahme der Reflexionsfähigkeit, sondern dort, wo *Wittgenstein* uns sagt, dass wir beginnen sollen, mit unseren Fähigkeiten zu Sprache, Gestik[90] und Bedeutungserzeugung [...] Dieses Wissen selbst ist nicht auf Regeln reduzierbar und auch keinem Ausdruck durch Regeln unterworfen, obwohl viele Analytiker sich das wünschen würden, sondern es ist dasjenige Wissen, durch das wir lernen, mit etwas klarzukommen, auszuweichen, zu enttäuschen, zu überraschen und einander zu erfreuen, wenn wir die Erwartungen begreifen, die andere an das, was wir sagen, herantragen. Dieses Wissen ist weder im wissenschaftlichen Sinne beweisbar noch ist es streng logisch. Aus diesen Gründen ist es für den modernen wissenschaftlichen und akademischen Geist beunruhigend. Aber wir können es nicht ignorieren und es ist ein Fehler, es zu versuchen. In dieser fließenden Welt ohne solides Fundament können wir nicht gehen, aber wir können schwimmen. Und wir brauchen keine Angst davor zu haben, das zu tun – uns auf den rhetorischen Prozess des Lebens einzulassen –, denn wir alle wissen bereits, trotz unserer fundamentalen Unsicherheiten, wie wir es anstellen können. Indem wir uns auf unsere eigenen Erfahrungen und die der anderen konzentrieren, können wir lernen, es besser zu machen, wenn wir es versuchen."[91]

White fährt damit fort, dem Leser die Auswirkungen von Recht als Rhetorik zu verdeutlichen. Eine sehr wichtige hiervon ist, dass „das Recht etwas ist, das Juristen selbst fortwährend erzeugen, wenn sie als Juristen tätig sind, und nichts, das von einem politischen Souverän gemacht würde."[92] Es ist vielleicht verständlich, warum Außenstehende, wie Journalisten oder Sozialtheoretiker, oft damit beginnen – und vielleicht nicht weiterkommen – das Recht als Rechtsetzung durch einen Gesetzgeber zu beschreiben. In der Tat sind viele meiner Studierenden, die keine Juristen sind, dazu geneigt, das so zu sehen und auszudrücken. Aber wenn man die Gesamtzahl der weltweiten Jurastudierenden bedenkt, die jedes Jahr neu als Anwalt tätig werden und nicht als Parlamentarier, und die Tatsache, dass sich jemand, der ein juristisches Problem hat, an einen Rechtsanwalt und nicht an einen Parlamentarier oder Richter wendet, erscheint es doch recht bedenklich, das Recht nur als das zu verstehen, was jener elitäre Kreis der Gesellschaft hervorbringt, der durch Wahl zum parlamentarischen Gesetzgeber berufen wurde. Würden wir mit dem Getreidebauern sprechen, wenn wir Brot backen wollen?

„Aus Sicht des Nicht-Juristen provoziert die Sichtweise, Recht als Rhetorik zu betrachten, eine bestimmte Art von Verständnis und Kritik, denn sie lädt dazu ein, das Recht teilweise zu überprüfen, indem man sich fragt, ob die eigene Geschichte oder die eines anderen, an dem man interessiert ist, von den Sprechern in dieser Sprache richtig erzählt wird. Die Grundidee einer mündlichen Verhandlung [in *Common-law*-Systemen] besteht darin, dass zwei gegensätzliche oder konkurrierende Geschichten erzählt werden und zwischen ihnen gewählt wird. Nach dem hier vorgeschlagenen rhetorischen Verständnis des Rechts, steht es Ihnen zu, Ihre eigene Geschichte in Ihrer eigenen Sprache erzählen (oder in Ihre Sprache übersetzen) zu lassen, oder das Recht versagt."[93]

---

[90]   Siehe auch *Hibbits*, a. a. O., Fn. 54.
[91]   *White*, a. a. O., Fn. 61, S. 695–6.
[92]   Ebd., S. 696.
[93]   Ebd., S. 697.

White mag zwar davon überzeugt sein, dass die Rhetorik eine uralte Superdisziplin ist, die alle anderen Wissenschaftsdisziplinen erklären kann, gleichsam wie logische Positivisten denken könnten, dass die Mathematik über diese Fähigkeit verfügt, oder wie Akademiker früherer Jahrhunderte geglaubt haben könnten, der Philosophie als „Königin der Wissenschaften" käme eine solche Rolle zu. *White* selbst sagt uns, dass durch diese Art von „Verbindung mit dem Recht" die Rhetorik anders bewertet werden kann.[94] Die Rhetorik ist auch kein Substitut für die Wissenschaft, wann immer die Wissenschaft versagt, was *Aristoteles* vor fast 2.500 Jahren vorschlug, als er die Rolle der Rhetorik darin sah, mit Wahrscheinlichkeiten zu argumentieren, falls die Logik keine Gewissheit bietet.[95] Gleichwohl muss man im Auge behalten, dass *Whites* Standpunkt auf einer Beobachtung des *common law* und einer Auseinandersetzung mit seinen Methoden der kontradiktorischen Rechtspraxis beruht. Es ist gut möglich, dass er seinen universellen Anspruch als Aussage über das Recht verliert, wenn er auf das *civil law* oder eine andere „Rechtsfamilie" angewendet wird, um insoweit die von *Zweigert* und *Kötz* eingeführte Begrifflichkeit zu nutzen. Im Lichte dieser kurzen Einführung zur Rhetorik haben wir nun eine Grundlage dafür, die Frage beantworten zu können, ob das *common law* für einen *Common-law*-Juristen eine Wissenschaft darstellt.

6.5 Sprachphilosophie

Der Blick auf das Recht durch den sprachlichen Referenzrahmen wäre unvollständig, würde das Kapitel enden, ohne die wichtige Rolle der Philosophie für Struktur und Funktion dieses Referenzrahmens herauszustellen. Wenn ich im Folgenden den Begriff „Philosophie" verwende, tue ich das in dem eingeschränkten Verständnis als Wissenschaftsdisziplin, die ich im nächsten Kapitel skizzieren werde. Indem ich erst am Schluss dieses Kapitels Ausführungen zur Sprachphilosophie behandle, versuche ich, eine Brücke zum nächsten Kapitel zu schlagen. Zur Verortung der Philosophie im Verhältnis zu den anderen Aspekten des Rechts, die für den sprachlichen Referenzrahmen eine Rolle spielen, sei uns kurz erneut die Dichotomie des sprachlichen Zeichens nach *Saussure* vor Augen geführt. Erinnern wir uns daran, dass sich Sprachzeichen sowohl aus einem abstrakten Konzept, dem *signifié* (im Deutschen „Bezeichnetes" oder „Signifikat"), und einem Lautmuster, dem *signifiant* (im Deutschen „Bezeichnendes" oder „Signifikant"), zusammensetzen. Wenn Gegenstände durch die Sprache nicht ausdrücklich benannt werden, müssen sie ein anderes Verhältnis zu ihr haben. Diese Beziehung zwischen Gegenstand und Sprache besteht darin, dass durch den Gegenstand

---

[94] Ebd., S. 701.
[95] *Aristotle*, Rhetoric, Bd. II, Kapitel 25, in: Jonathan Barnes (Hrsg.), The Complete Works of Aristotle, 1984, S. LXXXI.

die Erzeugung oder Aufrechterhaltung eines abstrakten geistigen Konzepts angeregt wird, ein Prozess, den *W. V. O. Quine* als Einsatz für eine „geteilte Ontologie" bezeichnete.[96] Die Sprachphilosophie können wir dann mit dem abstrakten Konzept, dem Signifikat, verknüpfen, das *Saussure* als „zweiseitige psychologische Einheit" beschreibt.

Die kurze Betonung der Leistungen der Sprachphilosophie für das Recht beschränkt sich in diesem Kapitel auf zwei Aspekte – die Mikro-Ebene des *signifié* und die Makro-Ebene der Sprache innerhalb der Gesellschaft bzw. das, was *Saussure* als *langue* und *parole* bezeichnet hat. Beide Gesichtspunkte sind überindividuell, existieren also unabhängig von den einzelnen Sprachverwendern zeitlich auch vor und nach ihnen. Doch bereits dieser Ausschnitt ist vollkommen ausreichend, um die verallgemeinernde Tendenz der Sprachphilosophie kritisch zu hinterfragen. Der Einleitungssatz in dem einflussreichen Werk von *Reinhold Zippelius*, „Juristische Methodenlehre", lautet: „Die Übertreibung ist der Mode liebstes Kind."[97] Vor einigen Jahren, als ich einen Kurs in Wissenschaftsphilosophie unterrichtet habe, warf ein Student – ein guter Student – die Frage auf, ob nicht alle Fragen der Wissenschaftsphilosophie in Wahrheit sprachliche Fragen seien. Ich war geneigt die Frage des Studenten mit „Nein" zu beantworten, aber ich erkannte, dass ein Großteil seines damaligen kulturellen Verständnisses die so genannte „linguistische Wende" durchlebte. Die Gefahr einer solchen Wende besteht oftmals darin, zu glauben, dass die gesamte menschliche Erfahrung auf eine einzige Wissenschaftsdisziplin reduziert werden könnte. Ein solcher Glaube würde die ernsthafte Forschung unweigerlich dahin führen, dass lediglich auf den „Heureka!"-Moment hingearbeitet wird, an dem man diejenige Wissenschaftsdisziplin erkennt, auf die alles andere reduziert werden könnte. In diesem Sinne könnte man, wenn man die Rechtspraxis als „Profession der Worte" charakterisiert, versucht sein zu sagen, dass Recht durch Worte erzeugt wird.

Eine kleine Analyse der Ideengeschichte zeigt, dass viele Wissenschaftsdisziplinen genau diesen Moment hatten, in dem sie für sich die Fähigkeit beanspruchten, alles erklären zu können. Dazu gehörte etwa im Mittelalter die Philosophie als „Königin der Wissenschaften" oder nach der Aufklärung die Mathematik als, nach *Auguste Comte*, „axiomatischste"[98] aller Wissenschaftsdisziplinen. Trotz dieser Skepsis im Hinterkopf sollte man auch nicht ins andere Extrem verfallen und den Einfluss der Sprachphilosophie auf das Recht als bloße Modeerscheinung abtun. Man braucht nur so bahnbrechen-

---

[96] *W. V. O. Quine*, On What There Is, reprinted in: Steven Lawrence / Cynthia MacDonald (Hrsg.), Contemporary Readings in the Foundations of Metaphysics, 1998, S. 32, 36; Für die juristische Anwendung von *Quines* Begriff der „geteilten Ontologie", siehe *Steven D. Smith*, Law's Quandry, 2004.

[97] *Reinhold Zippelius*, Juristische Methodenlehre, 11. Aufl. 2012.

[98] *Auguste Comte*, The Positive Philosophy, Harriet Martineau (Übersetzerin), 1853, Neuaufl. 2009.

de Werke der Rechtsphilosophie wie „Der Begriff des Rechts" von *H. L. A. Harts* zu Rate zu ziehen, die mit einem ausdrücklichen Bezug zur Sprache eingeleitet werden. Dort „machte er deutlich, dass er der Sprachphilosophie eine fundamentale Rolle für seine Rechtstheorie zumaß."[99] Der Positivist *Hart* war niemand, der allzu leichtfertig auf den Zug des Zeitgeistes aufgesprungen wäre.

Nachdem *Ludwig Wittgenstein* einen Großteil seiner akademischen Laufbahn in England verbracht hatte, begann er sein Werk „Philosophische Untersuchungen" mit einer Kritik am atomistischen Verständnis der Sprache.[100] Er beginnt mit einer Reflexion über die Erzählung des heiligen *Augustinus*, in der dieser behauptet, sich an seinen Sprachlernprozess erinnern zu können. *Wittgenstein* zerlegt *Augustinus'* Behauptung, dass man Sprache lerne, indem man einen Sprecher dabei beobachtet, wie er ein Wort sagt und dann auf ein Objekt zeigt, nachhaltig. Er weist darauf hin, dass man, damit diese einfache Handlung als solche überhaupt funktionieren kann, erstens wissen muss, dass das Geräusch aus dem Mund eines Menschen in irgendeiner Weise auf den Zuhörer gerichtet ist; zweitens, dass das Geräusch instruktiv gemeint ist; drittens, dass es mit einem Gegenstand assoziiert werden soll; viertens, dass der Fingerzeig eine Identifikationshandlung darstellt etc. Erst nachdem all diese Kommunikationshandlungen gelehrt und gelernt worden sind, kann man erkennen, dass das Geräusch den Namen des Gegenstandes darstellt und keinen Hinweis auf seine Form, sein Gewicht, seine Farbe, seinen Geschmack, seinen Geruch, seinen Klang oder sogar auf seinen Eigentümer. Darüber hinaus kann menschliche Kommunikation auch in anderer Form stattfinden, durch Gesten, visuelle Signale oder sogar Schweigen, die in der Rechtspraxis jeweils ausnahmslos von Relevanz sein und die unter bestimmten Voraussetzungen sogar eine konkrete rechtliche Bedeutung vermitteln können.[101] „Wörter repräsentieren Gegenstände" sah in der Linguistik und Rhetorik wie eine ziemlich instabile Grundlage aus; und nachdem *Wittgenstein* seine Kritik beendet hatte, war sie es auch für die Philosophie. Vielleicht sollte uns diese Konvergenz der Schlussfolgerungen etwas über das interdisziplinäre Denken im Recht sagen.

James Boyd White lehnt in seiner Reflexion über die Verbindungen von Philosophie und Sprache die Positionen von *Descartes*, *Hobbes* und *Locke* zugunsten der von *Wittgenstein* ab. Für *White* bleiben die Theorien von *Descartes*, *Hobbes* und *Locke* zu sehr mit der Idee verbunden, dass die Sprache Gegenstände repräsentiert. *Wittgenstein* schreibt: „Die Grenzen meiner Spra-

---

[99] *Andrei Marmor/Scott Soames* (Hrsg.), Philosophical Foundations of Language in the Law, 2011, S. 1. Siehe auch *Christopher Hutton*, Language Meaning and the Law, 2011.

[100] *Ludwig Wittgenstein*, Philosophical Investigations, G. E. M. Anscombe (Übersetzer), 1958.

[101] *Bernhard Großfeld*, Core Questions of Comparative Law, 2005, S. 113–41.

che sind die Grenzen meiner Welt."[102] Wenn wir sein Verständnis der individuellen Weltsicht auf die breitere soziale Wirklichkeit übertragen, könnten
wir über die Tatsache nachdenken, dass das Römische Reich mit all seinen
vom Mittelmeer stammenden unterschiedlichen Rechtsordnungen am Ha-
drianswall, dessen Überreste noch heute vom treffend benannten Wallsend
an der Ostküste Englands bis nach Bowness-on-Solway an der Westküste
reichen, endete. Jenseits des Hadrianswalls blieben die Schotten, Pikten, Gä-
len und andere unabhängig von römischer Kolonisation. In einer der vielen
ironischen Wendungen der Geschichte waren die Briten schließlich selbst
beachtliche Kolonialmacht und brachten ihre Sprache und ihr Rechtssystem
in jede Kolonie mit. Auf seinem Höhepunkt umfasste das Britische Weltreich
104 Rechtsordnungen, die wir heute ausnahmslos als eigenständige Rechtssysteme anerkennen würden. Als die Kolonialpolitik zu schwinden begann,
gründete das Britische Weltreich 1949 den *Commonwealth of Nations* (mit
heute 53 Mitgliedern), wodurch abermals der Einfluss seines Rechtssystems
und seiner Sprache gefestigt wurde.[103]

Was kann man aus der Bildung des Imperiums und der Kolonisierung
schließen? Als das Britische Weltreich sich zunächst ausbreitete und dann
wieder zurückzog, hinterließ es zumindest zwei deutliche Spuren – die englische Sprache und das *common law*. Zwar könnte man ohne weiteres anneh-
men, dass das *common law* nichts Anderes als das seltsame Rechtssystem der
Engländer ist, das sich auf das Vereinigte Königreich und vielleicht einige
andere, bekannte *Common-law*-Staaten wie die Vereinigten Staaten, Kanada
und Australien beschränkt. Aber in Wirklichkeit betrifft das Rechtssystem
des *common law* einen Großteil der Welt, weil es durch ein Weltreich verbreitet wurde, das so groß war, dass in ihm auf seinem Höhepunkt die Sonne
nicht unterging.

Wenn sich die Philosophie dem Thema Recht nähert, von den Griechen
bis in die Gegenwart, dann tut sie das oft, indem sie sich mit breiteren gesellschaftlichen Konzepten wie der Gerechtigkeit befasst, aber nicht mit den spezifischen Funktionsweisen der Sprache. Indem er die Sprachphilosophie mit
dem Recht verknüpft, weist der Philosoph *Peter Suber* darauf hin, dass für die

---

[102] *Ludwig Wittgenstein*, Tractacus Logico-Philosophicus, D. F. Pears / B. F. McGuinnes
(Übersetzer), 1961, S. 56.

[103] Die Commonwealth-Länder und deren Beitrittsjahre sind: Antigua und Barbuda 1981,
Nauru 1968, Australien 1931, Neuseeland 1931, Bahamas 1973, Nigeria 1960, Bangla-
desch 1972, Pakistan 1947–62 und 1989, Barbados 1966, Papua-Neuguinea 1975, Belize
1981, St. Kitts und Nevis 1983, Botsuana 1966, St. Lucia 1979, Brunei 1984, St. Vincent
und die Grenadinen 1979, Kanada 1931, Seychellen 1976, Zypern 1961, Sierra Leone
1961, Dominica 1978, Singapur 1965, Gambia 1965, Salomonen 1978, Ghana 1957,
Sri Lanka 1948, Grenada 1974, Swasiland 1968, Guyanag 1966, Tansania 1961, Indien
1947, Tonga 1970, Jamaika 1962, Trinidad und Tobago 1962, Kenia 1963, Tuvalu 1978,
Kiribati 1979, Uganda 1962, Lesotho 1966, Vereinigtes Königreich 1931, Malawi 1964,
Vanuatu 1980, Malaysia 1957, Samoa 1970, Malediven 1982, Sambia 1964, Malta 1964,
Simbabwe 1980, Mauritius 1968.

alltägliche Argumentation der Rechtsanwälte die allgemein akzeptierten Kriterien für Wahrheit und Wahrscheinlichkeit nicht individuell, sondern durch die Öffentlichkeit oder gar die staatlichen Institutionen bestimmt werden. „Das Recht in diesem Sinne ist eindeutig ein Produkt der Vernunft, das heißt das Ergebnis eines langfristig angelegten, freien öffentlichen Dialogs. Aber das Recht ist gleichermaßen ein Produzent der Vernunft, eine von vielen kulturellen Formen, die den Bestand eines langfristig angelegten, freien öffentlichen Dialogs gewährleisten. Kurz gesagt, das Recht ist sowohl Ursache als auch Wirkung der Vernunft – zumindest in einer liberalen Gesellschaft."[104] Im weitesten Sinne kann man also Recht, Philosophie und Sprache dadurch miteinander verbinden, dass man die Methoden betrachtet, mit denen Gerechtigkeit erreicht wird. Bei seiner Überprüfung der Rolle der Vernunft im Recht und zur Unterstützung seiner Behauptung, dass die „globale Vernunft" trotz der post-aufklärerischen Kritik weiterhin existiert, stellt *Suber* die Rolle der Vernunft als Gemeinsamkeit im Dialog zwischen drei einflussreichen Philosophen des zwanzigsten Jahrhunderts fest. Er schreibt:

„Globale Vernunft ist letztlich nichts anderes als der langfristige Dialog freier Menschen. Die linke Version dieser Idee wird heute mit *Paul Feyerabend* assoziiert, die rechte Version mit *Karl Popper* und eine gemäßigt liberale Version mit *Jürgen Habermas*. Aber meiner Ansicht nach gehen alle drei Versionen auf *John Stuart Mills* Werk ‚Über die Freiheit' von 1859 zurück. Hiernach ist die Vernunft keine von Gott gegebene Fähigkeit oder transzendentale Autoritätsquelle. Sie ist der streitbare und leidenschaftliche Dialog freier Menschen. Welche Sichtweise ist vernünftig? Um das herauszufinden, darf man nicht nur nach innen schauen oder meditieren."[105]

Die Sprachphilosophie spannt den intellektuellen Bogen von der Analyse des alltäglichen Dialogs im Gerichtssaal bis hin zur Erklärung von Gerechtigkeit durch die Vorstellung von freien Menschen in offener und öffentlicher Disputation. Die obigen Ausführungen stellen lediglich einen kurzen Abriss einiger Ideen der Sprachphilosophie dar und sollten nur aufzeigen, dass die Sprachphilosophie zur Konstruktion und Aufrechterhaltung des sprachlichen Referenzrahmens, durch den man die Rechtskultur begreifen kann, beiträgt.

6.6 Schlussfolgerungen

An diesem Punkt könnten wir uns fragen: Was sind die Konsequenzen dieser Erkenntnisse, die wir durch unseren Blick auf das Recht durch den sprachlichen Referenzrahmen gewonnen haben? Erstens: „Wenn die Sprache keine li-

---

[104] *Peter Suber*, Legal Reasoning After Post-Modern Critiques of Reason, Legal Writing, Bd. 3 (1997), 21 (47).

[105] Ebd., S. 46; *Suber* stellt weiter fest, dass *Mills* eigene Stellung zu diesem Thema auf der von *Thomas Aquinas* basierte.

nearen Zeitvorstellungen ausdrückt, dann fehlen kausale Vorstellungen über den Ablauf der Zeit, über Ursache und Wirkung."[106] Mit Blick auf das nächste Kapitel über den philosophischen Referenzrahmen können wir damit beginnen, einige Verbindungen zwischen Philosophie und Sprache herzustellen. Die jüngste große „Bewegung" der US-amerikanischen Rechtsphilosophie ist wohl die kritische Rechtswissenschaft. Nach dem Historiker *Berman* verknüpft *Roberto M. Unger*, einer der Befürworter der kritischen Rechtswissenschaft, die „Verschiebung des ‚post-liberalen' westlichen Rechtsdenkens mit einem Überzeugungswandel im Hinblick auf die Sprache. ‚Sprache wird nicht länger die Unveränderlichkeit von Kategorien und die transparente Darstellung der Welt zugeschrieben'."[107] schreibt *Unger*. *Berman* fährt fort: „Die Sprache des Rechts wird nicht nur als notwendigerweise komplex, mehrdeutig und rhetorisch angesehen (was sie auch ist), sondern auch als völlig zufällig, der Mode der Zeit unterworfen und willkürlich (was sie nicht ist). Das sind nicht nur die Vorboten eines ‚post-liberalen' Zeitalters, sondern auch eines ‚post-westlichen' Zeitalters."[108] Bereits 1921 bezeichnete *Kantorowicz* Gerichtsentscheidungen abwertend als „Wissenschaft der Worte", obwohl sie doch eine „Wissenschaft der Werte" sein sollte. „Man hat nicht bedacht, dass die Sprache der größte Feind der Erkenntnis ist, dieser verräterische Diener und stille Herrscher des Denkens."[109] Die Schwierigkeiten, die mit der Sprache einhergehen, wirken sich auf die Rechtswissenschaft stärker aus als auf die Naturwissenschaften. Sprache beschreibt nicht lediglich; sie dient immer den Zwecken desjenigen, der sie benutzt. Man sollte also erkennen, dass die Wissenschaft der Worte eine Wissenschaft der Werte ist – Werte, die immer schon da waren, geformt, erhalten und fragmentiert als Worte.

---

[106] *Großfeld*, a. a. O., Fn. 3, S. 205.

[107] *Berman*, a. a. O., Fn. 24, S. 40 (zitiert *Roberto M. Unger*, Law in Modern Society, 1976, S. 196).

[108] *Berman*, a. a. O., Fn. 24, S. 40.

[109] *Hermann Kantorowicz*, Einführung in die Textkritik: systematische Darstellung der textkritischen Grundsätze für Philologen und Juristen, 1921.

Wissenskontrolle

1. Inwieweit könnte sich die englische Sprache für das *common law* eignen?
2. Wodurch machen Jahrbücher und *Reporters* das *common law* möglich?
3. Gibt es im *civil law* eine Entsprechung zu Jahrbüchern und *Reporters*?

Wissensherausforderung

1. Wie könnte der Strukturalismus auf das Recht angewendet werden?
2. Würde der Strukturalismus auf das *common law* anders angewendet werden als auf das *civil law*?

Wissenserweiterung

Unterscheidet sich der Strukturalismus im Hinblick auf die mündliche Sprache und die schriftliche Sprache?

Literatur

Ainsworth, Janet, Linguistic Ideology in the Workplace: the Legal Treatment in American Courts of Employers' ‚English-only' Policies, in: Gotti, Maurizio / Williams, Christopher (Hrsg.), Legal Discourse across Languages and Cultures, 2010, S. 189.

Baron, Jane B., The Rhetoric of Law and Literature: A Skeptical View, Cardozo Law Review, Bd. 26 (2005), 2273.

Berman, Harold J., Law and Revolution: The Formation of the Western Legal Tradition, 1983.

Großfeld, Bernhard, Core Questions of Comparative Law, Vivian Grosswald Curran (Übersetzerin), *2005.*

Hibbitts, Bernard J., Making Motions: The Embodiment of Law in Gesture, Journal of Contemporary Legal Issues, Bd. 6 (1995), 51.

Junker, Kirk W., What Is Reading in the Practice of Law?, Journal of Law in Society, Bd. 9 (2008), 111.

Kempin, Frederick G., Jr., Legal History: Law and Social Change, Neuaufl. 2013.

Mack, Peter, A History of Renaissance Rhetoric 1380–1620, 2011.

Sarat, Austin/Anderson, Matthew/Frank, Catherine O., Introduction: On the Origins and Prospects of the Humanistic Study of Law, in: Sarat, Austin / Anderson, Matthew / Frank, Catherine O. (Hrsg.), Law and the Humanities: An Introduction, 2010.

Scanlon, Eileen/Hill, Roger/Junker, Kirk W. (Hrsg.), Communicating Science: Professional Contexts, 1999.

Schiemann, Konrad, From Common Law Judge to European Judge, Zeitschrift für Europäisches Privatrecht, Bd. 4 (2005), 741.

Suber, Peter, Legal Reasoning After Post-Modern Critiques of Reason, Legal Writing, Bd. 3 (1997), 21–50.

Swales, John M., Language, Science and Scholarship, Asian Journal of English Language Teaching, Bd. 18 (1998), 1.

White, James Boyd, Justice as Translation, 1994.

White, James Boyd, Law as Rhetoric, Rhetoric as Law: The Arts of Cultural and Communal Life, University of Chicago Law Review, Bd. 52 (1985), 684.

7 Philosophischer Referenzrahmen

Leitgedanken

1. Worin besteht der Unterschied zwischen naturwissenschaftlicher und juristischer Weisheit?
2. Worin besteht der Unterschied zwischen Kenntnis und Wissen (wie etwa in „Rechtswissenschaft")?

7.1 Philosophie, Rechtsphilosophie und US-amerikanische Rechtsphilosophie

Wie in den vorhergehenden Kapiteln, in denen wir uns das US-Recht mit Hilfe eines historischen, sozialen oder sprachlichen Referenzrahmens angeschaut haben, beginnt auch dieses Kapitel zunächst mit einem Blick auf den Referenzrahmen selbst: die Philosophie. Bevor wir uns dazu mit dem Kernthema der US-amerikanischen Rechtsphilosophie befassen, greifen wir einige generelle Streitfragen der Philosophie auf. Durch den Referenzrahmen der Philosophie können wir das Recht auf mindestens drei verschiedenen Abstraktionsebenen betrachten. Das kommt dem Blick durch eine Trifokalbrille gleich. Doch obwohl alle drei Ebenen für sich genommen relevant und wichtig sind: Je mehr wir uns mit dem juristischen Studium oder der juristischen Praxis befassen, desto weniger scheinen wir das Recht auf den abstrakteren Ebenen der Philosophie zu begreifen und desto weiter entfernen wir uns auch von der Betrachtung des Rechts durch den philosophischen Referenzrahmen. Auf der abstraktesten Ebene können wir das Recht durch den philosophischen Referenzrahmen analysieren, indem wir innerhalb der Philosophie mit ihren eigenen Begrifflichkeiten bleiben und keinerlei ausdrücklichen Bezug zu den Themen „Recht" oder „Gerechtigkeit" herstellen oder andere offensichtliche Termini verwenden, die eine Verbindung zum juristischen Studium oder zur Rechtspraxis haben. Auf dieser Ebene könnten wir grundlegende Fragen der Metaphysik oder der Ethik oder der Ontologie betrachten und sie mit dem Recht in Beziehung setzen oder uns dem Recht nur mittelbar nähern, wie in der Arbeit von *Marjorie Grene*.[1]

Auf einer zweiten Ebene könnten wir auch einen weniger abstrakten Blick auf das Recht werfen, durch einen Referenzrahmen, den wir als „dogmatische" Philosophie bezeichnen könnten. Hierin würden sich dann Philosophen einigen abstrakten Rechtskonzepten wie Recht oder Gerechtigkeit zuwenden, aber keinen konkreten wie Gesetzgebung, Vollstreckungsmaßnahmen oder Konfliktlösung. Auf eben dieser allgemeineren zweiten Abstraktionsebene diskutieren Philosophen wie *John Rawls*,[2] *Lon Fuller*[3] oder *Ronald Dworkin*[4] häufig Gerechtigkeitstheorien.

Die dritte Kategorie, mit dem direktesten Bezug zum Jurastudium und zur Rechtspraxis, ist die am wenigsten abstrakte, mag aber deshalb auch die am wenigsten kreative sein. In der dritten Kategorie ist die Rechtsphilosophie das, was einige als „Jurisprudenz" bezeichnen. Die Rechtsphilosophie dieser dritten Kategorie wird dann möglicherweise nicht von Philosophen, sondern beispielsweise von Richtern wie *Oliver Wendell Holmes, Jr.*, Richter am *U. S. Supreme Court*, *Richard Posner* oder *Frank H. Easterbrook*, beide Richter am Berufungsgericht der USA für den siebten Gerichtsbezirk (*U. S. Court of Appeals for the Seventh Circuit*), betrieben.[5]

Doch nun ist es an der Zeit, mit der eigentlichen Philosophie zu beginnen und das bedeutet, mit der abstraktesten aller Ideen: der Philosophie selbst. Für die Betrachtung des US-amerikanischen Rechts durch den philosophischen Referenzrahmen müssen wir uns darüber klar werden, was Philosophie bedeutet und was nicht. Einige Autoren tendieren zu einem globalen Verständnis der Philosophie, wonach sie Antworten für sämtliche Kulturen, Zeiten und allgemeine Denkweisen über grundlegende menschliche Probleme liefere. Dieses Verständnis ist derart weit gefasst, dass nichts oder fast nichts ausgeschlossen wird. Daher liefert diese Sichtweise auch keine wirkliche Kategorisierung. Meine Abgrenzung ist demgegenüber wesentlich enger: Der einzige Untersuchungsgegenstand ist ein einzelner Aspekt der westlichen Kultur – das Recht – und das auch lediglich für einen begrenzten Bereich – die Vereinigten Staaten. Daher können wir es uns erlauben,

---

[1]   Siehe bspw. *Marjorie Grene*, Tacit knowing-grounds for a revolution in philosophy, Journal of the British Society for Phenomenology, Bd. 8, Nr. 3 (1977), 164.

[2]   Siehe *John Rawls*, A Theory of Justice, 1999.

[3]   *Fullers* berühmtestes Werk ist wohl oder womöglich "The Morality of Law", 1964. Seine naturrechtliche Position in diesem Werk löste eine Reihe von schriftlichen und mündlichen Diskursen mit dem philosophischen Positivisten *H. L. A. Hart* aus, vor allem in der Harvard Law Review, Bd. 71.

[4]   *Dworkin* war Student von *Fuller* in Harvard. Sein einflussreichstes Werk ist *Taking Rights Seriously*, in dem er unter anderem *Fullers* Kritik an *Hart* weiterführt.

[5]   Die Richter *Posner* und *Easterbrook* sind laut HeinOnline, ein großes elektronisches Archiv akademischer Zeitschriften, die am zweit- und drittmeisten zitierten Autoren der Rechtswissenschaft, siehe https://home.heinonline.org/top_authors/ (zuletzt aufgerufen am 01. 12. 2022).

die Geschichte des Wortes *Philosophie* und der Praktiken der φιλοσοφία bis zum griechischen Denken des sechsten Jahrhunderts v. Chr. und denjenigen Texten nachzuzeichnen, die die Zeit seit dem vierten Jahrhundert v. Chr. überdauert haben. Diese Texte und Denkweise verbreiteten sich durch den Hellenismus in Rom und von Rom aus im ganzen Römischen Reich. Danach trug die christliche Kirche, mit ihren altgriechischen und lateinischen Texten, zur Ausbreitung und Erhaltung dieser Form des westlichen Denkens bei. Das stellt für diese Untersuchung der Rechtskultur eine hinreichende Grundlage dar, von der aus man die US-amerikanische Rechtskultur durch den philosophischen Referenzrahmen betrachten kann.

7.2 Bedeutung erzeugen durch Definition

Wenn wir auf das Definitionsproblem zurückkommen, mit dem wir uns bereits in Kapitel 6 befasst haben, werden wir daran erinnert, dass der Prozess des Definierens bedeutet, der Unendlichkeit Grenzen zu setzen, wobei das, was sich innerhalb der Grenzen befindet, als „begrenzt" oder „definiert" bezeichnet wird. Dabei sollten wir nicht vergessen, dass wir hierdurch zahlreiche Aspekte ausschließen. Denn diejenigen Aspekte, die nicht Teil der definierten Menge sind, sind auch nicht Teil der Definition. Philosophie ist keine Meinung und auch keine Theorie, auch wenn das Wort *Philosophie* für das eine oder andere zuweilen als Synonym verwendet wird, etwa wenn ein Fußballtrainer behauptet, er stehe für eine bestimmte defensive „Spielphilosophie". Die Philosophie ist nicht einmal ein weltweites Phänomen. Sie ist vielmehr eine Idee der westlichen Welt. Man könnte zwar von einer „Philosophie des Morgenlandes" sprechen, weil es natürlich auch in der Tradition des Orients große Denker und Gedanken gegeben hat, allerdings führen sie ihre Ideengeschichte, sei es zum Guten oder Schlechten, nicht bis ins Athen des vierten Jahrhunderts v. Chr. zurück.

Diejenigen, die sagen würden, dass jegliche Form des abstrakten Denkens eines gebildeten oder wissenschaftlich interessierten Menschen bereits als „Philosophie" bezeichnet werden kann, sollten erkennen, dass sich nahezu jeder mit Philosophie beschäftigt, der über solche Dinge wie den Sinn des Lebens nachdenkt oder darüber, ob Wissen überhaupt möglich ist und, wenn ja, mit welchen Mitteln wir Wissen erlangen können. Wir könnten auch beobachten, dass diejenigen, die Philosophie verunglimpfen, in der Regel nur die Philosophie anderer verteufeln, hierbei aber selbst philosophieren. Diese Menschen bezeichnen sich dann gern als „Realisten" und leugnen, dass es irgendeinen praktischen Nutzen hätte, sich auf abstraktes Denken einzulassen. Für Juristen wäre Gesetzgebung oder Konfliktlösung ohne abstraktes und sogar spekulatives Denken nur schwer vorstellbar. Wie könnte man sonst

menschliche Verhaltensnormen aufstellen oder Wertungen bei der Konfliktlösung vornehmen?

7.2.1 Bedeutung erzeugen durch Etymologie

Etymologisch bedeutet φιλοσοφία („Philosophie") ‚Liebe zur Weisheit'.
Wenn wir die Lehren aus dem Kapitel zum sprachlichen Referenzrahmen
ernst nehmen, müssen wir anerkennen, dass nicht alle Dinge übersetzbar
sind. Es gibt Grenzen an die wir etwa bei der Übersetzung einfacher Rede-
wendungen stoßen, die wir in einem Sprachkurs für den nächsten Urlaub
lernen. Sie gelten auch dann, wenn wir eine Fremdsprache erwerben wollen,
um uns mit den abstrakten Gedanken eines Fachbereichs wie der Rechtswissenschaft auseinanderzusetzen. Einige Philosophen haben ihre Lehren
aus diesen Erkenntnissen über die Sprache gezogen und festgestellt, dass in
der zweiten Hälfte des 20. Jahrhunderts ein Großteil der Philosophie damit
begonnen hatte, sich auf die Sprache zu konzentrieren. Wenn die Philosophie
tatsächlich erst durch die Sprache ermöglicht und gleichzeitig durch sie begrenzt wird, könnte diese Eigenart des westlichen Denkens unter Umständen
nicht in sämtlichen Sprachen möglich sein. Darauf wies *Martin Heidegger* hin,
als er behauptete, dass es eine besondere innere Verbindung gebe zwischen
der deutschen Sprache einerseits und der Sprache und dem Denken der
Griechen andererseits.[6] Diese Aussage beruht vermutlich auf den gramma-
tikalischen Verwandtschaften zwischen Altgriechisch und Neudeutsch. Das
enge Verständnis des Wortes *Philosophie* hat jedoch zur Folge, dass die Philosophie nur einer eher kleinen Gruppe eines bestimmten Typs von Denkern
vorbehalten bleibt.

Für die Zwecke dieser Untersuchung der US-amerikanischen Rechtsphilosophie eignet sich dasjenige Philosophieverständnis am besten, das irgendwo
zwischen den engen Ursprüngen von „Philosophie" im vierten Jahrhundert
v. Chr. und dem weiten und scheinbar grenzenlosen Verständnis jeglicher
Form des abstrakten Denkens eines gebildeten oder strukturierten Menschen
angesiedelt ist. Um die Philosophie innerhalb dieses Spektrums präziser zu
verorten und um zu erkennen, wie sie das juristische Denken der USA beeinflusst, ist es sinnvoll, sich mit der philosophischen Methode zu befassen.

7.2.2 Philosophische Methode

Wie wir aus dem grundlegendsten aller philosophischen Texte, *Platons „Apo-
logia"*, lernen, wird Philosophie durch das Aufwerfen von Fragen praktiziert.
Um die Philosophie zu ordnen und zu systematisieren, können wir die unterschiedlichen Zweige der Philosophie nach der Art der Fragen, die sie stellen,
kategorisieren. So befasst sich beispielsweise unter den verschiedenen philosophischen Zweigen die als „Ontologie" bekannte Lehre mit der Frage „Was

---

[6]   *Martin Heidegger*, Der Spiegel, Nr. 23, 31. 03. 1976, 193 (217).

existiert?" Die Ethik stellt die Frage „Was ist gut?" Die Ästhetik beschäftigt
sich mit der Frage „Was ist Schönheit?" Die Erkenntnistheorie fragt dann,
woher wir die oben genannten Dinge *wissen*.[7] Bei der Beantwortung dieser
letzten Frage hat sich innerhalb Europas so etwas wie eine geographische
Kluft zwischen den Kontinentaleuropäern und den „Inseleuropäern" des Vereinigten Königreichs und Irlands entwickelt. Im Großen und Ganzen gehen
die Inseleuropäer epistemologisch durch induktive Empirie vor und die Kon-
tinentaleuropäer durch rationale Deduktion. Diese Kluft stimmt verblüffend
mit dem überein, was man bereits aufgrund eines Blicks durch den vergli-
chenden Referenzrahmen der Rechtsfamilien in Kapitel 3, den historischen
Referenzrahmen in Kapitel 4, den sozialen Referenzrahmen in Kapitel 5 und
den sprachlichen Referenzrahmen in Kapitel 6 beobachtet haben mag. Sobald Sie bei Kapitel 8 ankommen, sollten Sie aber nicht mehr überrascht sein,
wenn Sie feststellen, dass diese Teilung auch in der Wissenschaft besteht, wo
in anderen Disziplinen als Jura, wie etwa den Naturwissenschaften, auf den
Inseln erneut ein Hang zur erfahrungsbasierten Naturwissenschaft durch
Empirie zu finden ist, während auf dem Kontinent eine rationalistische Vorgehensweise dominiert.

7.2.3 Philosophische „Schulen" in Rechtsstudium und -praxis

Wenn man über den Geist des *common law* nachdenkt, indem man sich auf
die Akteure anstatt auf die Konzepte, auf die Juristen anstatt auf die Gesetze
konzentriert, sollte es naheliegen zu fragen, wer denn Rechtsphilosophie betreibt. Dabei sollte Rechtsphilosophie möglicherweise lieber von Philosophen
als von Juristen selbst betrieben werden. Vergleichen Sie diesen Gedanken
mit dem Beginn von Kapitel 5 zum sozialen Referenzrahmen und dem dort
beschriebenen Gefühl vieler Naturwissenschaftler während der Wissenschaftskriege, wonach nur sie selbst, und nicht Soziologen, über die Naturwissenschaft sollten urteilen dürfen. Ist es das Fachwissen der juristischen
Praxis, das einen in die Lage versetzt, über das Recht zu philosophieren? Oder
ist es eher die philosophische Ausbildung, die einen dazu befähigt, über jedes
beliebige Thema zu philosophieren, einschließlich des Rechts? Meine Antwort auf diese Frage lautet, dass sowohl Philosophen als auch Juristen über
die Rechtsphilosophie sprechen dürfen und sollten, unter der Bedingung,
dass beide ein Verständnis für die jeweils andere Disziplin haben müssen.
Das ist ein Prozess, der letztlich darauf hinausläuft, eine Art von Fremdsprache zu erlernen. Wir lernen eine Fremdsprache, wie in Kapitel 6 diskutiert,
durch die Regeln von Grammatik und Syntax. Unsere Muttersprache erlernen wir stattdessen durch den Sprachgebrauch. Der Jurist erlernt das Recht
gewissermaßen als Muttersprache, aber bevor er über Philosophie sprechen

---

[7]   Eine exzellente Geschichte der Philosophie in englischer Sprache gibt es von *Frederick
Copleston*, A History of Philosophy, 1985.

kann, muss er deren Grammatik lernen. Dasselbe gilt umgekehrt auch für den Philosophen, der über das Recht philosophieren möchte. *Zweigert* und *Kötz* behaupten in ihrer „Einführung in die Rechtsvergleichung" das Gleiche für diejenigen, die Rechtssysteme miteinander vergleichen wollen.[8] Das bedeutet, wenn wir ein fremdes Rechtssystem begreifen wollen, müssen wir es uns anhand seiner Grammatik und Syntax erschließen, im Gegensatz zum Begreifen des eigenen Rechtssystems durch Rechtsgebrauch.

Zusätzlich zu den oben aufgeführten grundlegenden Zweigen der Philosophie kann auch die Philosophie selbst fruchtbar gemacht werden. So findet man etwa eine Medizinethik oder eine Umweltethik oder, etwas weiter gefasst, eine Naturwissenschafts- oder auch die Rechtsphilosophie. Darüber hinaus gibt es im Bereich des gegenwärtigen Schwerpunktes – der Rechtsphilosophie – verschiedene „Schulen" der Philosophie. Hierunter fallen etwa einzelne Schulen zum Naturrecht, Rechtspositivismus, Rechtsrealismus oder zur kritischen Rechtswissenschaft. In der englischen Sprache werden diese Schulen der Rechtsphilosophie terminologisch gelegentlich unter der Bezeichnung „Jurisprudenz" (*jurisprudence*) zusammengefasst. Das bringt uns zu einer wichtigen Differenzierung in der Philosophie: die Unterscheidung zwischen Klugheit und Weisheit, bzw. φρόνησις (*phronesis*) und σοφία (*sophia*), und zwischen der naturwissenschaftlichen Weisheit einerseits und der philosophischen Weisheit andererseits. In der Einführung zu seinem Werk „The Enduring Questions: Main Problems of Philosophy" macht *Melvin Rader* diese Unterscheidungen deutlich. Er schreibt:

> „Wenn Philosophie, als Gegensatz zur Dummheit, das Streben nach Weisheit ist, *ist* sie von der gewöhnlichen Wissenschaft abgegrenzt. Gegenstand der Wissenschaft sind Tatsachen und die Wissenschaft versucht, unter diesen Tatsachen überprüfbare Gesetzmäßigkeiten – Regelmäßigkeiten – zu entdecken. Diese Gesetze liefern eine *Beschreibung* der Tatsachen. Es ist offenkundig, dass der Physiker nicht über schlechte Atome oder gute Bewegungen spricht, und selbst der Soziologe versucht in seiner rein wissenschaftlichen Rolle, das Verhalten sozialer Gruppen nur zu *beschreiben*, anstatt es zu *bewerten*. Wenn die Philosophie demgegenüber auf der Suche nach Weisheit als Gegensatz der Dummheit ist, muss es sich zwangsläufig um eine Art kritische Tätigkeit handeln, die sich mit Bewertungen befasst."[9]

In unserem gegenwärtigen Informationszeitalter, in dem „Fakten" nicht verifiziert und über Medien wie das Internet leicht zugänglich sind, wird es umso wichtiger, dass wir dazu in der Lage sind, uns auf kritisches Denken einzulassen, um hierdurch den Unterschied zwischen einfältigen und weisen Aussagen erkennen können. Denn ohne kritisches Hinterfragen wären sie möglicherweise nicht voneinander zu unterscheiden. In früheren Epochen, einschließlich der Zeit, zu der *Rader* die obigen Worte äußerte, verließen sich die Kulturen noch auf den redaktionellen Publikationsprozess oder die

---

[8]   *Zweigert/Kötz*, Einführung in die Rechtsvergleichung, 3. Aufl. 1996; siehe auch Kapitel 2 zur Rechtsvergleichung.

[9]   *Melvin Rader*, The Enduring Questions: Main Problems of Philosophy, 3. Aufl.1976, S. 5.

Einordnung durch Fachleute, um durch kritische Bewertungen das eine vom anderen zu trennen. Heute müssen wir diese Aufgabe selbst übernehmen.

7.3 Was sind die Attribute der „US-amerikanischen" Philosophie?

Für gewöhnlich ist die Philosophie in den Vereinigten Staaten allgemein als Denkschule des „Pragmatismus" bekannt. In der Zeitschrift „History of Philosophy Quarterly" stellte *Robert F. Almeder* fest, dass „eine recht prägnante Charakterisierung der Prinzipien des Pragmatismus einen großen Schritt in Richtung einer Definition dessen bedeuten wird, was an der US-amerikanischen Philosophie unverwechselbar US-amerikanisch ist."[10] Durchgesetzt hatte sich der Pragmatismus im 19. Jahrhundert und wirkte bis weit ins 20. Jahrhundert hinein. Die berühmtesten US-amerikanischen Pragmatiker dieser Zeit sind *C. S. Peirce*, *William James* und *John Dewey*. Pragmatismus bedeutet nicht einfach nur, das zu tun, was pragmatisch ist. *Roscoe Pound* erinnert uns daran, dass „der Pragmatismus die Wertigkeit von Handlungen nicht darin sieht, dass sie eine Idee verwirklichen, sondern inwieweit sie zur Zweckerreichung wirksam sind und ein Höchstmaß an menschlichen Ansprüchen befriedigen. […] Die Implikation ist, dass wir keine Angst haben müssen, zu handeln.[11] Nach *Peirces* Maxime des Pragmatismus müssen wir zum Beispiel, wenn wir Fragen nach der Natur eines Gegenstandes oder einer Idee, wie etwa der Gerechtigkeit, stellen, die Auswirkungen berücksichtigen, die unser Vorstellungsbild hat. *Peirce* würde argumentieren, dass „unsere Vorstellung von diesen Auswirkungen dann die Gesamtheit unserer Vorstellung von dem Objekt bedeutet."[12] Dieser Argumentationslinie können selbst ausgebildete Philosophen nur schwer folgen. Anders ausgedrückt: Man weiß, was etwas ist, indem man seine Wirkungen beobachtet. Übertragen auf das Recht könnte das bedeuten, dass man weiß, was Gerechtigkeit ist, wenn man die Wirkungen der Gerechtigkeit kennt. Das US-amerikanische Recht übernimmt diese Argumentation implizit, etwa wenn der *U. S. Supreme Court* entscheidet, dass ein Gesetz selbst zwar nicht verfassungswidrig ist, aber das Ergebnis seiner Rechtsanwendung, also seine Durchsetzung oder Umsetzung.

---

[10] *Robert F. Almeder*, A Definition of Pragmatism, History of Philosophy Quarterly, Bd. 3, Nr. 1 (1986), 79.

[11] *Roscoe Pound*, Interpretations of Legal History, 1923, S. 11.

[12] *C. S. Peirce*, How to Make Ideas Clear, in: Selected Writings: Values in a Universe of Chance, Philip Weiner (Hrsg.), 1958, S. 24.

7.3.1 Realismus, Pragmatismus und Positivismus

Um das Thema aus Kapitel 6 fortzusetzen: Wenn die Sprache die Kultur in sich trägt, wie könnte sie dann die Philosophie beeinflusst haben? Es scheint doch mehr als nur Zufall zu sein, dass Philosophen derart oft von einer „anglo-amerikanischen" Philosophie sprechen, als würde sie eine Einheit bilden. Zusammen mit der englischen Sprache kamen das englische Recht und auch das englische Denken in anderen abstrakten Themenfeldern wie der Philosophie nach Nordamerika. Die positivistische Philosophie des englischen Rechtsphilosophen *John Austin* hatte in den Vereinigten Staaten mehr Einfluss als in England. Der Einfluss des Positivismus überzeugte viele davon, dass die Richter im *common law* tatsächlich Recht setzten und Entscheidungen nicht einfach aus einem allgemeinen kulturellen Gefühl oder aus einer platonischen Form der Gerechtigkeit heraus für richtig oder falsch erklärten.[13] Dieser Einfluss lässt sich an der Rechtsanwendung ablesen, als zum Beispiel der Bundesstaat Georgia 1858 ein Gesetz verabschiedete, wonach, unter bestimmten Bedingungen, gerichtliche Entscheidungen dem Gesetzesrecht gleichgestellt werden. In dem Gesetz hieß es, dass Entscheidungen des Obersten Gerichtshofs von Georgia (*Supreme Court of Georgia*) Gesetzeskraft erlangen, wenn sie von drei Richtern getroffen wurden, und dass sie „nicht rückgängig gemacht, aufgehoben oder geändert werden dürfen; sie müssen von sämtlichen Gerichten dieses Staates, so lange sie nicht durch förmliches Gesetzgebungsverfahren geändert wurden, beachtet, als eindeutig anerkannt und angewendet werden und entfalten dieselbe Wirkung, als wären sie von der Generalversammlung erlassen worden."[14]

Im 19. und 20. Jahrhundert hatte die pragmatische Philosophie von *Peirce* und *William James* einen sehr direkten Zugang zur Rechtspraxis. Beide waren Kollegen einer der einflussreichsten Persönlichkeiten der US-amerikanischen Rechtsgeschichte: *Oliver Wendell Holmes, Jr.* Dieser verfügte über die Erfahrung zweier Kriegsverletzungen, Erfahrungen als Soldat, als Richter sowohl des Obersten Gerichtshofs des Bundesstaates Massachusetts (*Massachusetts State Supreme Court*) als auch des *U. S. Supreme Court* sowie als regelmäßiger Besucher Londons. *Holmes* war sehr belesen, nicht nur juristisch. Er verkehrte mit einer Gruppe von Intellektuellen, die als „Metaphysischer Club" bekannt war und zu der Persönlichkeiten wie *Peirce*, *James* und *Dewey* gehörten.[15] Sein Erfahrungsschatz umfasste somit das Recht in den Ver-

---

[13] *Oliver Wendell Holmes, Jr.*, Richter am *U. S. Supreme Court* deutete an, dass seine Kollegen manchmal die Natur des *common law* vergäßen: „Das *common law* ist kein pulsierendes Etwas am Firmament, sondern die artikulierte Stimme eines Souveräns oder Quasi-Souveräns, der konkret benannt werden kann." *Southern Pacific Company v. Jensen*, 244 U. S. 205, 222 (1917), *Holmes*, abweichende Ansicht (*dissenting opinion*).

[14] *Frederick G. Kempin, Jr.*, Historical Introduction to Anglo-American Law, 1990, S. 106.

[15] Für einen hervorragenden Eindruck von dieser Gruppe siehe *Louis Menand*, The Metaphysical Club: A Story of Ideas in America, 2002.

einigten Staaten, sowohl aus der Perspektive der Bundesstaaten als auch aus der Perspektive des Bundes, das *common law* auf beiden Seiten des Atlantiks sowie die Konfliktlösung mit militärischen und juristischen Mitteln. Beeinflusst durch den Rechtsphilosophen *John Austin*,[16] der seinerseits mit dem Philosophen *Jeremy Bentham* befreundet war, und aufgrund seiner Erfahrung und Belesenheit kam *Holmes* zu dem Schluss, dass Recht und Moral getrennt werden müssen, eine Trennung, die letztlich die Grundlage des Rechtspositivismus bildet. In einer Ansprache an die *Boston University School of Law* im Jahr 1897 erklärte er:

> „Ich möchte, wenn es mir möglich ist, einige erste Grundsätze für die Untersuchung dieses Dogmas oder dieser systematisierten Vorhersage, die wir das Recht nennen, für diejenigen Menschen aufstellen, die es als Instrument ihrer Arbeit nutzen wollen, um zu ihren Gunsten Vorhersagen zu treffen, und ich möchte im Zusammenhang mit dieser Untersuchung einen Idealzustand beschreiben, den unser Recht bislang nicht erreicht hat. Für ein unternehmerisches Verständnis der Materie ist es zunächst einmal wichtig, dessen Grenzen zu verstehen, und deshalb erachte ich es für wünschenswert, unmittelbar auf eine Verwechslung von Recht und Moral hinzuweisen und diese auszuräumen. [...] Wenn man das Recht und nichts anderes verstehen will, muss man es als schlechten Menschen begreifen, der sich ausschließlich um die materiellen Konsequenzen schert, die er mit Bestimmtheit vorhersagen kann, nicht als einen guten, der die Gründe für sein Verhalten, seien sie legal oder nicht, in der diffusen Zustimmung des Gewissens findet."[17]

Doch selbst innerhalb des *U. S. Supreme Court* wie auch innerhalb der höchsten Ebenen der damaligen Naturwissenschaft gab es Meinungsverschiedenheiten.[18] In demselben Jahr, in dem *Holmes* im Alter von 90 Jahren von seinem Richteramt zurücktrat, wurde *Benjamin Cardozo* als Nachfolger von *Holmes* an das Gericht berufen. Ähnlich wie *Holmes*, der vor seinem Dienstantritt am *U. S. Supreme Court* zuletzt als Richter am *Massachusetts State Supreme Court* gearbeitet hatte, hatte *Cardozo* vor seinem Dienstantritt am *U. S. Supreme Court* am New Yorker Berufungsgericht (*New York Court of Appeals*) gearbeitet (New Yorks höchstes Berufungsgericht und zugleich letztinstanzliches Gericht dieses Bundesstaates). Dennoch widersprach *Cardozo* der Trennung von Recht und Moral nach *Holmes*, indem er schrieb: „Ethische Fragen können ebenso wenig von der Rechtsprechung, die den letzten Schritt und den eigentlichen Zweck aller Zivilgesetze darstellt, ausgeschlossen wer-

---

[16] *Holmes* wandte sich jedoch zunehmend von *Austins* Sichtweise, die vom Rechtspositivismus geprägt war, ab und wurde zu einem Verfechter des Rechtsrealismus.

[17] *Oliver Wendell Holmes, Jr.*, The Path of Law, Harvard Law Review, Bd. 10 (1897), 457. Wir sollten uns als Erkenntnis aus dem sprachlichen Referenzrahmen in Erinnerung rufen, dass der Prozess des Definierens, wie *Holmes* sagt, darin besteht, Grenzen zu setzen.

[18] Hier spiele ich auf die Bohr-Einstein-Debatte zur Quantenmechanik an, siehe *Niels Bohr*, Discussions with Einstein on Epistemological Problems in Atomic Physics, in: The Value of Knowledge: A Miniature Library of Philosophy, 1949.

den, wie man die lebensnotwendige Atemluft nicht aus seiner Umgebung und aus seinem Leben verbannen könnte."[19]

Allein am Beispiel von *Holmes* kann man sehen, welchen Einfluss die Rechtsphilosophie auf das Recht haben kann. *Holmes* lebte seine Philosophie, indem er Entscheidungen traf, indem er seine Philosophie veröffentlichte und indem er öffentliche Reden hielt. Die Rechtsphilosophie beschreitet Wege, auf denen sie unmittelbare Relevanz für die Rechtspraxis hat. Man kann *Holmes'* Trennung von Recht und Moral mit dem historischen Referenzrahmen in Verbindung setzen. Wenn das eigene Geschichtsverständnis zyklisch, spiralförmig oder kataklystisch ist, könnte man erkennen, dass sich das Verhältnis von Recht und Moral von Zeit zu Zeit und von Ort zu Ort ändert und sich dadurch den sich wandelnden Bedürfnissen der Gesellschaft zu einem bestimmten Zeitpunkt und an einem bestimmten Ort anpassen kann.

Aus der akademischen Philosophie entwickelte *Holmes* eine Rechtsphilosophie, die als „Rechtsrealismus" bekannt wurde.[20] Sein Realismus ist vielleicht am besten durch die Aussage bekannt, dass das Recht [*common law*] nicht von Logik, sondern von Erfahrung lebt. Seiner Ansicht nach habe das für die Festlegung menschlicher Verhaltensregeln eine größere Bedeutung gehabt als der Syllogismus. Die Aussage von *Holmes* ist ein gutes Beispiel für die Anwendung der Empirie auf das Recht: Man setzt kontinuierlich Normen und wendet sie induktiv aufgrund von Erfahrung an, nicht deduktiv durch rationale Ableitung aus allgemeineren Normen. Mit dieser Einschätzung war *Holmes* nicht allein. Auch der Richter am *U. S. Supreme Court*, Benjamin Cardozo, sagte bekanntlich, dass das Recht „ein Prinzip von Verhaltensregeln darstellt, das so angelegt ist, dass sich mit hinreichender Sicherheit eine Vorhersage treffen lässt, dass es von den Gerichten durchgesetzt wird, wenn sie zur Entscheidung berufen werden."[21] Im Gegensatz dazu „ist ein französisches Urteil grundsätzlich als Syllogismus aufgebaut, bei dem sich das Ergebnis logisch aus der Darstellung des Sachverhalts und den gesetzlichen Regelungen ableiten lässt, wobei kein Raum für Zweifel am Inhalt von beidem oder am Ergebnis bleibt.[22]

Doch selbst in ihrem allgemeinsten Sinn endet die US-amerikanische Rechtsphilosophie nicht mit Positivismus, Pragmatismus oder Realismus. In der zweiten Hälfte des zwanzigsten Jahrhunderts gab es eine Wende vom Pragmatismus und vom Rechtspositivismus hin zu einer moralischen Rechtsphilosophie.[23] Generell wird *Rawls* das Verdienst zugeschrieben, soziale und politische Fragen wieder in die US-amerikanische Philosophie zurückge-

---

[19] *Benjamin Nathan Cardozo*, The Nature of the Judicial Process, 1921.

[20] Siehe *Menand* a. a. O., Fn. 15.

[21] *Benjamin Nathan Cardozo*, The Growth of the Law, 1924, S. 52.

[22] *Ole Due*, ehemaliger Richter des Europäischen Gerichtshofs, wiedergegeben von dem englischen Richter am Europäischen Gerichtshof, *Konrad Schiemann*, in: From Common Law Judge to European Judge, ZEuP, Bd. 4 (2005), 741.

[23] Siehe bspw. *Rawls*, a. a. O., Fn. 2, oder das Werk von *Ronald Dworkin*.

bracht zu haben. *Rawls* gründete seine Theorie der Gerechtigkeit auf aristotelische Prinzipien. Für die begrenzten Zwecke dieser kurzen Einführung in die US-amerikanische Rechtskultur lässt sich die *Rawls'sche* Gerechtigkeitstheorie am besten als Fairness beschreiben. Aber diejenige Fairness, von der *Rawls* ausgeht, ist im Sinne einer Bewertung zu verstehen, nicht als Aufstellung einer Gleichung. Auf diese Weise betont er die Tatsache, dass eine faire Ausgangsposition zugleich die Fairness derjenigen Prinzipien garantiert, die aus dieser Position heraus aufgestellt werden. Das Werkzeug der „Ausgangsposition" stellt *Rawls* der utilitaristischen Gleichung gegenüber, wonach Gerechtigkeit mit einem Rechtssystem gleichzusetzen ist, in dem für die größtmögliche Anzahl der Rechtsunterworfenen der bestmögliche Vorteil erreicht wird. Die Rechtsphilosophie von *Rawls* und *Dworkin* war ausdrücklich nichthistorisch. *Dworkin* sagte über sich und *Rawls*: „Wir befassen uns hier nicht mit der Geschichtsfrage. […] Uns geht es nicht darum, wie Grundsätze tatsächlich aufgestellt werden. Wir sind daran interessiert, welche Prinzipien gerecht sind."[24]

In den meisten Rechtssystemen, auch in den Vereinigten Staaten, gilt das Rückwirkungsverbot. Wenn durch richterliche Entscheidungen in irgendeiner Weise gewohnheitsrechtliche Prinzipien anerkannt werden, die zuvor lediglich omnipräsent im Raum standen, dann artikulieren Richter, wenn sie ihre Entscheidungen treffen, streng genommen nur das, was ohnehin bereits Recht war. Wenn man jedoch das Gewohnheitsrecht des *common law* analysiert, besteht das Problem natürlich darin, dass den Bürgern das Recht anscheinend bislang nicht bekannt war oder sie sich so lange nicht sicher sein konnten, ob es gilt, bis ein entsprechender Rechtssatz durch gerichtliche Entscheidung artikuliert wurde. Die gerichtlichen Entscheidungen könnten somit denjenigen Rechtsnormen, die bisher nur verworren als platonische Formen im Raum standen, rückwirkend Geltung verschaffen. Für diese inakzeptable Schlussfolgerung gibt es aber einen Ausweg. Wenn die Richter tatsächlich nur das artikulieren, was bereits Recht war, und das Recht als Gewohnheitsrecht auf den Gebräuchen beruht, dann ist ein Brauch die beobachtete Praxis der Rechtsunterworfenen und keine willkürlich durch einen Richter erfundene Norm. Diese Sichtweise beinhaltet natürlich auch den Vorteil, dass Richter, wenn sie Recht setzen (und nicht einfach nur das artikulieren, was ohnehin bereits vorhanden war), dies ohne den politischen Druck tun, den die Parlamentarier durch ihre Wähler und die Lobbyisten spüren.[25] Sie tun dies, um ein juristisch begrenztes Einzelfallproblem zu lösen, nicht in Form einer normativen Spekulation durch abstrakte Gesetzgebung.

---

[24] *Stephen Guest*, Ronald Dworkin: Third Edition, 2013, S. 267, Fn. 31.
[25] *Kempin* a. a. O., Fn. 14, S. 109.

Philosophen,[26] Psychologen[27] und Literaturtheoretiker[28] stellen seit langem die Behauptung in Frage, dass wir die Absichten eines Autors allein durch Textanalyse erkennen können. Dennoch haben wir Juristen unser Denken zu diesem Thema offenbar irgendwann zur Zeit des Modernismus eingefroren und glauben nach wie vor, dass wir die gesetzgeberische Intention derjenigen erkennen könnten, die Verfassungen, Gesetze, Verordnungen oder Urteile verfasst haben.

„Die englischen Richter lehnten es ab, nach der Intention des Gesetzgebers zu suchen, und aus dem Jahr 1904 stammt dann die Aussage von *Lord Halsbury*, dass ‚die Person, die am wenigsten geeignet ist‘, ein Gesetz ‚auszulegen‘, ‚diejenige Person ist, die für seine Ausarbeitung verantwortlich ist‘. Die Übernahme der Auslegungshoheit war von großer Bedeutung für die Schaffung einer unabhängigen Justiz und entscheidend für [die US-amerikanische] Lehre der Gewaltenteilung."[29]

Wenn Personen an den Rechtsrealismus herangeführt werden, befällt sie aufgrund seiner Herausforderungen und Ansprüche oftmals ein gewisses Unbehagen. Infolgedessen empfinden sie ihn als vorwiegend negatives oder destruktives Unterfangen. Es stimmt zwar, dass Realisten vielfach Formalisten, Rationalisten oder Naturrechtler herausfordern, indem sie Dinge sagen wie „Ihre Vorstellungen vom Recht sind gut und schön, aber falsch, und die Realität ist hässlich und hart.", aber es gibt auch positive Interpretationen des Realismus:

„Das Vorurteil über einen deutschen Richter besagt, dass er jeden Fall unabhängig von Präzedenzfällen entscheidet und sich jedes Mal neue Gedanken macht. Das Vorurteil über den britischen Richter besagt, dass er blindlings jedem Präzedenzfall folgt. In Wirklichkeit, so vermute ich, wird ein Richter in beiden Rechtssystemen im Allgemeinen versuchen, ein Ergebnis zu erzielen, das seinem instinktiven Sinn für die Einzelfallgerechtigkeit entspricht und die Zustimmung der großen Mehrheit seiner Kollegen finden wurde. Andernfalls vergeuden die Parteien nur unnötig Zeit und Geld in einem Berufungsverfahren."[30]

7.3.2 Kritische Rechtslehre

Die ursprüngliche Idee des Rechtsrealismus, verbreitet durch Denker wie *Holmes*, erlebte in den Vereinigten Staaten Ende des 20. Jahrhunderts eine Wiedergeburt. Diese jüngere Bewegung ist unter dem Namen „Kritische

---

[26]   Siehe bspw. *G. E. M. Anscombe*, Intention, 2. Aufl. 1972; *Martin Heidegger*, The Basic Problems of Phenomonology, Albert Hofstadter (Übersetzer), 1982; *Niels O. Benson*, Heidegger's Theory of Intentionality, Hanne Vohtz (Übersetzerin), 1986.

[27]   *Bertram F. Malle / Louis J. Moses / Dare A. Baldwin* (Hrsg.), Intentions and Intentionality: Foundations of Social Cognition, 2003.

[28]   *I. A. Richards/C. K. Ogden*, The Meaning of Meaning: A Study of the Influence of Language upon Thought and of the Science of Symbolism, 1923; *Roland Barthes*, The Death of the Author, Nr. 5–6 (1967).

[29]   *Kempin* a. a. O., Fn. 14, S. 117.

[30]   *Konrad Schiemann*, From Common Law Judge to European Judge, ZEuP, Bd. 4 (2005), 741 (745).

Rechtslehre (*Critical Legal Studies*)" bekannt geworden und vereint in sich Einflüsse des Rechtsrealismus und des Marxismus. Die Philosophie der kritischen Rechtslehre konzentriert sich insbesondere auf die sozialen Auswirkungen des Rechts und darauf, wie das Recht in die Gesellschaft integriert bzw. von ihr angenommen wird. *Günther Frankenberg* stellt Bezüge zum funktionalen Komparativismus her, wenn er feststellt:

„Indem der Funktionalist das Erzielen von ‚Lösungen' durch gesetzliche Regelungen postuliert, übergeht oder verkennt er, dass das Recht auch Deutungsmuster und Lebensvisionen produziert und bereithält, die die Art und Weise prägen, mit der Menschen soziale Erfahrungen organisieren, ihnen Bedeutung verleihen, sie als normal und gerecht einstufen bzw. als abweichend und ungerecht."[31]

Die Herausforderung für die Verfechter der kritischen Rechtslehre besteht dann darin, wie mit der Rechtswissenschaft weiter zu verfahren ist, wenn die vormaligen Methoden abgelehnt werden.

Forscher der kritischen Rechtslehre analysieren die ideologische Rolle des Rechts, indem sie allgemeine marxistische Lehren anwenden, eine Tatsache, die für Menschen außerhalb der Vereinigten Staaten durchaus überraschend sein könnte. Den Denkern der kritischen Rechtslehre zufolge „hält die Rechtsideologie die soziale Ordnung aufrecht, indem sie einen Glauben an die Legitimität der Staatsmacht und die Gerechtigkeit des Systems schafft, wodurch die Macht erhalten wird."[32] In den 1980er Jahren vertraten kritische Rechtsgelehrte die Ansicht, dass „durch die Analyse des Einflusses von Rechtssymbolen und Verhaltensregeln auf die Stabilität des modernen Industriestaates"[33] ihre Forschung die Studien zur Rechtskultur beleben würde. Die Neuartigkeit der Anwendung von Marx auf das US-Recht ist seither zwar verblasst, aber es wird nach wie vor an kritischen Rechtsstudien gearbeitet. Ein wichtiger Aspekt der kritischen Rechtslehre besteht darin, dass sich das Leistungsangebot der Rechtsinstitutionen für die Öffentlichkeit und die Erwartungen der Öffentlichkeit an die Rechtsinstitutionen gegenseitig befruchten. Rechtsinstitutionen umfassen das, was die Öffentlichkeit glaubt, vom Recht erwarten zu können, sodass die Öffentlichkeit nicht überrascht davon ist, was ihr das Rechtssystem letztlich bietet. Wenn der Bürger behauptet: „Ich kenne meine Rechte", könnte der kritische Rechtsgelehrte anmerken, dass der Bürger seine Rechte deshalb kennt, weil er selbst daran mitgewirkt hat, diese Rechte als Bestandteil der hoheitlichen Aufgaben inhaltlich mit Leben zu füllen.[34]

---

[31] *Günter Frankenberg*, Critical Comparison, Re-Thinking Comparative Law, Harvard International Law Journal, Bd. 26 (1985), 411 (445).
[32] *Sally Engle Merry*, Concepts of Law and Justice Among Working-Class Americans: Ideology as Culture, Legal Studies Forum, Bd. 9 (1985), 59.
[33] Ebd.
[34] Während kritische juristische Studien herausfinden könnten, dass dieser Sprachgebrauch inhärent staatsfreundlich und somit potenziell individualbelastend ist, wären rhetorische Studien dazu in der Lage, zu zeigen, dass es überhaupt keinen neutralen

Ausgehend von dieser grundlegenden Position der kritischen Rechtslehre könnte ein Wissenschaftler durchaus zu dem Schluss kommen:

„Solange Kläger keine Erfahrung mit der Justiz haben, gehen sie davon aus, dass das Rechtssystem bereit und willens ist, diese Rechte zu schützen, indem sie diejenigen, die sie verletzen, ins Gefängnis schickt. Mit zunehmender Erfahrung ändert sich diese Einstellung. Der Kläger nimmt dann eine pragmatischere Bewertung der Justiz vor, bei der ihm klar wird, dass die Justiz nicht willens oder dazu in der Lage ist, diese Rechte zu schützen."[35]

Das mag durchaus zutreffen, aber es ist keine singuläre Erkenntnis, einen Unterschied zwischen Theorie und Praxis festzustellen, sobald man sich mit einer Reihe von Praktiken befasst hat. Auf die Frage, wann Wissenschaftler zum ersten Mal erkennen, dass die tägliche Arbeit des Naturwissenschaftlers in der Praxis nicht so verläuft, wie sie in der Theorie beschrieben wird, antwortete *Steven Rose*: „Beim ersten Mal, wenn ein Doktorand ein Forschungsprojekt entwerfen und umsetzen muss."[36] Dieser naturwissenschaftlich geprägte Gedanke führt mich zu einer abschließenden Bemerkung über die Rechtsphilosophie in den Vereinigten Staaten, die die kritische Anmerkung, mit der dieses Kapitel eröffnet wurde, sehr schön zusammenfasst: über die Erfahrung oder Vernunft hinausgehen.

7.3.3 Rationalismus vs. Empirismus in der kontradiktorischen US-amerikanischen Gerichtspraxis

Der Philosoph *Peter Suber* schreibt in seinem Beitrag über Gebrauch und Missbrauch der Vernunft in US-amerikanischen Gerichtssälen:

„Bemerkenswert ist, dass es in unserem Rechtssystem in den meisten Fällen zwei Seiten mit jeweils gut begründeten Geschichten gibt. Wir sollten einen Moment lang innehalten und uns fragen, warum das so ist. Schließlich ist es nicht so, könnte es im physischen Universum bei beliebigen Behauptungen zu physikalischen Grundsätzen ebenfalls zwei gut begründete, unterschiedliche Erklärungen dazu geben. Innerhalb des Rechts geschieht das jedoch nicht nur, sondern wir sind von der Rechtmäßigkeit dieser Vorgehensweise derart überzeugt, dass wir unsere Anwälte zur leidenschaftlichen Interessenvertretung verpflichten, ohne nachzufragen, ob der Fall eines Mandanten auch tatsächlich eine leidenschaftliche Vertretung verdient. Warum beruhen die meisten Fälle auf beiden Seiten auf gut begründeten Geschichten? Liegt es an der Natur des menschlichen Verhaltens? Liegt es an der Ambivalenz von Tugend und Verantwortung? Liegt es an unterschiedlichen Bewertungsmöglichkeiten? Unterliegt jede Handlung irgendwie von Natur aus moralisch gegensätzlichen Interpretationen? Oder liegt es am Inhalt unserer Gesetze? Liegt es an

---

Sprachgebrauch gibt, so dass entweder der Staat oder aber irgendein anderes Interesse begünstigt wird, unabhängig davon, welche Sprache verwendet wird. Siehe *James Boyd White*, Law as Rhetoric, Rhetoric as Law: The Arts of Cultural and Communal Life, University of Chicago Law Review, Bd. 52 (1985), 684; und *James Boyd White*, Heracles' Bow: Essays on the Rhetoric and Poetics of the Law, 1985.

[35] *Merry* a. a. O., Fn. 32, S. 67.
[36] Persönliches Interview des Verfassers mit *Steven Rose*, The Open University, Milton Keynes, UK, September, 1997.

der Art und Weise, wie Taten, Auslegung und Gesetze zusammenwirken? Ich kenne die Antwort nicht."[37]

Subers Fragen unterstreichen das Denkmuster des *common law*. In einem Bericht der Gemeinsamen Konferenz der *A. B. A.* und der *A. A. L. S.* (*Joint Conference of the American Bar Association and the American Association of Law Schools*) aus dem Jahr 1952, deren Bedeutung bereits in Kapitel 5 erörtert wurde, berichtete der Rechtsphilosoph *Lon L. Fuller* aus Harvard:

„Dies also sind die Gründe dafür, zu glauben, dass die einseitige Interessenvertretung eine wesentliche und entscheidende Rolle in einem der grundlegendsten Verfahren der demokratischen Gesellschaft spielt. Aber würden wir all diese detailreichen Überlegungen beiseiteschieben, so müssten wir uns immer noch mit der Tatsache konfrontiert sehen, dass ein erfahrener Richter oder Schiedsrichter – in welcher Streitschlichtungsform auch immer – eine kontradiktorische Darstellung des Streitgegenstandes wünscht und aktiv zu erreichen sucht. Erst wenn er in den Genuss einer intelligenten und energischen Interessenvertretung für beide Seiten gekommen ist, kann er sich voll und ganz auf seine Entscheidungen verlassen."[38]

Wie der *U. S. Supreme Court* anmerkte, „sind ein energisches Kreuzverhör, das Präsentieren von Gegenbeweisen und eine sorgfältige Belehrung über die Beweislastverteilung der traditionelle und angemessene Weg, um zweifelhafte, aber zulässige Beweismittel anzugreifen."[39]

„Es lohnt sich zu wiederholen, dass es nicht darum geht, die Logik so elegant und überzeugend wie möglich zu verbiegen; es geht darum, die eigene Schlussfolgerung mit relevanten rechtlichen Prämissen zu untermauern, ohne die Logik überhaupt zu verbiegen. Wäre logische Strenge nicht Bestandteil des Spiels, oder könnten wir mit vergleichbarem Geltungsanspruch aus allem ableiten, dann wäre die juristische Argumentation weder Kunst noch Wissenschaft. Das Spiel wird nicht so sehr durch logische Strenge nicht eingeengt, sondern vielmehr durch sie konstituiert, vergleichbar wie das Schreiben von Sonetten durch bestimmte metrische Zwänge konstituiert und nicht durch sie erschwert wird."[40]

Unlängst verallgemeinerte der französische Philosoph *Bruno Latour* die Vorstellung der überlegenen Qualität des durch kontradiktorisches Gerichts-

---

[37] *Peter Suber*, Legal Reasoning After Post-Modern Critiques of Reason, Legal Writing, Bd. 3 (1997), 21 (34). *Subers* Bezugnahme auf „Eifer (*zeal*)" und „eifrige Vertretung (*zealous representation*)" ist darauf zurückzuführen, dass Anwälten in damaliger Zeit vollkommen klar war, dass die Mustervorschriften zur beruflichen Verantwortlichkeit (*Model Rules of Professional Responsibility*) von einem Anwalt verlangen, seinen Mandanten mit Eifer zu vertreten. Die Begriffe „eifrig" und „Eifer" waren insbesondere in Absatz 2 der Präambel bzw. in den Kommentaren zu Regel 1.3 der Mustervorschriften enthalten.

[38] *Lon L. Fuller/John D. Randall*, Professional Responsibility: Report of the Joint Conference, A. B. A. Journal, Bd. 44 (1958), 1159 (1161).

[39] *Daubert et al. v. Merrell Dow Pharmaceuticals*, 509 U. S. 579 589 (1993) (zitiert *Rock v. Arkansas*, 483 U. S. 44, 61 [1987]).

[40] *Suber* a. a. O., Fn. 37, S. 35.

verfahren gewonnenen Wissens, als er behauptete, das kontradiktorische Gerichtsverfahren sei naturgetreuer als das inquisitorische.[41]

7.4 Schlussfolgerungen: Philosophie für die Zukunft

Der Laie könnte fragen: „Also welches der beiden Hauptsysteme – der induktive Empirismus und der deduktive Rationalismus – ist denn nun ‚besser'?" Die Antwort hierauf kann nur lauten: Dasjenige Rechtssystem, das die erklärten Ziele der Rechtspraxis in der jeweiligen Gesellschaft besser erfüllt. Aber vielfach wird die Frage so beantwortet, als würde es sich um zwei rivalisierende Sportmannschaften handeln, von denen eine nachweislich besser sein muss als die andere, so als würden sie dasselbe „Spiel" spielen. Wenn wir uns die Frage stellen, ob die juristische Ausbildung oder Praxis den Bedürfnissen einer Gesellschaft entspricht, dann brauchen wir vielleicht eher die Dienste einer von Soziologen, und nicht von Juristen, dominierten Rechtssoziologie.[42]

In diesem Kapitel habe ich einige der größeren Phasen vorgestellt, die die US-amerikanische Rechtsphilosophie durchlaufen hat. Einige der bekannteren und populäreren Denker haben die Merkmale ihres philosophischen Referenzrahmens sogar während ihres Lebens geändert. Richter *Richard Posner* zum Beispiel, dem das „Journal of Legal Studies" nachsagt, er sei der meistzitierte Rechtsgelehrte des 20. Jahrhunderts gewesen, wird oft mit seinen Büchern über Rechtsdenken und Rechtsphilosophie zitiert.[43] *Posner* hat sich etwas von seiner Position als Wirtschaftsdeterminist der so genannten Chicagoer Schule der Ökonomie (*Chicago School of Economics*), der von der Theorie der „rationalen Entscheidung"[44] überzeugt ist, entfernt[45] und ist in jüngster Zeit zu einem Realismus zurückgekehrt, mit dem Richter gegen Formalismus und Komplexität ankämpfen und dafür Sorge tragen sollen, dass „gerichtliche Entscheidungen auf eine Weise ‚Sinn ergeben', dass sie auch einem Laien überzeugend verständlich gemacht werden können."[46] Einige Dinge haben sich aber auch im Laufe der Zeit nicht geändert und hierunter fällt die Tatsache, dass das *common law*, einschließlich des US-Rechts, auf

---

[41] *Bruno Latour*, Climate Change: How to Make the Paris Climate Conference Work? An Alternative Procedure, Vorlesung im Rahmen der Albertus Magnus Professur, Universität zu Köln, 15. 06. 2015.

[42] Siehe *Susanne Baer*, Rechtssoziologie: Eine Einführung in die interdisziplinäre Rechtsforschung, 2011; vgl. hierzu die Analyse der US-amerikanischen Rechtskultur im sozialen Referenzrahmen in Kapitel 5.

[43] *Richard A. Posner*, The Problems of Jurisprudence, 1990.

[44] *Richard A. Posner*, The Economic Analysis of Law, 1973; *Richard A. Posner*, The Economics of Justice, 1983.

[45] *Richard A. Posner*, A Failure of Capitalism: The Crisis of '08 and the Descent into Depression, 2009.

[46] *Richard A. Posner*, Reflections on Judging, 2013, S. 120.

der Philosophie des Empirismus und nicht des Rationalismus aufbaut. Wie ich im nächsten Kapitel erörtern werde, zeigt sich diese Präferenz in allen Wissenschaftsdisziplinen der anglo-amerikanischen Kultur und nicht nur in der Rechtswissenschaft.

Wissenskontrolle

Inwieweit ist Rechtspragmatismus anders als nur „pragmatisch"?

Wissensherausforderung

Welche Zusammenhänge erkennen Sie zwischen juristischem Empirismus, Rechtspragmatismus und induktiver Argumentationsführung?

Literatur

Almeder, Robert F., A Definition of Pragmatism, History of Philosophy Quarterly, Bd. 3 (1986), 79.
Cardozo, Benjamin Nathan, The Nature of the Judicial Process, 1921.
Frankenberg, Günter, Critical Comparison, Re-Thinking Comparative Law, Harvard International Law Journal, Bd. 26 (1985), 411.
Fuller, Lon L./Randall, John D., Professional Responsibility: Report of the Joint Conference, American Bar Association Journal, Bd. 44 (1958), 1159.
Guest, Stephen, Ronald Dworkin: Third Edition, 2012.
Holmes, Oliver Wendell, Jr., The Path of Law, Harvard Law Review, Bd. 10 (1897), 457.
Kempin, Frederick G., Jr., Historical Introduction to Anglo-American Law, 1990.
Kuklick, Bruce, A History of Philosophy in America: 1720–2000, 2002.
Menand, Louis, The Metaphysical Club, A Story of Ideas in America, 2002.
Merry, Sally Engle, Concepts of Law and Justice Among Working-Class Americans: Ideology as Culture, Legal Studies Forum, Bd. 9 (1985), 59.
Posner, Richard A., The Economic Analysis of Law, 1973.
Posner, Richard A., The Economics of Justice, 1983.
Posner, Richard A., Reflections on Judging, 2013.
Pound, Roscoe, Interpretations of Legal History, 1923.
Rader, Melvin, The Enduring Questions: Main Problems of Philosophy, 3. Aufl. 1976.
Schlemann, Konrad, From Common Law Judge to European Judge, Zeitschrift für Europäisches Privatrecht, Bd. 4 (2005), 741.
Suber, Peter, Legal Reasoning After Post-Modern Critiques of Reason, Legal Writing, Bd. 3 (1997), 21.
Zweigert, Konrad/Kötz, Hein, Introduction to Comparative Law, Weir, Tony (Übersetzer), 3. Aufl. 1998.

8 Disziplinärer Referenzrahmen

Leitgedanken

1. Inwiefern ähnelt das juristische Denken in den Vereinigten Staaten dem Denken in anderen Fachdisziplinen, beispielsweise in den Naturwissenschaften oder der Philosophie?
2. Wenn man behauptet, dass etwas „typisch amerikanisch" ist, was könnte das im Zusammenhang mit dem Recht bedeuten und warum könnte das wiederum kennzeichnend für die Kultur der Vereinigten Staaten sein?

8.1 Einleitung

In diesem Kapitel befasse ich mich mit der juristischen Fachdisziplin als Referenzrahmen, durch den Jurastudierende und Rechtspraktiker das Recht analysieren können. Unter einer „Disziplin" oder „Fachdisziplin" versteht man die Abgrenzung eines Denkfeldes (in diesem Fall dem juristischen) von anderen Denkfeldern. Für die Einordnung des Rechts als Disziplin,[1] ziehe ich die Naturwissenschaft und die Philosophie heran, die natürlich jeweils eigenständige und vom Recht unabhängige Fachdisziplinen darstellen, aber jede von ihnen ist innerhalb der US-amerikanischen Kultur etabliert. *Christopher Columbus Langdell* und *James Barr Ames*, die beiden ersten Dekane der *Harvard Law School*, die dort 1870 bzw. 1873 ihre Lehrtätigkeit aufnahmen, haben die juristische Ausbildung in den Vereinigten Staaten grundlegend verändert. Aber trotz der akademischen Bemühungen von *Langdell* und *Ames* wird das US-amerikanische Jurastudium weiterhin stark auf die Bedürfnisse der Rechtspraxis ausgerichtet und nicht so sehr auf die der akademischen Rechtswissenschaft. Darüber hinaus wird der Lehrplan an den *law schools* in besonderer Weise von den Anforderungen des Anwaltsexamens (*bar ex-*

---

[1] *Lord Denning* bezieht sich auf das Shorter Oxford Dictionary und verwendet *Disziplin* im Sinne von ‚Fachwissen, das Schülern oder Gelehrten vermittelt wird', *Lord Denning*, The Discipline of Law, 1979. Ich hingegen erweitere dieses Verständnis und verstehe hierunter sämtliche sozialen Formen, die notwendig sind, um einen solchen eigenständigen Fachbereich einzuführen und zu erhalten.

amination) bestimmt. Getreu dem Geist des *common law* sollte man sich für die Analyse der von *Langdell* und *Ames* vorgenommenen Änderungen nicht allein die Texte, sondern auch die beteiligten Personen genauer anschauen, um die Etablierung einer juristischen Fachdisziplin zu untersuchen:

> „Langdell und Ames […] veränderten die Vorstellung davon, wer Recht lehren sollte. Statt prominente Richter und Anwälte als Lehrer zu gewinnen, betrachteten sie die juristische Lehre als einen eigenständigen Berufszweig. Die Idee war, dass juristische Lehre das Recht als Wissenschaft begreift, nicht als Rechtspraxis, und dass die Rechtswissenschaft von denjenigen besser vorangebracht werden kann, die nicht rechtspraktisch tätig sind. James Barr Ames war nie als Rechtspraktiker tätig. Die Vorstellung von der Rechtslehre als eigenständiger Berufszweig setzt sich [in den Vereinigten Staaten] bis heute fort, jedoch ohne die Überzeugung, dass Recht eine Wissenschaft ist. In den letzten Jahren ist die Rechtslehre auch in England als eigenständiger Berufszweig anerkannt worden."[2]

Der fachdisziplinäre Referenzrahmen lässt sich begreifen, indem man die Metaphern des räumlichen Denkens nutzt und so das Recht von anderen Disziplinen abgrenzt, welche alle unter den Begriff Kulturbegriff fallen. Fachdisziplinen unterliegen dem Wandel. Selbst in den Naturwissenschaften wurde etwa die Biologie erst im 19. Jahrhundert als eigenständige Fachdisziplin allgemein akzeptiert. Die Psychologie ist sogar erst seit dem 20. Jahrhundert als Disziplin anerkannt. Man muss sich fragen, was denn die Funktionen einer Fachdisziplin sind und welche Indizien dafürsprechen, dass eine Disziplin eigenständig ist. Diese Indizien können zum Beispiel die Ausbildung, die gesellschaftliche Organisation oder die Existenz und Ausgestaltung von berufsstandbezogenen Zulassungsprüfungen sein.

Wenn man bereits auf die Metapher der räumlichen Vorstellung zurückgreift, um zu verstehen, was *innerhalb* der fachdisziplinären Grenzen liegt, könnte man sich auch die Frage stellen, was denn *außerhalb* hiervon einzuordnen ist. Früher hätte die Antwort lauten können, dass alles, was die Populärkultur betrifft, nicht zu den Fachdisziplinen gehört. Doch seit fast fünfzig Jahren nehmen selbst die Universitäten – die wichtigsten Kontrollinstanzen zur Entstehung neuer Fachdisziplinen – die Populärkultur ernst, insbesondere wenn man herausfinden möchte, was die sozialen Merkmale einer Kultur sein könnten.

Geschichte, Sprache und soziale Belange zeigen, warum in Europa die Struktur der Fachdisziplin Jura in einem Großteil der *Civil-law*-Staaten vornehmlich universitär geprägt ist. Für einen groben Vergleich der fachdisziplinären Methoden im *civil law* und im *common law* bieten sich exemplarisch jeweils das deutsche und das US-amerikanischen Rechtssystem an. Das deutsche Recht beruht, indem es sich in der Eigenwahrnehmung als Wissenschaftsdisziplin begreift, auf einem Universitätsstudium und dem Rechtssystem, welches man während dieses Studiums lernt. Man beginnt mit einer abstrakt-generellen Norm und wendet hierauf dann, unter Einhaltung der

---

[2]   *Frederick G. Kempin, Jr.*, Historical Introduction to Anglo-American Law, 1990, S. 87 ff.

Prinzipien von Subsumtion und Abstraktion, einen konkret-individuellen Sachverhalt an. Die Norm ist das, was ein Philosoph als „allgemeines Gesetz" bezeichnen würde und anhand dessen wir einen bestimmten Konflikt entscheiden. Die Norm funktioniert auf die gleiche Weise wie die erste Prämisse (Obersatz) im kategorialen Syllogismus eines Logikers. Durch diesen Prozess hofft man, ein gerechtes Ergebnis abzuleiten.[3]

Im Unterschied zur deutschen Struktur mit ihren Wurzeln in der universitären Forschung und Lehre fußt die fachdisziplinäre Struktur der US-amerikanischen Rechtslehre auf der gerichtlichen Rechtspraxis. Das führt dazu, dass innerhalb der Fachdisziplin die induktive „Fallmethode" der Konfliktlösung gelehrt und gelernt wird. Um einen repräsentativen Eindruck davon zu gewinnen, was damit gemeint ist, kann man die Aussagen zweier bekannter US-amerikanischer Richter heranziehen. *Learned Hand* sagte, dass das *common law* „wie ein Monumentalbau steht, stetig gewachsen, wie ein Korallenriff, das sich langsam aus den winzigen Ansammlungen vergangener Individuen erhebt, aufgebaut auf den Überresten, die ihre Vorgänger hinterlassen haben, und ihrerseits ein Fundament zurücklassend, auf das seine Nachfolger aufbauen können."[4] Und wir sollten auch die Worte von *Oliver Wendell Holmes, Jr.* nicht vergessen, mit denen wir uns bereits im philosophischen Referenzrahmen von Kapitel 7 befasst haben:

> „Das Recht [*common law*] lebt nicht von Logik, sondern von Erfahrung. Die gefühlten Notwendigkeiten vergangener Zeiten, die vorherrschenden moralischen und politischen Theorien, die öffentliche Meinung, explizit oder implizit, selbst die Vorurteile, die die Richter mit ihren Mitmenschen teilten, haben weitaus mehr hiermit zu tun als der Syllogismus bei der Festlegung von Regeln, nach denen Menschen zusammenleben sollten."[5]

Der Syllogismus, auf den sich *Holmes* hier bezieht, ist natürlich derjenige, der bei der deduktiven Methode der *Civil-law*-Juristen üblich ist.

Um zu begreifen, ob diese Methoden zur Konfliktlösung lediglich typische Merkmale ihrer jeweiligen Rechtssysteme sind oder ob sie die Kulturen, in denen sie gebräuchlich sind, auch adäquat repräsentieren, kann man sich an anderen Fachdisziplinen derselben Kulturen orientieren. Dies stellt eine Vergleichspraxis dar, bei welcher dieselbe Vorsicht angebracht ist wie bei einer sachgerechten Rechtsvergleichung. Professor *Pierre Schlag* bemerkt:

> „Wenn sich traditionelles juristisches Denken (in den Fußnoten) auf Wanderschaft durch die Universität begibt, scheint es hierbei selten auf etwas anderes zu stoßen als sich selbst. Die interdisziplinären Reisen des traditionellen Rechtsdenkens sind wie der schlechte

---

[3] Siehe *Karl Larenz/Claus-Wilhelm Canaris*, Methodenlehre der Rechtswissenschaft, 4. Aufl. 2014; Für eine aufmerksame Analyse und Kritik dieser Methode, siehe *Rheinhold Zippelius*, Einführung in das Recht, 7. Aufl. 2017.

[4] *Learned Hand*, Review of Judge Cardozo's The Nature of Judicial Process, Harvard Law Review, Bd. 35 (1922), 479 (481).

[5] *Oliver Wendell Holmes, Jr.*, The Common Law, 1881, S. 1.

Europaurlaub [eines US-Amerikaners]: Der Inhalt ist zwar Europa, aber die Form ist McDonald's, Holiday Inn, American Express."[6]

Wenn man die Frage stellt, warum man interdisziplinäre Vergleiche anstellen sollte, lautet die Antwort darauf: um herauszufinden, ob es in einer Kultur gewisse Denkmuster gibt, die allen in dieser Kultur praktizierten Fachdisziplinen gemein ist. Um diesen Vergleich zu beginnen, könnte man zum Beispiel die fachdisziplinäre Struktur der „kontinentaleuropäischen" Philosophie betrachten, wie sie im philosophischen Referenzrahmen von Kapitel 7 skizziert ist. Wie hierin dargestellt, könnte man feststellen, dass die disziplinäre Struktur der kontinentaleuropäischen Philosophie in der Universität beginnt. Ihre Struktur zeigt Tendenzen zur Suche nach Fundamentalprinzipien. Beginnend schon bei *Platon* lässt sich erkennen, dass von abstrakten Universalprinzipien ausgegangen wird, die dann für konkrete Einzelbeispiele als dessen Prototyp oder Vorbild fungieren.[7] Für *Platon* stellt sich die philosophische Methode als Abwärtsblick dar. Man geht von dem Wissen über universelle Formen (oder Ideen) aus und betrachtet dann konkrete Nachahmungen hiervon.

Im Vergleich dazu ähnelt die disziplinäre Struktur der so genannten „anglo-amerikanischen" Philosophie eher einer horizontalen Reihe von Beispielen oder sogar Experimenten, aus denen man induktiv allgemeine Regeln oder höhere Prinzipien ableiten kann. Dieses Verhältnis lässt sich sowohl im Pragmatismus als auch in der analytischen Philosophie beobachten. Beispiele finden sich in den Werken von *Francis Bacon* (der auch Mitglied im Gray's Inn war), *David Hume, C. S. Peirce, John Dewey, William James, W. V. O. Quine* und *Wilfred Sellars*.

Im weiteren Vergleich ist die disziplinäre Struktur der anglo-amerikanischen Naturwissenschaften der Industrie angepasst. Die 1660 gegründete Königliche Gesellschaft (*Royal Society*) genoss das Vertrauen und die offizielle Unterstützung der wiederhergestellten Monarchie, unter anderem weil das Establishment eine bessere Kontrolle über die „neue Wissenschaft", die experimentelle Induktionsmethode, gewinnen wollte. Die „neue" oder „experimentelle" Form der Naturphilosophie war von den aristotelischen Akademien im Allgemeinen mit Misstrauen betrachtet worden, wurde aber von *Francis Bacon* in seinem Buch „Nova Atlantis" propagiert.

Wenn wir an den sozialen Referenzrahmen in Kapitel 5 zurückdenken, so lassen sich Merkmale dieser US-amerikanischen Kultur der Wissenschaftsdisziplinen beobachten, wie z. B. Form und Inhalt der juristischen Ausbildung, die von der Universität unabhängig sind, Rolle und Funktion von Organisationen wie der *A. A. L. S.* und die Rolle und Funktion der juristischen Zeitschriften (*law reviews*) innerhalb der *law schools*. Für die juristische Pra-

---

6   *Pierre Schlag*, Le Hors de Text, C'est Moi: The Politics of Form and Domestication of Deconstruction, Cardozo Law Review, Bd. 11 (1990), 1631 (1656).

7   Man erinnere sich an dieser Stelle daran, dass es ebenfalls die alten Griechen waren, die als erste die irrationalen und imaginären Zahlen einführten.

xis lassen sich insoweit eine gewisse Unabhängigkeit von gesetzgeberischer Kontrolle in den Bundesstaaten, die Art und Weise, wie Anwaltslizenzen erworben werden, und die Funktion der *A. B. A.* benennen.

8.2 Juristische Methodik: Mehr als Textexegese?

Wenn wir uns an den historischen Referenzrahmen erinnern, ereigneten um das 11. Jahrhundert drei wegweisende Dinge: die Gründung der europäischen Universität, die Wiederentdeckung des *Corpus Juris Civilis* (*C. J. C.*) und die Implementierung des *common law*, wie es im Großbritannien von König *Harald II.* praktiziert wurde, in das normannische Verwaltungssystem, das *Wilhelm der Eroberer* mitbrachte. Sowohl das *Civil-law-* als auch das *Common-law*-System gründeten die universitäre Disziplin des Rechtsstudiums auf Texten, die nicht geltendes weltliches Recht jener Zeit waren, ein Konzept, das in den US-amerikanischen Hörsälen in Form der Fallbücher (*case books*) noch zu einem gewissen Grad bis in die heutige Zeit erhalten geblieben ist. Die ersten beiden dieser Ereignisse zusammengenommen – die Wiederentdeckung des *C. J. C.* in Italien und die Gründung der ersten Universität in Bologna – ermöglichten es, sich an einem Studienort (der Universität) mit einem Untersuchungsgegenstand (dem *C. J. C.*) zu befassen[8] und damit eine neue akademische Disziplin (das Recht) zu begründen und aufzubauen. Aber man sollte nicht vergessen, dass sich das *C. J. C.* gerade deshalb für eine analytische Befassung hiermit eignete, weil man es auch studieren *konnte* – will sagen: weil es einen systematisierten Zivilrechtskorpus, bestehend aus Gesetzessammlungen (*Codices*), einer geordneten Darstellung (Digesten) und einer Art Anfängerlehrbuch (Institutionen), bereithielt. Aber das *C. J. C.* war nicht etwa deshalb bedeutsam, weil es das gesamte damals geltende Recht enthalten hätte – das war bekanntermaßen nicht der Fall. Gerade diese Tatsache veranschaulicht umso deutlicher, dass ein Gesetzestext allein bereits dazu in der Lage war, eine gänzlich neue Studiendisziplin entstehen zu lassen, selbst wenn der Text den gesellschaftlichen Normen der damaligen Kultur nicht entsprochen hat. Diese Übung im Textstudium war also, im Gegensatz dazu, wie wir heute Jura studieren würden, kein praxisrelevantes Rechtsstudium.

Bevor wir weitermachen, teile ich die disziplinären Fragestellungen in vier Kategorien ein: das textbezogene und das nicht-textbezogene Rechtsstudium sowie die textbezogene und die nicht-textbezogene Rechtspraxis. In England beruhten sowohl das Studium als auch die Praxis des Kirchenrechts auf einem geschriebenen Text. Nicht so im weltlichen Recht. Das weltliche Recht wurde natürlich in der Rechtsgemeinschaft praktiziert, aber nicht an der Universität

---

8   Eine sorgfältige Überlegung zur Frage, ob eine Disziplin auf einem Text begründet sein sollte, findet sich bei *Stanley Fish*, Is There a Text in this Class?: The Authority of Interpretive Communities, 1980, passim.

studiert. Die von Richtern verkündeten Normen beruhten auf Gebräuchen, nicht auf einem Text. Gerade weil sich die weltliche Rechtspraxis ohne die Existenz eines Rechtstextes entwickelte,[9] ermöglichte sie kein disziplinäres Studienfach. Deshalb konnte man etwa an der Universität in Oxford zwar Kirchenrecht studieren, aber nicht das geltende weltliche Recht der damaligen Zeit. (Insoweit muss aber auch daran erinnert werden, dass damals die klare Differenzierung zwischen Kirchenrecht und weltlichem Recht nicht so deutlich war wie heute, sodass es etwas anderes ist, über die Universität der damaligen Zeit zu behaupten, dass dort Kirchenrecht gelehrt wurde, als etwas Vergleichbares über eine der heutigen Universitäten zu sagen.) Nichtsdestotrotz existierte neben dem Kirchenrecht geltendes weltliches Recht und der wesentliche Punkt ist, dass dieses weltliche Recht nicht an der Universität gelehrt wurde. Es sollte vielmehr noch hunderte von Jahren dauern, bis die *Inns of Court* gegründet wurden, an denen dann das weltliche Recht gelehrt wurde.

Ungeachtet der Tatsache, dass das *common law* aus einer nicht textbasierten Rechtspraxis heraus entstanden ist, reagierte der berühmte und einflussreiche *Lord Camden* im Jahr 1765 auf die abstrakte Argumentation eines Anwalts im Gerichtssaal mit einer aufschlussreichen Stellungnahme, die die Relevanz des geschriebenen Textes mit dem Recht gleichsetzte: „Wenn es Recht wäre, würde man es in unseren Büchern finden, aber ein solches Recht hat es in diesem Land nie gegeben."[10] Man braucht kein Naturrechtler zu sein, um sich über das „es" in seiner Aussage zu wundern und zu fragen, ob damit eine abstrakte Rechtsregel bezeichnet sein soll, und weiter zu fragen, ob die Verschriftlichung nicht lediglich eine von vielen denkbaren Formen für den Nachweis einer geltenden Rechtsregel ist. Man könnte sogar so weit gehen und behaupten, dass die europäische Jurafakultät erfunden wurde, weil ein bestimmter Text – das *C. J. C.* – wiederentdeckt worden war und es hierdurch etwas gab, womit man sich im Bologna des 12. Jahrhundert in einer rechtswissenschaftlichen Fachdisziplin befassen konnte. Auch im *common law* ermöglichten erst die verschriftlichten Berichte der Gerichtsentscheidungen die Begründung einer rechtswissenschaftlichen Fachdisziplin.

Die Idee der Vereinigten Staaten, Gerichtsentscheidungen zu dokumentieren, um hierdurch die Präjudizbindung (*stare decicis*) zu ermöglichen, entwickelte sich nicht über Nacht. In England dauerte es eine gewisse Zeit, um ein Konzept für das System zur Dokumentation der Gerichtsentscheidungen zu entwickeln und auch um die erforderlichen Ressourcen zur Erstellung zuverlässiger Texte bereitzustellen. „Bis zur Regierungszeit von Eduard I. (1272–1307) gab es keinen einzigen Ort, an dem man nach Entscheidungen suchen konnte. [...] In der Regierungszeit von Eduard I. begann die

---

[9]   *Harold J. Berman*, Law and Revolution: The Formation of the Western Legal Tradition, 1983, S. 274.

[10] *Lord Camden* in: *John Entick, Clerk v. Nathan Carrington and Three Others*, 95 ER 807 King's Bench, Michaelmas Term, 6 Geor. III 1765.

Zusammenstellung von Jahrbüchern.“[11] Die Jahrbücher (*year books*) in der Regierungszeit *Eduards I.* waren Sammlungen von Notizen der Anwälte und Studierenden, die nur nach Jahren und nicht nach Themen geordnet waren. Als die Jahrbücher zu zahlreich wurden, als dass man sie effektiv zu Recherchezwecken hätte nutzen können, erschienen, „offenbar um das Studium zu erleichtern“[12], thematisch geordnete Kurzfassungen (*abridgements*). Die „Verfasser der Kurzfassungen mussten thematische Überschriften verwenden, die ihnen und ihren Lesern die Möglichkeit boten, um wiederum über das Recht auf andere Weise nachzudenken.“[13] Im Jahr 1535 wurde der Druck der Jahrbücher und ihrer Kurzfassungen eingestellt und durch die Entscheidungssammlungen (*Reporters*) ersetzt. In diesen Entscheidungssammlungen wurden aber noch immer nicht die Worte der Gerichte und ihrer Entscheidungen wiedergegeben, sondern vielmehr die Notizen von Anwälten und Studierenden, von denen einige derart unpräzise waren, dass Richter den Anwälten zuweilen verbieten mussten, hieraus zu zitieren.[14] Das war der *status quo* zum Zeitpunkt der Gründung der Vereinigten Staaten.

Die Relevanz von Texten zur Schaffung von Fachdisziplinen kann nicht hoch genug eingeschätzt werden. Die Schaffung bzw. Existenz eines Textes trug nicht nur zur Etablierung der Fachdisziplin bei, sondern verlieh der Disziplin auch den Charakter und die handwerksähnliche Methode der Ausbildungspraxis. Die rechtspraktische Ausbildung führte dazu, die Arbeit eines Juristen wie andere Handwerksberufe zu behandeln: Man eifert jemandem nach, der bereits über die angestrebten Fähigkeiten verfügt, so dass man schließlich nützliche Ergebnisse innerhalb einer bestimmten Branche produzieren kann – Backwerk, Brauereiwesen, Schmiedekunst oder Rechtswesen. Texte und ihre Erstellung trugen auch dazu bei, das US-amerikanische Recht disziplinär vom englischen Recht zu trennen. Obwohl die Konzepte der Präjudizienbindung (*stare decisis*) bereits in England entwickelt worden waren, musste die Bereitstellung von Ressourcen zur Erleichterung der Präjudizienbindung (*stare decisis*) in den Vereinigten Staaten aber von neuem beginnen.

Ein ausgezeichnetes Beispiel für die Relevanz dieser drei disziplinären Aspekte – Etablierung, handwerkliche Methode und Trennung – ist das Werk des einflussreichen Juristen *James Kent* aus New York. Im späten 18. Jahrhundert war die irische Hauptstadt Dublin ein großes Zentrum des Buchdrucks. Die Stadt befand sich zwar immer noch unter englischer Kontrolle, unterlag aber nicht dem englischen Urheberrecht. Daher konnten US-amerikanische Juristen Bücher aus Dublin zu weitaus günstigeren Konditionen erwerben als aus Großbritannien. „Als Kent sich schwer damit tat, von diesen Büchern zu profitieren, entwickelte er eine ungewöhnlich textorientierte Vision der

---

[11] *Kempin* a. a. O., Fn. 2, S. 98 f.
[12] Ebd., S. 99.
[13] Ebd., S. 100.
[14] *Kempin* a. a. O., Fn. 2, S. 101.

idealen Rechtsordnung. Dann verpflanzte er das, was er gelernt hatte – sowohl den Inhalt als auch die Vision – in seine eigenen Berichte und seinen vierbändigen Kommentar zum US-amerikanischen Recht (*Commentaries on American Law*; 1826–1830), der während des gesamten 19. Jahrhunderts überall in der Union erhältlich war."[15] Auf diese Weise machten *Kents* Bücher das Recht greifbar, auch wenn Bände mit Entscheidungssammlungen zur damaligen Zeit noch nicht verfügbar waren.

„Bis ins frühe 19. Jahrhundert waren die Verfasser der Berichte (*reporters*) in der Regel Praktiker, die sich Notizen zu Gerichtsfällen machten und die mit deren Veröffentlichung etwas zusätzliches Geld verdienen wollten. Die meisten Prozessanwälte machten sich Notizen. Bevor die Berichte (*reports*) [über Fallentscheidungen] regelmäßig veröffentlicht wurden, war dies die beste Möglichkeit für einen Juristen, das Recht zu lernen und nachzuhalten, wie die Gerichte der eigenen Gerichtsbarkeit entschieden. [...] Bis zum Ende des 18. Jahrhunderts benötigte ein Jurist handschriftliche Notizen aktueller Fälle, um herauszufinden, wie seine Gerichtsbarkeit Streitigkeiten gelöst hatte."[16]

Die Ernennung offizieller Berichterstatter (*official reporters*) änderte diese relativ informelle Manuskriptpraxis. Aber selbst, wenn Bundesstaaten offizielle Berichterstatter hatten, mussten viele ihrer Berichte immer noch dort gedruckt werden, wo es Druckmöglichkeiten gab, wie z. B. in New York oder Philadelphia, was bedeutete, dass ein Großteil des Rechts, über das aus irgendeinem Staat berichtet wurde, für jemandem wie *Kent* einsehbar war, als er seine Kommentare verfasste. Daher ist es keine Überraschung, dass diese Kommentare wiederum ihren Weg zurück zu den meisten Bundesstaaten und zu den meisten Anwälten fanden und somit einen enormen Einfluss auf die Entwicklung des US-amerikanischen, im Unterschied zum englischen, *common law* hatten.

Die nächste bedeutende Veränderung im Hinblick auf die Berichterstattung war, dass die Richter selbst mit der Berichterstattung begannen, anstatt diese Aufgabe einem Berichterstatter zu überlassen. Dieser Wandel begann mit den neuen Verfassungen der Bundesstaaten und des Bundes während der Revolutionszeit:

„In mehreren Bundesstaaten und in der Bundesregierung stärkten diese neuen Verfassungen die relative Macht der Gerichte in der neuen Republik – im Verhältnis zu den Kolonialgerichten und im Verhältnis zu anderen politischen Zweigen. Einige Verfassungen taten dies ausdrücklich; andere taten dies, indem Gesetzgeber und Richter sie auslegten und interpretierten. Dieser Prozess war zu keiner Zeit unumstritten."[17]

---

[15]   *Daniel J. Hulsebosch*, An Empire of Law: Chancellor Kent and the Revolution in Books in the Early Republic, Meador Lecture Series 2007–2008: Empire, Alabama Law Review, Bd. 2 (2008), 1 f.

[16]   Ebd., S. 8 (zitiert *John William Wallace*, The Reporters Arranged and Characterized with Incidental Remarks, 1882, S. 9 ff.).

[17]   *Hulsebosch* a. a. O., Fn. 15, S. 24.

Mit dieser neu gewonnenen Stärke und Anerkennung machten die Richter von ihrer Fähigkeit und ihrem Recht Gebrauch, durch eigene Texte den Fall darzustellen und das Recht auszulegen:

„Anglo-amerikanische Richter haben vor dem 19. Jahrhundert im Allgemeinen keine Stellungnahmen verfasst. Selbst als einige Richter hiermit begannen, stellte das Ergebnis eher ein Manuskript für einen mündlichen Vortrag dar als einen schriftlichen Publikationsentwurf."[18] „Die Praxis der Übermittlung schriftlicher Stellungnahmen an einen Berichterstatter entwickelte sich erst, als durch Gerichte oder Legislative offizielle Berichterstatter ernannt wurden."[19]

8.3 Gegenstand der juristischen Disziplin: Haltung (*attitude*)?

Wohin führt uns die Geschichte der Disziplin? Was macht diese Fachdisziplin aus, die wir heute als Summe aus Jurastudium und Rechtspraxis verstehen? Warum wird sie von anderen Fachdisziplinen der Universität getrennt behandelt und gelehrt? Warum wurde die Disziplin in den Vereinigten Staaten (und wird zuweilen immer noch) in unabhängigen *law schools* unterrichtet und nicht an Universitäten? Einige haben bezweifelt, dass das Recht überhaupt eine eigenständige Fachdisziplin ist, und sich die Frage gestellt, ob es nicht metaphorisch eher einer Zwiebel gleicht, von der, sobald sämtliche Beiträge anderer Disziplinen gewissermaßen Schicht für Schicht entfernt wurden, kein eigenständig juristischer Kern mehr übrigbleibt. Jurastudierende sind oft der Meinung, dass Juristen über Spezialwissen verfügen und dass das Recht aufgrund dieses Spezialwissens auch eine eigenständige Fachdisziplin darstellt. Wenn dem so ist, was macht dann dieses Spezialwissen aus? Stellt die Fähigkeit, Gesetzestexte auswendig zu lernen und wiedergeben zu können, Wissen dar? Natürlich nicht – man muss auch dazu in der Lage sein, die Texte auszulegen und auf konkrete Sachverhalte anzuwenden. Aber das Auswendiglernen und Auslegen von Texten ist nicht allein Sache der Juristen. Auch Theologen und Literaturtheoretiker lernen Texte auswendig, interpretieren sie und wenden sie auf konkrete Sachverhalte an. Lässt sich die Disziplin auf angewandte Soziologie, Psychologie oder Wirtschaftswissenschaften reduzieren? Wenn es tatsächlich keinen spezifischen Untersuchungsgegenstand des Rechts geben sollte, keinen Kern, über den man Bescheid wissen muss, was genau lernt man dann, wenn man Jura studiert? Anstatt sich auf das Auswendiglernen von Gesetzen zu konzentrieren, sprechen viele Juristen

---

[18]   Aus den Notizen für den mündlichen Vortrag entstand ein Skript, das wie die Mischung eines dramaturgischen Skripts mit einem Sitzungsprotokoll anmutete, das von einem Protokollführer geschrieben worden war. Siehe bspw. *Fletcher v. Rylands* (1865) 11 Jur. n.s. 714, 34 L. J. Ex. 177, 3 H. & C. 774, 159 Eng. Rep. 737.

[19]   *Hulsebosch* a. a. O., Fn. 15, S. 25 f.

und Juraprofessoren in der US-amerikanischen Rechtslehre vom „juristischen Denken."[20] Dieser Satz wirft eine Reihe von Fragen auf. Wie denkt ein Jurist? Wie unterscheiden sich diese Denkstrukturen von der Art und Weise, wie andere Menschen denken (wenn sie denn tatsächlich anders sind)? Professor *Philip Bobbitt* von der Universität Texas ist folgender Ansicht:

> „Es liegt nur an dem überkommenen Leitbild der Entscheidungsfindung als Regel-Befolgung, dass wir desillusioniert sind, sobald wir feststellen, dass etwas anderes als eine Regel einen Entscheidungsträger beeinflusst hat – eine Tatsache, die aber für die Frage, ob eine Entscheidung gerechtfertigt ist, irrelevant sein sollte. Da wir an diesem falschen Ideal festhalten, weigern wir uns, dem Befolgen von Regeln die gebührende axiomatische Legitimität zu verleihen, und versuchen, das Befolgen von Regeln dadurch zu steigern, dass wir darauf bestehen, dass es gleichermaßen für die Entscheidungsfindung relevant war. Hierdurch laufen wir Gefahr, falsche Entscheidungen zu legitimieren, und begeben uns auf die Suche nach ‚hilfreichen' Ergänzungen der Rechtsregeln, die zwar als Leitlinien für die Entscheidungsfindung dienen können, aber dabei die Legitimität opfern. Und es ist unserem Festhalten an der irrigen Überzeugung darüber geschuldet, wie Gedanken und Entscheidungen zusammenhängen, dass die Rechtswissenschaft weiterhin die Fortschritte ignoriert, die in der Philosophie des 20. Jahrhunderts in Bezug auf das empirische Rollenbild des Geistes gemacht wurden."[21]

Für viele Nichtjuristen ist das offensichtliche Kennzeichen des Juristen seine Haltung, nicht sein Wissen. Im aktuellen englischen Sprachgebrauch ist *attitude* („Haltung") typischerweise negativ konnotiert, als ob man unweigerlich an eine *bad attitude* („negative Grundhaltung") denken würde, sobald man das Wort *attitude* verwendet. Bevor wir uns jedoch diesem Vorurteil widmen, sollten wir die wortgetreuere Bedeutung von *attitude* in der Physik im Sinne von „Ausrichtung" berücksichtigen. Die „Ausrichtung" (*attitude*) beschreibt in der englischen Sprache den Orientierungs- oder Blickwinkel, den ein Pilot beim Anflug auf ein Ziel einnimmt. Wenn wir das auf die Idee der Referenzrahmen anwenden, könnten wir ergänzen, dass die *attitude* denjenigen Blickwinkel beschreibt, den man bei einer Betrachtung durch den Referenzrahmen einnimmt. In diesem Fall ist es der juristische Blickwinkel. In seiner Pentade dramatischer Elemente, mit welcher der US-amerikanische Literaturtheoretiker *Kenneth Burke* versucht, die menschliche Motivation zu erklären, misst er der Haltung (*attitude*) letztlich[22] mehr Bedeutung für die Erklärung der menschlichen Motivation zu als Umstand (*scene*), Hand-

---

[20] Siehe bspw. *Frederick Schauer*, Thinking Like a Lawyer: A New Introduction to Legal Reasoning, 2009.

[21] *Philip Bobbitt*, Wittgenstein and Law, Dennis Patterson (Hrsg.), 2004, S. 6; *Bobbitt* nennt *Schauer* einen „Kritiker des *Common-law*-Systems der Regeln und Entscheidungen".

[22] Für Juristen dürfte von Interesse sein, dass *Burkes* Werk „A Grammar of Motives" ursprünglich allein als kritische Studie über die US-Verfassung gedacht war, auch wenn das Buch unter Literaturwissenschaftlern und Rhetorikern dafür bekannt ist, diese dramatische Pentade hervorgebracht zu haben. Die Verwendung von „letztlich" beruht darauf, dass die fünf aufgezählten Begriffe zwar als „Pentade" bekannt wurden und er sich ursprünglich auch auf diese fünf Begriffe beschränkte, *Burke* später allerdings offenbarte, dass er, könnte er „A Grammar of Motives" noch einmal verfassen, die Hal-

lung (*act*), Handlungsperson (*agent*), Methode (*agency*) oder Zielsetzung (*purpose*).[23] *Burke* verwendete das Wort „Haltung" (*attitude*) im Sinne einer Bedeutung, die derjenigen in der Luftfahrt nahe kommt, das heißt im Sinne eines Orientierungs- oder Blickwinkels gegenüber etwas. Er beschreibt die Haltung (*attitude*) als „Schwelle zur Handlung".

Vielleicht bedeutet, „wie ein Jurist zu *denken*", sich so zu verhalten, als wäre man jederzeit dazu bereit, wie ein Jurist zu *handeln*.[24] Während der Wissenschaftskriege, als Soziologen und andere Sozialwissenschaftler zu behaupten wagten, die Praktiken der Naturwissenschaften seien sozial konstituiert und sollten deshalb richtigerweise auch von Soziologen untersucht werden, war einer der prägnantesten Kommentare, dass die „Wissenschaft zu wichtig ist, um sie den Wissenschaftlern zu überlassen."[25] Die Soziologen behaupteten, dass die Naturwissenschaftler nicht über die notwendige Fähigkeit oder Distanz verfügten, um adäquat zu beschreiben, wie Naturwissenschaftler die Naturwissenschaft betreiben. Könnte man das auch über das Recht sagen? Haben Juristen die adäquate Fähigkeit oder Distanz, um die Rechtspraxis zu beschreiben und zu erklären? *Harold Berman* beantwortet die Frage, ob Recht eine eigenständige Disziplin ist, indem er zu bedenken gibt, dass man wissen müsse, wer die Frage überhaupt beantworten kann. „Das Recht ist zu wichtig, um es den Technikern [des Rechts] zu überlassen",[26] meint *Berman*. Ist das Recht in der Tat zu wichtig, als dass man dessen Erklärung den Juristen selbst überlassen sollte? Was wissen Jurastudierende und Juristen über das Recht, das aus einer analytischen Perspektive heraus gesagt werden kann und nicht nur aus dem Blickwinkel eines Insiders, also aus der Sicht des Rechts auf das Recht? Traditionellerweise hängt in der Rechtsvergleichung die gewählte Perspektive, aus der man seine Analyse durchführt, „von der wissenschaftlichen Vorbildung des Autors, seinem Kompetenzbereich und seinen Vorurteilen über Recht und Rechtsvergleich ab."[27] Das US-amerikanische System verlangt, dass ein Student oder eine Studentin zuvor einen

---

tung (*attitude*) nicht nur als sechsten Begriff ergänzen würde, sondern dieser zugleich der wichtigste der sechs Begriffe zur Erklärung menschlicher Motive wäre.

[23] *Kenneth Burke*, A Grammar of Motives, 1969.

[24] Die Wendung „bereit zu handeln" ist an dieser Stelle entscheidend. *Friedrich Nietzsche* erklärte sein Verständnis des Begriffs „Macht" mit der Metapher der Krallen eines Adlers, die er zwar nicht benutzt, von denen er aber dennoch weiß, dass er sie hat. Der Adler wäre grundsätzlich bereit zu handeln, tut es aber nicht. *Michel Foucault*, in der Frühphase seines Schaffens von *Nietzsche* beeinflusst, stellt in Discipline and Punish (1977) und Power / Knowledge: Selected Interviews, 1972–1977, *C. Gordon* (Hrsg.) (1980) eine Verbindung zwischen Macht und Recht her.

[25] Siehe bspw. *Malcolm L. Goggin*, The Life Sciences and the Public: Is Science Too Important to Be Left to the Scientists? Politics and the Life Sciences, Bd. 3, Nr. 1 (1984), 28.

[26] *Harold J. Berman*, Law and Revolution II: The Impact of the Protestant Reformation on the Western Legal Tradition, 2006, S. ix.

[27] *Günter Frankenberg*, Critical Comparison, Re-Thinking Comparative Law, Harvard International Law Journal, Bd. 26 (1985), 411 (430).

Bachelor-Studiengang in einer anderen Disziplin als der Rechtswissenschaft absolviert hat, bevor er oder sie Jura studieren darf. Diese Voraussetzung bietet den Jurastudierenden durchaus eine andere Perspektive, aber der historische Referenzrahmen zeigt uns, dass der Grund für das Erfordernis eines abgeschlossenen grundständigen Studiums eher aus der erkannten Profanität des *common law*, das nicht an den Universitäten gelehrt wurde, erwachsen ist denn aus irgendeinem brillanten Plan für die freien Künste.

Wenn wir uns andere Fachdisziplinen anschauen, dann sind natürlich auch sie im Hinblick auf den Aufbau ihrer eigenen Disziplinen weitgehend selbstreferentiell. Warum also sollte das für das Recht anders sein? Ein Grund wäre, dass das Recht durch die Besonderheiten der Rechtspraxis nicht nur mit vielen anderen Disziplinen in Kontakt kommt, sondern auch tatsächlich versucht, die Praxis in diesen Disziplinen zu regulieren. Das Recht schafft Normen für die praktische Medizin, für die Schaffung und Darstellung von Kunst und Technologie und das Recht setzt der Biologie im Hinblick auf die erlaubten Forschungsgegenstände Grenzen. Wenn das Recht also in derart viele Facetten des Lebens eingreift, dann sollte es offenkundig auch eine gewisse Verantwortung dafür übernehmen, so viel wie möglich über eben diese Facetten zu wissen. Vielmehr sollte es versuchen, dies auf eine Art und Weise zu tun, die dem Juristen dabei hilft, einen Mandanten aus diesen anderen Disziplinen auch zu verstehen – sozusagen durch diese disziplinären Referenzrahmen hindurchzuschauen. Als Ergebnis ihrer Ausbildung, das Recht auf ihre eigene Weise zu sehen, werden Juristen des *civil law* und des *common law* die Normen auf soziale Konflikte jeweils auch auf ihre eigene Weise anwenden. Ein *Civil-law*-Jurist wird soziale Konflikte mit Normen lösen, die rational angemessen sind. Ein *Common-law*-Jurist wird Konflikte mit Normen lösen, die aus anwendbarer Erfahrung abgeleitet sind. Im öffentlichen Diskurs fordern Bürger oftmals eine größere Transparenz der Politik, aber wenn es um das Recht geht, fühlen sich dieselben Bürger aufgrund der von den Juristen geschaffenen Fachsprache[28] und rituellen Praktiken ausgeschlossen, weil sie ihre Rechte und Pflichten nicht kennen:

„Leider sind das *civil law* und das *common law*, weit- und unzureichend verstanden, im Wesentlichen unkreativ (vielleicht sogar antikreativ), auf der einen Seite aufgrund eines ‚wissenschaftlichen‘ Ansatzes gegenüber Gesetzestexten, auf der anderen Seite wegen der Präjudizienbindung und der engen Sichtweise bezogen auf Regeln. Diese Sichtweise wird am besten durch die folgende Erklärung von Fortescue, C. J. illustriert [während der Regierungszeit Heinrichs VI]: ‚Herr, das Recht ist so, wie ich es sage, und so ist es seit Anbeginn des Rechts schon immer gewesen; und wir verfügen über mehrere festgelegte Formen, die

---

[28] Letztendlich widersetzen sich Lehrende, Juristen und die Öffentlichkeit der Fachsprache. Siehe bspw. *Richard C. Wydick*, Plain English for Lawyers, 5. Aufl. 2005; Seit den 1980er Jahren gibt es sogar eine Bewegung unter dem Namen „Plain English for Lawyers“.

als Recht angesehen werden, und das aus gutem Grund, auch wenn wir uns gegenwärtig nicht mehr an diesen Grund erinnern können."[29]

Ungefähr 400 Jahre später wies Richter *Oliver Wendell Holmes, Jr.* dieses Gefühl zurück, indem er darauf bestand:

„Es ist empörend, keinen besseren Geltungsgrund für einen Rechtssatz zu haben, als den, der zur Zeit Heinrichs IV. festgelegt wurde. Es ist sogar noch empörender, wenn die Gründe zur Festlegung dieser Regel zwischenzeitlich längst verschwunden sind und die Regel einfach nur noch aufgrund blinder Nachahmung der Vergangenheit besteht."[30]

Wir können also sehen, dass der Geist des juristischen Realismus verlangte, dass die Disziplin ihre Praktiken mehr als nur mit den Worten „so haben wir es schon immer gemacht, aber wir haben vergessen, warum" rechtfertigt.

Um auf die Bedeutung des Textes für die Schaffung und Aufrechterhaltung einer Disziplin zurückzukommen, ist der dritte Aspekt des Rechts, der durch den Text ermöglicht wird, die Methode, mit der man die Natur des Rechts selbst theoretisiert. Das Ausmaß von *Kents* Einfluss ebenso wie das von *Blackstones* Kommentaren (1765–69) bringt einen dazu, nicht nur den Inhalt, sondern auch die Methode seiner Arbeit zu berücksichtigen.[31] „Seine Sammelgewohnheiten und seine interaktive Lektüre, die in seiner Bibliothek verewigt sind, zeigen, dass er das Recht als etwas anderes denn als reinen Willen oder reine Wissenschaft sah. Es war eine handwerkliche Tätigkeit: ein transatlantisches Unterfangen, zu dem US-amerikanische Juristen wertvolle Verbesserungen beitragen konnten."[32] Dies ist nicht das erste Mal, dass eine ausgedehnte Diskussion dazu geführt hat, ein ganzes Rechtssystem dazu zu bringen, sich als handwerkliche Praxis zu begreifen. Bei den alten Griechen gab es eine beachtenswerte Diskussion über die Unterschiede zwischen denjenigen Praktiken, die man als τέχνη (*techne*) bezeichnen konnte, was etwa so viel wie „Handwerk" bedeutete, und einer Reihe von Praktiken, die auf *empeiria* bzw. Erfahrung, von *episteme*, basierten, also auf spekulativem oder rationalem Wissen.[33]

---

[29] Year Book 36 of Henry VI, pl. 21, S. 25 f., zitiert in: *William Searle Holdsworth*, A History of English Law, 5. Aufl. 1931, S. 626.

[30] *Oliver Wendell Holmes, Jr.*, The Path of Law, Harvard Law Review, Bd. 10 (1897), 457 (469).

[31] Tatsächlich ist *Lawrence Friedman* so weit gegangen, zu sagen, dass „Kent seine umfangreiche Arbeit als nationalen *Blackstone* sah", *Lawrence M. Friedman*, A History of American Law, 1986, S. 332 (zitiert in: *Hulsebosch*, a. a. O., Fn. 15).

[32] *Hulsebosch*, a. a. O., Fn. 15, S. 3.

[33] Wir können das Recht als Handwerk der antiken Griechen verstehen, τέχνη (*techne*). Siehe *Janet Atwill*, Rhetoric Reclaimed: Aristotle and the Liberal Arts Tradition, 1998; *Kirk W. Junker*, Rhetoric Demonstrates the Foundation of Law as Techne, Not Empeiria, in: Konstantine Boudouris (Hrsg.), Philosophy, Art and Technology, 2011, S. 99 ff.

8.4 Verschmelzung von Text und Wissenschaft

Allein mit einem Rückblick auf die Anfänge der Verschriftlichung des *common law* kann eine Antwort auf die Frage, ob das *common law* eine Wissenschaft ist, zwar begonnen, aber nicht abschließend geklärt werden. Warum bleibt diese Frage wichtig? An dieser Stelle müssen wir uns die Unterschiede zwischen Definition und Gebrauch aus dem Kapitel zum sprachlichen Referenzrahmen in Erinnerung rufen. Verstanden im Sinne seiner lateinischen Wurzel *scientia* scheint sich das Wort „Wissenschaft" (*science*) ausschließlich auf Wissen zu beziehen. Aber so wird das Wort heute nicht verwendet. Tatsächlich ist das Wort auch nicht in allen Kulturen mit dem gleichen Bedeutungsgehalt gebräuchlich. Wenn ein englischer Muttersprachler das Wort „*science*" hört, denkt er zumeist ausschließlich an die Naturwissenschaften (*natural sciences*). Wenn man hingegen zum Ausdruck bringen möchte, dass auch die Sozialwissenschaften einbezogen werden sollen, dann ist es im Englischen notwendig, „*science*" um das Wort „*social*" zu ergänzen (*social science*). „*Science*" für sich stehend bezieht sozialbezogene Disziplinen im allgemeinen Sprachgebrauch dieser Wörter nicht ein. Und es würde ganz sicher nicht so etwas wie Literatur oder Philosophie einschließen, auch wenn das etwa für die Franzosen bezogen auf „*la science*" anders ist.

Es ist ausgesprochen aufschlussreich, die Gründe dafür zu untersuchen, warum eine Disziplin als Wissenschaftsdisziplin verstanden werden wollen könnte. Dabei können wir erkennen, dass wir möglicherweise nicht über *Platons* abwertende Kritik an den handwerklichen Praktiken, die auf Erfahrung beruhten, hinausgekommen sind, weil sie keine Praktiken waren, die zu irgendeiner Form von Wahrheit führten. Nur Praktiken, die erkenntnisfähig waren (fähig zu *episteme*), durften als „Philosophie"[34] bezeichnet werden. Kürzlich war ich an einer fakultätsübergreifenden Diskussion darüber beteiligt, ob man die Medizin als Sozial- oder Naturwissenschaft begreifen sollte. Ebenso wie bei unserer Differenzierung zwischen den Sozial- und den Naturwissenschaften (und nicht, ob es sich überhaupt um eine Wissenschaft handelt), bestand der Arzt in der Gruppe nachdrücklich darauf, dass die Medizin als naturwissenschaftliche Disziplin anzusehen sei. Es scheint, dass unsere Wissenshierarchie, trotz der Tatsache, dass sich nur wenige als „Positivisten" bezeichnen wollen würden, immer noch im Gleichschritt mit der positivistischen Philosophie *Auguste Comtes* verläuft, wonach der Mathematik der Rang als axiomatischste und am wenigsten derivative und den Sozialwissenschaften (oder, wie *Comte* sie nannte, der Sozialphysik) der Rang als derivativste und am wenigsten axiomatische Disziplin zukommt, während Astronomie, Physik, Chemie und Biologie die Plätze im Mittelfeld belegen.[35] Basierend auf dem Kriterium, nicht derivativ zu sein, sickert diese Hierar-

---

[34] *Atwill* a. a. O., Fn. 33, S. 79.
[35] *Auguste Comte*, The Positive Philosophy, Harriet Martineau (Übersetzerin), 1855.

chie auch in andere Bereiche der Kultur durch, einschließlich Finanzierung, Prestige und Anerkennungsbeschränkungen, was dazu führt, dass wir letztlich alle bestrebt sind, dass unsere Disziplin als die „wissenschaftlichste" bezeichnet wird.

In vielen Sprachen stellt es sicherlich ein positives Attribut dar, etwas als „wissenschaftlich" zu bezeichnen, auch wenn wir uns nur schwer darauf einigen können, welche Disziplinen in den Kanon der Wissenschaftsdisziplinen einbezogen werden sollen.[36] Und einfach weil es sich um ein allgemein positiv konnotiertes kulturelles Attribut handelt, könnte man sich wünschen, dass die eigene Disziplin oder die eigenen Methoden zum Kern der Wissenschaften gezählt oder zumindest als „wissenschaftlich" bezeichnet werden. Dieser Wunsch scheint auch für das juristische Studium und die Rechtspraxis zu gelten, jedenfalls für die Juristen des *civil law*. Auf die Frage, ob Recht eine Wissenschaft ist, antworten Jurastudierende im *civil law* selbstbewusst mit „Ja". Aber auf die Frage, was Jura zu einer Wissenschaft macht, antworten dieselben mit bemerkenswerter Vielfalt und einigem Widerspruch. In erster Linie denken Studierende, wenn sie sich auf das Konzept einigen, natürlich weitgehend an die juristische Ausbildung. Sie lernen Gesetze auswendig und „subsumieren" dann den konkret-individuellen Sachverhalt unter die abstrakt-generelle Norm, ähnlich wie ein Naturwissenschaftler eine Hypothese aufstellen und dann die Hypothese anhand der aus einem Experiment gewonnenen Fakten überprüfen würde.[37] Für Studierende im *civil law* sorgt diese Methode zur Lösung hypothetischer Rechtszusammenhänge dafür, das juristische Studium als „wissenschaftlich" zu bezeichnen.[38] In der Rechtspraxis des *civil law* hat der inquisitorisch agierende Richter, der im Vergleich zu seinem Kollegen im *common law* relativ wenig Beschränkungen hinsichtlich dessen hat, was er von den Zeugen oder Parteien verlangen kann, die Aufgabe, „die Wahrheit" zu finden, eine Praxis, die suggeriert, dass die Tatsachenwahrheit den Ausgang des Falles bestimmen wird. Sowohl für die

---

[36] Schauen Sie sich bezogen auf das US-Recht nur die Bemühungen der Bundesgerichte in der Rechtssache *Daubert v. Merrell Dow Pharmaceuticals* an, bzw. die Entscheidungsgründe des *U. S. Circuit Court* und des *U. S. Supreme Court*, die hierüber zu befinden hatten, das Verständnis von Wissenschaft zu definieren, um hierdurch bestimmte Beweismittel zulassen zu können. Oder die mehr als 80 Seiten, die das Bundesbezirks gericht von Pennsylvania dafür brauchte, um zu klären, ob die Überzeugungen der Kreationisten als Wissenschaftstheorie gelten können, damit ein bestimmter Schulbezirk vorschreiben darf, dass diese Überzeugungen in den Naturwissenschaften als Alternative zur Evolutionstheorie gelehrt werden dürfen. Siehe *Kitzmiller et al. v. Dover Area School District et al.*, 400 F. Supp. 2d 707 (2005).

[37] Siehe *Rheinhold Zippelius*, Juristische Methodenlehre, 11. Aufl. 2012.

[38] Und doch wird Rudolf von Jhering (1819–1892), der große deutsche Sozial- und Naturrechtstheoretiker, oftmals mit den Worten zitiert, dass auch im Recht „die Kunst der Wissenschaft immer vorgegangen ist", so etwa *Jack A. Hiller/Bernhard Großfeld*, Comparative Legal Semiotics and the Divided Brain: Are We Producing Half-Brained Lawyers?, American Journal of Comparative Law, Bd. 50 (2002), 175 (176).

Studierenden als auch für die Praktiker besteht der Prozess des Rechts darin, präzise den Sachverhalt herauszustellen, sodass die juristische Antwort die gleiche gewesen wäre, wenn andere Studierende oder Richter die Tatsachen auf das Recht angewandt hätte, weil die Methode und der Prozess wiederholbar, wenn nicht sogar vorhersehbar, und daher „wissenschaftlich" sind.[39]

Was können wir im Vergleich dazu über Studierende oder Rechtspraktiker im *Common-law*-System sagen? Studierende des *common law* lernt, dass Fakten an erster Stelle stehen. Und die Richter im *common law* kommen dieser Erwartungshaltung nach, indem sie den Lesern ihrer schriftlichen Entscheidungen zunächst die Fakten der zu beurteilenden Angelegenheit darlegen. Studierende des *common law* sind Studierende eines kontradiktorischen und keines inquisitorischen Verfahrens und nach Darstellung der Fakten erkennt er, dass es in jedem Streitverfahren ein Problem gibt, will sagen, dass die Prozessparteien zwei unterschiedliche Tatsachenschilderungen oder Interpretationen des anwendbaren Rechts präsentiert haben und trotz dieser Unterschiede ist es nicht die Aufgabe des Richters, losgelöst hiervon weiter nachzufragen, sondern vielmehr zu bestimmen, welche der beiden gegenteiligen Tatsachendarstellungen überzeugend ist, welche der konkurrierenden Rechtsauslegungen richtig ist oder beides.

„Die Tradition des *common law* besteht darin, über Einzelfälle zu entscheiden und im Laufe der Zeit, sobald allerhand Fälle von zahlreichen Richtern über viele Jahre hinweg entschieden wurden, durch induktive Methodik zu allgemeineren Rechtsgrundsätzen zu gelangen. Im Gegensatz dazu besteht die Tradition des EuGH [Europäischer Gerichtshof] eher darin, die Rechtsgrundsätze herauszustellen und es dem nationalen Richter zu überlassen, die Lösung für einen konkreten Fall durch Anwendung dieser Rechtsgrundsätze zu finden. Wir finden in Luxemburg viel häufiger Bezugnahmen auf Grundsätze, Freiheiten und Rechte als es in England bisher üblich war."[40]

Um einen Aspekt aus Kapitel 6 zu wiederholen, den *Lon L. Fuller* formuliert hat: Nur wenn ein erfahrener Richter oder Schiedsrichter „in den Genuss einer intelligenten und energischen Interessenvertretung für beide Seiten gekommen ist, kann er sich voll und ganz auf seine Entscheidungen verlassen."[41]

---

[39] Zu einer ausführlichen Auseinandersetzung mit der Bedeutung des Begriffs „Wissenschaft" im Recht siehe die Entscheidung des *U. S. Supreme Court* im Fall *Daubert v. Merrell Dow Pharmaceuticals*, 509 U.S. 579 (1993) in der sich sieben Richter des *U. S. Supreme Court* dahingehend einig waren, dass sie ohne Berücksichtigung von Philosophie und Naturwissenschaft nicht bestimmen können, was „Wissenschaft" ist. In dem Fall *Tammy Kitzmiller, et al. v. Dover Area School District, et al.* 400 F. Supp. 2d 707, 2005, des US-Bezirksgerichts wird in dem ausführlichen Urteil von Richter *Jones* zwischen Wissenschaft und Religion differenziert.

[40] *Konrad Schiemann*, From Common Law Judge to European Judge, ZEuP, Bd. 4 (2005), 741 (742).

[41] *Lon L. Fuller/John D. Randall*, Professional Responsibility: Report of the Joint Conference, A. B. A. Journal, Bd. 44 (1958), 1159 (1161).

Aus einer Vielzahl von Gründen, von denen einige bereits im Kapitel zum sozialen Referenzrahmen erörtert wurden, ist es für einen Juristen des *common law* weit weniger wahrscheinlich als für seinen Cousin des *civil law*, seine Praktiken als „Wissenschaft" (im Sinne des englischen Sprachgebrauchs) zu verstehen. Es hat auch den Anschein, dass keines der beiden Systeme seine Studierenden auch nur ansatzweise dazu ermutigt, in diese Richtung zu denken oder gar die eigene Studienmethode in Frage zu stellen. Vielmehr werden sie mit Erzählungen davon überschüttet, wie schwierig es ist, sämtliche technischen Rechtsregeln zu beherrschen, wodurch sie von einer grundlegenderen Analyse abgehalten werden. Wenn dem so ist, dann ist es letztlich auch kein Wunder, dass Rechtspraktiker beider Systeme insoweit gleichermaßen unbekümmert sind. Hierdurch bleibt es dann den Rechtsgelehrten vorbehalten, die Verbindungen zwischen Recht und Kultur herauszuarbeiten und die Frage zu stellen, ob das Wesen der juristischen Ausbildung und der Rechtspraxis wissenschaftlicher Natur ist. In einigen Staaten des *civil law* führt dies möglicherweise dazu, dass diese Rechtsgelehrten in hohem Maße respektiert und akzeptiert werden, etwa indem Juraprofessoren Kommentare zu Gesetzestexten oder dem Gesetzgebungsverfahren herausgeben, aber in Staaten des *common law* ist dies nicht der Fall. Schaut man sich Art. 38 IGH-Statut an, der die vom Internationalen Gerichtshof (IGH) anwendbaren Rechtsquellen des Völkerrechts regelt, so stellt man fest, dass die gerichtlichen Entscheidungen in derselben Kategorie geführt werden wie auch die Lehren der anerkanntesten Autoren und lediglich sekundäre Völkerrechtsquellen darstellen.[42] Während es im *civil law* auch den Rechtsgelehrten erlaubt ist, an der Auslegung des *civil law* mitzuwirken, ist es im *common law* allein den Richtern vorbehalten, Rechtsmeinungen zu äußern, denen rechtliche Bedeutung beigemessen wird.

8.5 Verschmelzung von Praxis und Kunstform

An vielen Stellen dieses Buches finden sich Hinweise darauf, dass sich das *common law*, repräsentiert durch das US-Recht, vom *civil law* anders als durch die Rechtsquellen unterscheidet. Und nun, da wir uns nun die Frage stellen, ob Recht eine Fachdisziplin ist – und wenn ja, in welcher Hinsicht –, finden wir einen der deutlichsten Einblicke, um die US-amerikanische Rechtskultur zu verstehen. Wir kommen noch einmal auf die Frage aus Kapitel 1 zurück: „Ist die Rechtsausübung eine Wissenschaftsdisziplin oder eine Kunstform?" Um diese Frage zu beantworten, muss man sich klar machen, was mit die-

---

[42] Siehe Webseite des Internationalen Gerichtshofs: https://www.icj-cij.org/en/statute (zuletzt aufgerufen am 01.12.2022).

sen beiden Begriffen gemeint ist. Trotz der von *Bernal*[43] und anderen durch den historischen Referenzrahmen geäußerten Kritik, dargestellt in Kapitel 4, auf welche Weise die Europäer ein Verständnis für ihre eigene Geschichte entwickelt haben, sollten wir, wenn es tatsächlich einen Einfluss des altgriechischen Denkens auf dieses Verständnis gibt, genau dort anfangen zu schauen.[44] Wie in Kapitel 5 erörtert, wurde das *common law* seit seinen Ursprüngen an den *Inns of Court* bis in die Gegenwart hinein als Kunstform der Parteivertretung, insbesondere der mündlichen Fürsprache, gelehrt. Darüber hinaus war die Ausbildung in mündlicher Parteivertretung, insbesondere durch die *dissoi logoi* („widerstreitende Argumente") der antiken Rhetorik (erinnern Sie sich an den sprachlichen Referenzrahmen aus Kapitel 6), zunächst eine Fertigkeit, die von Rhetorikern gelehrt wurde, und existierte vor einem allgemeingültigen Gesetzestext, auf den man eine juristische Fachdisziplin hätte aufbauen können.

Doch um die Frage, ob das Recht eine Wissenschaft ist, am besten zu beantworten, sollte man die juristische Ausbildung von der juristischen Praxis unterscheiden. Demnach könnte sich das *common law* in seiner heutigen Berufsauffassung als Kunstform, deren Fertigkeiten auf die alte Kunst der Rhetorik zurückgehen, insoweit recht bequem zurücklehnen. Dennoch könnte sich das *common law* auch gut einen Platz innerhalb der Sozialwissenschaften suchen, wenn man bedenkt, dass die Normsetzung innerhalb des Rechtssystems auf den empirischen Erfahrungen vergangener Verfahren und Urteile beruht.[45] Im Vergleich dazu scheint es so zu sein, dass der Jurist im *civil law*, wenn er seine Subsumtionsmethode für die Gerichtspraxis lernt, so etwas wie eine Sozialwissenschaft lernt, aber wenn Normen durch akademischen Diskurs geschaffen werden, gerät die Methode der empirisch zu beobachtenden Tatsachen ins Hintertreffen. Einer meiner Assistenten nahm kürzlich an einem Finanzierungsseminar für Sozialwissenschaften unserer Universität, die in einem Staat mit *Civil-law*-System liegt, teil. Als die Referenten ihre Diskussion über die Sozialwissenschaften erschöpft hatten, fragte der Assistent nach der Rechtswissenschaft. „Jura ist keine Sozialwissenschaft", erklärte der Referent. „Es ist seine eigene Wissenschaftsform." Damit bleibt das Rätsel noch immer zu lösen: Wenn das *civil law* weder Sozial- noch Naturwissenschaft ist, was ist denn dann seine Natur als eigene Wissenschaftsform?

Welche Bedeutung hat die Einordnung der juristischen Disziplin in die Kategorie Kunst oder Wissenschaft für das praktische Verständnis der Rechtspraxis? Was könnte bei einer solchen Unterscheidung möglicherweise

---

[43]   *Martin Bernal*, Black Athena: The Afroasiatic Roots of Classical Civilization, The Fabrication of Ancient Greece, 1785–1985, Bd. I, 1987; The Archaeological and Documentary Evidence, Bd. II., 1991; The Linguistic Evidence, Bd. III, 2006.

[44]   *Junker* a. a. O., Fn. 33.

[45]   Eine reflektierte Überlegung zur Frage, ob das US-Recht von Sozialwissenschaften profitieren kann, findet sich bei *W. Laurens Walker*, Improving Legal Procedures Through Social Science, Virginia Law Review, Bd. 7 (2007), S. 32.

auf dem Spiel stehen? Dazu müssen wir einige der Ideen der Referenzrahmen zur Geschichte, Philosophie und Soziologie kombinieren. *Alfred North Whitehead*, einer der renommiertesten englischen Philosophen des 20. Jahrhunderts, behauptete mit seinen inzwischen berühmt gewordenen Worten, dass „die sicherste allgemeine Charakterisierung der philosophischen Tradition Europas darin besteht, dass sie sich aus einer ganzen Reihe an Referenzen zu *Platon* zusammensetzt."[46] Einer solchen Position könnte man einige Kritik entgegenhalten. Dennoch ist eine Sache relativ klar: Ein Großteil der westlichen Philosophie ist so geschrieben, *als ob* sie eine Fußnote zu *Platon* oder *Aristoteles* wäre, entweder indem hierin einer von beiden unmittelbar zitiert wird oder indem Bezug auf die Philosophie genommen wird, die ihrerseits auf *Aristoteles* oder *Platon* zurückgeht.[47] Und: „nach Platon zählt das Recht zu den Kunstformen, die nichts mit Mengen, Zahlen, Dauer oder Ausdehnung zu tun hat."[48]

Wenn wir die Geschichte derjenigen Praktiken analysieren, die *Aristoteles* beobachtet hat – forensische Redekunst enthalten in Reden, die oft von anderen Person verfasst wurden (von niemand geringerem als den Sophisten) – können wir uns eine Vorstellung davon machen, wie die Rechtspraxis ausgesehen hat.[49] Es handelte sich nicht um einen eigenständigen Berufszweig, sondern vielmehr um eine Reihe von mündlichen Praktiken derjenigen Bürger, die Gerechtigkeit für sich selbst suchten. Natürlich gab es auch bereits im vierten Jahrhundert v. Chr. Menschen, die das Rechtssystem missbrauchten, und, anstatt Gerechtigkeit zu suchen, nur aus persönlichem Gewinnstreben handelten.[50] Diese Praktiken, die für Gerechtigkeit oder persönliches Gewinnstreben eingesetzt wurden, waren diejenigen, die von den Sophisten als rhetorische Fähigkeiten gelehrt wurden.[51]

Es wäre anachronistisch,[52] wenn wir versuchen würden, die Unterscheidung, die wir heute so problemlos zwischen den Traditionen des *common law* und des *civil law* treffen können, auf das vierte Jahrhundert v. Chr. zu übertragen. Mit einem Blick durch den historischen Referenzrahmen erkennen wir, dass im Rom der damaligen Zeit das Zwölftafelgesetz galt (449 v. Chr.). Die dokumentierte Auslegung des Zwölftafelgesetzes[53] (529 v. Chr.) galt zwar in einer längst vergangenen Zeit, aber später, lange nachdem das Imperium untergegangen war, wurde im 12. Jahrhundert in Bologna der Kodex von

---

[46] *Alfred North Whitehead*, Process and Reality, 1979, S. 39.
[47] Siehe *Junker* a. a. O., Fn. 33.
[48] *Bernhard Großfeld*, Core Questions of Comparative Law, 2005, S. 187 (zitiert *Laws*, 757 B–E).
[49] *Michael H. Frost*, Introduction to Classical Legal Rhetoric: A Lost Heritage, 2005.
[50] Siehe bspw. *Aristophanes* Wasps.
[51] *Edward P. J. Corbett/Robert J. Connors*, Classical Rhetoric for the Modern Student. 4. Aufl. 1999.
[52] *J. H. Baker*, The Common Law Tradition, 2000.
[53] *Berman* a. a. O., Fn. 9.

Justinian wiederbelebt und als C. J. C. studiert. Es lohnt sich zu erwähnen, dass während eben dieses Jahrhunderts die Europäische Universität aus der Taufe gehoben wurde und insoweit das C. J. C. als Rechtstext zur Verfügung stand, um an dieser Universität analysiert und gelehrt zu werden. Dieses Textstudium des C. J. C. ermöglichte es der Rechtswissenschaft, als eigenständige Disziplin zu fungieren. Ironischerweise war das C. J. C. zu dieser Zeit für niemanden mehr geltendes Recht.

Zum Vergleich: In der nordwestlichen Ecke dieses Reiches, wo *Hadrian* seine Mauer zum Schutz vor den Angriffen der Pikten, Kelten und Schotten errichtet hatte,[54] beruhten die Rechtspraktiken in Großbritannien auf lokalen Bräuchen. Selbst nachdem *Wilhelm der Eroberer Harald II.* in der berühmten Schlacht von Hastings besiegt hatte, hat er nur die normannische Verwaltung nach England gebracht, nicht aber das materielle Recht oder die Normen des kontinentalen Europas. Nur wenig später, als die Universität Oxford gegründet wurde, wurde dort das kanonische Recht der christlichen Kirche gelehrt und nicht das lokale Gewohnheitsrecht der Rechtspraxis (Erinnern Sie sich jedoch daran, dass die deutliche Abgrenzung, die man heute zwischen den Normen der Kirche und denen der säkularen Gesellschaft vornehmen würde, im Großbritannien der damaligen Zeit gar nicht so deutlich vorhanden war.).[55] Stattdessen bestanden diejenigen Texte, die ein disziplinäres juristisches Studium der Rechtspraxis ermöglichten, zunächst aus den Jahrbüchern (*Year Books*) zu den schriftlichen Gerichtsentscheidungen und dann aus den Sammlungen gerichtlicher Entscheidungen (*Reporters*). Aber im Einklang mit der Tatsache, dass das weltliche Recht an der Universität nicht gelehrt wurde, fanden auch diese Sammlungen schriftlicher Gerichtsentscheidungen in der Universität keine Verwendung, sondern an den *Inns of Court*. Um die Fertigkeiten der Rechtspraxis zu erlernen, musste man daher die *Barrister* und die anderen sechs Typen von Rechtsanwälten[56] bei ihrer Arbeit beobachten. Am nächsten kam man einem Katalog materieller Normen nur durch die Jahrbücher (*Year Books*) und Entscheidungssammlungen (*Reporters*).

Wenn wir uns das Wort „Verfahren" (*process*) in dem Begriff „angemessenes rechtsstaatliches Verfahren" (*due process of law*) genauer anschauen, könnten wir vielleicht den Eindruck bekommen, dass das Recht doch wissenschaftlich ist oder es zumindest sein kann. *Berman* schreibt, dass „das ‚angemessene rechtsstaatliche Verfahren' (*due process of law*) in der Tat ein englischer Ausdruck aus dem 14. Jahrhundert ist, der so viel wie Naturrecht bedeutet."[57] Mit dieser Formulierung bezieht sich *Berman* auf den schwieri-

---

54   Siehe *Baker*, a. a. O., Fn. 52; *Daniel R. Coquillette*, The Anglo-American Legal Heritage. 2. Aufl. 2004.

55   Siehe *Kirk W. Junker*, The Procedure of *Rhetorica Ecclesiastica* as a Common Worldview to the Church and to the Courts, in: Proceedings of the 16th Biennial Conference of the International Society for the History of Rhetoric, 24.–28. Juli 2007.

56   Siehe bspw. *Baker*, a. a. O., Fn. 52.

57   *Berman* a. a. O., Fn. 9, S. 12.

geren Bestandteil des Konzepts: „angemessen" (*due*). „Angemessen" (*due*) im Hinblick auf welche Kriterien oder auf welche notwendigen Rahmenbedingungen? Das Recht selbst beantwortet diese Frage nicht und kann sie möglicherweise auch nicht beantworten. Um zu beantworten, muss man das Recht mit den kulturellen Werten in Verbindung setzen. Wenn man das erst einmal getan hat, kann man die kulturellen Werte innerhalb des Rechts in zukünftigen Bezugnahmen anschließend ignorieren und stattdessen das Recht selbst dazu nutzen, um sich nur noch auf sich selbst zu beziehen – im *common law* durch die Präjudizienbindung. Wenn ein Verfassungsrechtler des *common law* in einer Vorlesung die Frage stellt „Was macht ein ‚angemessenes rechtsstaatliches Verfahren (*due process*)' aus?", ist die richtige Antwort diejenige, die ein bestimmtes Verfahren beschreibt und hierfür einen Präzedenzfall anführt, der diese Verfahrensweise festgelegt hat, nicht hingegen diejenige Antwort, die ein bestimmtes Verfahren beschreibt und hierfür ein philosophisches, religiöses, historisches, politisches oder ökonomisches Prinzip anführt. Letztlich dürfte das alte Sprichwort von Marshall *McLuhan*, dass das „Medium die Botschaft ist",[58] die Position der US-amerikanischen Juristen recht treffend beschreiben: „Gerechtigkeit" (als Botschaft) wird als „angemessenes rechtsstaatliches Verfahren" (*due process*) (als Medium) verstanden.

In einem Rechtssystem, das die Vorbereitung auf juristische Tätigkeiten als Ausbildung der oberen Mittelschicht und nicht als universitäre Ausbildung versteht oder zumindest historisch verstanden hat, sollte es auch nicht überraschen, dass sich Jurastudierende und sogar Rechtsanwälte keine Gedanken darüber machen, ob ihr Studium und ihre Rechtspraxis „wissenschaftlich" sind oder „sozialen Zwecken dienen". Erinnern Sie sich daran, dass *Pierre Lepaulle*, kurz nach der Pariser Ausstellung von 1908, schrieb:

„Wir sind an einem Punkt angelangt, an dem, in den meisten Ländern, ein wahrer Mangel des Rechts besteht, ein Versagen, wissenschaftliche Standards und soziale Ziele zu erreichen. […] Was ist in dieser Sozialmedizin, die wir Recht nennen, passiert? Vor mehr als fünfzig Jahren begannen die Menschen damit, den sozialen Organismus mit wissenschaftlichen Methoden induktiv zu erforschen. Geduldig versuchten einige, durch Monographien, diejenigen allgemeinen Gesetze freizulegen, die den Mechanismus oder die Funktion dieser oder jener sozialen Institution beherrschen, während andere versuchten, Methoden zu etablieren und ein Programm zu entwickeln."[59]

Es wäre weitaus unwahrscheinlicher, in den Staaten des *common law* Unterstützung dafür zu finden, die Rechtspraxis als Wissenschaft zu betreiben. Man kann zwar sagen, dass Fälle induktiv zum Aufbau von Rechtsnormen führen, aber es scheint kaum Interesse dafür zu geben, alles zu einem einheitlichen Ganzen zusammenzufassen, was dann als Wissenschaft bezeichnet werden könnte.

---

[58] *Marshall McLuhan*, Understanding Media: The Extensions of Man, 1964.
[59] *Pierre LePaulle*, The Function of Comparative Law, With a Critique of Sociological Jurisprudence, Harvard Law Review, Bd. 35, Nr. 7 (1922), 838 f.

Der relativ späte Einzug der weltlichen Rechtspraxis in die englische Universität gepaart mit der relativen Unabhängigkeit der Rechtspraxis im Vereinigten Königreich und in den Vereinigten Staaten führen mich zu der Schlussfolgerung, dass das juristische Studium und die Rechtspraxis im *common law* aus einer Tradition als eine der freien Künste hervorgegangen ist, wobei der Schwerpunkt auf den Fähigkeiten zur mündlichen Parteivertretung liegt. Im Vergleich dazu behandelte das *civil law*, das sich aus einer schriftlichen Befassung mit dem *C. J. C.* heraus entwickelte und einen Schwerpunkt auf die gerichtliche Untersuchung zur Beilegung von Streitigkeiten legte, das juristische Studium und die Rechtspraxis als Sozialwissenschaft. Obwohl das nicht immer der Fall war, ist das europäische Universitätskonzept heute im Groben in Wissenschaftsbereiche unterteilt, die auf einer Abgrenzung der Wissenschaften von den Künsten basiert, und weist damit eine gewisse Ähnlichkeit zu den alten Wissenskategorien von Wahrheit, Schönheit und Tugend auf. In den Vereinigten Staaten ist eine weitere Kategorie außerhalb der traditionellen Universitätsstruktur erfunden worden – diejenige der „berufsbezogenen Ausbildungsstätte" (*professional school*). Dieser Typus der „berufsbezogenen Ausbildungsstätte" (*professional school*) schließt für gewöhnlich Schulen der Wirtschaft, Medizin und des Rechts ein, obwohl in einem reinen Sinn auch andere „Berufszweige" wie Ingenieurwesen, Psychologie, Architektur und Naturwissenschaften nach wie vor in den traditionellen Universitätsfakultäten zu Hause sind. Tabelle 8.1 veranschaulicht die Unterschiede und Beziehungen zwischen den drei großen disziplinären Kategorien der Universität.

Tabelle 8.1: Die disziplinäre Struktur der Universität

Disziplinäre Kategorie	Untersuchungsgegenstand	Untersuchungsmethode	Zielsetzung der Disziplin
Geisteswissenschaften[a]	Menschliches Verhalten	Variabel	Variabel – Gerechtigkeit im Recht. Schönheit, wenn die Geisteswissenschaften die antiken griechischen Kulturbereiche der transzendentalen Werte – Wahrheit, Schönheit, Güte – reflektieren.
Naturwissenschaften	Materielle Gegenstände der Natur	Hypothetisch-deduktiv	Wahrheitsfindung
Sozialwissenschaften	Menschliches Verhalten	Hypothetisch-deduktiv	Gerechtigkeit

[a] *Hiller und Großfeld erinnern uns daran, dass es „in Frankreich Fakultäten der ‚droit et lettres' gibt" (a. a. O., Fn. 38, S. 186).*

Auf Nachfrage behaupten Studierende und Praktiker sowohl aus der Tradition des *common law* als auch des *civil law* meist aus einem gewissen Selbstverständnis heraus, dass die Vorteile ihrer jeweiligen Methode und ihres jeweiligen Systems etwa in Zweckmäßigkeit, Wahrheitsfindung, Gerechtigkeit, Fairness usw. zu sehen seien. Und jeder kann dann als Außenstehender des jeweils anderen Systems rational begründen, warum das andere System diese Werte und Ziele nicht erreicht oder zumindest nicht genauso gut wie das eigene System. Aber genau dieser Punkt ist der Schlüssel zu der Erkenntnis, dass man ein anderes Rechtssystem als Teil einer Kultur und damit als inhärent von der Sprache getragen begreifen muss, so als würde man eine Fremdsprache lernen.[60] Genauso wie ein englischer Muttersprachler in einer Fremdsprache Ineffizienz und scheinbar unnötige Komplikationen finden kann, sei es nun eine romanische oder eine germanische Sprache, und der Sprecher einer romanischen Sprache die Nuancen des englischen Vokabulars überwältigend findet, können dieselben Einstellungen in Abhängigkeit vom eigenen Standpunkt aus den Anschein erwecken, dass ein fremdes Rechtssystem ineffizient und irrational oder sogar ungerecht und unfair ist.

Um wirklich wissenschaftlich zu sein, könnte man die Wirkungsweisen der *Common-law-* und des *Civil-law-*Systeme untersuchen und eine Liste von Variablen erstellen, um System A und das Leben seiner Rechtsunterworfenen innerhalb dieses Systems mit System B und dem Leben seiner Rechtsunterworfenen innerhalb dieses Systems in Bezug auf deren Wünsche und Erwartungen zu vergleichen, anstatt nur in Bezug auf die Wünsche und Erwartungen der Juristen. Eine Verschiebung der Rechtsunterworfenen oder des Systems auf die andere Seite der Gleichung und in das andere Rechtssystem wäre aber eine wenig hilfreiche Vermengung. Denn das würde suggerieren, dass das Recht auf irgendeine Weise unabhängig von den Menschen desjenigen Kulturkreises wäre, der es hervorgebracht hat.[61]

Kurz gesagt: Juristen des *common law* sind Parteivertreter, deren historische und gegenwärtige Kompetenzentwicklung ihre Wurzeln in der Disziplin der Rhetorik hat, während Juristen des *civil law* Forscher sind, deren historische und gegenwärtige Kompetenzentwicklung in den Sozialwissenschaften zu finden ist. Die Tatsache, dass beide von sich behaupten können, gerecht zu operieren und die Gerechtigkeit mit diesen unterschiedlichen Systemen zu fördern, ist darauf zurückzuführen, dass die Rechtsunterworfenen dieser unterschiedlichen Systeme selbst unterschiedliche kulturelle Erwartungen an ihre Rechtssysteme haben, die wiederum auf der geschichtlichen Entwicklung und dem sozialen Gefüge der jeweiligen Kulturen beruhen. Diese publikumswirksame Art der Bedeutungseingrenzung basiert natürlich selbst auf einer rhetorischen Weltsicht.[62]

---

[60] Siehe bspw. *Vivian Grosswald Curran*, Comparative Law, An Introduction, 2002; *James Boyd White*, Justice as Translation, 1990.

[61] Siehe *Brian Friel*, Translations, 1981; *White*, a. a. O., Fn. 60.

[62] Siehe bspw. *Kenneth Burke*, Rhetoric Old and New, Journal of General Education, Bd. 5, Nr. 3 (1951), 202; *Trevor Melia*, Essay Review, Isis, Bd. 83 (1992), 100.

Die Frage, was im Zentrum unserer Disziplin steht, könnten wir damit beantworten, dass wir sagen, dass es die Haltung ist – eine „juristisch fokussierte Haltung", die wiederum als vom Recht selbst ausgehende Orientierung für soziale Probleme definiert werden könnte. Als ich in der Vergangenheit US-amerikanische Jurastudierende in einem Kurs zur Rechtsethik unterrichtete, sagte ich ihnen, dass, wenn eine Person zu ihnen kommt und ihnen ein Problem schildert, eine der möglichen Antworten lauten muss: „Es tut mir leid, aber ich kann Ihnen bei diesem Problem nicht helfen", weil das Recht hierfür keine Lösung bereithält. Wenn das keine mögliche Antwort ist, dann handelt der betreffende Jurist unethisch. Die Annahme, dass Juristen für alle Probleme eine Lösung finden können, ist ein Haltungsproblem des Rechtszentrismus, kann aber gleichzeitig eine Haltung sein, die für die Disziplin typisch ist. In gewisser Weise ist diese Kritik an der US-amerikanischen Rechtspraxis nicht neu. Der Rechtsrealismus von *Holmes* und anderen,[63] mit dem wir uns im philosophischen Referenzrahmen befasst haben, brachte das Recht mit „sozialen Zwecken, politischen Interessen und Problemen der Sprache / Schrift"[64] in Verbindung. Im Anschluss an den Rechtsrealismus war es die soziologische Rechtswissenschaft, die ähnliche Bedenken und Forderungen an die Rechtspraxis und an die juristische Ausbildung herantrug.

8.6 Schlussfolgerung

Auguste Comte schloss seine berühmte Arbeit über die positive Philosophie mit der Vorstellung ab, dass wir, nachdem wir das gesamte menschliche Denken von den Sozialwissenschaften bis hin zur axiomatischsten Disziplin – der Mathematik – auf Teilbereiche reduziert haben, immer noch auf der Suche nach einer Person und Disziplin sein werden, die zwischen den Disziplinen vermitteln und die interdisziplinäre Kommunikation koordinieren kann. Viele Menschen mögen zwar nach der Ideologie des Positivismus arbeiten, aber sie haben sie wahrscheinlich dennoch nicht als vollständiges Programm verinnerlicht. Folglich haben wir auch diesen letzten Ratschlag im Hinblick auf den Positivismus von *Comte* bislang nicht beherzigt und beschreiten stattdessen fortwährend den Pfad der Spezialisierung. Auch wenn man insoweit nicht behaupten kann, diejenigen Gefahren vermieden zu haben, die damit verbunden sind, nämlich dass man sich als Spezialist seiner Disziplin mit einem Phänomen aus Bereichen befasst, die nicht zum eigenen Spezialgebiet gehören, so kann man doch zumindest anerkennen, dass man es versuchen muss. Kurz gesagt: die Perspektive, als Jurist das Recht zu analysieren, ist unzureichend, selbst für den alltägliche Rechtsgebrauch. Persönlicher gesagt:

---

[63]   Siehe *Jerome Frank*, Law and the Modern Mind, 1930; *Karl Llewellyn*, Some Realism about Realism, Harvard Law Review, Bd. 44 (1930–31), 1222.

[64]   *Frankenberg* a. a. O., Fn. 27, S. 446.

Als ehemaliges Mitglied naturwissenschaftlicher, sozialwissenschaftlicher, juristischer und geisteswissenschaftlicher Fakultäten habe ich sowohl aus Sicht von Fakultäts- und Fachtagungen als auch von Literatur, Kollegen und Studierenden meine Schlüsse gezogen, auch wenn ich letztlich nicht in sämtlichen Bereichen einen Abschluss erworben habe.

Wissenskontrolle

1. Wo und wann gab es das Trivium, das an englischen Universitäten gelehrt wurde?
2. Wie lange hat ein praktizierender *barrister* Rhetorik gelernt, bevor er zu den *inns* gehen konnte?
3. In welchem Jahr wurde Jura ein Studienfach der englischen Universitäten?
4. War Jura ein Studienfach der englischen Universitäten als die Vereinigten Staaten ihre Unabhängigkeit erklärten?

Literatur

Baker, John H., The Common Law Tradition, 2000.

Berman, Harold J., Law and Revolution: The Formation of the Western Legal Tradition, 1983.

Berman, Harold J., Law and Revolution II: The Impact of the Protestant Reformation on the Western Legal Tradition, 2006.

Bernal, Martin, Black Athena: Afroasiatic Roots of Classical Civilization, Volume I: The Fabrication of Ancient Greece, 1785–1985, 1987.

Bernal, Martin, Black Athena: Afroasiatic Roots of Classical Civilization, Volume II: The Archaeological and Documentary Evidence, 1991.

Bernal, Martin, Black Athena: Afroasiatic Roots of Classical Civilization, Volume III: The Linguistic Evidence, 2006.

Bobbitt, Philip, Wittgenstein and Law, Patterson, Dennis (Hrsg.), 2004.

Coquillette, Daniel, The Anglo-American Legal Heritage, 2. Aufl. 2004.

Corbett, Edward P. J./Connors, Robert J., Classical Rhetoric for the Modern Student, 4. Aufl. 1999.

Curran, Vivian Grosswald, Comparative Law, An Introduction, 2002.

Frankenberg, Günter, Critical Comparison, Re-Thinking Comparative Law, Harvard International Law Journal, Bd. 26 (1985), 411.

Friedman, Lawrence M., A History of American Law, 2. Aufl. 1986.

Frost, Michael H., Introduction to Classical Legal Rhetoric: A Lost Heritage, 2005.

Holmes, Oliver Wendell, Jr., The Common Law, 1881.

Holmes, Oliver Wendell, Jr., The Path of Law, Harvard Law Review, Bd. 10 (1897), 457.

Junker, Kirk W., Rhetoric Demonstrates the Foundation of Law Practice as Techne, not Empeiria, in: Boudouris, Konstantine (Hrsg.), Philosophy, Art and Technology, 2011, S. 99–114.

Kempin, Frederick G., Jr., Historical Introduction to Anglo-American Law, 1990.

McLuhan, Marshall, Understanding Media: The Extensions of Man, 1964.

Schauer, Frederick, Thinking Like a Lawyer: A New Introduction to Legal Reasoning, 2009.
White, James Boyd, Justice as Translation, 1990.
Whitehead, Alfred North, Process and Reality, 1979.

9 Mechanistischer Referenzrahmen

Leitgedanken

1. Welches materielle Recht wendet ein US-Bundesgericht an, wenn es einen bundesstaatlichen Rechtsstreit (*state law case*) entscheidet, für den es deshalb zuständig ist, weil die Parteien aus unterschiedlichen Bundesstaaten kommen (*diversity of citizenship*)?
2. Wie ist das Rechtsverhältnis zwischen den einzelnen Bundesstaaten, wenn ein Gesetz erlassen oder ein Konflikt gelöst ist?

9.1 Anwendungsmechanismen

Dieses Buch endet in diesem letzten Kapitel, an genau der Stelle, an der Bücher, welche die Rechtsnormen und juristischen Institutionen der USA zusammenfassen, üblicherweise beginnen.[1] Und wenn ich mit meinem Ansatz erfolgreich gewesen sein sollte, dann sollte jemand außerhalb der Vereinigten Staaten, nachdem er nun mit den in diesem Buch vorgestellten kulturellen Konzepten vertraut ist, auch dazu in der Lage sein, sich diese Rechtsregeln und juristischen Institutionen im Kontext der US-amerikanischen Rechtskultur zu vergegenwärtigen und anzueignen. Zu Beginn dieses Buches wurde darauf hingewiesen, dass man, wenn die Rechtspraxis auf der Fähigkeit basiert, den Ausgang von Rechtsstreitigkeiten vorherzusagen, auch wohl erwarten darf, dass das Recht wie eine Art Sozialwissenschaft funktioniert, innerhalb derer Theorien (wenn nicht gar Hypothesen), Tatsachen, Anwendungsmodelle und Erkenntnisse zuverlässige Anhaltspunkte für diese Vorhersagen liefern. Aber wie wir aus den vorangegangenen Kapiteln mitgenommen haben, beruhen zahlreiche Voraussetzungen der Rechtspraxis eher auf der Kultur, in der das Recht wirkt, und nicht so sehr auf sozial-

---

[1] Siehe bspw. *Margaret Johns/Rex R. Perschbacher*, The United States Legal System, An Introduction, 2007; *Peter Hay*, Law of the United States, 2010; *Alan B. Morrison* (Hrsg.), Fundamentals of American Law, 1996; *Gerald McAlinn* et al, An Introduction to American Law, 2005; *Alberto Benitez*, An Introduction to the United States Legal System, 2006.

wissenschaftlichen Mechanismen. Wenn wir herausfinden würden, dass die sozialwissenschaftlichen Elemente auf den Grundlagen kultureller Elemente aufbauen, kämen wir einer vorhersehbaren Rechtswissenschaft ein ganzes Stück näher. Aber würden wir hierdurch eine Präzision erreichen, die genau genug wäre, um tatsächlich von einer echten Vorhersehbarkeit zu sprechen? Auf welche Weise könnten wir eine Kultur derart tief ergründen, dass wir wirklich vorhersagen können, wie ein Rechtsstreit ausgehen wird? Dieses Buch stellt, mittels des Instruments der kulturellen Referenzrahmen, den Versuch dar, einem außerhalb der US-amerikanischen Kultur stehenden Leser die Möglichkeit zu geben, zumindest einige kulturelle Einsichten zu erlangen, so dass er oder sie die kulturellen Grundlagen besser verstehen kann, auf der die Mechanismen der Sozialwissenschaft des Rechts beruhen, wenn Konflikte zu lösen sind. Wenn man die verschiedenen Referenzrahmen zu Geschichte, Gesellschaft, Sprache, Philosophie und der Disziplin herangezogen hat, um die US-amerikanische Rechtskultur zu begreifen, kann man schließlich auch damit beginnen, konkrete Beispiele aus den Mechanismen der Rechtspraxis hierauf anzuwenden.

Hätten wir diese kulturellen Besonderheiten ignoriert und wären stattdessen direkt zu einer Rechtsanwendung der US-amerikanischen Verfassungen, Gesetze, Normen und Fälle auf einzelfallbezogene Tatsachen übergegangen, dann wären wir so vorgegangen, wie es Juristen üblicherweise tun. Hierdurch hätten wir dann das soziale Phänomen des Rechtsstreits ausschließlich durch den Referenzrahmen des Rechts selbst analysiert. Kurz gesagt: das Recht hätte auf das Recht geschaut. Ich bezeichne diese Anwendung als mechanistischen Referenzrahmen. Das Recht erklärt sich selbst auf eine Weise, als würde das Verständnis eines Rechtssystems allein von der Kenntnis der Rechtsquellen und juristischen Institutionen abhängig sein und als wäre es so zu begreifen, dass das Recht mechanisch ist – Recht als mechanische Anwendung von Regelungen auf Tatsachen. Für die US-amerikanische Rechtskultur stehen Ihnen, nachdem Sie die vorstehenden Kapitel gelesen haben, nun jedoch weitaus mehr Werkzeuge zur Verfügung, um den kulturellen Kontext dieser Mechanismen zu begreifen, als wenn Sie nur die Mechanismen selbst auswendig gelernt hätten.

In diesem letzten Kapitel möchte ich das „US-Recht", so künstlich diese Kategorie auch erscheinen mag, durch den juristisch-mechanistischen Referenzrahmen betrachten, dabei aber einige der Aspekte aus den anderen kulturellen Referenzrahmen heranziehen, um Ihnen als Leser dabei zu helfen, sich den Mechanismen des US-amerikanischen Rechts mit einem gewissen kulturellen Verständnis zu nähern. Anstatt diese Mechanismen mit einem deduktiven Ansatz von oben nach unten zu betrachten, werde ich diese rechtspraktischen Besonderheiten von unten nach oben darstellen, das heißt mit derjenigen Perspektive, die einem praktizierenden Rechtsanwalt bei der Konfliktlösung begegnet. Anstatt also nur, gleichsam wie Bücher zum materiellen Recht, den Versuch zu unternehmen, eine umfangreiche Bündelung des materiellen Rechts anzubieten, liefere ich an dieser Stelle lediglich einige Beispiele, die einerseits für den Rechtspraktiker von einiger Relevanz sind und die sich andererseits durch das bisher erworbene Hintergrundwissen über die US-amerikanische Rechtskultur besser verstehen lassen. Im Hinblick auf meine an früherer Stelle geäußerte Vorwarnung, dass *Common-law*-Juristen induktiv arbeiten und mit der Ebene der Konfliktlösung beginnen, nicht mit abstrakten Prinzipien, werde ich die folgende Auswahl von Mechanismen aus eben dieser Position vorstellen, beginnend mit dem *Discovery*-Vorverfahren (*pre-trial discovery*) und dann übergehen zu den Laienjurys (*lay juries*), zur Hauptverhandlung (*trial*), zur *Stare-decisis-Doktrin* und schließlich zum Föderalismus. Daneben gibt viele andere Themen, die ebenfalls einbezogen werden könnten, z. B. Sammelklagen (*class actions*), Eide (*oaths*), die Berechnung der Anwaltsgebühren, die Verständigung in Strafsachen (*plea bargaining*) oder das Kautionssystem (*bail system*) in Strafsachen. Auch diese Besonderheiten sollten von interessierten Studierenden analysiert werden, wobei die Notwendigkeit dieser Untersuchung durch den klassischen Satz eines Naturwissenschaftlers am Ende seiner Untersuchung ausgedrückt sei – „weitergehende Untersuchungen wären wünschenswert". Als letzter einleitender Punkt in Bezug auf diese Mechanismen sei darauf hingewiesen, dass die nachfolgende Auseinandersetzung mit den ausgewählten rechtspraktischen Mechanismen jeweils nicht sämtliche Aspekte erschöpfend behandelt, sondern vielmehr veranschaulichen soll, wie man die unterschiedlichen Referenzrahmen einer Rechtskultur innerhalb der Mechanismen der Rechtspraxis selbst wiedererkennen kann.

9.2 *Discovery*-Vorverfahren

Bestandteil des kontradiktorischen Systems ist die Vorstellung, dass der Gerechtigkeit dann am besten gedient ist, wenn beide Prozessparteien den Fall bestmöglich aus ihrer Sicht präsentieren können. Um dieser Maxime gerecht werden zu können, sieht das *common law* in den Vereinigten Staaten ein Vorverfahren namens *discovery* und in England und Wales namens *disclosure* vor. In diesen Verfahrensarten wird beiden Parteien vor dem eigentlichen Hauptverfahren (*trial*) ermöglicht, zu erfahren, welche Tatsachen der Gegenseite bekannt sind. In der kontradiktorischen Rechtskultur ist man von der Idee überzeugt, dass es für ein faires Verfahren unabdingbar ist, dass beide Seiten über sämtliche fallrelevanten Tatsachen im Bilde sind. Das US-amerikanische *Discovery*-Vorverfahren erfüllt verschiedene Funktionen. Hierzu gehören etwa die Sicherung von Zeugenbeweisen, weil diese zum Zeitpunkt des Hauptprozesses möglicherweise nicht (mehr) verfügbar sein könnten; die Offenlegung von Tatsachen; die Unterstützung bei der Formulierung von

Beweisfragen; die schriftliche Sicherung von Aussagen vor dem Hauptverfahren, um Meineide während der Hauptverhandlung auszuschließen oder die Vorbereitung einer „summarischen Entscheidung" (*summary judgment*). Eine solche summarische Entscheidung, durch die der Rechtsstreit ohne Hauptprozess zum Abschluss gebracht wird, kann durch ein Gericht immer dann getroffen werden, wenn sämtliche fallrelevanten Tatsachen unstreitig sind oder durch die Parteien offengelegt werden. In diesen Fällen besteht keine Notwendigkeit für ein streitiges Beweisverfahren während des Hauptverfahrens mehr, sodass das Gericht die offengelegten und unstreitigen Tatsachen nur noch auf das Recht anwenden muss und unmittelbar eine Entscheidung treffen kann.

Eines der Hauptziele dieses *Discovery*-Vorverfahrens im US-System ist es, gerichtliche Verfahren effizienter zu gestalten. Dieses Prinzip steht ganz im Einklang mit der ursprünglichen Idee des englischen Systems der *writs* (i.S.v. ‚Katalogklagen'). Denn hierdurch wurden die Klagemöglichkeiten standardisiert und reguliert, um letztlich die Anzahl an Rechtsstreitigkeiten vor der Krone zu begrenzen. Das *Discovery*-Vorverfahren dient aber auch dem rechtskulturellen Wert des effizienten Rechtsschutzes, wie er in Art. 1 der Zivilprozessordnung des Bundes (*Federal Rules of Civil Procedure [F. R. C. P.]*) bestimmt wird. Hierin ist festgelegt, dass sämtliche Normen im Sinne eines effizienten Rechtsschutzes auszulegen sind. Da das Vorverfahren durch die Zivilprozessordnung des Bundes (*F. R. C. P.*, insbesondere Art. 26–36 F. R. C. P.) geregelt wird, ist auch das *Discovery*-Vorverfahren insgesamt so zu betreiben, dass es unter anderem dem Grundsatz der gerichtlichen Effizienz dient. Im Ergebnis besteht die Doppelfunktion dieses Vorverfahrens also zum einen darin, ein faires Verfahren zu gewährleisten, durch welches die Parteien bereits vor dem eigentlichen Hauptverfahren möglichst viele Tatsachen in Erfahrung bringen können (um hierdurch eine gütliche Einigung voranzubringen), und zum anderen, wenn eine einvernehmliche Streitbeilegung nicht möglich ist, darin, das Verfahren so effizient wie möglich zu gestalten (um hierdurch weniger öffentliche Gelder zu verschwenden). Wird das Vorverfahren diesen Zielen gerecht? Die weit überwiegende Zahl der Gerichtsverfahren wird gütlich beigelegt oder erledigt sich auf andere Weise, noch bevor es tatsächlich zum Hauptverfahren kommt.[2]

Die US-amerikanische Idee und auch die Ausgestaltung des *Discovery*-Vorverfahrens werden von Praktikern außerhalb des US-amerikanischen Rechtssystems häufig, aus ganz unterschiedlichen Gründen, zum Gegenstand der Diskussion gemacht. So werden es die US-amerikanischen Gerichte den US-Parteien zunächst regelmäßig gestatten, typische Anträge des Vorverfahrens auch gegenüber auswärtigen Parteien, sowohl innerhalb als auch außerhalb der USA, zu stellen. Infolgedessen sehen sich viele Nicht-US-Anwälte damit konfrontiert, von US-Gerichten dazu aufgefordert zu werden, Daten

---

[2]   Siehe *Marc Galanter*, A World Without Trials, Journal of Dispute Resolution (2006), 7.

an einen Parteigegner in den Vereinigten Staaten zu übermitteln. An dieser Stelle sollte der Nicht-US-Anwalt natürlich wissen, ob er hierzu überhaupt verpflichtet ist und, wenn ja, welche Informationen dann zur Verfügung gestellt werden müssen. Ein weiterer Grund dafür, warum das US-amerikanische Vorverfahren oft diskutiert wird, ist weniger praktischer als vielmehr wissenschaftlicher Natur: Warum gibt es in den Vereinigten Staaten überhaupt ein solches System, wenn doch andere Staaten offenbar ohne ein solches auskommen? Sogar das Mutterland des *common law* – das Vereinigte Königreich – kennt in seinem Vorverfahren (*disclosure*) ausschließlich eine Offenlegung von Dokumenten, dehnt das Verfahren aber nicht – wie in den USA – auf mündliche (*depositions*) und schriftliche Zeugenbefragungen (*interrogatories*), einen Erklärungsantrag zum Bestreiten (*requests for admissions*), geistige oder körperliche Untersuchungen oder Betretungsrechte und Ortsbesichtigungen von Grund und Boden aus.

Die Mechanismen des Vorverfahrens (*discovery*) sind leicht zu benennen und zu verstehen. In den USA ist das *Discovery*-Vorverfahren ein obligatorischer Bestandteil des gerichtlichen Verfahrens, durch den eine Partei dazu verpflichtet wird, gegenüber anderen Parteien bereits vor dem Hauptverfahren diejenigen bekannten Tatsachen offenzulegen, welche die in den Schriftsätzen erhobenen Behauptungen stützen, ohne hierzu von einer Gegenpartei gesondert aufgefordert zu werden. Eine dokumentierte Zeugenbefragung (*deposition*) stellt die auf Verlangen der gegnerischen Partei veranlasste und bereits vor dem Hauptverfahren (*trial*) durchgeführte Befragung eines Zeugen unter Eid durch einen Anwalt der Gegenseite dar, wobei die Aussage in einer so genannten Niederschrift (*transcript*) festgehalten wird. Schriftliche Zeugenbefragungen (*interrogatories*) beinhalten einen schriftlichen Fragenkatalog, mit dem eine Gegenpartei dazu aufgefordert wird, bereits vor dem Hauptverfahren (*trial*) diejenigen Tatsachenbeweise vorzulegen, welche die schriftsätzlich erhobenen juristischen Ansprüche stützen. Diesen schriftlichen Zeugenbefragungen (*interrogatories*) liegt üblicherweise ein Antrag auf Dokumentenvorlage (*request for production of documents*) bei, der zugleich eine Aufforderung an die Partei, die den Fragenkatalog unter Bezugnahme auf die entsprechenden Dokumente beantwortet, beinhaltet, der Gegenseite entsprechende Kopien dieser Dokumente zur Verfügung zu stellen. Ein Erklärungsantrag zum Bestreiten (*request for admissions*) umfasst eine Reihe von Tatsachenbehauptungen einer Partei, welche die stellungnehmende Partei entweder zugestehen oder bestreiten muss. Für eine tiefergehende oder ausführlichere Darstellung und Analyse dieser Mechanismen gibt es wahrlich bereits ausreichend viele Quellen, die man zu Rate ziehen kann. Art. 26 (b) der Zivilprozessordnung des Bundes (*F. R. C. P.*) beschreibt, was gemäß den Bundesgesetzen zum Gegenstand des Vorverfahrens gemacht werden kann. Soweit das Vorverfahren nicht durch eine anderweitige Regelung des Prozessgerichts beschränkt wird, fällt hierunter jede Angelegenheit, die (1) für einen Anspruch oder die eigene Verteidigung relevant ist; (2) nicht aus anderen Gründen ausgeschlossen (*privileged*) ist und (3) nicht Bestandteil der Arbeitsleistung des Anwalts ist. Im Dezember 2015 wurde die Zivilprozessordnung des Bundes (*F. R. C. P.*) geändert, um das Vorverfahren einzuschränken und es stärker der gerichtlichen Verwaltung zu unterstellen. Das ist lediglich die jüngste in einer Reihe von Änderungen zur Beschränkung des Vorverfahrens.

Wie bereits in früheren Kapiteln erwähnt, neigen Kulturen oftmals dazu, die Merkmale ihrer eigenen Rechtskultur in gewisser Weise als „normal" oder „natürlich" zu betrachten, und die Rechtskultur der USA bildet insoweit keine Ausnahme. Daher scheint auch die Idee des Vorverfahrens innerhalb der US-Rechtskultur als normal oder natürlich. Diese Tendenz im Allgemeinen und ihre Ausprägung im Hinblick auf das Vorverfahren im Besonderen wirft einige wichtige Fragen für auswärtige[3] Parteien auf, die sich zu einem Rechtsstreit in den USA gezwungen sehen, weil sie die USA bereist oder dort Geschäfte gemacht haben. Wenn man sich aus geschäftlichen oder privaten Gründen freiwillig in den Geltungsbereich einer anderen Rechtsordnung begibt, dann ist es im Allgemeinen natürlich auch so, dass man damit gleichzeitig die dortige Rechtsordnung akzeptiert. Hierdurch erklärt man sich, wenn auch nicht nur „freiwillig", implizit dazu bereit, die materiell-rechtlichen Regelungen dieser Rechtsordnung zu beachten, sondern auch, die geltenden Verfahrensnormen einzuhalten, wenn es zu einem Rechtsstreit kommen sollte. Menschen des 21. Jahrhunderts scheinen sich dieser Tatsache, je leichter wir Menschen in anderen Rechtsordnungen besuchen, Handel mit ihnen treiben und mit ihnen kommunizieren können, immer weniger bewusst zu sein. Vielmehr scheinen wir zu erwarten, dass an diesen Orten, zu denen wir reisen und an denen wir Geschäfte machen, eine Art „juristisches Esperanto" am Werk ist, oder haben, was noch schlimmer ist, schlicht das Gefühl, dass wir unser heimisches Rechtssystem mit ins Ausland nehmen könnten, weil es uns so „normal" oder „natürlich" erscheint. Und als ob es für sich betrachtet noch nicht schlimm genug wäre, dass Rechtsstreitigkeiten für international reisende oder arbeitende Menschen zuweilen derartige Überraschungen parat halten, sind die Vereinigten Staaten noch ganz besonders

---

[3]   Im englischen Original wird hier „alien" verwendet. Obwohl *alien* i.S.v. ‚fremd' im Gegensatz zu *foreign* an dieser Stelle etwas übertrieben erscheinen mag, stellt diese Wortwahl einen juristischer Kunstbegriff dar, der im föderalen Rechtssystem der USA und den Rechtssystemen der fünfzig US-Bundesstaaten benötigt wird, wenn man Bürger aus anderen US-Bundesstaaten von Parteien unterscheiden muss, die keine US-Bürger sind. Der Grund erinnert uns an die juristische Unabhängigkeit der US-Bundesstaaten: Im US-Recht, insbesondere bezogen auf die gerichtliche Zuständigkeit, verwendet man *foreign*, um eine Person aus einem anderen Bundesstaat der USA zu bezeichnen, so dass zum Beispiel ein Bürger aus Virginia in Maryland ein *foreigner* ist. Dadurch bleibt für die US-amerikanische Rechtssprache keine andere Möglichkeit, als Personen, die keine US-Bürger sind, anderes zu bezeichnen, nämlich als *alien* bzw. *alien party*.

fest davon überzeugt, dass der „lange Arm" des Gesetzes legitimerweise auch weit über die eigenen Staatsgrenzen hinaus reichen darf. Aufgrund all dieser Voraussetzungen – implizite Annahme einer ausländischen Rechtsordnungen, Annahmen einer juristischen Globalisierung und die Reichweite des langen Arms des Gesetzes jenseits des eigenen Herrschaftsgebiets – wird das US-amerikanische Instrument des Vorverfahrens, unabhängig davon, wie merkwürdig es Menschen außerhalb der Vereinigten Staaten auch erscheinen mag, so vehement wie möglich durchgesetzt werden, sobald man sich der US-amerikanischen Gerichtsbarkeit unterwirft.

Die Staatengemeinschaft beschäftigt sich jedoch schon länger mit diesen Aspekten als der Gelegenheitstourist oder der unbedarfte Geschäftsmann. Dabei hat man versucht, derartige Fragen durch das Internationale Privatrecht zu beantworten – insbesondere durch das Übereinkommen über die Beweisaufnahme im Ausland in Zivil- oder Handelssachen.[4] Dessen Artikel 1 erlaubt es der Justizbehörde eines Staates, die zuständige Behörde eines anderen Staates um Unterstützung bei der Beweiserhebung zu ersuchen. Artikel 9 desselben Übereinkommens sieht vor, dass diejenige Behörde, die dem Ersuchen nachkommt „hinsichtlich der zu befolgenden Methoden und Verfahren ihr eigenes Recht anwendet". In der Praxis bedeutet das, dass eine ausländische Prozesspartei sich das US-amerikanische Vorverfahren auch zunutze machen könnte, wenn sie gegen eine US-amerikanische Partei im Klageweg vorgeht und diese in den Vereinigten Staaten über Beweismittel verfügt, die für die ausländische Partei von Interesse sein könnten.

Die Vereinigten Staaten haben ihre Verpflichtung als Vertragspartei der Haager Konvention durch Bundesgesetz umgesetzt, genauer gesagt durch § 1728 in Titel 28 des *United States Code (U. S. C.)*. Hiernach ist es der Partei eines Gerichtsverfahrens außerhalb der Vereinigten Staaten erlaubt, sich an ein US-amerikanisches Gericht zu wenden, um Beweismittel zur Verwendung in diesem Gerichtsverfahren außerhalb der USA zu erhalten.[5] § 1782 (a) U. S. C. sieht insbesondere vor:

„Dasjenige Gericht, in dessen Zuständigkeitsbereich eine Person wohnt oder angetroffen wird, kann die Person auffordern, eine Zeugenaussage oder Erklärung abzugeben oder ein Dokument oder einen sonstigen Gegenstand vorzulegen, dessen Verwendung in einem Verfahren vor einem ausländischen oder internationalen Gericht zu ermöglichen, einschließlich der Ergebnisse eines strafrechtlichen Ermittlungsverfahrens. Die Anordnung kann auf Grundlage eines Rechtshilfeersuchens, des Ersuchens eines ausländischen oder internationalen Gerichts oder auf Antrag einer jeden Person erfolgen, die hieran ein be-

---

[4] Siehe Webseite der Hague Conference on Private International Law, https://www.hcch. net/de/instruments/conventions/full-text/?cid=82 (zuletzt aufgerufen am 01. 12. 2022).

[5] Mit Blick auf die Lehren aus der Rechtsvergleichung in Kapitel 2 wären die unterschiedlichen Arten, mit denen die Unterzeichnerstaaten des Haager Übereinkommens dessen Verpflichtungen in nationales Recht umgesetzt haben, ein lohnendes und zudem praktisches Vergleichsprojekt – sowohl für Praktiker als auch für Studierende, die sich auf die Suche nach den Grenzen der Funktionalität begeben möchten.

278 9 Mechanistischer Referenzrahmen

rechtigtes Interesse hat. [...] Die Anordnung kann für die Abgabe der Zeugenaussage oder Erklärung oder die Vorlage des Dokuments oder des sonstigen Gegenstandes auch die Form und das Verfahren vorschreiben, wobei beides auch ganz oder teilweise mit der Form und dem Verfahren des ausländischen Staates oder des internationalen Gerichts übereinstimmen darf. Soweit die Anordnung nichts anderes vorschreibt, werden die Zeugenaussage oder Erklärung oder das Dokument oder der sonstige Gegenstand nach Maßgabe der Zivilprozessordnung des Bundes aufgenommen bzw. vorgelegt. Eine Person kann nicht gezwungen werden, ihre Zeugenaussage oder Erklärung oder ein Dokument oder einen sonstigen Gegenstand unter Verstoß gegen eine gesetzlich normierte Ausnahme abzugeben bzw. vorzulegen."[6]

Häufiger treten Probleme jedoch dann auf, wenn eine ausländische Partei in einen Rechtsstreit in den USA verwickelt und dem in dem anderen Staat zuständigen Entscheidungsträger ein Rechtshilfeersuchen geschickt wird, wobei dieser dazu aufgefordert wird, auch die Verfahrensvorschriften des US-amerikanischen Vorverfahrens (*discovery*) einzuhalten. US-amerikanische Prozessparteien und Gerichte werden insoweit typischerweise die Rechtsansicht vertreten, dass jemand, der für sich die Vorteile einer beruflichen Tätigkeit oder eines Freizeitaufenthaltes in den Vereinigten Staaten in Anspruch nimmt, sich für den Fall, dass es zu einem Rechtsstreit kommt, auch der US-amerikanischen Gerichtsbarkeit unterwirft. Und wenn man sich der US-amerikanischen Gerichtsbarkeit unterwirft, dann ist man auch automatisch dazu verpflichtet, am Vorverfahren mitzuwirken, unabhängig davon, ob dieses Vorverfahren den Erwartungen eines Ausländers bezogen auf seine Heimatrechtsordnung widerspricht. Solange die USA diese Praxis des langen Arms des Gesetzes als juristisch-kulturelles Verständnis im Hinblick auf die Reichweite ihrer Gerichtsbarkeit durch ihre Zivilprozessordnung des Bundes (F. R. C. P.) aufrechterhalten, werden Prozessparteien und Gerichte in den USA von Ausländern auch erwarten, dass sie den Anforderungen des Vorverfahrens entsprechen. Es bleibt jedoch umstritten, ob US-amerikanische Prozessparteien und Gerichte ihre Erwartungen nach der Haager Konvention auch dann einschränken müssen, wenn sie einen Rechtsstreit im eigenen Land führen, oder ob sie in diesen Konstellationen berechtigterweise davon ausgehen dürfen, dass die Voraussetzungen der eigenen Zivilprozessordnung im Hinblick auf das Vorverfahrens eingehalten werden müssen.[7]

Auf regionaler Ebene werden die Versuche US-amerikanischer Prozessparteien und Gerichte, Tatsachenkenntnis durch ein Vorverfahren zu erlangen, am nachdrücklichsten vom europäischen Datenschutzrecht eingeschränkt. Kapitel IV zur „Übermittlung personenbezogener Daten in Drittländer" der Richtlinie 95 / 46 / EG zum Schutz natürlicher Personen bei der Verarbeitung personenbezogener Daten und zum freien Datenverkehr ist insoweit am relevantesten. Um die vom ersten Artikel des Kapitel IV vorgesehenen not-

---

[6] 28 U. S. C. § 1728(a).
[7] *Anke Meier*, U. S. Discovery: The German Perspective, Zeitschrift der Deutsch-Amerikanischen Juristen-Vereinigung e. V., Bd. 10 (2012).

wendige Reformen der EU-Gesetzgebung zu prüfen, wurde in Art. 29 eine Datenschutzgruppe eingerichtet. Dies hat zu großen Meinungsverschiedenheiten in Bezug auf den elektronischen Datenverkehr geführt. Derzeit wird an einer Änderungsrichtlinie gearbeitet.[8]

9.3 Laienjurys (*Lay Juries*)

Wie bereits am Ende von Kapitel 3 angedeutet, widmen wir uns nun intensiver der Rolle der Laienjurys in der US-amerikanischen Rechtskultur. Um die Idee der Laienjury im US-amerikanischen Recht zu verstehen, muss man sie mit der Rolle von Laienrichtern in anderen Rechtssystemen vergleichen und nicht als abstraktes Konstrukt losgelöst von den Umständen anderer Zeiten oder anderer Orte betrachten. So gehören auch etwa im deutschen und österreichischen Rechtssystem Laienrichter zur planmäßigen Besetzung gerichtlicher Spruchkörper und können in straf- oder zivilrechtlichen Kammern mit zwei Laienrichtern und einem Berufsrichter bzw. drei Laienrichtern und zwei Berufsrichtern die Berufsrichter sogar überstimmen.[9] Für das System des *common law* hat *Frederick Maitland* die Geschworenen mal als Gruppe von Nachbarn beschrieben, die von einem Justizbediensteten vorgeladen und vereidigt werden, um Fragen zu beantworten.[10] In den Vereinigten Staaten „spielen Juryprozesse im Zivilrecht weiterhin eine entscheidende Rolle für die Beilegung erbitterter Streitigkeiten und die Steigerung des Vertrauens der Öffentlichkeit in die Justiz."[11]

Professor *Stephen Goldstein* ging sogar so weit zu behaupten, dass seiner Ansicht nach „der Einsatz – oder zumindest die historische Funktion – der Geschworenen in den Gerichtsverfahren des *common law*"[12], die Erklärung für den außergewöhnlichen Charakter des Gerichtsverfahrens im *common law* ist. Die besondere Verbindung zwischen den Geschworenen und den Gerichtsverfahren des *common law* wurde von zahlreichen Wissenschaft-

---

[8] Siehe Article 29, Data Protection Working Party, 00 339 / 09 / EN, WP 158, Working Document 1 / 2009 on pretrial discovery for cross-border civil litigation, https:// ec.europa.eu/justice/article-29/documentation/opinion-recommendation/files/2009/ wp158_en.pdf (zuletzt aufgerufen am 01.12.2022).

[9] Auch wenn in der Praxis die Schöffen (Laienrichter) im Regelfall mit den Berufsrichtern übereinstimmen oder sich sogar deren Meinung beugen, ändert das nichts an der grundsätzlichen Konstruktion des Rechtssystems. Amerikanische Richter können eine Laienjury mit Anweisungen leiten oder den Urteilsspruch einer Laienjury aufheben (*judgment non obstante verdict*).

[10] *Frederick G. Kempin, Jr.*, Historical Introduction to Anglo-American Law. 3. Aufl. 1990, S. 54.

[11] *National Center for State Courts*, Civil Action, Bd. 6, Nr. 1, (2007), S. 1.

[12] *Stephen Goldstein* (wie zitiert von *Jeremy Lever*, in: Why Procedure is More Important Than Substantive Law, International and Comparative Law Quarterly, Bd. 48, [1999], 285 [295]).

lern anerkannt. Jedoch hat die gesamte Fachliteratur der Tatsache, dass das Gerichtsverfahren im *common law*, wie wir es kennen, ein unmittelbares Ergebnis des Einsatzes der Geschworenen ist, dennoch nicht genügend Bedeutung beigemessen. Ohne die Geschworenen im *common law* gäbe es keinen *Common-law*-Prozess. *Jeremy Lever*, Dekan des *All Souls College* in Oxford und Kronanwalt (*Queen's Counsel*), schrieb, dass es ihm beim Lesen dieser Beschreibung der Verbindung zwischen den Geschworenen und dem Gerichtsverfahren durch Professor *Goldstein* „wie Schuppen von den Augen fiel."[13]

Besonders bemerkenswert ist, dass die den Laienjurys in dieser Diskussion beigemessene Bedeutung zu einer Zeit erfolgte, als sich das Ansehen der Jury, insbesondere in England, auf einem historischen Tiefstand befand:

> „Jedenfalls in England und anderen Staaten des *common law*, welche die Laienjurys im Zivilprozess weitgehend, wenn nicht sogar ganz, abgeschafft haben, stellt die Jury weiterhin ein Phantomglied dar, das, obwohl nicht mehr vorhanden, das Verhalten des Körpers, zu dem es früher gehörte, nachhaltig beeinflusst."[14]

Richter *David Edwards* kommt zu dem Schluss, dass „die inhärenten Merkmale des Jurysystems erklären, warum die Juristen des *common law* so ,tatsachenfixiert' sind."[15]

Angesichts der Tatsachen, dass in den Vereinigten Staaten Laienjurys eingesetzt werden und dass die dramatischen, theaterähnlichen Darbietungen der Anwälte, Zeugen und Richter gegenüber den Geschworenen ein fruchtbarer Boden für Drehbuchautoren und Filmregisseure sind, erscheint es wenig überraschend, dass sowohl US-Bürger als auch Ausländer glauben könnten, dass die meisten Konflikte im US-amerikanischen Rechtssystem mit einem Juryverfahren enden. Das ist aber eindeutig nicht der Fall. Es existieren zahlreiche relevante juristische Aspekte, über die man sich im Klaren sein muss, um den Einsatz der Laienjurys zu verstehen. Zunächst einmal muss man sich den Verfahrensablauf verdeutlichen. Strafverfahren und Zivilverfahren laufen unterschiedlich ab, obwohl letztendlich beide auch durch eine Juryentscheidung beendet werden können. Zudem muss man auch die föderale Struktur der Vereinigten Staaten im Blick haben und sich die dominierende Rolle der bundesstaatlichen Justizsysteme vor Augen führen. Was die Laienjurys anbelangt, muss man, auch wenn die Verfassung der Vereinigten Staaten zumindest einige grundlegende Regeln enthält, bei einem föderalen Gerichtssystem und insgesamt fünfzig bundesstaatlichen Gerichtssystemen, jeweils aufgeteilt auf die Zivil- und die Strafgerichtsbarkeit, insgesamt 102 verschiedene Interpretationen dafür im Blick haben, wie und wann Jurys eingesetzt werden. Darüber hinaus bedeutet die bloße Tatsache, dass in einem

---

[13] *Jeremy Lever*, Why Procedure is More Important Than Substantive Law, International and Comparative Law Quarterly, Bd. 48 (1999), 285 (294, Fn. 10).

[14] Ebd., S. 296.

[15] *David Edwards*, Fact-Finding: A British Perspective, in: D. L. Carey Miller / Paul R. Beaumont (Hrsg.), The Option of Litigating in Europe, 1993, S. 54.

bestimmten Fall auf eine Juryentscheidung zurückgegriffen werden darf, aber nicht, dass dies auch tatsächlich erfolgen muss: Es sind letztlich die Parteien selbst, die über diese Frage entscheiden, und diese Entscheidungshoheit, gepaart mit den lokalen Eigenheiten der jeweiligen Gerichtsverwaltung, hat zur Folge, dass, selbst wenn zwei Bundesstaaten über ein identisches Jurysystem verfügen, die tatsächliche Rechtsanwendung dieses Systems ganz maßgeblich voneinander abweichen kann.

Die Garantie des Juryverfahrens findet sich in der US-Verfassung ausschließlich in den Zusatzartikeln (*Amendments*) VI und VII. Zusatzartikel VI lautet:

„In sämtlichen Strafverfahren hat der Angeklagte das Recht auf ein zügiges und öffentliches Verfahren vor einer unparteiischen Jury desjenigen Staates und desjenigen Bezirks, in dem die Straftat begangen worden ist, wobei dieser Bezirk zuvor durch Gesetz bestimmt gewesen sein muss, sowie auf Unterrichtung über Art und Grund der gegen ihn erhobenen Vorwürfe; auf eine Gegenüberstellung mit den gegen ihn vorgebrachten Zeugen; auf ein obligatorisches Verfahren, um Zeugen zu seinen Gunsten ausfindig zu machen sowie auf die Unterstützung durch einen Verteidiger."

Zusatzartikel VII führt die englische Praxis fort, Fälle in Zivilsachen, die vor einer Jury verhandelt werden müssen, von solchen zu unterscheiden, die auch nur vor einem Richter verhandelt werden können. Er gilt nur für Bundesgerichte, nicht für bundesstaatliche Gerichte:

„In Rechtsstreitigkeiten des *common law*, in denen der Streitwert zwanzig Dollar übersteigt, bleibt das Recht auf ein Juryverfahren bestehen, und eine Tatsache, über die eine Jury bereits befunden hat, darf vor jedem anderen Gericht der Vereinigten Staaten nur dann erneut überprüft werden, wenn dies im Einklang mit den Regeln des *common law* ist."

Zusatzartikel VII gilt vor bundesstaatlichen Gerichten selbst dann nicht, wenn eine Prozesspartei materielles Bundesrecht durchsetzen möchte. Dennoch können die Verfassungen der Bundesstaaten das Recht auf ein Juryverfahren in Zivilsachen selbst vorsehen, was in der Regel auch der Fall ist.

Diese Bestimmungen lassen viele Fragen offen, die von der Gesetzgebung oder den Gerichten beantwortet werden müssen: Was bedeutet der Zusatzartikel VI zum Recht auf ein Juryverfahren in Strafsachen? Was ist „eine Jury"? Muss eine Jury aus zwölf Geschworenen bestehen, oder sind sechs oder weniger genug? Müssen die Laienjurys bei der Verurteilung eines Angeklagten einstimmig entscheiden? Oder könnte jemand auch durch ein Mehrheitsvotum von sieben zu fünf verurteilt werden?

Darüber hinaus ergeben sich aus dem Zusatzartikels XIV einige verfassungsrechtliche Garantien gegenüber bundesstaatlichen Gerichten. Dieser regelt in Absatz 1:

„Sämtliche Personen, die in den Vereinigten Staaten geboren oder später eingebürgert wurden und der Gerichtsbarkeit der Vereinigten Staaten unterliegen, sind sowohl Bürger der Vereinigten Staaten als auch desjenigen Bundesstaates, in dem sie ansässig sind. Kein Bundesstaat darf Gesetze erlassen oder durchsetzen, durch welche die Privilegien oder

Immunitäten von Bürgern der Vereinigten Staaten eingeschränkt werden; noch darf ein Bundesstaat einer Person das Leben, die Freiheit oder Eigentum ohne rechtsstaatliches Gerichtsverfahren nehmen; noch darf ein Bundesstaat einer Person innerhalb seiner Gerichtsbarkeit den gleichwertigen Schutz durch die Rechtsordnung verwehren."

Dieser Absatz wurde von den US-amerikanischen Gerichten dazu verwendet, um die Gewährleistung des Zusatzartikel VI auf Personen, die vor bundesstaatlichen Gerichten auftreten, zu „übertragen".

So lautete die Theorie. Aber unabhängig von den zahlreichen Büchern, die über die unterschiedlichen Interpretationsmöglichkeiten verfasst wurden, was die Theorie in der Umsetzung bedeutet oder bedeuten sollte, gibt es empirische Daten darüber, wie oft die US-Amerikaner tatsächlich von der Möglichkeit eines Juryverfahrens Gebrauch machen. Das steht ganz im Gegensatz dazu, was man aus den Darstellungen in der Populärkultur ableiten könnte. Statistiken können ab dem Zeitpunkt geführt werden, ab dem eine Klage anhängig ist (oder ab dem eine der anderen, weniger verbreiteten Methoden, einen Rechtsstreit zu beginnen, gewählt wird). Das Nationale Zentrum der Studienzentren zu den Juryverfahren vor den bundesstaatlichen Gerichten (*National Center for State Courts' Center for Jury Studies*)[16] hat auf Grundlage einer selbst durchgeführten Umfrage einige wichtige Fakten zusammengetragen: Bundesstaatliche Gerichte führen jährlich etwa 46.200 Zivilprozesse mit Laienjurys durch, Bundesgerichte weitere 2.100. Zusammengenommen sind dies etwas weniger als ein Drittel (31 Prozent) aller jährlich begonnenen Prozesse mit Jury vor US-amerikanischen Gerichten. Das bedeutet, dass die restlichen 69 Prozent auf strafrechtliche Fälle entfallen. Die Statistiken allein sagen uns zwar in der Regel nicht „warum", obwohl „sich insgesamt gesehen das Verhältnis zwischen Zivil- und Strafrechtsverfahren mit Laienjurys in etwa die Waage hält, was darauf hindeutet, dass die Regeln der bundesstaatlichen Gerichte, die lokalen Besonderheiten und die in den einzelnen Bundesstaaten vorherrschende Rechtskultur jedenfalls nicht dazu führen, dass die Wahl des Juryverfahrens in Zivilprozessen im Vergleich zu Strafprozessen in den meisten Bundesstaaten nicht überproportional begünstigt oder erschwert wird."[17] Dennoch werden die Juryprozesse im Zivilrecht in den verschiedenen Rechtskulturen der Bundesstaaten sehr unterschiedlich genutzt. In Hawaii zum Beispiel gibt es nur 24 Prozesse auf 100.000 Einwohner, während es in Alabama durchschnittlich 59,2 Prozesse pro 100.000 Einwohner sind.

An den Bundesgerichten gingen zudem die deliktsrechtlichen Schadensersatzklagen (*tort*) zwischen 1970 und 2003 kontinuierlich von 2.526 auf 768 zurück, während die Gesamtzahl der deliktsrechtlichen Schadensersatz-

---

[16]   Siehe Webseite des National Center for State Courts, https://www.ncsc-jurystudies.org/ (zuletzt aufgerufen am 01.12.2022).

[17]   *National Center for State Courts*, a. a. O., Fn. 11.

klagen seither von 25.451 auf 49.166 stetig gestiegen ist.[18] Wenn man diese beiden Trends zusammenführt, erkennt man, dass der Prozentsatz derjenigen deliktsrechtlichen Schadensersatzklagen vor Bundesgerichten, die es tatsächlich bis zu einem Hauptprozess (*trial*) geschafft haben, von 10 % im Jahr 1970 auf nur noch 2 % im Jahr 2003 kontinuierlich zurückgegangen ist.

Aber in wie vielen Fällen kommt eine Jury insgesamt zum Einsatz? Ein kürzlich veröffentlichter Bericht des US-amerikanischen Justizministeriums zeigt, dass in bundesstaatlichen Gerichten (in denen die meisten Zivilprozesse stattfinden) nur etwa 4 % aller begonnenen deliktsrechtlichen Schadensersatzklagen durch einen Hauptprozess (*trial*) beendet wurden. Wenn es ein solcher deliktsrechtlicher Schadensersatzfall jedoch bis in den Hauptprozess geschafft hat, wurden hiervon 90 % vor Laienjurys verhandelt. Im Ergebnis bedeutet das allerdings, dass Rechtsstreitigkeiten in der weit überwiegenden Zahl ohne Geschworenenjury beendet werden (in 97,4 % der Fälle, um genau zu sein).[19] Interessant an dieser Studie des Justizministeriums sind auch die folgenden Zahlen: Fast 60 % der deliktsrechtlichen Schadensersatzklagen waren Verkehrsunfälle, etwa die Hälfte aller deliktsrechtlichen Schadensersatzklagen hat die Klagepartei gewonnen, der Hälfte der in diesen Fällen obsiegenden Kläger wurde Schadenersatz in Höhe von 24.000 Dollar oder weniger zugesprochen (ganz im Gegensatz zum konservativen Talkshow-Lieblingsthema der „vorpreschenden Jurys" und der damit verbundenen Forderung einer Deliktsreform), und ein Strafschadensersatz (*punitive damages*), eine US-amerikanische Spezialität, wurde nur in 9 % der deliktsrechtlichen Schadensersatzprozesse beantragt (und nicht notwendigerweise auch zugesprochen). Der durchschnittlich ausgeurteilte Strafschadensersatz betrug 55.000 US-Dollar.[20] Das US-Justizministerium befand:

Die Anzahl der vor bundesstaatlichen Gerichten abgeschlossenen deliktsrechtlichen Schadensersatzverfahren bezogen auf die 75 bevölkerungsreichsten Bezirke der Nation ging von 10.278 Prozessen im Jahr 1996 auf 7.038 Prozesse im Jahr 2005 und damit um etwa ein Drittel zurück.[21] Für diesen Zeitraum zeigten die Daten der beiden jüngsten Erhebungen des Amtes für Justizstatistik [*Bureau of Justice Statistics*] im Hinblick auf die Zivilprozesse eine Stabilisierung der Zahl der deliktsrechtlichen Schadensersatzfälle. Von 2001 bis 2005 ging die Anzahl der abgeschlossenen deliktsrechtlichen Schadensersatzverfahren bezogen auf die 75 bevölkerungsreichsten Bezirke der Nation nur um 12 % zurück, was *Cohen* als „statistisch insignifikanten Rückgang" bezeichnet.[22]

---

[18] *Bureau of Justice Statistics*, Key Facts at a Glance, Federal Tort Trials and Verdicts, 2002–03, NCJ 208 713.

[19] *Thomas H. Cohen*, Tort Bench and Jury Trials in State Courts, 2005, U.S. Department of Justice, Office of Justice Programs, Bureau of Justice Statistics, Bureau of Justice Statistics Bulletin, November 2009, NCJ 228 129, S. 1.

[20] Ebd.

[21] Ebd., S. 12.

[22] Ebd.

9.4 Hauptverfahren (*Trial*)

Was genau meinen US-amerikanische Juristen eigentlich, wenn sie von einem „Prozess" oder dem Hauptverfahren (*trial*) sprechen? Auf den ersten Blick mag diese Frage banal erscheinen. Aber meine Erfahrung und die meiner Kollegen in den Rechtskulturen des *civil law* zeigen, dass sich das Verständnis eines US-amerikanischen Juristen von einem Prozess deutlich von einem Gerichtsverfahren in einem Staat des *civil law* unterscheidet. Einer meiner deutschen Kollegen berichtete mir kürzlich von seiner Frustration darüber, dass er nur deshalb bei Gericht erschienen war, um einen neuen Termin zu vereinbaren. Als ich ihn danach fragte, warum der Fall denn verschoben wurde, berichtete er, dass der Anwalt einer der Parteien die Frage des Richters, ob denn alle das Gutachten gelesen hätten, verneinte und dies damit begründete, dass er dazu „keine Zeit gehabt" habe. Daraufhin habe der Richter den Termin vertagt, weil er meinte, dass ein Fortsetzen des Verfahrens erst sinnvoll sei, wenn alle das Gutachten gelesen hätten. Ein derart entspannter Verfahrensablauf wäre in der US-amerikanischen Rechtskultur undenkbar. Mit solchen Anekdoten im Hinterkopf ging ein anderer Kollege, der über praktische Erfahrung sowohl im US-amerikanischen als auch im deutschen Rechtssystem verfügt, sogar so weit, deutsche Zivilprozesse im Vergleich zu US-amerikanischen Zivilprozessen als eine „Reihe von semiformellen Treffen" zu beschreiben.

Im US-amerikanischen System der Interessenvertretung ist es zwingend erforderlich, dass die Einhaltung der Beweis- und Verfahrensregeln[23] strikt durchgesetzt wird, um für beide Konfliktparteien ein faires Verfahren sicherzustellen. Die treibende und lenkende Kraft in der US-amerikanischen Rechtspraxis ist stets die Frage, was passieren wird, wenn ein streitiger Punkt im Hauptverfahren (*trial*) entschieden werden muss. Dieser Gedanke ist allzeit im Hinterkopf eines jeden Anwalts – sowohl bei forensisch als auch bei nicht forensisch tätigen Rechtsanwälten. Auch beratend tätige Anwälte wissen, dass sie, wenn es zu Problemen im Zusammenhang mit ihrem Beratungsgegenstand kommt, einen Prozess (*trial*) nicht vermeiden können, wenn die Gegenseite darauf besteht, von diesem Recht Gebrauch zu machen. Während meiner Dienstzeit für die Abteilung für Prozessverfahren (*Bureau of Litigation*) einer bundesstaatlichen Behörde haben meine damaligen Kollegen und ich uns Gedanken darüber gemacht, dass unsere Abteilung angesichts der zahlreichen Fälle, die wir außergerichtlich beigelegt haben, im Vergleich zu den relativ wenigen, die letztlich vor Gericht landeten, doch vielleicht besser als „Abteilung für *drohende* Prozessverfahren" bezeichnet werden sollte.

---

[23]   Ein nützliches Forschungsprojekt für die Rechtsvergleichung wäre es, zu untersuchen, warum die USA zwei einzelne Gesetzbücher für die Beweiserhebung (*evidence*) und das Prozessrecht (*procedure*) haben, wohingegen in Deutschland beide Themen in einer einzigen Prozessordnung vereint sind.

Mit unserer Beobachtung, dass Konflikte häufiger außergerichtlich beigelegt wurden, als dass sie vor Gerichtendeten, waren wir nicht allein und wir waren auch nicht allein mit unserem ständigen Bewusstsein dafür, was passieren würde, wenn die Angelegenheit außergerichtlich nicht beigelegt, sondern in einem Gerichtsprozess (*trial*) landen würde.

Sobald es zum Gerichtsprozess (*trial*) kommt, ist es zu spät dafür, um noch einmal einen Schritt zurück zu machen und den Fall durch ein Vorverfahren (*discovery*), Plädoyers und vorprozessuale Anträge (*pretrial motions*) akribisch und verbindlich vorzubereiten. Oftmals dienen diese vorprozessualen Verfahrensschritte der Rechtsstreitigkeiten dazu, um eine oder beide Parteien zur Beilegung des Rechtsstreits zu ermutigen, indem einer oder beiden Parteien die Schwächen, aber auch die Stärken ihrer Positionen deutlich gemacht werden. Folglich werden, wie bereits zuvor dargelegt, in der US-amerikanischen Rechtskultur letztlich relativ wenige Streitigkeiten durch Gerichtsprozess (*trial*) beendet. Dennoch ist die außergerichtliche Streitbeilegung nur eine Möglichkeit von vielen. Statt überhaupt den Weg des Rechtsstreits zu suchen, können die Parteien auch andere Möglichkeiten wählen, z. B. ein Mediations- oder auch ein Schiedsverfahren (*arbitration*). Terminologisch zusammengefasst werden diese Optionen als „Methoden alternativer Streitbeilegung" bzw. auch im Deutschen mit der englischen Bezeichnung „*alternative dispute resolution*", kurz: „A. D. R.". Diese alternativen Verfahren, insbesondere die Verhandlung (*negotiation*), werden weitaus häufiger eingesetzt. Sogar Streitigkeiten unter Anwälten selbst werden deutlich häufiger durch Verhandlungen (*negotiation*) gelöst als durch Gerichtsverfahren (*litigation*).[24]

Angesichts der zahlreichen Alternativen zu einem Gerichtsverfahren, von denen einige sogar informell sind, wird es nahezu unmöglich, präzise zu bestimmen, wie oft tatsächlich auf alternative Streitbeilegungsmethoden zurückgegriffen wird. Klar ist aber, dass auch die Gerichte selbst bereits die Vorteile der alternativen Streitbeilegung erkannt haben. So wurden die Methoden der A. D. R. im Jahre 2004 in der einen oder anderen Form formell von mehr als zwei Drittel, genauer: 63 von 94, der Bundesbezirksgerichte (*federal district courts*) angeboten. Auf Berufungsebene wurden in allen 13 Bundesbezirken Mediations oder Schlichtungsverfahren durchgeführt.[25] Und das Mediationsverfahren (zuweilen auch als Zusammenkunft [*conference*] oder Schlichtungszusammenkunft [*settlement conference*] bezeichnet) ist, bezogen auf die vorprozessualen Zusammenkünfte, ausdrücklich sogar in § 16 der Zivilprozessordnung des Bundes (*Federal Rules of Civil Procedure*) geregelt. Allgemein betrachtet handelt es sich bei der Mediation um eine Zusammenkunft der Parteien unter Leitung eines neutralen Mediators, der eine Einigung anstrebt, um auf diese Weise den zeitlichen Aufwand und

---

[24] *Stephen J. Ware*, Principles of Alternative Dispute Resolution, 2007, § 1.5.
[25] Mediation & Conference Programs in the Federal Courts of Appeals, https://www.fjc. gov/sites/default/files/2012/MediCon2.pdf (zuletzt aufgerufen am 01. 12. 2022).

die Kosten eines gerichtlichen Verfahrens zu umgehen. Das Ergebnis eines Schiedsgerichtsverfahrens (*arbitration*), eine von den Parteien vertraglich vereinbarte Verfahrensart, ist im Regelfall rechtlich bindend, sodass die Entscheidung des neutralen Schiedsgerichts mit hoher Wahrscheinlichkeit von sämtlichen Gerichten auch durchgesetzt werden wird.

Methoden alternativer Streitbeilegung sind am häufigsten in Fällen des Wirtschafts-, Familien-, Arbeits-, Insolvenz- und Zwangsvollstreckungsrechts anzutreffen, aber auch in Rechtsangelegenheiten, die insbesondere Senioren betreffen (*elder law*). Wirtschaftsstreitigkeiten werden dabei am häufigsten ins Mediationsverfahren einbezogen: Beim Berufungsgericht für den Dritten Gerichtsbezirk (*U. S. Court of Appeals for the Third Circuit*) etwa steht das Mediationsverfahren in fast sämtlichen Fällen offen. Ausgenommen sind nur Fälle, in denen die Parteien nicht durch Rechtsbeistand vertreten sind. Dazu gehören: Ausgangsverfahren (*original proceedings*), Haftprüfungen (*prisoner petitions*), Sozialversicherungsfälle (*social security cases*), Einbürgerungsfälle (*immigration cases*) oder Fälle von Bergleuten mit sog. schwarzer Lunge (*black lung cases*).[26] Da das Familienrecht in den Zuständigkeitsbereich der Bundesstaaten fällt, können die jeweiligen Methoden natürlich von Bundesstaat zu Bundesstaat variieren, aber oft werden gerichtlich Schiedsmänner und Friedensrichter bestellt, um Familienrechtsfälle zu beschleunigen. Die Methode der alternativen Streitbeilegung eröffnet den Parteien zudem die Möglichkeit, auch persönlichen Empfindungen ausreichend Raum zu geben und Gefühle gegenüber dem neutralen Mediator oder Schiedsrichter zu äußern. Das kann insbesondere bei der Lösung von emotionalen Problemen im Bereich des Arbeitsrechts oder in Fällen mit älteren Parteien sehr nützlich sein, weil diese außerhalb des traditionellen Gerichtssaals leichter zu einer Einigung bereit sein könnten.

Obwohl die Mediation hauptsächlich in Fällen des Wirtschafts-, Arbeits-, Insolvenz- und Zwangsvollstreckungsrechts und in Rechtssachen mit betagteren Parteien zur Anwendung kommt, spielt sie auch im Strafrecht eine (wenngleich begrenzte) Rolle. Die Ziele der Mediation, zumindest in Zivilsachen, bestehen darin, Fälle durch vereinfachte Verhandlungen außergerichtlich beizulegen, Rechtsstreitigkeiten zu dynamischeren Ergebnissen zu verhelfen, gerichtliche Ressourcen zu schonen und die Effizienz der Fälle zu steigern. Im Bereich des Strafrechts existieren die formalen Ausprägungen der alternativen Streitbeilegung vor allem in Gestalt des „Täter-Opfer-Ausgleichs (*victim-offender mediation*).[27] Wie auch der Friedens- und Versöhnungsprozess (*peace and reconciliation process*), der von Südafrika aus international bekannt wurde, ermöglicht diese Einrichtung dem Opfer, sich aktiv und im Eigeninteresse an der Lösung des Konflikts zu beteiligen, anstatt, wie

---

[26]   Ebd.

[27]   *Jack Hanna*, Mediation in Criminal Matters, Dispute Resolution Magazine, Bd. 15 (2008), 4 (5).

im Gerichtsverfahren, lediglich passiv als Zeuge an der staatlichen Strafver-
folgung mitzuwirken. Dieses besondere Mediationsverfahren ermöglicht es
den Opfern, in geschützter Umgebung mit den Tätern in einen Dialog zu
treten, wodurch den Parteien ein Gefühl von Sicherheit vermittelt und ihnen
bei der Erarbeitung eines Wiedergutmachungsplans geholfen wird. Obwohl
diese Programme für die Opfer von Fall zu Fall bestimmte Erleichterungen
bereithalten oder Möglichkeiten zur Verfahrensbeendigung bieten, werden
sie bisweilen von den anderen Formen der alternativen Streitbeilegung allein deshalb abgegrenzt, weil sie in Strafsachen eingesetzt werden. Denn der
Rückgriff auf alternative Streitschlichtungsmethoden in Strafsachen wirft
das Problem auf, ob dem Angeklagten hierdurch sein verfassungsrechtlich
verbrieftes Recht auf ein „rechtsstaatliches Verfahren (*due process*)" auch in
ausreichender Weise zuteilwird. Die verfassungsrechtliche Garantie auf ein
rechtsstaatliches Verfahren könnte nämlich verletzt sein, wenn der Einsatz
der alternativen Streitschlichtungsmethode nicht vollends auf freiwilliger
Basis erfolgt oder wenn den Tätern nicht in vergleichbarer Weise Zugang zu
einem Rechtsbeistand gewährt wird. Zudem könnten die verfassungsmäßi-
gen Rechte des Angeklagten dadurch verletzt werden, dass die Zielsetzung
der Mediation unklar oder nicht einheitlich ist oder aber keine ausreichende
Vertraulichkeit gewährleistet wird. Darüber hinaus könnten die Gerichte
Bedenken haben oder sich sogar weigern, die Mediationsvereinbarungen
aufgrund des Strafmaßes oder anderer rechtlicher Anforderungen durchzusetzen.[28] Dennoch gibt es in den Vereinigten Staaten insgesamt über 120
verschiedene solcher Mediationsprogramme. Die meisten von ihnen finden
sich im Strafprozessrecht der Bundesstaaten, weil das Strafprozessrecht des
Bundes im Hinblick auf Strafurteile strengere Anforderungen stellt.[29]

Warum ist die Sorge vor einem gerichtlichen Verfahren (*litigation*) eine
derart treibende Kraft? Ein Gerichtsprozess (*trial*), der von rivalisierenden
Anwälten in einem kontradiktorischen System betrieben wird, unterscheidet
sich in ganz erheblicher Weise von einem Gerichtsprozess, der von einem
neutralen Richter in einem inquisitorischen System geleitet wird. Die Unterschiede gehen weit darüber hinaus, lediglich zu betonen, wer die Fragen stellt.
Wenn von Rechtsanwälten erwartet wird, sämtliche günstigen Beweismittel
beider Parteien zu kennen, dann lastet großer Druck auf ihnen. Denn sie
müssen einerseits diese Beweismittel ausfindig machen, dazu in der Lage
sein, anhand der Beweismittel die entsprechenden Tatsachen im Einklang
mit den Verfahrensregelungen zu beweisen, die Auswahl und Darlegung der
Beweismittel gegenüber der Gegenseite verteidigen und andererseits auch
noch ihrer Rolle als unabhängiges Organ der Rechtspflege treu bleiben und

---

[28] Siehe *Jennifer Gerarda Brown*, The Use of Mediation to Resolve Criminal Cases: A
Procedural Critique, Emory Law Journal, Bd. 43 (1994), 1247 (1283).

[29] *Carrie Menkel-Meadow*, Restorative Justice: What is it and Does it Work?, Annual Review of Law Social Science, Bd. 3 (2007), 161 (168).

einem System dienen, das darauf abzielt, sämtlichen Beteiligten Gerechtigkeit widerfahren zu lassen. Um dieser Aufgabe gerecht werden zu können, muss ein Anwalt vor dem Prozess (*trial*) beträchtliche Zeit damit verbringen, Zeugen zu befragen, Beweismittel im Rahmen des Vorverfahrens (*discovery*) ausfindig zu machen (im Zivilprozess) und zum Zeitpunkt des Prozessbeginns darauf vorbereitet zu sein, Zeugen aufzurufen und den Beweis zugunsten seines Mandanten zu führen, damit diesem letztlich Gerechtigkeit widerfährt.

Die Populärkultur nutzt den kontradiktorischen Gerichtsprozess nur allzu gerne als Schauplatz von Dramen und in einer verhältnismäßig großen Zahl von US-amerikanischen Fernsehsendungen und Spielfilmen spielen Gerichtsprozesse eine Rolle. Tatsächlich sind es sogar derart viele, dass das „Gerichtsdrama" inzwischen zur eigenständigen Untergattung geworden ist. Gegenstand des in der Populärkultur beliebten Gerichtsdramas sind fast ausschließlich Strafprozesse. Jedem, der schon einmal an einem Zivilprozess beteiligt war, ist klar, warum. Während es bei Straftaten im Regelfall um Dinge geht, die jeder nachvollziehen kann, und um moralische Fragen, die für jedermann greifbar sind, stellen sich Zivilprozesse oftmals als technische und vielleicht sogar langweilige Überprüfungen von Dokumenten dar. Hinzu kommt, dass die Verfahrensregeln und der Prozess zur Zulassung von Beweismitteln einer interessanten und zügig voranschreitenden dramatischen Erzählung doch eher im Wege stehen. Dennoch erlaubt die Populärkultur einer Person, die noch niemals in einem Gerichtssaal der USA gewesen ist, zumindest einen gewissen Einblick in den zeitlichen Ablauf und die Dringlichkeit der Verfahrenshandlungen eines Gerichtsprozesses (*trial*) im US-amerikanischen System. Unglücklicherweise wird die dramatische Erzählung dabei oftmals durch Metaphern aus dem Bereich des Sports oder des Krieges untermalt. Das könnte durchaus das unvermeidliche Ergebnis eines Systems sein, das die Entscheidungsgewalt über die Auswahl der Beweismittel und die Führung des Beweises in die Hände der rivalisierenden Anwälte legt, die sich das System dabei sowohl in offensiver als auch in defensiver Hinsicht zunutze machen müssen, um Gerechtigkeit für ihre Mandanten zu erreichen. Rufen Sie sich noch einmal das Zitat *Wittgensteins* in Erinnerung, das wir bereits im Kapitel zum sprachlichen Referenzrahmen kennengelernt haben: „Die Grenzen meiner Sprache sind die Grenzen meiner Welt."[30] Könnten wir Juristen uns einen kontradiktorischen Gerichtsprozess vorstellen, ohne Metaphern des Krieges oder des Sports zu verwenden? Und sind dies wiederum die Grenzen unserer Rechtswelt?

---

[30] *Ludwig Wittgenstein*, Tractacus Logico-Philosophicus, D. F. Pears / B. F. McGuinnes (Übersetzer), 1961, S. 56.

9.5 *Stare-decisis-*Doktrin

Es erscheint sinnvoll, erst gegen Ende eines Buches, das sich mit dem *common law* beschäftigt, auf die Präjudizienbindung und den Begriff *stare decisis* zu sprechen zu kommen, bzw. ‚zum Entschiedenen zu stehen‘, wie man es am ehesten wortwörtlich ins Deutsche übersetzen könnte. *Stare decisis* basiert auf dem induktiven Prozess, Konflikte zunächst individuell zu lösen, um erst nach und nach eine gewisse Form der Verallgemeinerung zu erreichen, so wie man auch zunächst die kulturellen Referenzrahmen durchdenken würde, bevor man damit beginnt, Konflikte im kulturellen Umfeld des US-amerikanischen Rechts zu lösen. Bei der Gestaltung der Überschrift dieses Unterabschnitts habe ich die Worte „*stare decisis*“ kursiv gesetzt, weil es im Englischen (wie auch im Deutschen) üblich ist, Fremdwörter kursiv zu setzen. Aber wäre es möglicherweise weit wichtiger, das Wort „Doktrin“ kursiv zu setzen, anstatt die Kursivschrift ausschließlich zur Hervorhebung zu nutzen. Denn es sollte in der Tat hervorgehoben werden, dass *stare decisis* lediglich eine *Doktrin* ist. Selbst wenn eine Reihe von Wörtern schriftlich festgehalten wurde und den kulturellen Prozess durchlaufen hat, um sie als „Recht“ bezeichnen zu können, wird es immer noch notwendig sein, bei einer Konfliktlösung (durch die Gerichte) oder bei der Durchsetzung als „geschriebenes Recht“ (durch die Exekutive) offenzulegen, was das Recht *bedeutet*. Die Legislative versucht, die Auslegung der Rechtstexte durch weitere gesetzgeberische Akte zu kontrollieren, z. B. durch Auslegungsmaßstäbe (*rules of statutory construction*).[31] Den Gerichten stehen aber nicht nur die Auslegungsmaßstäbe zur Verfügung, sondern auch die Präjudizien früherer Fälle.

Der vollständige Wortlaut der Doktrin lautet „*stare decisis et non quieta movere*“ und bedeutet ‚zum Entschiedenen zu stehen und das Ruhende nicht zu bewegen.‘[32] Da *stare decisis* aber nur eine *Doktrin* ist, dürfen die Gerichte im Einzelfall von den Präjudizien abweichen (und tun dies auch), insbesondere dann, wenn es um die Auslegung der US-amerikanischen Verfassung geht. In dem einigermaßen bekannt gewordenen *obiter dictum* der Rechtssache *Burnet v. Coronado Oil & Gas Co.* betonte *Louis Brandeis*, Richter am *U. S. Supreme Court*, dass „in Fällen, die einen Bezug zur Bundesverfassung haben und in denen eine Korrektur durch Maßnahmen der Legislative praktisch unmöglich ist, dieses Gericht oftmals von seinen früheren Ent-

---

[31] Siehe bspw. die *Rules of Construction* für US-Bundesgesetze in 1 U. S. C., § 1 ff., und auf Bundesstaatsebene die *Rules of Construction* (für die Gesetzgebung in Pennsylvania) in 1 Pa.C. S. A. § 1902 und die Grundlagen zur Ermittlung des gesetzgeberischen Willens in 1 Pa.C. S. A. § 1922; Anmerkung des Übersetzers: Im deutschen Rechtskreis fallen hierunter etwa die Legaldefinitionen oder, auf EU-Ebene, die Erwägungsgründe.

[32] Vgl. *stare dictis*, was bedeutet: ‚bei dem bleiben oder dabei beibehalten, was gesagt wurde‘, und *stare rationibus decidendi*, was bedeutet: ‚die *rationes decidendi* (Entscheidungsgründe) vergangener Fälle beizubehalten‘. All diese Formulierungen waren zu irgendeinem Zeitpunkt in irgendeinem Rechtssystem der Welt in Gebrauch.

scheidungen abgewichen ist. […] Das trifft auffallend häufig auf Fälle zu, in denen es um Fragen eines rechtsstaatlichen Verfahrens (*due process*) ging."[33] Tatsächlich hat der *U. S. Supreme Court* in den Jahren von 1946–1992 in etwa 130 Fällen seine frühere Rechtsprechung selbst aufgehoben. Dabei hat er sein Verhalten wie folgt näher erläutert: „Wenn er von der Fehlerhaftigkeit einer vorangegangenen Entscheidung überzeugt war, hat sich dieser Gerichtshof zu keinem Zeitpunkt verpflichtet gefühlt, einem Präzedenzfall zu folgen. In Verfassungsfragen, in denen eine Korrektur von Ergänzungen abhängt und nicht von Maßnahmen der Legislative, hat dieses Gericht im Laufe seiner Geschichte stets frei von seiner Kompetenz Gebrauch gemacht, die Grundlage seiner Verfassungsentscheidungen zu überprüfen."[34] Und in dem bekannten Fall *Erie v. Tompkins*, den wir uns bereits zuvor angeschaut haben, um auf die Schwierigkeiten im Zusammenhang mit dem Föderalismus hinzuweisen, schrieb Richter *Brandeis*: „Die Doktrin von *Swift v. Tyson* ist, wie Richter Holmes sagte, ‚eine verfassungswidrige Kompetenzanmaßung durch die Gerichte der Vereinigten Staaten und weder eine Geltungsdauer noch eine beachtliche Menge an Gerichtsentscheidungen sollten uns daran hindern, das zu korrigieren."[35] Diese Form der Rechtsprechungsänderung macht es für einen Außenstehenden, praktizierende Rechtsanwälte eingeschlossen, ausgesprochen schwierig, den Ausgang eines Falles mit Verfassungsbezug vor dem *U. S. Supreme Court* allein mithilfe der Mechanismen des Rechts – in diesem Fall der *Stare-decisis*-Doktrin – vorherzusagen. Man könnte sämtliche früheren Gerichtsentscheidungen analysieren, einschließlich der von den Richtern verfassten *obiter dicta* – sowohl während ihrer Zeit am Obersten Gerichtshof als auch, soweit sie Mitglied anderer Gerichte waren, davor. Man könnte sogar analysieren, welche Antworten diese Richter während ihrer Anhörungen im Rahmen des Ernennungsverfahrens zur Einsetzung als Richter am Obersten Gerichtshof im US-Senat gegeben haben. Aber ebenso wichtig sind die politischen Überzeugungen entlang der Parteigrenzen, das Geschlecht, das Alter, die Herkunft, die Bildung und der sozioökonomische Hintergrund der Richter. All das zusammengenommen macht es zwar ausgesprochen schwierig, aber letztlich nicht unmöglich, mit einem hohen Maß an Sicherheit den Ausgang eines Falles vorherzusagen, über den sie zu entscheiden haben.

Mit diesem Selbstverständnis, Präzedenzfälle auch zu ignorieren, steht der Oberste Gerichtshofs der USA nicht allein da. Bezogen auf einen Fall im Bundesstaat Washington stellte dessen Oberster Gerichtshof fest:

„Eine Ausnahme von einer Regel wird von den Gerichten immer dann gemacht, wenn sich eine Rechtsfrage nicht allein auf einen isolierten Einzelfall bezieht, sondern allgemeinen

---

[33]   285 U. S. 393, 406–07, 410 (1932).

[34]   *Smith v. Allwright*, 321 U. S. 649, 665 (1944).

[35]   Richter Brandeis zitiert Richter Holmes in: *Erie Railroad Co. v. Tompkins*, 304 U. S. 64 (1938).

Charakter aufweist und die bestehende Regel nicht mit der Gerechtigkeit vereinbar ist. Unter derartigen Voraussetzungen wird ein Gericht, wenn es nicht an die Grenzen irgendeines Gesetzes gebunden ist, eine Regel aufstellen, die in jeder Hinsicht im Einklang mit dem Recht steht."[36]

Das stellt selbstverständlich sowohl für die Rechtslage als auch für den Rechtspraktiker ein Problem dar: Woher kann man wissen, wann ein Gericht einem Präzedenzfall folgen wird und wann es von der „Fehlerhaftigkeit einer vorangegangenen Entscheidung" ausgehen wird bzw. zu dem Ergebnis gelangt, dass die „bestehende Regel nicht mit der Gerechtigkeit vereinbar ist"? Das ist besonders misslich, wenn man akzeptiert, dass die wesentliche Aufgabe eines Anwalts (und das, was *Holmes* unter dem Begriff „Recht" versteht) darin besteht, mit Gewissheit vorhersagen zu können, wie ein Gericht in einem konkreten Fall entscheiden wird. Gemessen an der schieren Zahl der Fälle ist das Problem nicht so groß, wie es in der Theorie erscheinen mag. Während des Jurastudiums lesen US-amerikanische Juristen zwar oftmals die Entscheidungen des *U. S. Supreme Court*, aber Tatsache ist, dass man nur ausgesprochen selten, wenn überhaupt, selbst vor dem *U. S. Supreme Court* auftritt: Es ist ein Gericht, das fast ausschließlich zur Überprüfung von Rechtsfragen zuständig ist und selbst bestimmen kann, welche Fälle es, meist auf Grundlage einer der alten *writs* (siehe hierzu Kapitel 4 zum historischen Referenzrahmen) wie z. B. *certiorari*, zur Entscheidung annimmt. Alles in allem werden am *U. S. Supreme Court* pro Jahr etwa einhundert Fälle unter Beteiligung von Anwälten mündlich verhandelt und etwa achtzig bis neunzig Urteile zu diesen Fällen geschrieben.[37]

Untere Bundesgerichte können Präzedenzfälle nicht annähernd so frei abändern, weil die konservative Natur des Rechts es den höheren Gerichten durch die Rechtsmittel – vom Bezirksgericht (*District Court*) zum Berufungsgericht (*Circuit Court*) oder vom Berufungsgericht (*Circuit Court*) zum Obersten Gerichtshof (*Supreme Court*) – leicht ermöglichen würde, frühere Präzedenzfälle zu „bewahren" und den innovativen, unabhängigen Gedanken eines unteren Gerichts eine Absage zu erteilen. Wie bereits im philosophischen Referenzrahmen von Kapitel 7 festgestellt, gibt es umfangreiche empirische Untersuchungen, die seit geraumer Zeit die Annahme in Frage stellen, dass Präzedenzfälle tatsächlich die behauptete Bindungswirkung besitzen. Viele Rechtswissenschaftler vertreten seit langem die Auffassung, dass Richter „nicht nur auf juristische Anreize, sondern auch auf ein breites Spektrum politischer [...] Anreize" reagieren.[38] Eine weitere Studie kam zu dem Schluss: „Die Richter des Obersten Gerichtshofs lassen sich

---

[36] *Mazetti v. Armour & Co.*, 75 Wash. 622; 135 P. 633, 636; 1913 Wash. LEXIS 1760 (Wa. 1913).

[37] Siehe Webseite des *U. S. Supreme Court*, https://www.supremecourt.gov/about/courtatwork.aspx (zuletzt aufgerufen am 01. 12. 2022).

[38] *Sheldon Goldman*, The Effect of Past Judicial Behavior on Subsequent Decision-Making, Jurimetrics Journal, Bd. 19 (1978–1979), 208.

von wegweisenden Präzedenzfällen, mit denen sie nicht einverstanden sind, nicht beeinflussen."[39] Was die empirischen Daten also tendenziell zeigen, ist, dass das klassische Modell die Art und Weise, wie echte Richter ihre Fälle tatsächlich entscheiden, nicht besonders gut zu erklären vermag. Eine andere Studie behauptet, die zukünftigen Entscheidungen eines Richters auf Grundlage einer Analyse seiner „Werte" mit einer Erfolgsquote von 85 % vorhersagen zu können.[40]

Wird einem Präzedenzfall nicht gefolgt, besteht die juristische Konsequenz darin, dass die eigene gerichtliche Entscheidung in der nächsten Instanz aufgehoben wird. Neben der rein „juristischen" Erwartungshaltung nach „Einheitlichkeit der Rechtsprechung" gibt es auch disziplinarische und soziale Regeln. Richter sind, ebenso wie Rechtsanwälte, dazu verpflichtet, einen gerichtlichen Verhaltenskodex (*Code of Judicial Conduct*) zu befolgen, und Paragraph 2.2 des Musterkodexes für gerichtliches Verhalten (*Model Code of Judicial Conduct*) legt fest, dass „ein Richter das Recht bewahrt und anwendet und sämtliche Pflichten seines Richteramtes gerecht und unparteiisch erfüllt."[41] Ein Richter, der sich weigert, geltendes Fallrecht (*case law*) anzuwenden, muss als Richter mit vergleichbaren Disziplinarmaßnahmen rechnen, als hätte er sich geweigert, Gesetze anzuwenden.[42] Darüber hinaus sind Richter, Rechtsanwälte, Studierende und Verwaltungsangestellte ausnahmslos dahingehend sozialisiert worden, die *Stare-decicis*-Doktrin ein-

---

[39] *Jeffrey Segal/Harold Spaeth*, The Influence of Stare Decisis on the Votes of Supreme Court Justices, American Journal of Political Science, Bd. 40 (1996), 971.

[40] Legal Pragmatism, Internet Encyclopedia of Philosophy: A Peer-Reviewed Academic Resource, www.iep.utm.edu/leglprag/ (zuletzt aufgerufen am 14.01.2021), zitiert *David W. Rohde/Harold J. Spaeth*, Supreme Court Decision Making, 1976; Siehe auch *Jerome Frank*, Courts on Trial: Myth and Reality in American Justice, 1949, passim.

[41] Der *Model Code of Judicial Conduct* wurde von den Delegierten der American Bar Association in 1990 erlassen und seither mehrmals geändert, zuletzt in 2010.

[42] Siehe bspw. *In the Matter of Hague*, 315 N.W. 2d. 524 (Mich. 1982); In der Rechtssache *Hague* hatte sich der Richter eines Gerichts in Michigan gleich mehrfach geweigert, das Recht in der Form anzuwenden, wie es der *Court of Appeal* dieses Staates ausgelegt hatte. Der Oberste Gerichtshof von Michigan stellte dann in einem gerichtlichen Disziplinarverfahren fest, dass der Richter „seinen Amtseid verletzt, Respektlosigkeit gegenüber dem Gesetz gezeigt und die ordnungsgemäße Rechtspflege unzulässig beeinträchtigt habe". Die Suspendierung des Richters wurde bestätigt und er musste für 60 Tage auf seine Bezüge verzichten, ebd., S. 554. Der *Code of Judicial Conduct*, Grundsätze 2 und 3, so das Gericht, regelt, dass es einem Richter nicht freisteht, die Anwendung und Durchsetzung des Rechts zu verweigern. Das Gericht schrieb auf Seite 552, dass „wenn, wie in diesem Fall, die Entscheidung eines Richters, ein nach seiner Ansicht verfassungswidriges Gesetz nicht anzuwenden, in offenem Widerspruch zu einem ihm bekannten Präzedenzfall der Berufungsinstanz steht und offensichtlich allein auf seiner bereits veröffentlichten, persönlichen Überzeugung darüber beruht, wie das Recht im Gegensatz zu seiner geltenden Form sein sollte, wird der Eindruck der breiten Öffentlichkeit von der Unabhängigkeit der Justiz nachhaltig beschädigt. *Code of Judicial Conduct*, Grundsatz 2 (B)."

zuhalten.[43] Man könnte dieses Phänomen vielleicht sogar psychologisieren und behaupten, dass wir uns eine Vorhersagbarkeit wünschen und deshalb bereitwillig sogar an Maßnahmen zur Steigerung der Vorhersagbarkeit mitwirken, die über rechtsstaatliche Gesichtspunkte hinausgehen. Auf die Frage, ob Gerichte *rechtlich* dazu verpflichtet sind, Präjudizien zu folgen, würden US-amerikanischer Jurastudierende sehr wahrscheinlich mit „Ja" antworten.

Um die *Stare-decisis*-Doktrin anwenden zu können, muss man während des Gerichtsverfahrens zwischen Rechts- und Tatsachenfragen unterscheiden können. Das war meiner Erinnerung nach eine der ersten Lektionen, als ich selbst die *Common-law*-Methode gelernt habe. Obwohl es aus Sicht der Professoren offensichtlich gewesen zu sein schien, hatten die Studierenden mit dieser für sie unbekannten Differenzierung, wie sie für das Studium des *common law* ausgedacht worden war, doch ihre Schwierigkeiten. Vielleicht lag die Schwierigkeit darin, dass die jungen Studierenden, die erst unlängst damit begonnen hatten, sich mit dem Recht zu befassen, die Aufgabe, Rechtsfragen von Tatsachenfragen zu unterscheiden, anfangs noch als simple Frage präziser Lektüre und des gesunden Menschenverstands verstanden hatten. Aber „ob eine bestimmte Frage letztlich als eine Rechts- oder Tatsachenfrage einzuordnen ist, stellt selbst keine Tatsachenfrage dar, sondern eine ausgesprochen verkopfte Rechtsfrage."[44] Vielleicht ist die Schwierigkeit auch teilweise darauf zurückzuführen, dass die Unterscheidung künstlich erscheint. Jeder, der sich mit dem bekannten Fall *Erie Railroad* und mit den nachfolgenden Fällen, die auf ihn verweisen (und deshalb als seine „Abkömmlinge" angesehen werden), beschäftigt hat, wird erkennen, dass die Unterscheidung zwischen materiell-rechtlichen und prozessualen Fragen gleichermaßen künstlich wirkt. Studierende werden schnell erkennen, dass die Differenzierung zwischen materiellen und prozessualen Rechtsnormen ebenfalls keine Frage des gesunden Menschenverstandes oder der Tatsachen ist, sondern eine juristische Unterscheidung, die man nur dann vornehmen kann, wenn man ein Jurastudium absolviert hat. Auch

„sagt die Einordnung als Rechts- oder Tatsachenfrage für den Juristen oftmals nichts über wahrgenommene Dinge oder präferierte Ansichten aus, sondern bezeichnet vielmehr eine Funktion[45] – etwa, ob eine Frage während eines Prozesses (unabhängig von ihrer tatsäch-

---

[43] *Anastasoff v. U.S.*, 223 F.3d 898 (8th Cir. 2000), Diskussion zur Aufklärung von Blackstone und der sog. Föderalistenartikel zur Pflicht der Richter, sich an die Präzedenzfälle zu halten.

[44] *Nathan Isaacs*, The Law and the Facts, Columbia Law Review, Bd. 22 (1922) S. 1 (11 f.), wie zitiert in: *Kenneth Vinson*, Artificial World of Law and Fact, Legal Studies Forum, Bd. 11 (1987), 311 (313). An dieser Stelle sei darauf hingewiesen, dass *Isaacs'* Zitat aus dem Jahr 1922 stammt, einem Höhepunkt in der Philosophie des Rechtsrealismus, wie in Kapitel 7 erörtert. Er könnte sich also auch explizit gegen die Rechtsrealisten und ihren Wunsch, juristische Abstraktionen aus dem Recht zu entfernen, gewendet haben.

[45] Man sollte hier das in Kapitel 3 zur Rechtsvergleichung dargestellte, von *Zweigert* und

lichen Natur) durch den Richter oder die Jury zu beantworten ist oder ob eine Frage in zweiter Instanz gänzlich oder nur teilweise überprüft werden darf."[46]

Sir Konrad Schiemann scheint die Philosophie des Rechtsrealismus auf die *Stare-decisis*-Doktrin anzuwenden:

„Die moderne Informationstechnologie macht es leicht, nach Präzedenzfällen zu suchen. In der Regel werden Sie auch etwas finden, das in die von Ihnen gewünschte Richtung geht. Das zu zitieren wird nicht nur dazu beitragen, Ihre Richterkollegen zu überzeugen, sondern auch der ganzen Welt den Eindruck vermitteln, dass Sie Recht anwenden, anstatt es selbst zu setzen. Aber der Ansatz, beim Verfassen von Urteilen wortwörtliche Formulierungen zu übernehmen, scheint mir [bei Urteilen des EuGH] größer zu sein als in England, wo insbesondere die Obergerichte eher dazu tendieren, Präzedenzfälle als generelle Inspirationsquelle zu verstehen und nicht als rigides Korsett, in das ein Urteil hineingezwängt werden sollte."[47]

9.6 Föderalismus

In der Geschichte der Rechtssysteme der Welt haben sich Königreiche zu Staaten entwickelt, Imperien wurden Zusammenschlüsse von Königreichen und Staaten, Staaten haben andere Staaten erobert und unterworfen. Während diese verschiedenen Rechtssubjekte aufstiegen und niedergingen, wurde mit sehr unterschiedlichen Mitteln versucht, die sich ausbreitenden Herrschaftsgebiete zusammenzuhalten und die Herrschaftsgebiete gegen potenzielle Eindringlinge zu verteidigen. Indem er diese verschiedenen Zusammenschlüsse durch den historischen Referenzrahmen betrachtet, schreibt *Harold J. Berman*:

„Das vielleicht auffälligste Merkmal der westlichen Rechtstradition ist die Koexistenz und Konkurrenz derselben Anzahl unterschiedlicher Gerichtsbarkeiten und Rechtssysteme. Diese Pluralität von Gerichtsbarkeiten und Rechtssystemen führt dazu, dass ein Vorrang des Rechts sowohl notwendig als auch möglich wird."[48]

Durch den historischen Referenzrahmen lässt sich nachvollziehen, warum sämtliche der fünfzig US-amerikanischen Bundesstaaten souverän sind und über ein erhebliches Maß an Unabhängigkeit verfügen. Damit sind die Vereinigten Staaten beileibe kein Einheitsstaat wie Frankreich und auch kein „vertikaler" Bundesstaat wie Deutschland, in dem die Regierungen der Bundesländer auch auf Bundesebene eine verfassungsmäßige Rolle spielen. Die

---

Kötz entwickelte und von anderen kritisierten Konzept der Funktionalität in der Rechtsvergleichung im Hinterkopf behalten.

[46] *Vinson*, a. a. O., Fn. 44.

[47] *Konrad Schiemann*, From Common Law Judge to European Judge, ZEuP, Bd. 4 (2005), 741 (745).

[48] *Harold J. Berman*, Law and Revolution: The Formation of the Western Legal Tradition, 1983, S. 10.

Vereinigten Staaten sind vielmehr als „horizontaler" Bundesstaat zu verstehen,[49] in dem die Bundesregierung neben und nicht über den Regierungen der Bundesstaaten steht. Um den US-amerikanischen Bundesstaat zu begreifen, würde ich, vorausgesetzt einem ist die öffentlich-rechtliche Kompetenzverteilung der Europäischen Union bekannt, eher dazu raten, eine Analogie zwischen den Vereinigten Staaten und der Europäischen Union zu ziehen, anstatt die Vereinigten Staaten mit irgendeinem europäischen Staat zu vergleichen.

9.6.1 Föderalismus und Rechtsetzung

Innerhalb der US-amerikanischen Staatstruktur des Bundes und der Bundesstaaten findet sich *Montesquieus* bekannte Dreiteilung in Legislative, Exekutive und Judikative. Aber für den Rechtspraktiker bleiben in den Vereinigten Staaten im Hinblick auf die generelle Gewaltenteilung viele Fragen unbeantwortet. Hierzu zählt etwa: (1) Welches Verhältnis besteht zwischen der Gesetzgebungskompetenz der Legislative des Bundes und der Gesetzgebungskompetenz der Legislativen der fünfzig Bundesstaaten? (2) Welches Verhältnis besteht zwischen der Gesetzgebungskompetenz der Judikative des Bundes und der Gesetzgebungskompetenz der Judikativen der fünfzig Bundesstaaten? (3) Welches Rechtsverhältnis besteht angesichts der souveränen Kompetenzen der einzelnen Bundesstaaten zwischen dem Recht eines Bundesstaats und dem Recht eines anderen Bundesstaats sowie zwischen der Justiz eines Bundesstaats und der Justiz eines anderen Bundesstaats? Artikel VI der US-amerikanischen Verfassung enthält eine Passage, die als „Vorrangklausel" bekannt ist:

> „Diese Verfassung und die Gesetze der Vereinigten Staaten, die in Anwendung dieser Verfassung erlassen werden, sowie sämtliche völkerrechtliche Verträge, die im Rahmen der Kompetenzen der Vereinigten Staaten geschlossen wurden oder geschlossen werden, stellen die höchsten Gesetze dieses Landes dar; und die Richter eines jeden Bundesstaates sind hieran gebunden, ungeachtet jeglicher gegenteiliger Bestimmungen in der Verfassung oder den Gesetzen irgendeines Bundesstaates."

Für jemanden, dem die begrenzten Gesetzgebungskompetenzen des Bundes unbekannt sind, könnte Artikel VI leicht den Anschein erwecken, dass hierdurch ein klares und vertrautes Hierarchiegefälle von oben nach unten angeordnet wird, so wie es etwa im Vereinigten Königreich der Fall ist, wo Parlamentsgesetze Vorrang genießen, oder wie es in Art. 31 des deutschen

---

[49] „Unsere einzigartige Form des Föderalismus ist, wie es einmal ein ehemaliger kanadischer Richter des Obersten Gerichtshofs ausdrückte, derjenige Teil des amerikanischen Verfassungsrechts, der im Ausland den geringsten Eindruck hinterlassen hat." *Mary Ann Glendon*, Comparative Law in the Age of Globalization, Duquesne Law Review, Bd. 52 (2014), 1 (15), zitiert *Claire L'Heureux-Dubé*, The Importance of Dialogue: Globalization and the Impact of the Rehnquist Court, Tulsa Law Journal, Bd. 34 (1998), 15 (35).

Grundgesetzes geregelt ist, wo es schlicht heißt: „Bundesrecht bricht Landesrecht", was nichts anderes bedeutet, als dass das Bundesrecht Vorrang gegenüber dem Landesrecht genießt. Es gibt jedoch einen Unterschied. Die nachdrückliche Aussage in Artikel VI der US-Verfassung greift nämlich ausschließlich für Kompetenzbereiche, die dem Bund übertragen wurden, und auch nur dann, wenn einer der Bundesstaaten eine Norm schafft, die einer Regelung des Bundes widerspricht. Es sollte nicht vergessen werden, dass es die einzelnen Bundesstaaten waren, die, vertreten durch ihre Delegierten, eine Union formten – und nicht umgekehrt. Zusatzartikel X der Verfassung der Vereinigten Staaten erinnert den Leser daran, dass der Bund ausschließlich Kompetenzen in diejenigen Bereichen hat, die ihm von den Mitgliedstaaten übertragen wurden, und dass sämtliche Kompetenzen, die dem Bund nicht ausdrücklich übertragen wurden, bei den Bundesstaaten verbleiben. Er lautet: „Diejenigen Kompetenzen, die durch die Verfassung weder den Vereinigten Staaten übertragen noch den Bundesstaaten entzogen werden, bleiben den Bundesstaaten bzw. dem Volk vorbehalten." Nach Lektüre von Artikel VI und Zusatzartikel X kann man sich ein Bild davon machen, welche Kompetenzen die Mitgliedstaaten tatsächlich auf die Föderation übertragen haben. ArtikelI, Absatz 8 der US-Verfassung besagt dies:

„Der Kongress hat die Kompetenz, Steuern zu erheben und einzutreiben, Schulden zu bezahlen, für eine gemeinsame Verteidigung zu sorgen, Kredite aufzunehmen, den Handel mit ausländischen Staaten und zwischen den Bundesstaaten zu regeln, Regeln für die Einbürgerung aufzustellen, Geld zu prägen, Postämter einzurichten, den Fortschritt in Wissenschaft und Kunst zu fördern, dem Obersten Gerichtshof unterstellte andere Gerichte einzurichten, den Krieg zu erklären, Piraterie zu bestrafen, Land- und Seestreitkräfte aufzustellen und zu unterhalten und sämtliche Gesetze zu erlassen, die zur Ausführung der vorgenannten Kompetenzen notwendig und angemessen sind."

Die US-amerikanische Verfassung regelt sowohl die Kompetenzverteilung innerhalb der Bundesstaaten auf Exekutive, Legislative und Judikative als auch die Kompetenzverteilung zwischen den Bundesstaaten und dem Bund innerhalb der drei Staatsgewalten. Im Vergleich zu vielen anderen Staaten der Welt ist die föderale Struktur der Vereinigten Staaten bemerkenswert im Hinblick auf die Anzahl und Qualität der den einzelnen Bundesstaaten vorbehaltenen Kompetenzen (wie etwa Rechtsetzung, Durchsetzung und Rechtsprechung mit Bezug zu Straftaten), während die Kompetenzen der Bundesstaaten gleichzeitig im Einklang mit *Montesquieus* Idee der Gewaltenteilung stehen und auf die drei Gewalten aufgeteilt werden. Dabei ist nachdrücklich zu betonen, dass die fünfzig US-amerikanischen Bundesstaaten, ganz im Gegensatz zu vielen anderen Staaten der Welt, *keinesfalls* lediglich Verwaltungseinheiten einer Föderation darstellen. Bereits die Terminologie steht hierzu im Widerspruch: Sie werden als „Staaten" bezeichnet, so wie andere souveräne Staaten der Welt. Ein weiteres Beispiel für die Unabhängigkeit der Bundesstaaten stellt, wenn wir uns an den sozialen Referenzrahmen erinnern, die Tatsache dar, dass Anwälte nach bestandener Anwaltsprüfung stets nur eine Zulassung für einen einzigen Bundesstaat erhalten, weil dessen materielles Recht sich von dem der anderen neunundvierzig Staaten unterscheidet.

Wenn ein Nicht-Jurist von „amerikanischem Recht" oder „US-Recht" spricht, eine, wie oben ausgeführt, künstliche Kategorienbildung, kann diese Aussage nur als kultureller Begriff verstanden werden, der sämtliche 51 Rechtssysteme einbezieht, die auf dem geopolitischen Gebiet der Vereinigten Staaten gelten. Zurückblickend auf den sprachlichen Referenzrahmen und die Erkenntnisse des Strukturalismus, würde es doch ausgesprochen schwerfallen, klare Grenzen einer mentalen „Repräsentation" für etwas namens „amerikanisches Recht" oder „US-Recht" zu erkennen. Sobald man diese Tatsache einmal verstanden hat, hat man auch schon damit begonnen, den US-amerikanischen Föderalismus zu verstehen. Und genau an diesem Punkt erkannt man dann auch, dass einem juristisch gesehen besser damit gedient sein könnte, eine Analogie zwischen der Europäischen Union und den Vereinigten Staaten zu ziehen als zwischen letzteren und einem der Mitgliedsstaaten der EU. Schauen Sie sich hierzu auch das wegweisende Urteil des EuGH im Fall *Flaminio Costa v. ENEL* v. 15.7.1964 an, in welchem er den Vorrang des EU-Rechts vor dem Recht der Mitgliedsstaaten entwickelt hat: EuGH, Urt., C-6/64 – *Flaminio Costa v. ENEL*. Obwohl hier, wie für die Vereinigten Staaten, eine generelle Regel aufgestellt wird, gilt diese Regel nur, wenn es um Kompetenzbereiche geht, die ausdrücklich auf die EU übertragen wurden. Allein die Tatsache, dass es sich um eine „zentrale" Regierung handelt, macht diese Regierung nicht automatisch zu einer übergeordneten Regierung. Und genauso wenig führt der Zusammenschluss zu den Vereinigten Staaten dazu, dass dessen Zentralregierung automatisch eine übergeordnete Regierung darstellt.

9.6.2 Föderalismus und Rechtspraxis

Um den US-amerikanischen Föderalismus aus Sicht eines praktizierenden Rechtsanwalts zu verstehen, muss man über Rechtsetzungsaspekte hinausgehen und versuchen sich zu verdeutlichen, dass man, wenn es um die Lösung von Konflikten geht, zwischen 51 Gerichtsbarkeiten wählen kann, eine Vorgehensweise, die im Volksmund auch gerne als *forum shopping* bezeichnet wird. Die Wahl des Gerichtsstandes wird nur durch die sachliche und örtliche Zuständigkeit der Gerichte begrenzt. Um seine Wahlmöglichkeiten im Hinblick auf den Gerichtsstand zu erkennen, muss man nicht nur die US-Verfassung selbst analysieren, sondern auch die verbindliche Rechtsprechung zur Auslegung der US-amerikanischen Verfassung. Übereinstimmend mit den obigen Ausführungen bezogen auf die Macht der einzelnen Bundesstaaten und ihre Gesetzgebungskompetenz sind sie auch grundsätzlich sachlich und örtlich für Streitigkeiten von Personen innerhalb ihrer Grenzen zuständig. Daher dürfte es auch wenig überraschend sein, dass laut Statistik fast 98 % aller Streitigkeiten vor bundesstaatlichen Gerichten und nicht vor Bundesgerichten ausgetragen werden.[50] Die bundesstaatlichen Gerichte wenden dabei die in diesem Bundesstaat erlassenen Rechtsnormen an: die Verfassung des Bundesstaates, Gesetze, Verordnungen und verbindliche Fallentscheidungen.

Wenn in einem Rechtsstreit Rechtsfragen behandelt werden, die Kompetenzen unterfallen, die dem Bundesrecht vorbehalten sind (also eine sog. „bundesrechtliche Frage" [*federal question*] beinhaltet, wie in Artikel 1, Absatz 8 festgelegt), dann sind die US-Bundesgerichte *ausschließlich* zuständig. Im Vergleich zu den Rechtsstreitigkeiten, die vor den Gerichten der Bundesstaaten verhandelt werden, stellen die Fälle mit bundesrechtlichen Fragen nur eine Randerscheinung dar.

Aber jenseits der ausschließlichen Zuständigkeit der bundesstaatlichen Gerichte oder der Bundesgerichte gibt es noch die Fälle der konkurrierenden Zuständigkeit, in denen man den Rechtsstreit einem Bundesgericht vorlegen *darf* (aber nicht muss). Diese dritte Kategorie darf keinesfalls mit der Rechtsetzungskompetenz verwechselt werden. Diese dritte Kategorie greift, wenn an einem Rechtsstreit Parteien aus mehr als einem Bundesstaat beteiligt sind oder wenn eine oder mehrere der Streitparteien aus dem Ausland kommen (sog. *diversity of citizenship*). Art.III Abs. 2 der US-Verfassung erlaubt es den Bundesgerichten in solchen Fällen, die Parteien anzuhören und den Fall zu entscheiden. Hierin ist ein weiterer Hinweis auf die starke Machtposition der Bundesstaaten zu sehen, da ursprünglich befürchtet wurde, dass der Richter oder die Jury eines bundesstaatlichen Gerichts parteiisch gegenüber einer Prozesspartei aus dem eigenen Bundesstaat sein könnte und diese gegenüber einer Prozesspartei aus einem anderen US-Bundesstaat oder sogar aus dem Ausland bevorzugen könnte.

Man muss sich jedoch vor Augen halten, dass es bei Fällen mit Parteien aus unterschiedlichen Bundesstaaten oder mit einer ausländischen Prozesspartei (*diversity of citizenship*) für den Kläger lediglich eine Wahlmöglichkeit darstellt, keine Verpflichtung, Klage vor einem Bundesgericht zu erheben. Der Kläger kann die Klage auch vor dem bundesstaatlichen Gericht desjenigen Bundesstaates erheben, in dem der Schaden eingetreten ist, oder auch vor dem bundesstaatlichen Gericht desjenigen Bundesstaates, in dem der Beklagte seinen Wohnsitz hat. Wie wählt ein Geschädigter (oder ein Rechtsanwalt) angesichts dieser Wahlmöglichkeit: Bundesgericht oder bundesstaatliches Gericht, und, falls bundesstaatliches Gericht, in welchem Bundesstaat? Die Antwort ergibt sich aus den anwendbaren Rechtsquellen der Bundesstaaten. Die Bundesstaaten haben für zahlreiche Bereiche die Gesetzgebungskompe-

---

[50]   Siehe *Galanter*, a. a. O., Fn. 2, zitiert *Brian J. Ostrom/Shauna M. Strickland/Paula L. Hannaford-Agor*, Examining Trial Trends in the State Courts, Journal of Empirical Legal Studies, Bd. 1 (2004), 755.

tenz und hierdurch steht es ihnen natürlich auch frei, gesetzliche Regelungen zu erlassen, die von denjenigen anderer Bundesstaaten abweichen oder diesen sogar widersprechen – jedenfalls solange diese Regelungen weder die eigene Verfassung noch die Verfassung der Vereinigten Staaten verletzen. Aufgrund der Tatsache, dass die einzelnen Bundesstaaten tatsächlich unterschiedliches materielles Recht erlassen und auch durchsetzen, ist es sinnvoll, sich von den verfügbaren Gerichtsbarkeiten, die für einen Rechtsstreit zuständig sind, die beste „herauszupicken" (*shop*) und diejenige zu wählen, die aufgrund ihres materiellen Rechts, ihres Prozessrechts oder nur aufgrund der günstigen Lage des Gerichtsgebäudes der Klägerpartei am meisten zusagt.[51]

Wenn ein Kläger die Gerichtsbarkeit eines Bundesstaates auf Grundlage vorteilhafter Rechtsnormen wählt, die entweder vom Gesetzgeber erlassen oder, wie dies bei außervertraglichen Schuldverhältnissen (in den Vereinigten Staaten als „*torts*" bekannt) häufig der Fall ist, von Richtern durch ihre Präzedenzentscheidungen getroffen werden, dann spricht man davon, dass er sich einen Gerichtsstand „herauspickt" (*shop*). Hat sich der Kläger einmal einen Gerichtsstand herausgepickt und sich für die Gerichte eines bestimmten Bundesstaats anstelle der Bundesgerichte entschieden, oder die Gerichte des Bundesstaates X anstelle von Bundesstaat Y, verbleibt auch dem Beklagten noch ein strategisches Manöver. Der Beklagte kann in diesen Situationen den Fall an dasjenige Bundesgericht „zurückverweisen" (*remove*), das für das bundesstaatliche Gericht zuständig ist, bei dem der Kläger die Klage eingereicht hat, und zwar aus demselben Grund (Besorgnis der Befangenheit), aus dem ein Kläger in Fällen mit Parteien aus unterschiedlichen Bundesstaaten auch vor einem Bundesgericht klagen kann.[52]

9.6.3 Anwendbares Recht eines Rechtsstreits – Bundesrecht oder bundesstaatliches Recht?

Unabhängig davon, ob sich in einem Fall mit Parteien aus unterschiedlichen Bundesstaaten (*diversity of citizenship*) eine Prozesspartei nun aufgrund der Wahl des Klägers oder aufgrund der Zurückverweisung durch den Beklagten vor einem Bundesgericht wiederfindet, stellt sich dort die weitere, möglicherweise unerwartete, Frage danach, welches materielle Recht das Bundesgericht anwenden sollte. Führen Sie sich dabei vor Augen, dass die Prozessparteien nicht etwa deshalb vor einem Bundesgericht stehen, weil auf ihren Rechtsstreit zwingend Bundesrecht anzuwenden ist, sondern weil eine oder auch beide Parteien eine Befangenheit des bundesstaatlichen Gerichts befürchtet

---

[51] Die günstige Lage eines Gerichtsgebäudes, die auch als „Gerichtsstand (*venue*)" bezeichnet wird, ist nicht Bestandteil des hier dargestellten Rahmens der Gerichtsbarkeit.

[52] Insoweit ist erwähnenswert, dass die Zuständigkeit bei Fällen mit Parteien aus unterschiedlichen Bundesstaaten oder mit einer ausländischen Prozesspartei (*diversity of citizenship*) zwar durch die US-Verfassung geregelt wird, die Zurückweisung (*removal*) allerdings nur einfachgesetzlich, insbesondere durch 28 U. S. C. § 1441 f.

haben. Der zu lösende Konflikt unterfällt aber weiterhin der Gesetzgebungskompetenz der Gerichte desjenigen Bundesstaates, in dem sich das Bundesgericht befindet und in dem der Rechtsstreit geführt wird. Eine Gesetzgebungskompetenz des Bundes ist nicht gegeben. Wären die Vereinigten Staaten ein Land mit einem *Civil-law*-System, in welchem davon auszugehen wäre, dass die Legislative für die Lösung sämtlicher Konfliktsituationen eine gesetzliche Regelung erlassen hat, wäre diese Situation unproblematisch – das Bundesgericht würde auf den Fall schlicht die entsprechenden bundesstaatlichen Vorschriften anwenden. Aber in einem *Common-law*-Staat wie den Vereinigten Staaten hat die Legislative für den betreffenden Regelungsbereich bislang unter Umständen keinerlei gesetzgeberische Vorschriften geschaffen. Aber selbst in einer solchen Konstellation, wie etwa im außervertraglichen Schuldrecht, um das es bei den meisten Streitigkeiten geht, die durch Prozess (*trial*), sei es durch Richter oder Jury, entschieden werden,[53] könnte man erwarten, dass bereits Fälle mit verbindlicher Präjudizwirkung existieren, die von den Berufungsgerichten oder sogar vom obersten Gerichtshof dieses Staates entschieden wurden. Aufgrund dieser Präjudizien wäre der Fall dann zu lösen. In dem berühmten Fall *Erie Railroad v. Tompkins* trat genau dieses Problem auf.[54] Wenn es der zuständige Gesetzgeber versäumt hat, einen materiell-rechtlichen Bereich zu regeln oder hinreichende Rechtsnormen zu erlassen, um einen Rechtsstreit entscheiden zu können, so ist es im Verständnis des *common law* vollkommen anerkannt, dass das Gericht den Konflikt dennoch entscheiden und dabei eine Regelung etablieren kann, die für künftige Fälle eine verbindliche Rechtsnorm darstellt. Im Hinblick auf den US-amerikanischen Föderalismus bedeutet dies, dass die bundesstaatlichen Gerichte der fünfzig verschiedenen Rechtssysteme für diejenigen Kompetenzbereiche, die den Bundesstaaten durch die US-Verfassung vorbehalten sind, dies auf fünfzig verschiedene Arten tun und hierdurch entsprechend bundesstaatliches *common law* erzeugen könnten, wenn die Legislative des jeweiligen Bundesstaates für diesen Kompetenzbereich keine Regelungen erlassen hat. Und es bedeutet auch, dass die Bundesgerichte der Vereinigten Staaten dies für jeden der in Artikel 1, Absatz 8 der Bundesverfassung genannten Zuständigkeitsbereiche tun und hierdurch entsprechend *common law* des Bundes erzeugen könnten, wenn der Kongress von seiner Gesetzgebungskompetenz keinen Gebrauch gemacht hat. Aber sollte ein Gericht der Vereinigten Staaten, das über einen Fall mit Parteien aus unterschiedlichen Bundesstaaten zu entscheiden hat (*diversity jurisdiction*) auf den bundesstaatliches Recht Anwendung findet, eine Rechtsnorm des *common law* für diesen Bundesstaat aufstellen dürfen, also soll eine durch Bundesgericht erlassene Regelung des *common law* eines Bundesstaates möglich sein? Diese Frage

---

[53] Im Jahr 2005 wurden 60 Prozent der Gerichtsverfahren in den nationalen Gerichten über außervertragliche Schuldverhältnisse geführt; siehe *Cohen*, a. a. O., Fn. 19.

[54] *Erie Railroad v. Tompkins*, 304 U. S. 64 (1938).

wurde bis etwa 1938 kontrovers diskutiert, denn Bundesgerichte, die über einen Fall mit Parteien aus unterschiedlichen Bundesstaaten zu entscheiden hatten (*diversity jurisdiction*), fühlten sich in Konstellationen, in denen die Gesetzgeber der jeweiligen Bundesstaaten untätig geblieben waren, durchaus überraschend sehr frei, eigene Regelungen zu erlassen und sie als „allgemeines *common law* des Bundes (*federal general common law*)" zu bezeichnen. In der Entscheidung über einen Rechtsstreit zwischen einem Mann aus Pennsylvania und einer New Yorker Eisenbahngesellschaft, deren Eisenbahn ihn verletzt hatte, den der verletzte Kläger vor einem Bundesgericht in New York begonnen hatte, weil die Parteien aus unterschiedlichen Bundesstaaten stammten (*diversity jurisdiction*), stellte Richter *Louis Brandeis* dann aber klar, dass es „kein allgemeines *common law* des Bundes gibt (*federal general common law*)".[55] Selbst wenn eine bundesstaatliche Legislative es versäumt hat, für ein bestimmtes Rechtsgebiet, gesetzliche Regelungen zu erlassen, dann, so *Brandeis*, stellen die Entscheidungen des Obersten Gerichtshofs dieses Staates selbst „Recht" dar, das dann auch von den Bundesgerichten zur Entscheidung des Rechtsstreits herangezogen werden soll. Die Bundesgerichte sind also dazu verpflichtet, das materielle Recht eines Bundesstaates anzuwenden, unabhängig davon, ob dieses Recht durch gesetzliche Normen oder durch gerichtliche Präzedenzfälle geschaffen wurde. Dennoch bleibt eine Lücke. Eine der Maximen der Billigkeit (*equity*) im *common law* (erinnern Sie sich an den historischen Referenzrahmen) lautet: *„ubi jus, ibi remedium"*, was letztlich bedeutet, dass es ohne Rechtsmittel kein Unrecht gibt. Es gehört aber ebenfalls zu den grundlegenden Überzeugungen des *common law*, dass Gerichte keine beratenden Gutachten verfassen, sondern ausschließlich über die ihnen vorgelegten tatsächlichen „Fälle und Streitigkeiten" (*cases and controversies*) entscheiden, was in den Vereinigten Staaten ausdrücklich in Art. 3 Abs. 2 S. 1 der US-Verfassung festgeschrieben ist. Infolge all dessen ist es möglich, dass ein US-amerikanisches Bundesgericht über einen Fall mit Parteien aus unterschiedlichen Bundesstaaten zu entscheiden hat (*diversity case*), für den es, um den Fall zu entscheiden, in der Rechtsordnung des betreffenden Bundesstaates weder eine gesetzliche Regelung noch eine verbindliche Präzedenzentscheidung gibt. 1938 mag es in sämtlichen Bundesstaaten möglicherweise nur noch ganz vereinzelte Rechtsgebiete gegeben haben, in denen weder der Gesetzgeber noch die Gerichte bislang Regelungen getroffen hatten. Und im 21. Jahrhundert dürfte dies noch seltener der Fall sein. Dennoch wäre es theoretisch noch immer denkbar. Welche Rechtsnormen sollte ein Bundesgericht aber dann anwenden, wenn es zu einer solchen Konstellation kommt? In einer dieser seltenen Situationen wäre es vermutlich möglich, im Argumentationsprozess des Bundesrichters das gesamte Erbe des *common law* zu erkennen.

---

[55] Ebd., S. 78.

Für den Rechtspraktiker endet mit dieser kurzen Beschreibung die Anwendung einiger kultureller Referenzrahmen auf die Mechanismen der Beziehungen zwischen dem Bund und den Bundesstaaten im US-amerikanischen Föderalismus. Aber angesichts der Tatsache, dass die fünfzig Bundesstaaten mit Hoheitsrechten ausgestattet, unabhängig und souverän sind, bleiben weitere Vertiefungsfragen: Welches Rechtsverhältnis besteht zwischen und unter den einzelnen Bundesstaaten, sobald eine Regelung erlassen oder ein Streit entschieden wurde? Kann die unterlegene Partei der Zahlungsverpflichtung aus einem Zivilurteil deshalb entgehen, weil sie in einem anderen Bundesstaat lebt oder gar weil sie absichtlich in einen anderen Bundesstaat verzogen ist, um sich hierdurch bewusst der Gerichtsbarkeit des zuständigen Gerichts zu entziehen?

9.6.4 Föderalismus und Verhältnis der Bundesstaaten zueinander

Was das Verhältnis zwischen zwei souveränen Staaten anbelangt, so konnte sich ein Beklagter, der aus einen anderen souveränen Staat stammt, historisch gesehen, wenn er der Gerichtsbarkeit eines Staates unterworfen war und zu einer Zahlung verurteilt wurde, der Zwangsvollstreckung dieses Urteils dadurch entziehen, dass er seinen Wohnsitz in die Gerichtsbarkeit eines anderen Staates verlegte oder sich dauerhaft außerhalb des staatlichen Hoheitsgebiets des Forumstaates aufhielt. Angesichts der Achtung der Souveränität der einzelnen Staaten stellt dies ein echtes Problem dar, es sei denn, die beiden Staaten einigen sich ausdrücklich darauf, unter welchen Bedingungen ein Staat die Urteile anderer Staaten anerkennen und bei deren Vollstreckung mitwirken will. Für das Verhältnis zwischen den US-Bundesstaaten würde sich grundsätzlich das gleiche Problem stellen, weil, wie oben erörtert, jeder Bundesstaat sein eigenes materielles und prozessuales Recht erlassen darf (und auch erlässt) und jeder Bundesstaat die Einhaltung dieses Rechts darüber hinaus durch seine eigene Judikative überprüfen lässt. Anstatt die Vollstreckbarkeit der Urteile anderer Bundesstaaten jedoch durch völkerrechtliche Verträge zu regeln, wird diese Frage für die US-Bundesstaaten bereits in der Verfassung der Vereinigten Staaten geregelt. Art. 4 Abs. 2 S. 1 der US-Verfassung besagt: „Den Bürgern eines jeden Bundesstaates werden die gleichen Privilegien und Ausnahmen zuteil wie den Bürgern des jeweiligen Bundesstaates." Diese Verfassungsregelung wurde allgemein so verstanden, dass keiner der Bundesstaaten den Bürger eines anderen Bundesstaates in irgendeiner Weise benachteiligen darf. Darüber hinaus sieht Art. 4 Abs. 1 der US-Verfassung vor: „Staatliche Handlungen, Aufzeichnungen und Gerichtsverfahren eines jeden Bundesstaates genießen volles Vertrauen und vorbehaltlose Anerkennung in jedem anderen Bundesstaat. Und der Kongress kann durch allgemeine Gesetze diejenige Form vorschreiben, durch welche derartige Handlungen, Aufzeichnungen und Verfahren nebst ihrer jeweiligen Rechtsfolge nachzuweisen sind." Nachdem also das Gericht eines Bundesstaates in einem Fall ein Urteil gesprochen hat, ist die Exekutive jedes anderen Bundesstaates dazu verpflichtet, dieses Urteil anzuerkennen. Eine typische Situation wäre insoweit etwa die folgende: In Bundesstaat A wird ein Fall gerichtlich zugunsten des Klägers entschieden und das Vermögen des Beklagten befindet sich in Bundesstaat B. Dann wäre Bundesstaat B dazu verpflichtet, das Urteil des Gerichts aus Bundesstaat A anzuerkennen und die Vollstreckung in Staat B zu erleichtern. Diese Regelung mag zwar etwas übertrieben erscheinen und wäre in einem klassischen Zentralstaat auch in jeder Hinsicht überflüssig, aber in einem Bundesstaat mit tatsächlich souveränen Einzelstaaten wie den Vereinigten Staaten ist es zwingend notwendig, die wechselseitige Anerkennung von Hoheitsakten auch explizit zum Ausdruck zu bringen, wenn sich die Bürger problemlos von einem Bundesstaat zum anderen bewegen und dabei auch ein gewisses Maß an Rechtssicherheit genießen sollen. Das gleicht doch, abermals, sehr deutlich der Zielsetzung einer Europäischen Union ohne Grenzen, was dort durch die Personenfreizügigkeit sowie den freien Kapital- und Warenverkehr innerhalb der EU angestrebt wird.

Innerhalb der Welt der Kultur gibt es noch zahlreiche Aspekte, die über die Mechanik dieser Regeln und Normen hinausgehen. Mitglieder einer Rechtskultur werden, unabhängig davon, ob sie Recht setzen, Recht auslegen oder Recht durchsetzen, den Eindruck haben, dass sie ein gewisses „Empfinden" dafür haben, was fair oder gerecht ist, und daher auch ein Empfinden dafür haben, was als Auslegungspraxis akzeptiert wird. In positiver Hinsicht kann dieses Empfinden als Kontrolle über das lokal vorhandene Wissen verstanden werden – in negativer Hinsicht als unbewusste Ideologiekonformität. Inwieweit dieses Empfinden gegenüber der Funktionsweise der Mechanik Ergebnisse vorhersagen kann, ist schwer zu bestimmen, wenn nicht gar unmöglich. Was jedoch eine vertiefte Untersuchung wert ist, sind die Unterschiede, mit denen bestimmte Kulturen ihre jeweiligen Rechtssysteme jenseits der Mechanik des Rechts betrachten. Nur wenn man irgendetwas über diese kulturelle Rezeption durch die Bürger weiß,[56] kann man auch behaupten, vorhersagen

---

[56] Neben der Frage, wie die Bürger das Recht und seine Verfahren akzeptieren, muss man auch überlegen, wie die Anwälte das Recht und seine Verfahren für sich nutzen werden, wenn man den Ausgang von Rechtsstreitigkeiten vorhersagen will. In einer hiermit zusammenhängenden Studie über Verzögerungen von Gerichtsverfahren habe ich herausgefunden, dass Anwälte, wenn es zum Vorteil ihrer Mandanten ist, das Verfahren zum Beispiel bewusst in die Länge ziehen, selbst wenn die Gerichte Maßnahmen ergreifen, um den Fortgang rechtshängiger Klagen, die terminiert werden sollen, etwa durch Beteiligung zusätzlicher Richter oder Beisitzer, Verkürzung der Antragsfristen oder des Vorverfahrens oder durch andere Maßnahmen, aktiv zu betreiben. Siehe hierzu auch die klassische Arbeit des Rechtsrealismus von *Jerome Frank*, Richter am Bundesberufungsgericht (*Federal Appeals Judge*), oben in Fn. 40.

zu können, wie ein Rechtsstreit beendet werden wird. Und das ist, wenn es denn überhaupt eine Sozialwissenschaft darstellt, das Wesen des Rechts.

9.7 Schlussfolgerungen

Nach Vorstellung einiger der Mechanismen des US-amerikanischen Rechts hoffe ich, dass Sie nunmehr dazu in der Lage sind, zu erkennen, welche wesentliche Rolle die Rechtskultur für das Verständnis der Rechtsmechanismen spielt und damit letztlich auch dafür, um derjenigen Person helfen zu können, die juristischen Beistand in den Vereinigten Staaten benötigt. In diesem Kapitel wurde lediglich eine Auswahl an Rechtsmechanismen präsentiert und diese Auswahl enthält keinesfalls vollständig das notwendige kulturelle Verständnis, um vollends zu begreifen, wie das Rechtssystem in den genannten Beispielen funktioniert oder auch in vielen anderen Fällen, die Juristen in anderen Büchern oder auch der Rechtspraxis auffinden können.

Wissenskontrolle

Welches materielle Recht würde der Richter eines US-Bundesgerichts anwenden, der deshalb zuständig ist, weil die Parteien aus unterschiedlichen Bundesstaaten stammen (*diversity jurisdiction*), wenn er auf ein Rechtsproblem stößt, auf das keine gesetzliche Regelung des Bundesstaates (*state statute*) und auch keine Präzedenzentscheidung Anwendung findet?

Wissensherausforderung

Durch welche Mechanismen, Verfahren und welches kulturelle Verstandnis wird das Ergebnis eines Prozesses (*trial*) beeinflusst?

Literatur

Berman, Harold J., Law and Revolution: The Formation of the Western Legal Tradition, 1983.

Edwards, David, Fact-Finding: A British Perspective, in: Miller, D. L. Carey / Beaumont, Paul R. (Hrsg.), The Option of Litigating in Europe, 1993.

Galanter, Marc, A World Without Trials, Journal of Dispute Resolution (2006), 7.

Goldman, Sheldon, The Effect of Past Judicial Behavior on Subsequent Decision-Making, Jurimetrics Journal, Bd. 19 (1978–1979), 208.

Isaacs, Nathan, The Law and the Facts, Columbia Law Review, Bd. 22 (1922), 1, 11–12.

Johns, Margaret/Perschbacher, Rex R., The United States Legal System, An Introduction, 2007.

Kempin, Frederick G., Jr., Historical Introduction to Anglo-American Law, 3. Aufl. 1990.

Lever, Jeremy, Why Procedure is More Important Than Substantive Law, International and Comparative Law Quarterly, Bd. 48 (1999), 285 (296).

National Center for State Courts, Civil Action, Bd. 6, Nr. 1, 2007.

Schiemann, Konrad, From Common Law Judge to European Judge, Zeitschrift für Europäisches Privatrecht, Bd. 4 (2005), 741.

Segal, Jeffrey A./Spaeth, Horold J., The Influence of Stare Decisis on the Votes of Supreme Court Justices, American Journal of Political Science, Bd. 40 (1996), 971.

Vinson, Kenneth, Artificial World of Law and Fact, Legal Studies Forum, Bd. 11 (1987), 311.

Ware, Stephen J., Principles of Alternative Dispute Resolution, 2007.

Register